U0023100

海關實務
Customs Practice

林清和◎編著

序

　　本書為編者於國立屏東商業技術學院國際貿易系、國立高雄第一科技大學運輸倉儲系及國立中山大學推廣教育中心講授海關實務、關務法規之教本。部分修課學生及海關同仁於參加關務人員特考、關務人員升等考試後，向編者反映由於本書將關務法規之重點融入通關作業流程中，且依貨物類別說明其通關流程，便於記憶，對渠等應考「通關實務」、「關務法規」兩科助益頗大，一些貿易、報關與運輸業者閱罷本書後表示內容務實易懂，允為業務上之良伴而紛紛採用，使本書初版於三永圖書出版社推出後兩年即告售罄，為應教學、相關業者及參加關務類考試人士需要，爰再參酌兩年來通關作業與法規之變更資料，以及最新之關務資訊，將全書予以增修後委由揚智文化事業公司付印發行。

　　本書共分十章，第一章對關務組織與職掌、關稅、稅則、通關自動化等概念加以介紹，由於國際貿易競爭日趨激烈，我國政府為避免國內產業因外國貨品或其產製國之不當競爭而受到損害，分別於關稅法訂定「特別關稅」、「關稅配額」及貿易法訂定「進口救濟制度」等保護國內產業之措施特予納入本章。第二章對入出境行李及國際郵包之通關規定作概要之敘述。第三章推介海運與空運運輸工具之通關作業規定。第四、五、六、七章分別對進口、出口、轉口及保稅貨物等海關主要業務之通關作業細節與表單之填報方法詳予說明，並於第六

章另立一節列述我國為吸引國際知名廠商前來投資及為國內業者創造商機，以提升整體競爭力而設之「物流中心」貨物通關作業規定。

第八章為快遞、高科技、貨樣等特殊貨物之通關規定，另海關近年來採行的改革措施，諸如為劃一稅則分類，加速貨物通關，並減少徵納雙方爭議，而實施之「進口貨物稅則預先歸列制度」；為防杜少數不肖業者利用通關自動化之便捷，從事偷漏關稅、逃避管制之違法行為，而採取之「事後稽核」、「風險管理」等配套措施；以及最近新聞媒體常提及之國際組織APEC、CCC、GATT、WTO、WCO等名詞，均於第八章加以說明。第九章為貨棧及報關業之管理部分。第十章為緝案處理及行政救濟部分，最近變更後之行政救濟程序已於該章述明。通關作業主要表件、名詞索引、關務法規及考題範例等則附於書末供讀者參閱。

本書得以再版，應先感謝相關業者、海關同仁與修課同學之惠予採用，其次應感謝國立屏東商業技術學院國際貿易系黃主任財源；國立高雄第一科技大學運輸倉儲系林主任燦煌、林教授立千；國立高雄大學應用經濟系王主任鳳生；國立高雄應用科技大學國際貿易系黃主任光榮；國立中山大學公管研究所王學長翔焊等學術界師長對本書內容安排的指導與建議。並需感謝高雄關稅局林洋弘、陳清岩、蔡秋吉、王義良、王昭傑、許健一、洪陸欣、吳籐旺、盧振茂、曾耀魁、朱武富、吳秋欣、張紋英、徐淑芬、楊國豐、許永茂等各級主管與同仁費心校稿；龔正和、林秀賢、葉倫會、魏明玉、廖初男、張啓榮、李明宏、張榮昇、蘇冠彰、張乃文、蔡鵬輝、黃爐等同仁提供表件資料，還需感謝家人的支持，使本書得以再度順利印行。

為因應我國加入WTO後之環境變化，最近一年來通關作業及相關法令規定時加增刪，本書付印前雖經海關同仁與編者仔細斟酌的校正，恐仍有疏漏之處，尚祈各界先進不吝指正。

林清和

於財政部高雄關稅局

目錄

第五章 出口貨物之通關 199

通關作業主要單據表件

附錄（關務法規輯要） 503

歷屆考題 593

第1章 關務之基本概念

1.關務行政組織及關稅局業務

2.關稅之概念

3.稅則分類

4.通關自動化

在國際貿易過程中，進、出口通關作業是十分重要的環節，通關（Clearance）係指貨物、運輸工具、旅客、郵包，完成進口、出口或轉換另一關務程序所需的海關手續。由於整個通關作業涉及層面甚廣，爲便於閱者瞭解，本章對關稅局組織及辦理業務、關稅、稅則分類、通關自動化等概念分別加以介紹。

在第一節部分，對財政部轄下之關政司、關稅總局及各地區關稅局組織，及關稅局承辦之稽徵關稅、查緝走私、保稅、退稅、貿易統計、建管助航設備、代辦業務作簡要介紹。

第二節對關稅之意義、種類、功能、課徵方式、關稅配額、特別關稅、保全、沖退稅等概念予以推介。

第三節部分，對稅則分類之概念、調和商品分類制度、新制中華民國商品標準分類等內容作簡要說明。

第四節對通關自動化之概念、作業模式、連線之規定、備援措施、檔案保存期限、遭遇之困擾、配套措施、對國際貿易之助益等加以說明。

第一節 關務行政組織及關稅局業務

關務行政組織

財政部爲我國主管關務行政之機關，其下設有關政司、關稅總局及各地區關稅局。

關政司係幕僚單位，負責全國關稅政策、關稅制度之規劃、關稅法規之擬訂及國際關務等事項。關政司於司長、副司長之下，除設有專門委員負責研究、計畫、總核稿、預算審核，及督察室專司關務風紀監察外，分設四科辦理關政業務：第一科掌理

一般關務行政，第二科掌理稅則、估價，第三科掌理退稅、保稅、免稅，第四科掌理國際關務。

關稅局即一般人所稱的稅關或海關（Customs），係執行機關，其最高主管單位為關稅總局，負責關稅稽徵及查緝走私等業務之執行。關稅總局設總局長、副總局長、主任秘書及徵課、稅則、查緝、驗估、保稅退稅、海務、資料處理、總務等八處；人事、會計、統計、法制、督察、政風等六室；另設有訴願審議委員會、進口貨品原產地認定委員會及稅則分類估價評議會。

關稅總局下直轄基隆、台北、台中、高雄四關稅局。基隆、台北、高雄三局為一等關稅局，各一等關稅局分設進口組、出口組、保稅組、緝案處理組、稽查組、倉棧組、海務組、機動巡查隊等業務及查緝單位，與人事室、政風室、會計室、總務室、法務室、資訊室等行政單位；各一級單位於組、室下設課、股。台中關稅局為二等局，二等關稅局設業務、查緝、行政等課、室；並於課、室下設股辦理有關作業。

各關稅局為應業務需要並於轄區內的輔助港、貨櫃集散站、科學工業園區、加工出口區、郵局等設置分局、支局辦理進出口貨物的通關事宜。各地區關稅局之轄區及稅收概況如下：

基隆關稅局設立於1945年，轄區包括：基隆、蘇澳、花蓮、馬祖等四個港口，通關單位最多，除局本部設於基隆港外，並於五堵、六堵、桃園、暖暖、花蓮、蘇澳等地設分、支局，辦理通關作業。因自基隆港進口之貨物，多屬稅率較高之消費品，故該局關稅收入為四關稅局之冠（約佔全國關稅總收入53%）。

台北關稅局於1969年設立，主要業務為辦理桃園中正國際機場空運旅客、貨物與進出新竹科學工業園區貨物之通關，及新竹、花蓮以北保稅工廠之管理。該局關稅收入約佔全國關稅總收入18%。

台中關稅局於1976年設立，辦理轄區台中港、台中加工出口區進出口貨物之通關，另轄麥寮工業港，並監管苗栗縣以南、雲林縣以北地區保稅工廠。由於業務量不大，該局關稅收入約僅佔全國關稅總收入10%。

高雄關稅局設立於1945年，轄區遼闊，包括：高雄港、高雄國際機場，及嘉義、台南、高雄、屏東、台東、澎湖、金門等縣市地區。業務項目齊全，包括：海運、空運、旅客入出境、查緝、保稅、加工出口區、郵包等項。高雄港之貨物吞吐量約佔全國總吞吐量三分之二，為世界第三大貨櫃進出口港，但因進口貨物大多為低稅率或免稅之工業原料、機器設備與大宗物資，故高雄關稅局業務量雖大，但關稅收入佔全國關稅總收入之比例不高（約19%）。

關稅局辦理業務

台灣屬海島型經濟，對國際貿易依賴之程度，較其他地區或國家更為迫切，因海關為貨物及旅客進出國境必經之大門，且負有配合國家經濟發展政策、執行貿易管制，甚至維護國家安全之任務，故關務工作具有多元性之功能。

海關為達成上述多元目標，乃肩負了以下幾項任務：

一、稽徵關稅（Revenue Collection）

海關依據關稅法及海關進口稅則等法規，對進口貨物課徵關稅。進口貨物分一般貨物、旅客行李、郵包三種。

一般進口貨物應徵之稅費包括：進口關稅、商港建設費、推廣貿易服務費、貨物稅、菸酒稅、營業稅、滯報費、滯納金、規費、特別關稅等。

海關對旅客行李及郵包之檢查，目的不在於稅收，而係著重於加強安全檢查，防止非法攜帶或郵遞毒品、槍械等違禁品入境，以維護國家安全及社會安寧。

出口貨物依法免徵關稅，應代徵之商港建設費及推廣貿易服務費等兩項費用係於放行後繳納。

二、查緝走私（Anti-smuggling Operations）

貨物、人員進出中華民國領土有報運及非法進出兩種管道。依關稅法及有關法令規定經由通商口岸進出國境者，為合法之報運進出口；未經向海關申報而進出國境者，即非法之走私行為。

因為走私會影響國家稅收，破壞國內經濟與繁榮，如私運武器或毒品，更危及國家安全與社會安寧。因此海關配置有巡緝艇、巡邏車、無線電對講機、X光檢查儀器等裝備以查緝走私。

海關緝私之範圍，包括中華民國通商口岸，及依海關緝私條例或其他法律得為查緝之區域或場所。

凡有規避檢查、偷漏關稅或逃避管制，未經向海關申報而運輸貨物進出國境，或雖經申報但仍有虛報不實而致逃漏稅捐或違反其他法令規定之走私活動，均屬海關查緝之對象。

三、保、退稅（Bonding, Duty Drawback）

保、退稅制度是政府為鼓勵廠商拓展對外貿易之措施。

保稅制度是海關對進入保稅工廠、加工出口區及科學工業園區等保稅區的原料，准予暫時不繳納關稅，待其加工成為成品外銷後，按實際數量予以銷帳；進儲保稅倉庫的貨物亦准不先繳納關稅，等貨物提領出倉進口時，才向海關繳納關稅。

退稅制度是准許部分進口原料已繳現或記帳的稅款，在該項

原料製成成品外銷後，申請退還或沖銷。

四、貿易統計（Trade Statistics）

　　海關依據進出口報單檔案的資料，按月編製「中華民國進出口貿易統計月報」並製成貿易統計磁帶及縮影軟片，定期或不定期提供各有關單位作爲釐訂財經政策及研究分析的參考。因對外貿易統計以海關的貿易統計數字爲準，海關編製的「中華民國進出口貿易統計月報」除免費提供政府及學術機構使用外，也接受企業團體的訂閱。

五、建管助航設備（Aids to Navigation）

　　爲確保我國海域船隻航行安全，海關於沿海或外島各險要地點，設立燈塔、燈杆、燈浮、無線電標示台等各項助航設備，並派人日夜管理及維護。

六、代辦業務（Entrusted Functions）

　　海關受其他機關委託代辦之業務繁多，大致可分三種：

(一) 代徵稅費

　　例如，代徵推廣貿易服務費、貨物稅、營業稅等。

(二) 代執行新台幣、外幣及貿易管理

　　例如，代爲查核入出境旅客攜帶之外幣、新台幣數量，及對限制輸出入貨品，驗憑輸出、輸入許可證放行等。

(三) 代執行其他輸入或輸出管理規定

　　例如，代爲查對與核銷商品檢驗合格證及檢疫證等二十餘項證照。

第二節 關稅之概念

關稅（Customs Duty）係貨物通過一國國境（課徵關稅領域）時，依海關稅則規定應繳納之租稅。故關稅具有過境稅之性質，惟京都公約將關稅定位為國內消費稅（指須課徵關稅之進口貨物為「供國內消費者」）。

一、關稅之種類

（一）以貨物通過方向分

1.進口稅（Import Duty）

對由國外輸入之貨物，於進口時所課徵之關稅。

2.出口稅（Export Duty）

對本國輸往他國之貨物，於出口時所課徵之關稅。

3.通過稅（Transit Duty）

對外國貨物通過本國國境輸往他國時所課徵之關稅。

（二）以課徵目的分

1.財政關稅（Financial Duty）

以國庫收入為主要目的而課徵之關稅。

2.保護關稅（Protective Duty）

以造成貿易堡壘，增加進口貨物成本，達成保護本國產業之目的而課徵之關稅。

（三）以適用對象分

1.單一稅則制（Single Tariff System）

對各國進口之相同貨物，均課以同一稅率。例如，我國現

行進口稅則中大半貨物稅率僅列第一欄，第二欄空白，即屬單一稅則制。

2. 複式稅則制（Multiple Tariff System）

為達政策上之目的，對各國進口之相同貨物，依來源地區分為數類，各課以不同稅率（基本稅率、協定稅率、特惠稅率等），即為複式稅則制。

二、關稅之功能

關稅的課徵，係國家主權的表徵（有對進口貨品強制課以稅負之權），亦為政府應付公共支出的一項重要財源。因此，關稅具有以下三項功能：

（一）財政功能

課徵關稅，可充裕政府財政收入。

（二）經濟功能

對進口貨品課以高稅率或實施進口配額，可達到保護國內產業之目的。

（三）社會功能

高關稅可抑制消費，減少進口，促使國民過簡樸生活；高所得者之消費雖無法藉高關稅抑制，但對奢侈品課以較高稅額，有助財富之重分配。

三、關稅之課徵方式

（一）從價稅（Advalorem Duty）

按進口貨物之價格，依法定稅率核計。其公式為：

$$關稅＝完稅價格×稅率$$

一般進口貨物之關稅，大都按從價稅課徵。

1.優點

（1）符合稅負公平原則。

（2）便於與他國關稅或本國內地稅稅率高低做比較。

（3）能隨物價上漲調整稅額，不會影響國家稅收。

（4）可適用於所有貨物。

2.缺點

（1）影響物價因素太多，查估價格費時費力，徵稅成本較高。

（2）部分貨品等級、品質不易確定，核價常造成困擾，且廠商異議案件較多。

（3）廠商會低報價格，以達逃稅之目的，反會違背公平原則。

（二）從量稅（Specific Duty）

按進口貨物之數量、重量、容積或長度等為核計標準，每一單位課徵一定金額。其公式為：

$$關稅＝每一單位應稅金額×數量$$

1.優點

（1）手續簡單，通關作業快速。

（2）稅負明確，異議案件較少。

（3）進口品質優良物品較有利，可刺激國內工廠提高品質，提昇工業水準。

2.缺點

（1）不論物品品質優劣稅額相同，稅負不夠公平。

（2）無法依物價漲落調節稅收。

（3）不易比較稅率之高低。

（4）不能適用於所有貨品。

（5）不法廠商會高報價格，以達資金外移目的。

（三）選擇稅（Alternative Duty）或複合稅（Compound Duty）

對同一種貨物，訂有從量與從價兩種稅率，海關於徵稅時，選擇稅額較高者或兩者兼採之方式課徵關稅。

四、關稅配額（Tariff-rate Quota）

依關稅法規定，海關進口稅則得針對特定進口貨物，就不同數量訂定其應適用之關稅稅率，實施關稅配額。

我國依關稅暨貿易總協定（GATT）之規定，並與各國關稅減讓談判結果，對特定進口貨物實施關稅配額，將取代目前不符合世界貿易組織（WTO）精神的數量限制規定，未來政府將以配額關稅作為貿易管制的主要依據，此項措施可達保護國內產業，又不歧視國外貨品之目的。為實施關稅配額，財政部於1999年底核定「關稅配額實施辦法」作為執行依據。

「關稅配額實施辦法」所稱關稅配額，係指在一定期間內，對特定之進口貨物訂定數量（配額），在此一數量內適用海關進口稅則所訂之較低關稅稅率（配額內稅率），超過配額部分則適用一般稅率（配額外稅率），是一種貿易保護手段之複式稅率措施，為因應未來關稅配額之實施，財政部已通過將配額內稅率於稅則中獨立設一專章。對特定進口貨物實施關稅配額，符合GATT／WTO相關協議之基本規範，是被允許的保護國內產業有效工具之一。

實施關稅配額，得考量國內特殊需要或依國際協定，對個別生產國家或地區訂定數量。實施關稅配額貨物適用之分配方式、

分配期數、開始與截止申請分配日期、核配方法、最低與最高總分配量、參與分配資格、收取履約保證金或權利金之類別及其他相關事項，由財政部會商有關機關後，於實施關稅配額日期前公告，並刊登財政部公報；依事先核配方式辦理者，財政部應於申請分配日六十日前公告，事先核配採分期分配方式辦理者，應於每期開始申請分配日二十一日前公告該期分配數量。關稅配額之核配由財政部為之，海關為配額管理機關。

（一）適用配額內稅率案件

實施關稅配額之貨物適用配額內稅率者，依進口貨物先到先配或事先核配兩種方式辦理：

1.先到先配

（1）核配順序：依進口貨物先到先配方式核配關稅配額者，以進口日之先後順序核配關稅配額，同一進口日，其報關總數超過未使用數量時，按個別申報數量之比例核配關稅配額。

（2）公告與稅放：報關數量未達一定額度前，逐按配額內稅率通關。達到一定額度時，海關應公告，並俟財政部或其委任或委託之機關（構）分配作業完成後，再據以徵稅驗放；納稅義務人如有先行提貨之必要者，得按配額外稅率計算應納關稅之數額繳納保證金，申請驗放。

（3）分配對象：以美、加、歐盟之小汽車為主要對象。

2.事先核配

（1）核配方法：以事先核配方式辦理者，得依申請順序、抽籤、進口實績、標售關稅配額權利、其他經國際間約定或財政部會商有關機關認定之方法核配關稅配額，並得收取履約保證金或權利金。

（2）核配之申請：申請參與分配者，應於財政部公告之截止申請分配日前，檢具關稅配額申請書，向財政部或其委任或委託之機關（構）申請核配。獲配之配額，得於關稅配額申請書有效期限內向原核配之機關（構）辦理全部或部分轉讓。

（3）公告獲配名單：財政部或其委任或委託之機關（構）應於財政部公告之截止申請分配日起十四日內，公告獲配名單，並於核發關稅配額證明書時，收取履約保證金或權利金。

（4）核銷：事先核配之配額，應於關稅配額證明書所載有效期限內整批或分批進口，由海關依關稅配額證明書所載數量驗明（抽驗）實到貨物後核銷，並將核銷數量送原核配之機關（構）。

事先核配之配額，未能於關稅配額證明書所載有效期限屆滿前全數進口者，得於有效期限屆滿前檢附買賣合約及原關稅配額證明書，向原核配之機關（構）申請展期；其展延日期，不得逾當期關稅配額截止日。

（5）履約保證金或權利金之發還：履約保證金於關稅配額證明書所載有效期限內全數進口後，獲配人（或受讓人）應向原核配之機關（構）申請發還；未於五年內申請發還者，或未於關稅配額證明書所載有效期限內全數進口者，不予發還，繳歸國庫。

權利金部分則除農產品部分作為受進口損害救助基金之來源外，其餘部分繳歸國庫。

（二）適用配額外稅率案件

進口貨物未能適用關稅配額之配額內稅率者，進口人得依配額外稅率報關進口，或於海關放行前依下列方式辦理：

1.申請退運出口。

2.依關稅法及保稅倉庫設立及管理辦法相關規定申請存儲保稅倉庫。

五、特別關稅與進口救濟

(一) 特別關稅

由於國際貿易競爭日趨激烈，為避免國內產業因外國貨品或產製國不當競爭而受損害，關稅法列有特殊之救濟規定；政府並於1984年發布平衡稅及反傾銷稅課徵實施辦法。茲將關稅法有關規定列述如下：

1.平衡稅（Equalization Duty）

進口貨物在輸出或產製國家之製造、生產、外銷運輸過程，直接或間接領受獎金或其他補貼，致危害中華民國產業者，除依海關進口稅則徵收關稅外，得另徵適當之平衡稅。

危害中華民國產業，係指對中華民國產業造成重大損害或有重大損害之虞，或重大延緩國內該項產業之建立。

平衡稅之課徵不得超過進口貨物之領受獎金及補貼金額。

2.反傾銷稅（Anti-Dumping Duty）

進口貨物以低於同類貨物之正常價格傾銷，致危害中華民國產業者，除依海關進口稅則徵收關稅外，得另徵適當之反傾銷稅。

正常價格，係指在通常貿易過程中，在輸出國或產製國國內可資比較之銷售價格，無此項可資比較之銷售價格，以其在原產製國之生產成本加合理之管理、銷售與其他費用及正常利潤之推定價格，作為比較之基準。

反傾銷稅之課徵不得超過進口貨物之傾銷差額。

3. 報復關稅（Retaliatory Duty）

輸入國家對中華民國輸出之貨物或運輸工具所裝載之貨物，給予差別待遇，使中華民國貨物或運輸工具所裝載之貨物較其他國家在該國市場處於不利情況者，該國輸出之貨物或運輸工具所裝載之貨物，運入中華民國時，除依海關進口稅則徵收關稅外，財政部得決定另徵適當之報復關稅。

財政部為前項之決定時，應會商有關機關並報請行政院核定。

4. 機動關稅（Temporary Duty）

（1）稅率之增減：為應付國內或國際經濟之特殊情況，並調節物資供應及產業合理經營，對進口貨物應徵之關稅，得在海關進口稅則規定之稅率50％以內予以增減；增減稅率之期間，以一年為限。

（2）關稅之停徵：對特定之生產事業，在特定期間因合併而達於規定之規模或標準者，依合併計畫所核准輸入之自用機器設備，得予以停徵關稅；停徵機器設備關稅之特定期間，以二年為限。

依規定合併之生產事業，如不按原核准合併計畫完成或於合併計畫完成後未達規定之規模或標準者，原停徵之關稅應予補徵，並依關稅法規定加徵滯納金。

停徵關稅之機器設備，在進口後五年內不得讓售、出租或用以另立生產事業；違者依關稅法之規定辦理。

（二）進口救濟

貿易法對國內產業因外國貨品或產製國不當競爭而受損害者亦訂有具體之救援措施，即該法所稱之「進口救濟制度」。

貿易法所稱之進口救濟制度，係指某一貨品之輸入急遽或大量增加，致國內生產相同或直接競爭產品的產業，遭受嚴重損害或有嚴重損害之虞等情事，為使業者能獲得合理之調適期間及適當防衛空間，經政府調查確定後所採取之救濟及防衛措施。此一措施可避免弱勢產業在強勢的進口競爭下，一時難以適應而陷入困境，是一項政府提供業者申請協助的管道。進口救濟與特別關稅皆為政府對遭進口貨品競爭而受損之業者的協助方式。

進口救濟制度係國際多邊經貿體制架構下，為推動全球貿易自由化，降低各國實施關稅及非關稅減讓等市場開放措施的衝擊與疑慮，而設計的緊急防衛措施，為關稅暨貿易總協定架構下所允許之政府措施，亦為世界貿易組織所認可。但進口救濟之目的，是暫時性協助產業做調整，不可淪為變相之長期性保護產業的手段，因此，此一制度執行上須遵守國際規範，以免違反自由貿易精神，甚至遭到他國抗議或報復。

貿易法第十八條是我國進口救濟制度之法源依據，經濟部根據該項條文制訂「貨品進口救濟案件處理辦法」，以規範進口救濟之處理權責、程序及救濟措施，並設立貿易調查委員會，受理產業受損之調查及進口救濟。

1. 「貿易法」有關規定

   貨品因輸入增加，致國內生產相同或直接競爭產品之產業，遭受嚴重損害或有嚴重損害之虞者，有關主管機關、該產業或其所屬公會或相關團體，得向主管機關申請產業受害之調查及進口救濟。

   外國以補貼或傾銷方式輸出貨品至我國，對我國競爭產品造成實質損害、有實質損害之虞或對其產業之建立有實質阻礙，經經濟部調查損害成立者，財政部得依法課徵平衡稅或反傾銷稅。

2.「貿易法施行細則」有關規定

主管機關對特定國家或地區或特定貨品所採取之必要措施，包括對輸出入貨品之數量、價格、品質、規格、付款方式及輸出入方法予以限制，並得洽請財政部依法課徵特別關稅。

3.「貨品進口救濟案件處理辦法」有關規定

經濟部對於依本辦法認定產業受害成立之貨品進口救濟案件，得採下列救濟措施：

（1）調整關稅。（本項措施應會同有關機關依關稅法有關規定辦理。）

（2）設定輸入配額。

（3）與出口國簽訂行銷協議。

（4）提供融資保證、技術研發補助、輔導轉業、職業訓練或其他調整措施或協助。本項有關農產品之救濟措施，由行政院農業委員會負責執行。

上列防衛措施，前三項為舒緩進口壓力之措施，末項措施旨在協助產業於救濟期間內改善管理、降低營運成本或研發新產品，以提昇競爭力。

六、關稅之保全

依海關緝私條例規定所為罰鍰及追稅之處分案件，除法令另有規定外，於處分書送達後，即可依據海關緝私條例及關稅法相關規定辦理保全措施。

（一）財產權之限制

1.納稅義務人或受處分人欠繳應繳關稅、滯納金或罰鍰者，海關得就納稅義務人或受處分人相當於應繳金額之財產，

通知有關機關不得為移轉或設定他項權利。

2.其為營利事業者，得通知主管機關限制其減資或註銷之登記。

（二）實施假扣押

納稅義務人或受處分人欠繳依關稅法規定應繳之關稅、滯納金或罰鍰，有隱匿或移轉財產逃避執行之跡象者，海關得聲請法院就其財產實施假扣押，並免提供擔保。但納稅義務人或受處分人已提供相當擔保者，不在此限。

（三）限制出境

1.納稅義務人或受處分人欠繳應繳關稅或罰鍰達一定金額者，得由司法機關或財政部函請內政部入出境管理局限制其出境。

2.其為法人、合夥或非法人團體者，得限制其負責人或代表人出境，但已提供相當擔保者，應解除其限制。

七、沖退稅

政府為鼓勵產品外銷，原料進口關稅於成品出口外銷後可依規定申請沖退。

（一）沖退期限之規定

外銷品應沖退之原料進口關稅，廠商應於該項原料進口放行之翌日起一年六個月內，檢附有關出口證件申請沖退，逾期不予受理。廠商不能依限申請沖退稅，係由於特殊情形經財政部核准者，得予展延。但展延期限最高不得超過一年。

(二) 沖退稅之申請

1. 成品出口

    申請沖退原料關稅，應於成品出口後，依規定期限，檢附出口報單副本、進口報單副本之影本及有關證明向經辦機關提出，經辦機關應於收到申請書之翌日起五十日內辦理。其因手續不符，或證件不全而不能辦理時，應以書面通知申請人，但其情形可補正者，應命補正，並以補正齊全之日為其提出申請沖退稅捐之日期，不依限補正者，經辦機關得逕行註銷該申請案。如補正事項須經政府機關辦理，而廠商業經向有關機關申請並將副本在限期內送經辦機關備查有案者，不得註銷。

    合作外銷案件，得由經辦機關將不合規定部分註銷後，就其他部分先行辦理。

2. 原料復運出口

    廠商須檢附進口報單副本影本、外貨復出口報單副本、輸出許可證影本（依規定免辦簽證或免除簽證者免附）、退稅申請書等文件，於原料復運出口之翌日起六個月內持向關稅總局保稅退稅處辦理沖退稅。

(三) 禁用貨物、禁演電影片之退稅

繳納關稅進口之貨物，進口一年內經政府禁止而不能使用，於禁止之翌日起六個月內原貨復運出口，或在海關監視下銷燬者，發還其原繳關稅。

已納稅之電影片，經禁止映演，自主管審查影片機關通知禁演之翌日起三個月內退運出口，或在海關監視下銷燬者，退還其關稅。

（四）短徵、溢徵或短退、溢退稅款之處理

短徵、溢徵或短退、溢退稅款者，海關應於發覺後通知納稅義務人補繳或具領，或由納稅義務人自動補繳或申請發還。補繳或發還期限，以一年為限；短徵、溢徵者，自稅款完納之翌日起算；短退、溢退者，自海關填發退稅通知書之翌日起算。

補繳或發還之稅款，應自該項稅款完納或應繳納期限截止或海關填發退稅通知書之翌日起，至補繳或發還之日止，就補繳或發還之稅額，依應繳或實繳之日郵政儲金匯業局之一年期定期儲金固定利率，按日加計利息，一併徵收或發還。短徵或溢退之稅款及依規定加計之利息，納稅義務人應自海關補繳通知送達之翌日起十四日內繳納；逾期未繳納者，自期限屆滿之翌日起，至補繳之日止，照欠繳稅額按日加徵滯納金萬分之五；逾三十日仍未繳納者，移送法院強制執行。

（五）應退還款項之處理

應退還納稅義務人之款項，海關應先抵繳其積欠，並於扣抵後，立即通知納稅義務人。

第三節　稅則分類

稅則（Tariff）係政府對進口或出口貨物課徵關稅之稅率表。因稅則是由不同之貨物及其稅率編列成表或成冊，故亦稱稅則表或稅則簿。

稅則表之主要內容包括：稅則號別（Tariff Number）、貨名（Description of Goods）及國定稅率（Tariff Rate）三部分。

茲將國際通用之貨品分類與我國使用之商品分類制度分述如后。

一、國際商品統一分類制度（HS）

關稅合作理事會於1970年代，鑑於兩種主要國際貨品分類（國際貿易標準分類、關稅合作理事會稅則分類）彼此對照不易，有礙國際貿易之發展，乃進行研究制定一套可供各國海關及統計需要，且兼顧多種用途的國際商品分類制度。「國際商品統一分類制度」（The Harmonized Commodity Description and Coding System; HS；或調和商品分類制度）於1973年提出討論，1983年6月經關稅合作理事會通過，並接受各國簽署。日本、加拿大、韓國、澳洲、歐體等會員國自1988年1月1日起開始實施此項分類制度。

（一）HS之結構：由下述三部分構成

1.解釋準則（General Rules）

解釋準則闡釋採用此制度時所應遵循的一般分類原則，俾令每一貨品得以必然地歸入一個獨一的節或目內，並能確保其法定的解釋得以劃一，共計六條。

第一條：優先於隨後的各準則，規定分類應以商品號列的名稱暨其有關類或章的法定說明（註；Notes）為基礎。如遇商品號列說明及有關的法定說明，未作其他規定者，則適用解釋準則第二至第四條。

第二條：規定〔甲〕未完整或未完成的貨品，或〔乙〕由兩種或多種不同原料或物質所混合或合成之貨品的分類原則。

第三條：規定當一貨品表面上不論任何理由可歸入二或數項商品號列時，應依下列原則並依前後優先適用順序歸類：

A.商品號列之具有特殊性者，較僅具一般性者為

優先適用。

B.應按照實質上構成該項貨品主要特徵所用之材料或成分分類。

C.當貨品不能適用款分類時，應歸入可予考慮之商品號列中，擇其商品號列最後者為準。

第四條：規定對於未經歸入任何商品號列之貨品，應適用其性質最類似之貨品所屬之商品號列。

第五條：規定有關容器及其類似品的分類原則。

第六條：規定有關六位碼，即「目」的分類原則，應取決於該目的名稱，有關類，章、目註的規定及上述分類準則來辦理。

2.類註（Section Notes）、章註（Chapter Notes）及目註（Sub-heading Notes）

每類和每章之首均有類註、章註及目註，詳細說明該類和章內所屬節及目之涵蓋範圍。使貨品的描述更簡明並確保解釋之準確。類註、章註及目註與解釋準則同為調和商品分類制度不可或缺少之部分，亦具相同之法定效力，因此，須與解釋準則一併採用。

3.節及目表

按一定順序編列，每節均列明貨品號列及名稱，並依實際需要，再細分為目。共編21類、96章（第1至76章及78至97章；第77章為空章，留作日後編入新產品之用）。

（二）HS之分類：HS以下述方式分類

1.所有貨品均以六位碼表示其分類代號，其中首兩位碼代表章次，第三、四位碼代表貨品應屬該章之位置（一般係按貨品加工層次順序排列）。

2.前四位碼相連時稱為節（計1,241節）；第五、六位碼為節

下再細分之目（計5,113目）。

（三）HS之優點：國際間如均採用HS，將有下列優點
1. 減少不同商品分類制度轉換、重分類所需之時間及費用。
2. 便利國際間關稅、貿易、生產、運輸資料之比較、分析及貿易諮商談判。
3. 加速推動運輸文件格式標準化及商品資料傳送自動化，有助國際貿易發展。

二、新制中華民國商品標準分類

我國在1988年12月31日以前，關稅課徵與貿易管理各採用不同的商品分類標準，造成進出口廠商和政府機關使用上許多不便與困擾。1989年1月1日起改採國際商品統一分類制度，以H.S.分類架構為基礎，編訂十一位碼的新制中華民國商品標準分類。海關對貨品號列及品目之劃分及稅則號別之認定，應依據HS解釋準則及附則有關規定辦理，進口稅率之適用，可查閱附則有關規定。廠商申請輸出入許可證及報關時，均須在申請書及報單上申報十一位碼之商品分類號列。

新制中華民國商品標準分類之內容如下：

（一）進口稅則

進口稅則分為21類、97章（二位碼：77章為空章）、1,241節（四位碼）、5,113目（六位碼）、8,399款（八位碼）、10,226項（十位碼）。惟為因應未來關稅配額之實施，配額內稅率將於稅則中再設一專章。
1. 前6位碼，與H.S相同。
2. 第7.8位碼，供海關作為關稅課徵之用。我國進口稅率依八位碼貨品配置，稱為稅則號別。

3.第9.10位碼，為政府機關統計及國際貿易局訂定簽審規定之用。

4.第11位碼，為電腦作業之檢查號碼。

（二）海關進口稅則解釋準則

海關進口稅則貨品之分類應依下列原則辦理：

準則一：類、章及分章之標題，僅為便於查考而設，其分類之核定，應依照稅則號別所列之名稱及有關類或章註為之，此等稅則號別或註內未另行規定者，依照後列各準則規定辦理。

準則二：

〔甲〕稅則號別中所列之任何一種貨品，應包括該項貨品之不完整或未完成者在內，惟此類不完整或未完成之貨品，進口時需已具有完整或完成貨品之主要特性。該稅則號別亦應包括該完整或完成之貨品（或由於本準則而被列為完整或完成者），而於進口時未組合或經拆散者。

〔乙〕稅則號別中所列之任何材料或物質，應包括是項材料或物質與其他材料或物質之混合物或合成物在內。其所稱以某種材料或物質構成之貨品，則應包括由全部或部分是項材料或物質構成者在內。凡貨品由超過一種以上之材料或物質構成者，其分類應依照準則第三條各款原則辦理。

準則三：貨品因適用準則第二條〔乙〕或因其他原因而表面上可歸列於兩個以上之稅則號別時，其分類應依照下列規定辦理：

〔甲〕稅則號別所列之具有特殊性者較僅具一般性者

為優先適用。當有兩個以上之稅則號別，而每個稅則號別僅列有混合物或組成品所含材料或物質之一部分，或各僅列有供組合成套出售貨物所含零件之一部分，則前述之各稅則號別對該等貨品可認為係具有同等之特殊性，縱使其中之一項較其他稅則號別所載者更為完備或精確。

〔乙〕由不同材料或零件組成之混合物、組成物及供組合成套出售之貨物，其不能依準則三〔甲〕歸類者，在本準則可適用之範圍內，應按照實質上構成該項貨品主要特徵所用之材料或成分分類。

〔丙〕當貨品不能依準則三〔甲〕或三〔乙〕分類時，應歸入可予考慮之稅則號別中，擇其稅則號別位列最後者為準。

準則四：貨品未能依前述準則列入任何稅則號別者，應適用其性質最類似之貨品所屬之稅則號別。

準則五：除前述各準則外，下列規定應適用於各所規範之物品：

〔甲〕照相機盒、樂器盒、槍盒、製圖工具盒、項鍊盒及類似容器，具特殊形狀或適於容納特定或成套之物品，適於長期使用並與所裝物品同時進口者，如其於正常情況下係與所裝物品同時出售，則應與該物品歸列同一稅則號別，惟此規定不適用其本身已構成整件貨品主要特質之容器。

〔乙〕基於準則第五條〔甲〕之規定，包裝材料與包

裝容器與所包裝之物品同時進口者，如其於正常情況下係用以包裝該物品，則應與所包裝之物品歸列同一稅則號別，惟此項規定不適用於顯然可重複使用之包裝材料或包裝容器。

準則六：基於合法之目的，某一稅則號別之目下物品之分類應依照該目及相關目註之規定，惟該等規定之適用僅止於相同層次目之比較。為本準則之適用，除非另有規定，相關類及章之註釋亦可引用。

(三) 海關進口稅則附則

1. 本稅則各號別品目之劃分，除依據本稅則類、章及其註，各號別之貨名及解釋準則之規定外，並得參據關稅合作理事會編纂之「國際商品統一分類制度（H.S）註解」及其他有關文件辦理。

2. 本稅則稅率分為二欄，第一欄之稅率適用於不適用第二欄稅率之一般國家或地區之進口貨品；第二欄之稅率適用於與中華民國有互惠待遇國家或地區之進口貨品。第二欄未列稅率者，適用第一欄之稅率。

3. 本稅則有條件課稅、減稅或免稅之品目，其條件在有關各章內另加增註規定。

4. 旅客攜帶自用行李以外之應稅物品，郵包之零星物品，除關稅法另有規定外，按10%稅率徵稅。

5. 本稅則刊行之中英文對照本如解釋發生疑義時，應以中文為準。

6. 本稅則應繳稅額，以新臺幣計算。

(四) 各類章內容

第一類　　　　活動物；動物產品

第三十八章　　　雜項化學產品

第七類　　　　　塑膠及其製品；橡膠及其製品
第三十九章　　　塑膠及其製品
第四十章　　　　橡膠及其製品

第八類　　　　　生皮、皮革、毛皮及其製品；鞍具及輓具；旅行用
　　　　　　　　物品、手袋及其類似容器；動物腸線（蠶腸線除外）
　　　　　　　　之製品
第四十一章　　　生皮（毛皮除外）及皮革
第四十二章　　　皮革製品；鞍具及輓具；旅行用物品、手提袋及類
　　　　　　　　似容器；動物腸線（蠶腸線除外）製品
第四十三章　　　毛皮與人造毛皮及其製品

第九類　　　　　木及木製品 ；木炭；軟木及軟木製品；草及其他
　　　　　　　　編結材料之編結品；編籃及柳條編結品
第四十四章　　　木及木製品；木炭
第四十五章　　　軟木及軟木製品
第四十六章　　　草及其他編結材料之編結品；編籃及柳條編結品

第十類　　　　　木漿或其他纖維素材料之紙漿；回收（廢料及碎屑）
　　　　　　　　紙或紙板；紙及紙板及其製品
第四十七章　　　木漿或其他纖維素材料之紙漿；回收（廢料及碎屑）
　　　　　　　　紙或紙板
第四十八章　　　紙及紙板；紙漿、紙或紙板之製品
第四十九章　　　書籍，新聞報紙，圖書及其他印刷工業產品；手寫
　　　　　　　　稿、打字稿及設計圖樣

第十一類　　　　紡織品及紡織製品

第五十章　　　　絲

第五十一章　　　羊毛，動物粗細毛；馬毛紗及其梭織物

第五十二章　　　棉花

第五十三章　　　其他植物紡織纖維；統紗及紙紗梭織物

第五十四章　　　人造纖維絲

第五十五章　　　人造纖維棉

第五十六章　　　填充用材料、氈呢、不織布；特種紗；撚線、繩、
　　　　　　　　索、纜及其製品

第五十七章　　　地毯及其他紡織材料覆地物

第五十八章　　　特殊梭織物；簇絨織物；花邊織物；掛毯；裝飾織
　　　　　　　　物；刺繡織物

第五十九章　　　浸漬、塗佈、被覆或黏合之紡織物；工業用紡織物

第六十章　　　　針織或針織品

第六十一章　　　針織或針織之衣著及服飾附屬品

第六十二章　　　非針織及非針織之衣著及服飾附屬品

第六十三章　　　其他製成紡織品；組合品；不堪用衣著及不堪用紡
　　　　　　　　織品；破布

第十二類　　　　鞋、帽、雨傘、遮陽傘、手杖、座凳式手杖、鞭、
　　　　　　　　馬鞭及其零件；已整理之羽毛及其製品；人造花；
　　　　　　　　人髮製品

第六十四章　　　鞋靴、綁腿及類似品；此類物品之零件

第六十五章　　　帽類及其零件

第六十六章　　　雨傘、陽傘、手杖、座凳式手杖、鞭、馬鞭及其零
　　　　　　　　件

第六十七章　　　已整理之羽毛、羽絨及其製品；人造花；人髮製品

| 第八十五章 | 電機與設備及其零件；錄音機及聲音重放機；電視影像、聲音記錄機及重放機；以及上述各物之零件及附件 |

第十七類　車輛、航空器、船舶及有關運輸設備

第八十六章	鐵路或電車道機車、車輛及其零件；鐵路或電車道軌道固定設備及配件與零件；各種機械式（包括電動機械）交通信號設備
第八十七章	鐵路及電車道車輛以外之車輛及其零件及附件
第八十八章	航空器、太空船及其零件
第八十九章	船舶及浮動構造體

第十八類　光學、照相、電影、計量、檢查、精密、內科或外科儀器及器具；鐘錶；樂器；上述物品之零件及附件

第九十章	光學、照相、電影、計量、檢查、精密、內科或外科儀器及器具；上述物品之零件及附件
第九十一章	鐘、錶及其零件
第九十二章	樂器；與其零件及附件

第十九類　武器與彈藥；及其零件與附件

| 第九十三章 | 武器與彈藥；及其零件與附件 |

第二十類　雜項製品

| 第九十四章 | 傢具；寢具、褥、褥支持物、軟墊及類似充填傢具；未列名之燈具及照明配件；照明標誌、照明名牌及類似品；組合式建築物 |
| 第九十五章 | 玩具、遊戲品與運動用品；及其零件與附件 |

第九十六章　　雜項製品

第廿一類　　藝術品、珍藏品及古董
第九十七章　　藝術品、珍藏品及古董

（五）貨品稅則號別及商品標準分類號列之查尋

查尋者須先熟悉海關進口稅則解釋準則的分類原則，再依照章、節、目、款、項之分層順序查索該貨品之商品標準分類號列（可先於海關進口稅則之目錄中找出貨品可能歸屬之類及章，然後再於該章內找出適當的節、目、款、項）。

其次，應詳閱各類、章之類註及章註，查明該貨品是否被排除歸入該類、章，而歸入其他類、章。找到可能適用的款或項的編號後，應再詳閱該款、項所屬之類、章、節、目的特別註釋，確定所選用的號列是否適當。

第四節 通關自動化

我國海關為因應業務成長並加速貨物通關，1977年設立貨物通關電腦化的專責機構，積極簡化進出口貨物通關流程，縮短通關時間，但因未與相關機關、業者連線，致效果難以彰顯。

1990年11月財政部規劃之「貨物通關全面自動化方案」奉行政院正式核定，海關採用聯合國EDI（Electronic Data Interchange；電子資料交換）標準建置通關網路，1992年9月財政部發布「貨物通關自動化實施辦法」，各地區關稅局自1992、1994年先後實施空運、海運貨物通關自動化，利用通關網路與通訊設備，以電腦代替人工處理有關事宜，邁向通關、貿易無紙化的境界。

一、通關自動化之意義

　　貨物通關自動化（Cargo Clearance Automation），是海關結合與通關作業有關之機關（例如，經濟部國貿局、商檢局、工業局、行政院農委會、環保署、衛生署暨金融、保險、稅捐單位），與業者（報關業者、航空公司、海運公司、民航站、倉儲業、承攬業等），透過電腦連線，完成簽證、結匯、運輸、倉儲、報關、抽驗、繳稅、放行、提領貨物等相關作業，以節省業界時間及成本的一種便捷通關措施。

二、通關網路之設置

　　連線者透過通關網路（Trade-Value Added Network; T/V）彼此傳輸資料，因此，相關業者、相關單位均須與通關網路連線（非由業者直接與海關連線），成為其用戶，海關也是連線用戶之一。連線之架構如圖1-1所示。

圖1-1　通關網路系統連線之架構圖

通關網路系統在台北、基隆、桃園、台中、高雄等地設置通訊網路節點，通訊按市內或短程電話計費。該系統利用電子郵箱（Mail Box）進行傳輸與轉接，網路中的每一使用者都給予一個電子郵箱，電子郵箱可接受並儲存訊息，每週除固定利用假日抽出2小時（週日02:00至04:00）從事維護外，平日均係24小時作業。

通關網路系統之應用範圍如下：

(一) 電子資料交換系統

連線用戶可利用通關網路之電子郵箱傳送EDI（Electronic Data Interchange）訊息，與其他用戶進行電子資料交換與分派。例如，報關業者可利用公司電腦製作報單，透過通關網路二十四小時服務，將電子報單訊息以EDI格式傳送海關直接報關；海關再將稅費繳納、放行通知等訊息傳給報關行。

(二) 稅費電子收付

連線業者可經由本項系統自辦公室發出稅費繳納通知，經由通關網路送達銀行，銀行轉帳後，將轉帳結果經由通關網路送達海關，海關則據以放行貨物。各業界間彼此交易所產生之費用也可利用本系統支付。

(三) 金資中心匯兌

納稅義務人可於全省銀行以匯兌方式繳交稅款，經由金資中心再送達通關網路，通關網路予以轉換成EDI訊息送達海關，海關則據以放行貨物。

(四) 資料庫服務

通關網路提供電子佈告欄及公共資料庫、EDI資料庫，並外接海關資料庫，提供用戶完整資訊服務。

三、通關自動化之作業模式

（一）表格與訊息

凡申報或通知須遞送書面文件者，設計「表格」（Form）供填報，凡申報或通知以電腦連線傳輸者，則設計「訊息」（Message）供傳輸。表格與訊息之特性：

1. 訊息所含之傳輸項目，有些是必要的，有些是非必要的。如係必要項目，傳輸時該欄須有內容，否則無法傳輸。

2. 訊息傳送之格式區分為兩種：

   （1）EDI（Electronic Data Interchange）：係採用聯合國電子資料交換標準（UN/EDIFACT）規定之規格、代碼傳輸。

   （2）FTP（File Transfer Protocol）：係依使用者雙方約定之格式傳輸。

3. 下述訊息不傳輸：

   （1）中文及英文以外之外文內容。

   （2）圖形：貨物外包裝上之標記、商標為圖形者，其圖形不傳輸。惟貨物標記應於傳輸時，依規定之文字敘明其基本圖形形狀。

4. 「到達」時間之認定：用戶間彼此傳輸訊息，以傳輸至通關網路之日期認定為申報或到達日期。即業者申報時，在輸入通關網路經電腦之檔案記錄時，視為已到達當地關稅局。而由當地關稅局發出之核定通知，輸入通關網路之電腦檔案時，推定該通知已到達受通知之對象。

5. 表格之編號：表格均依其性質賦予不同編號（如簡5110、簡5116S）。編號之後加「S」者，表示係海運專用，不適用於空運。

（二）報單通關方式：分為三類

　　1.C1通關：免審免驗通關（免審書面文件，免驗貨物放行）。

　　　經核列為C1案件，海關免審核主管機關許可、核准、同意、證明或合格文件，並免查驗貨物，即予放行。

　　　書面報單及其他有關文件正本應由報關人自放行之日起依報單號碼逐案列管（進口報單二年，出口報單一年），海關於必要時得命其補送或前往查核。

　　2.C2通關：文件審核通關（審核書面文件，免驗貨物放行）。

　　　核列為C2案件，限在翌日辦公時間終了以前補送書面報單，檢附許可等書面文件及發票等基本必備文件，經審核相符後始予放行。

　　　如書面文件之主管機關透過通關網路與海關連線而能採用電腦核銷有關文件（許可、核准、同意、證明或合格等文件）或C2改列C1者，得先行通關放行。

　　　其書面文件，除簽審機關仍核發限量使用之書面文件者（如係多次使用，則於最後一次使用時）外，報關人應主動在放行之翌日起三日內補送，其餘非屬應補送者，則由報關行列管二年。

　　3.C3通關：貨物查驗通關（審核書面文件，並查驗貨物放行）。

　　　核列為C3案件，限在翌日辦公時間終了以前補送書面報單，檢附發票等基本必備文件及許可等書面文件，於審核文件並查驗貨物相符後始予放行。

（三）無法用電腦自動處理者

　　無法用電腦自動處理者（例如，查驗貨物），仍維持人工作業。

四、連線之規定

(一) 連線之申請

業者欲利用電腦連線方式辦理通關作業者，應向通關網路申請，如申請者係報關行，應徵得海關同意後始得連線。

(二) 契約之簽訂

業者與通關網路間之權利、義務關係，應以訂約方式明定。連線業者因違反契約條款或滯欠使用費致終止、解除契約者，經營通關網路之事業應於三十日前通知海關配合註銷其連線登記。情節輕微，僅暫時停止使用而不終止或解除契約者，經營通關網路之事業應於三日前通知海關。

(三) 應負擔之費用

1. 連線業者

   利用通關網路傳輸訊息，應負擔連線「傳輸費」。

2. 未連線者

   業者向海關遞送之報單、艙單或其他文件，凡由海關代為輸入電腦者，均應徵收「鍵輸費」。但旅客遞送之不隨身行李書面報單由海關代為輸入電腦者免徵。

3. 傳輸發生故障時

   當訊息傳輸發生故障時，如係因海關或通關網路當機或線路故障所致，業者改以書面文件送交海關鍵入時，連線業者如具有正當理由（不可歸責於連線者之原因）經海關核准者，可免徵鍵輸費。

(四) 連線業者應有之設備

1. 硬體（Hardware）

   業者應具備各類型主機（Mainframe）或IBM相容性個人電

腦（PC）、列表機（Printer）、數據機（Modem）、撥接式電話線路（Dial Up），或向電信局租用專線（Leased Line）或分封式網路（Pacnet）。

2.軟體（Software）

包括應用軟體（Application Software；須能提供連線業者相關業務處理之功能）、轉換軟體（Translator；能將應用軟體產生之資料轉換成UN/EDIFACT之標準格式，或反向將UN/EDIFACT之標準格式轉換成應用軟體適用之資料格式）、通訊軟體（Communication software；能提供用戶端與通關網路通訊傳輸的介面）。

（五）報關用「即用系統」（Turnkey System）

報關行可向軟體公司購置經通關網路審核合格之報關套裝軟體或即用系統，亦可自行發展。報關即用系統（含套裝軟體、硬體及通訊設備）主要分為二個子系統：

1.EDI報關應用子系統

係提供報關行處理與電子資料交換文件有關之作業，包括：報關文件之製作、格式轉換、傳送、接收、反轉換及查詢回應訊息等主要功能，以及系統設定、維護、公用程式等輔助性功能。

2.T/V資訊服務子系統

係查詢及使用通關網路提供之資料庫及電子佈告欄，並具備相關之通信處理、系統設定、維護及公用程式等輔助性功能。

五、備援措施

通關網路之備援措施係依據「貨物通關自動化實施辦法」之

規定：「連線通關因電信線路或電腦故障，致未能開始或繼續進行者，得改以書面人工作業方式辦理」制訂。

訊息傳輸發生故障之情況，可能係出於線路故障或通關網路、用戶端當機所致。採行備援措施之規定：

（一）發生故障，進口案件達60分鐘、出口案件達30分鐘時即可採行（惟通關單位主管可視實際情況彈性處理）。在異常狀況下，關員可憑業者之傳送記錄先予人工處理，事後由業者補送相關存證資料。

（二）如係業者與相關業者間訊息傳輸故障時，由業者間自行約定或由通關網路協調約定之方式處理。

（三）海關發出之訊息，於發出後通關網路發生故障者，故障排除後，通關網路應再補送訊息。

（四）應由業者發出之訊息，不論已否發出，如係經以規定之備援方式處理者，於故障排除後，免再補傳輸。

（五）業者發出之訊息，若遇海關EDI前置主機壅塞時，待海關系統回復後，若收到海關回訊未傳送相關訊息時，業者須重送。

六、電腦檔案保存期限

（一）報單檔案

通關網路記錄於電腦之報單及其相關檔案應自接收信息之日起保存六年，期滿予以銷燬。惟下列未結案件，應由當地海關通知專案保存，其已逾六年保存期限者，並於結案後通知予以銷燬：

1.關稅記帳案件。

2.行政救濟案件。

3.涉及違章漏稅經依法處罰案件。

4.滯欠稅費或罰鍰尚在執行中案件。

（二）艙單檔案

通關網路記錄於電腦之艙單檔案，應自接收信息之日起保存二年，期滿除另有約定外予以銷燬。

七、通關自動化作業遭遇之困擾

（一）通關作業過度集中

電腦的容量、處理能量有一定限度，目前進口通關作業過度集中在週一，出口通關作業過度集中在週五、六，是形成電腦塞車主因，極待船（航空）公司配合分散船期（班機）始能獲得顯著改善。

（二）部分簽審機關未連線

海關受託代辦事項多達二十幾項，常有海關已完成通關作業卻因須候補簽審機關之單證而未能放行，且常因各主管機關規定模糊或未臻明確，致海關執行困難，引起商民抱怨。關稅總局已積極與各相關簽審機關協調推動連線作業，以根本解決此類困難；如係法令規定不明確者，已由海關收集各通關單位有關應否憑證放行資料，俾供經辦人員查參，以免影響通關作業。

八、海關實施通關自動化之配套措施

我國海關自1992年11月起實施貨物通關自動化措施至今，成效與世界先進國家相較毫不遜色，惟少數不肖業者利用通關自動化之便捷，遂其偷漏關稅、逃避管制之目的，成為我國海關稽徵

業務之盲點，採取事後稽核、風險管理，即為海關防杜無障礙通關環境下逃漏稅或逃避管制所設計之配套措施。（詳見第八章第二節）

九、通關自動化對國際貿易之助益

海關實施貨物通關自動化後，對國際貿易有下列助益：

（一）通關快速

海關實施貨物通關自動化作業，24小時全天候接受連線報關，並於15分鐘內完成報關手續。以往空運平均通關時間為7小時，現則縮短為1.6小時（C1 10分鐘，C2 1.2小時，C3 3.3小時）；海運平均通關時間縮短為4.7小時（C1 10分鐘，C2 4.3小時，C3 9.8小時）。

（二）業者營運成本降低

1.節省往返海關人力，迅速提領貨物，減少倉租

（1）進出口廠商所鍵入之報關資料，報關業可利用「報關即用系統」直接轉換成報單訊息，不必重複繕打。並可充份掌握資訊，在自己辦公室辦理報關手續，減少往返海關時間、人力浪費。

（2）進口業者得以迅速提領貨物，減少倉租，降低資金凍結，有助於「零庫存」與「及時上線」理想之實現。

2.服務項目增加

海關實施貨物通關自動化作業後，增加下列服務項目：

（1）線上查詢：業者可在公司電腦上查詢目前報單狀態、應否驗貨、稅款金額、已否放行等資料，若已放行，即可向貨棧辦理提領手續。

（2）電子佈告欄：透過通關網路的電子佈告欄，報關業界

可公告個別活動及訊息。

（3）資料庫查詢：通關網路目前提供以下四個資料庫供連
　　線用戶查詢之用：

　　A.公共資料庫：國家幣別、每旬匯率、簽審規定、納
　　　稅辦法、航機班次、稅則稅率、稅則分類章註及增
　　　註、進出口統計資料。

　　B.EDI資料庫： EDI標準文件資料、通關標準文件資
　　　料。

　　C.海關資料庫：廠商資料、出口貨物進倉資料、進口
　　　貨物進倉資料、進口報單通關流程、進口報單補
　　　單、報關人擔保餘額、出口報單通關流程、出口報
　　　單補單、出口押匯報單、商港建設費欠費。

　　D.法規全文檢索：法規、行政公告、貨名稅則。

（三）海關工作負荷減輕，效率提昇

1.處理能量大幅提高，除可節省海關人力，並減少業務成長
　壓力外，作業效率亦因而提昇。

2.以電腦代替人工處理通關作業，減少人為干預，作業透
　明，海關形象得以提昇。

（四）有利對外貿易談判

海關實施貨物通關自動化作業，二十四小時受理投單，訂定
貨物通關自動化實施辦法，使電子文件具通關法效，報單文件單
一化及通關流程合理化，已成為世界上少數通關自動化成功的案
例，在亞洲各國中僅次於新加坡及日本，對國家形象之提昇助益
頗大。

通關作業一向被為列為國際間貿易瓶頸；加速通關，消除貿
易障礙，為未來國際貿易談判重點，我國實施自動化致力消除通
關障礙，將有利於對外貿易談判。

第2章 入出境旅客及進出口郵包之通關

1.入出境旅客之通關作業

2.進出口郵包之通關作業

檢查入境旅客行李是海關與社會大眾接觸最頻繁的業務，由於近年來，我國觀光事業蓬勃發展，航空公司不斷增闢航線，致入境旅客及班機大幅增加，以1999年為例，出入境旅客已逾1,811萬人次。在檢查人力有限的情形下，為加速行李通關，海關使用X光檢查儀過濾，再根據旅客入出境紀錄予以抽查，並研擬利用警犬協助查緝毒品作業；1998年4月29日起陸續對歐美、紐、澳、日本、韓國直航班機旅客實施紅綠線通關作業，使攜帶簡單行李的旅客得以最快速度完成通關程序。

　　海關在郵局亦設有通關單位，為往來國際的郵寄貨物辦理通關作業。

第一節　入出境旅客之通關作業

　　旅客入境時，每人應填寫一份「入境旅客申報單」（Inward Passengers Declaration）向海關申報；旅客出境時，免填寫申報單。惟入出境旅客均應注意相關規定，以免受罰。

一、入境旅客之通關

（一）申報事項

　　下列事項均應於「入境旅客申報單」中報明：

1.所攜隨身行李，有應稅物品、新品、貨樣、機器零件、原料物料、儀器工具者。

2.攜帶有金銀與外幣、新台幣者。

3.攜帶有武器、槍械（包括：獵槍、空氣槍、魚槍）、彈藥及其他違禁物品者。

4.攜帶有放射性物質或X光機者。

5.攜帶有藥品者。

6.攜帶有大陸物品者。

7.另有不隨身行李隨後運入者。

8.另有不擬攜帶入境之隨身行李者（可暫存關棧，俟出境時攜帶出境）。

（二）免稅物品之範圍及數量

旅客攜帶之行李物品如係自用、家用者，其免稅物品範圍如下：

1.雪茄25支，或捲菸200支，或菸絲1磅，及酒1公升，但限滿20歲之成年人始得適用。

2.少量罐頭及食品（限由非疫區進口）。

3.上列1.2.項以外已使用過之行李物品，其單件或一組之完稅價格在新台幣10,000元以下者。

4.上列1.2.3.項以外自用且與其身分相稱之物品，其完稅價格總值在新台幣20,000元以下者，但未成年人減半計算。

5.貨樣，其完稅價格在新台幣12,000元以下者。

（三）應稅物品之規定

旅客攜帶進口隨身及不隨身行李物品合計如已超出免稅物品之範圍及數量者，均應課徵稅捐；其每一項目，並以不超過旅客自用及家用所需合理數量為限。限值與限量之規定如下：

1.限值

（1）每位入境旅客攜帶進口隨身及不隨身行李物品，其中應稅部分之完稅價格總和不超過美金20,000元者（未成年人減半），可免辦輸入許可證。

（2）入境旅客隨身攜帶之單件自用行李，如屬於准許進口

類者，雖超過上列限值，仍可免辦輸入許可證。

2.限量

（1）農產品類6公斤（但食米、花生、蒜頭、乾金針、乾香菇各不得逾1公斤，水果禁止攜帶）。

（2）酒24公升（不限瓶數）。

（3）菸：捲菸2,000支，或菸絲10磅，或雪茄250支。

（4）大陸土產：刺繡3條，陶瓷器（含茶具）4個（組），花瓶12個，手工藝品6件，紀念品6件，傢具1套，屏風2組，碗、盤、碟各48個，衣物6件，干貝、鮑魚干、燕窩、魚翅各1.2公斤，罐頭各6罐，農產品類6公斤（但食米、花生、蒜頭、乾金針、乾香菇、茶葉各不得逾1公斤，水果禁止攜帶），其他食品6公斤。

3.經常出入境（係指於30日內入出境兩次以上或半年內入出境六次以上）及非居住旅客，其所攜行李物品之數量及價值，得依規定標準從嚴審核，折半計算。

4.以過境方式入境之旅客，除因旅行必須隨身攜帶之自用衣物及其他日常生活用品得免稅攜帶外，其餘所攜之行李物品依上開3.之規定辦理稅放。

5.入境旅客攜帶之行李物品，超過上列限值及限量者，如已據實申報，應於入境日起45日內繳驗輸入許可證稅放或辦理退運，不依限退運者，得由貨主聲明放棄後，依關稅法規定，申請照價購回並完稅。

（四）攜帶黃金、外幣及新台幣之規定

1.黃金

旅客攜帶黃金進口數量不予限制，但不論數量多寡，均須向海關申報，如其總值超過美金10,000元者，應向國際貿易局申請輸入許可證，並辦理報關驗放手續，否則退運。

2.外幣

旅客攜帶外幣入境者不予限制，但所攜外幣超過美金5,000元者，應於入境時向海關申報。

3.新台幣

入境旅客攜帶新台幣入境以40,000元為限，如所帶之新台幣超過該項限額時，應在入境前先向中央銀行申請核准，持憑查驗放行。

4.中共幣券

不得攜帶入境。未申報而攜帶入境者，沒入；申報者，准予退運。

（五）攜帶藥品之規定

1.旅客攜帶自用藥品入境，以6種為限，其限量如下：

（1）人參0.6公斤、鹿茸0.6公斤、萬金油3大瓶或12小瓶、八卦丹12小盒、龍角散6小盒、白鳳丸6粒、牛黃丸6粒、海狗丸1盒（0.6公斤／盒）、六神丸3小瓶、保心安膏12小瓶、仁丹6小瓶、朝日萬金膏6盒（5片／盒）。

（2）下列藥品每種以2瓶／盒為限：魚肝油（450cc／瓶）、魚肝油丸（500粒／瓶）、保濟丸（10小瓶／盒）、姑嫂丸（10小瓶／盒）、紅花油、保心安油、驅風油、補腎丸（10小瓶／盒）、中將湯（12小包／盒）、中將湯丸（紅150粒／瓶或白220粒／瓶）、薩隆帕斯（40片／盒）、健腎丸（10小瓶／盒）、硫克肝（120粒／瓶）、命之母（225粒／盒）、正露丸（120粒／瓶）、胃藥（120粒／瓶）、面速力達母藥膏、辣椒膏（24片／盒）、合利他命（120粒／瓶）、欲不老（100粒／瓶）等。

（3）未列舉之藥物，除麻醉藥品應依法處理外，其他自用

治療藥物，須憑醫院、診所之證明，每種以2瓶／盒為限。

2.大陸中藥材及中藥成藥合計12種（中藥材每種0.6公斤，中藥成藥每種2瓶／盒），其完稅價格合計不得超過新台幣10,000元。

3.旅客攜帶藥品超過上述限量，經向海關申報者，責令退運；未申報者，依法沒入，如該未申報之藥品列屬禁藥，並應依法移送法辦。

（六）違禁物品

下列物品禁止攜帶入境：

1.偽造之貨幣、證券、銀行鈔券及印製偽幣印模。

2.賭具及外國發行之獎券、彩票或其他類似之票券。

3.有傷風化之書刊、畫片及誨淫物品。

4.宣傳共產主義之書刊及物品。

5.合於大陸土產限量表以外之大陸地區生產、製造、加工、發行或製作等之物品。外籍旅客及華僑攜帶上開物品入境者，須將該類物品事先分開包裝，在入境旅客申報單上列明，並得免費寄存於民用航空局倉庫內，直到離境時再行攜帶出境，其保管期限為45日。

6.槍械（包括：獵槍、空氣槍、魚槍）、子彈、炸彈、毒氣以及其他兵器。

7.鴉片、罌粟種子、大麻、高根、化學合成麻醉藥物等及其製劑，暨其他危險藥物。

8.所有非醫師處方或非醫療性之管制物品及藥物（包括大麻煙）。

9.槍型玩具及用品。

10.侵害專利權、圖案權、商標權及著作權之物品。

11.其他法律規定之違禁品。例如，土壤、未經檢疫或從疫區進口之動植物及其產品等。

12.保育類野生動物及其製產品，未經中央主管機關之許可者。

（七）現行入境旅客行李檢查方式

旅客入境時，關員於受理「入境旅客申報單」（簡稱D/F）後，先審核旅客姓名、班機等是否申報，並輸入電腦查核旅客相關資料，以作爲檢查之依據。海關對手提及托運行李之檢查方式：

1.手提行李

空運旅客部分，由旅客自行選擇綠線檯或紅線檯通關並輸入電腦，來自泰、菲、港、澳等地特定班機之旅客列爲查緝重點，由檢查關員以人工檢查。海運入境旅客部分則採人工審核作業，以普查方式通關。

旅客攜帶動植物及其產品者，應先赴檢疫所服務檯辦理檢疫手續。如有應稅物品，需分估繳稅後放行。

2.托運行李

先由海關會同航警局安檢人員以X光檢查儀實施會檢，如發現行李內有槍形物、不明物、夾層或商銷物品等可疑顯影，即予掛牌提醒檢查檯注意檢查，並由海關派專人將可疑行李監押至指定嚴查檯會同旅客及航警局人員開箱徹底查驗。對於特殊案件（如毒品），有時不予掛牌而採跟監方式，俟旅客於檢查檯受檢時暗示檢查關員予以嚴密檢查及搜身，以避免驚動正常旅客。

（八）紅綠線通關制度（Red-green Line Clearance System）

海關爲加強便民服務，增進通關效率及提昇國家形象，自

1998年4月29起中正、高雄機場全面實施紅綠線通關制度，入境旅客可依自己所攜行李狀況選擇綠線檯（免報稅檯）及紅線檯（應報稅檯）通關；海關再輔以抽檢方式，並利用情報交換、資訊過濾、監視系統，及偵檢設備、巡查人員等方式協助檢查，對不誠實之旅客採取重罰，以防投機。

入境旅客攜帶之行李物品合於免稅規定，且無其他應申報事項者，得經由綠線檯免驗通關。攜有禁止、管制或其他限制進口之行李物品，或下列應向海關申報事項者，應經由紅線檯查驗通關：

1. 攜帶之菸、酒超逾免稅限量（菸1條、酒1公升）者（未成年人不准攜帶）。
2. 攜帶物品之總值逾越免稅限額新台幣20,000元者（未成年人減半）。
3. 攜帶超逾美金5,000元或等值之其他外幣現鈔者。
4. 攜帶新台幣超逾40,000元者。
5. 攜帶黃金價值逾美金10,000元者。
6. 攜帶水產品及動植物類產品者。
7. 有後送行李（不隨身行李）者。
8. 水果（禁止攜帶入境）。
9. 有其他不符合免稅規定或須申報事項或依規定不得經由綠線檯通關者。

經綠線檯通關旅客，檢查關員收受「入境旅客申報單」實施選擇性事前刷碼，並輸入電腦，依存檔紀錄決定免驗放行或移紅線檯查驗。

無論經由紅線或綠線檯通關之旅客，檢查關員於收取其「入境旅客申報單」後，即不再受理旅客任何方式之申報，檢查關員認為有必要時得將申報單上之條碼輸入電腦予以查核。

海關關員檢查旅客行李發現有涉及安全問題之物品，如槍械、毒品等，即請現場安檢人員會同處理，並依規定分別移由航警局或調查局繼續偵辦。

(九) 超量超值物品之處理

1.應稅物品之分估、徵稅

（1）入境旅客攜帶應稅行李物品或須補送證明文件之物品，應隨同旅客移送行李處理檯辦理分估徵稅。

（2）行李之品目、數量合於自用範圍，且非屬電器品類或大宗、大件性質之零星物品，按海關進口稅則解釋準則附則四所定稅率（10%）徵稅。

（3）洋菸、酒及前款以外之物品，應各按海關進口稅則規定之稅則稅率徵稅。

2.留關行李之處理

分估關員應會同旅客加封，運回倉庫並簽發「留關待辦手續行李收據」，交由旅客收執，俾憑辦理稅放。

3.繳稅放行

旅客依分估關員簽發之「入境旅客稅款繳納證」至台灣銀行繳稅後，憑「入境旅客行李稅款繳納收據」，領取已稅之行李物品。

4.退運國外行李之處理

過境旅客不擬攜帶入境之行李或入境旅客之應稅物品不願繳關稅者，應存入聯鎖倉庫並發給「旅客退運國外行李物品提領收據」，日後持憑退運。

5.放棄物品之處理

（1）備價購回：超量超值之應稅物品未能取得輸入許可證者，除退運外，得由旅客聲明放棄，並准予備價購回完稅放行。

（2）自願放棄：對於不繳稅及不辦理退運而自願放棄之應稅行李物品，旅客應填寫「自願放棄書」一式三份，物品用袋裝好，繫上標籤，註明入境日期、班機及姓名後，運回辦公室依規定處理。

二、出境旅客之通關

旅客出境時，免填寫申報單向海關申報，惟應注意下列規定：

（一）攜帶黃金、外幣及新台幣之規定

旅客出境每人攜帶之外幣及新台幣之限額如下，攜帶黃金及超額外幣之旅客，於航空公司櫃檯報到後，可就近向出境海關服務台辦理登記手續。

1.黃金

旅客攜帶黃金出境數量不予限制，但不論數量多寡，均須向海關申報，如其總值超過美金10,000元者，應向國際貿易局申請輸出許可證，並辦理報關驗放手續。

2.外幣

不予限制，但超過等值美金5,000元者，應向海關登記。凡未登記，經查出所帶外幣超出規定者，其超過部分依法應予沒入。

3.新台幣

以40,000元為限。如所帶之新台幣超過限額時，應在出境前事先向中央銀行申請核准，持憑查驗放行。

4.中共幣券

不得攜帶出境。攜帶出境者，一經查出均予沒入。

(二) 攜帶出境物品之限額

出境旅客及過境旅客攜帶自用行李以外之物品，如非屬經濟部國際貿易局公告之「限制輸出貨品表」之物品，其價值以美金10,000元為限，超過限額或屬「限制輸出貨品表」內之物品者，須申請輸出許可證始准出口。

(三) 管制及違禁物品

下列物品禁止攜帶出境：

1. 未經合法授權之翻印書籍（不包括本人自用者在內）、翻印書籍之底版。

2. 未經合法授權之翻製唱片（不包括本人自用者在內）、翻製唱片之母模及裝用翻裝唱片之圖標暨封套。

3. 未經合法授權之翻製錄音帶及錄影帶（不包括本人自用者在內）。

4. 古董、古幣、古畫等。

5. 槍械（包括獵槍、空氣槍、魚槍）、子彈、炸藥、毒氣刀械及其他兵器。

6. 宣傳共產主義或其他違反國策之書籍、圖片、文件及其他物品。

7. 偽造或變造之各種幣券、有價證券、郵票、印花稅票及其他稅務單照憑證。

8. 鴉片類（包括罌粟種子）、大麻類、高根類、化學合成麻醉藥品類，及以上各類物品之各種製劑。

9. 依其他法律禁止出口之物品（例如，偽禁藥、動物標本、果樹苗等）。

10. 保育類野生動物、珍貴稀有植物及其製產品，未經中央主管機關之許可者。

（四）復運出口性質行李之處理

1. 關員處理復出口行李應注意事項

（1）核驗確屬原物。

（2）監視裝機出口。

（3）簽註相關文件完成解除列管手續。

2. 復運出口行李之處理方式

（1）存關行李

A. 以手提方式提運出境者，請旅客在辦理報到手續時出示存關收據，由航空公司彙總後，向執檢關員請准監視由關棧提領押往出境管制區，俾及時供旅客提領。

B. 以托運方式提運出境者，由航空公司持據申辦提領，並由關員押運至出境檢查口監視托運出境。

（2）保稅工廠職員攜帶貨樣出境：貨樣未逾每人美金10,000元免簽證限額者，檢查關員應憑切結書，檢查物品內容數量無訛後，始准予監視裝機出境，並於切結書上簽註出境班機日期，其第四聯留存，其餘各聯轉送保稅組銷案。

（3）入境時辦理押金或公函保證之行李

A. 旅客攜同押金收據及物品申請退押，經辦關員核實後，物品列管監視裝機，押金收據持往台銀領款。

B. 旅客攜同公函保證物品申請核銷時，經辦關員應調原存函件核銷並監視裝機出境，簽註原函銷案。

C. 持憑「暫准通關證」通關者，應依有關規定辦理。

三、出入境旅客應特別注意事項

1. 對某一項物品應否申報無法確定時，請在申報單上報明，

如無填報能力者，可在檢查開始之前以口頭申報，以免因觸犯法令規定而受罰。

2.旅客行李之品目、數量及價值，除應絕對合理，且合乎自用、家用範圍外，亦不得出售圖利，或受酬替人帶貨。

3.除在申報單申報外，未經主管機關許可，攜帶下列物品者，將觸犯法令規定而受罰

(1) 武器、槍械、彈藥、武士刀、劍、匕首等。

(2) 放射性物質或X光機。

(3) 商銷貨物及貨樣。

(4) 動植物、種子與其他活生動物及其產製品。

(5) 非醫師處方或非醫療性之管制藥品，包括：鴉片、海洛因、古柯鹼、安非他命、大麻煙等。

(6) 保育類野生動物及其產製品。

(7) 違反「商標法」或「著作權法」之仿冒品。

(8) 水產品，除乾燥、密閉罐裝或真空包裝者外，一律銷毀或退運。

第二節　進出口郵包之通關作業

以郵包運送物品與經由其他方式運送物品進出關稅領域，適用之通關手續稍有不同。由於郵包（包裹及信件）數量繁多，為避免不必要之延誤，乃透過郵政機關與海關密切合作，採取特殊之行政措施，以確保相關之稅捐得以徵收，及管制、法令得以施行。

一、進口郵包之通關

(一) 免辦理報關郵包之通關

　　寄遞進口「限制輸入貨品表」外之貨品，其離岸價格（FOB）在美金5,000元以下或等值者，海關歸類為「小額郵包」，此類郵包免辦理報關手續。

　　小額進口郵包，依據「國際進口包裹代驗投遞辦法」由郵局派員代表收件人拆包供海關查驗，經驗明應予免稅之郵包，即由郵局按址投遞或通知招領。應稅郵包，則由海關核定稅額後，由郵局憑海關填發之「小額郵包進口稅款繳納證」，派郵務士按址代收進口稅捐後投遞；或由郵局通知招領，由收件人憑通知單到有關郵局繳納稅款後提領。因特殊原因，須收件人繳驗證件或應補辦手續者，由郵局通知親來海關辦理。

(二) 應辦理報關郵包之通關

　　進口郵包離岸價格（FOB）在美金5,000元以上者，海關歸類為「大宗郵包」，此類郵包應依下列規定辦理報關手續。

　　1.報關期限

　　　　自郵局寄發「進口國際包裹招領驗關通知單」之日起15日內向海關辦理。逾限依關稅法規定加徵滯報費。

　　2.報關應備文件

　　　（1）進口報單：一份，其他各聯視需要加繕。

　　　　　A.全份報單均須按報單格式一式套打填列。

　　　　　B.報單上蓋納稅義務人中英文名稱、地址、廠商編號、統一編號、電話之章戳。

　　　（2）輸入許可證

　　　　　A.免辦簽證部分

（A）一般進出口廠商、政府機關及公營事業進口「限制輸入貨品表」外之貨品，免證進口。

（B）國貿局登記之進出口廠商、政府機關及公營事業以外非以輸入為常業之進口人，以郵包寄遞進口「限制輸入貨品表」外之貨品，其離岸價格（FOB）在美金10,000元以下或等值者免證。

（C）進口郵包如屬限制輸入貨品表內之貨品且為少量自用或餽贈者，海關得視情形依表內規定酌量免證稅放，但有其他規定者，應從其規定。

（D）進口委託查核輸入貨品表內之貨品，應依該表所列規定辦理。

（E）各國駐華使領館、各國際組織及駐華外交機構，持憑外交部簽發之在華外交機構與人員免稅申請書辦理免稅公、自用物出進口者，免證。

B.應辦簽證部分：繳交輸入許可證第三聯。

（A）進口「限制輸入貨品表」內之貨品，除其他法令另有規定外，應依該表所列規定申請辦理簽證，表內規定屬管制進口者，非經貿易局專案核准，不得進口。

（B）國貿局登記之進出口廠商、政府機關及公營事業以外非以輸入為常業之進口人進口貨品，其離岸價格（FOB）為美金10,000元（不含）以上者，應辦理簽證，此類進口人申請簽證進口之特定項目貨品，除經貿易局專案核准者外，以供自用者為限。

（3）委任書：郵包收件人如委託報關行代為申報時，應檢附一份委任書並加蓋公司及負責人圖章。

（4）提貨單（包裹單）：收貨人名稱、地址與輸入許可證上所記載者必須相符。

（5）貨價申報書：二份

A.應加蓋公司及負責人圖章。

B.應報明有無特殊關係、交易條件、費用負擔情形。

C.下列進口貨品免繳：免稅貨品、國貨復運進口之貨物、政府機關、公營事業、保稅工廠、加工出口區、科學工業園區等事業進口之貨物。

（6）發票

A.發票（Invoice）或商業發票（Commercial Invoice）二份，如為政府機關或公營事業單位之進口貨物，則僅需一份。

B.應詳載收貨人名稱、地址、貨物名稱、牌名、數量、規格、單價、運費、保險費等。

C.加蓋公司、負責人圖章。

（7）說明書或目錄。

（8）裝箱單：進口貨物如僅有一箱者免附。

（9）應繳驗之其他有關文件

A.無線電管制器材：應繳驗交通部進口護照。

B.唱片、影片、影碟、錄影帶、錄音帶等視聽著作物及書刊、電腦軟體等著作物，如其著作財產權人係美國人、英國人、香港法人者，每次每一著作物以一份為限，超過時，收件人為個人者應退運；收件人為公司行號者，應比照報運進口者查核著作財產權人提供之授權輸入廠商清單方式辦理。但錄影節

目帶、廣播電視節目及電影片應另繳驗行政院新聞局核准進口通知單或證明書。

C.進口大陸地區物品：除行政院新聞局同意輸入之出版品、電影片、錄影節目、廣播電視節目及經濟部國際貿易局准許間接輸入之農產品、工業產品外，應繳驗經濟部國際貿易局或其授權簽證單位之輸入許可證。

D.進口人用藥品、醫療器材、含藥化粧品、膠囊狀或錠劑食品：應檢附行政院衛生署核准文件。

E.麻醉藥品：應繳驗行政院衛生署麻醉藥品經理處特許輸入。

F.武器：應檢附經濟部國際貿易局輸入許可證、國防部或內政部警政署同意文件。

G.農產品、畜牧品、花、樹、種子等：應繳驗經濟部標準檢驗局核發之檢驗合格證或行政院農業委員會動植物防疫檢驗局核發之檢疫證。

H.核子原料放射性物資：應繳驗行政院原子能委員會同意文件。

I.菸酒：寄贈進口供受贈人自用之洋菸酒，其數量菸超過三條或酒超過三瓶者，應驗憑菸酒公賣局核發輸入准許證放行。

J.其他有關機關規定之特殊文件。

3.申請復查

郵包收件人如不服海關對其進口包裹核定之稅則號別或完稅價格者，得於收到海關填發稅款繳納證後依關稅法有關規定，向海關申請復查。

4.關稅之計徵及免稅規定
  （1）免稅規定
    A.國外寄入私人餽贈之郵包物品，其數量零星經海關核明屬實，且其完稅價格在新台幣6,000元以內者，免徵進口關稅（但洋菸、洋酒不免稅）。
    B.國外進口之郵包，其非屬貨品輸入管理辦法規定限制輸入之貨品，且離岸價格（FOB）未逾新台幣3,000元者，免徵進口關稅。
    C.廣告品及貨樣，其完稅價格在新台幣12,000元以下者免徵進口關稅。
  （2）應稅規定
    A.私人餽贈進口之郵包物品，其完稅價格超過免稅限度（新台幣6,000元），但其離岸價格未逾免簽證文件限度（美金10,000元）者，其超逾免稅限度部分，應照海關進口稅則解釋準則附則四規定，按10%稅率徵稅。
    B.私人餽贈進口之郵包物品，其離岸價格超過免驗簽證文件限度者，除應繳驗輸入許可證外，並分別按海關進口稅則規定之稅率課徵進口稅。
    C.進口郵包內如有原料、商品等非屬私人餽贈之物品，不適用免稅之規定，並應分別按海關進口稅則所規定之稅率課徵進口稅。
  （3）合併計稅規定
    A.自同一寄遞地，寄交同一收件人或同一地點之郵包，次數甚為頻繁，顯有化整為零之企圖者，不適用上述關於私人餽贈進口郵包予以免稅之規定。
    B.進口郵包，自同一寄遞地，同時寄交同一收件人或

同一地點，在兩件以上者，得合併計算其離岸價格及完稅價格。

(4) 代徵稅費：進口郵包應繳納之貨物稅、營業稅、菸酒稅、推廣貿易服務費等，由海關依照相關稅法規定一併代徵。

(三) 違禁或管制進口物品

下列物品管制或禁止郵寄進口：

1. 偽造之貨幣、證券、銀行鈔券及印製偽幣印模。

2. 賭具及外國發行之獎券、彩票或其他類似之票券。

3. 有傷風化之書刊、畫片及誨淫物品。

4. 宣傳共產主義之書刊及物品。

5. 槍械（包括獵槍、空氣槍、魚槍）、子彈、炸藥、毒氣以及其他兵器（包括零件、附件）。

6. 鴉片類、大麻類、高根類、化學合成麻醉藥品類，及以上各類物品之各種製劑及罌粟種子。

7. 所有非醫師處方或非醫療性之管制物品及藥物（包括大麻煙）。

8. 槍型玩具及用品（申領警政署同意文件者除外）。

9. 侵害專利權、圖案權、商標權及著作權之物品。

10. 新台幣（但經中央銀行專案核准寄送者不在此限）。

11. 依其他法律規定之違禁品

(1) 藥事法規定之禁藥。

(2) 自疫區輸入之食品、水果等。

(3) 未經農委會核准之保育類野生動物及其產製品。

(4) 不准輸入之大陸物品。

（四）逾期未領郵包之處理

依據國際包裹處理須知規定，包裹招領通知單自郵局投交收件人之翌日起，滿七日未經收件人領取，且未向郵局作任何聲明時，郵局會再發通知單催領一次，除經收件人說明特殊原因申請展延（每次以一個月為限）者外，存局期間不得逾一個月，逾期視為無法投遞包裹退回原寄地或按無著郵件處理。

（五）其他規定

1. 郵寄茶葉進口者，應憑郵局進口提貨單，每人每月以1.2公斤為限。

2. 郵寄香菇進口者，應憑郵局進口提貨單，每人每月以1公斤為限。

3. 應課關稅之貨物或管制物品：郵遞之信函或包裹內，有應課關稅之貨物或管制物品，其封皮上未正確載明該項貨物或物品之品質、數量、重量、價值，亦未附有該項記載者，經查明有走私或逃避管制情事時，得沒入其貨物或物品，並通知進口收件人。

4. 空白文件：由國外寄遞入境或在國內持有，經國外發貨廠商簽字，可供填寫作為進口貨物發票之預留空白文件者，處持有人新台幣30,000元以下之罰鍰，並沒入其文件。

5. 涉及私運或虛報情事，依關稅法及相關法律規定處分。

二、出口郵包之通關

（一）小額出口郵包之通關

寄往國外之小額郵包（離岸價格在美金5,000元以下或等值者），須填妥郵局印製之郵包發遞單及報關單各一份（美國地區僅需填具報關單一份，郵寄物品之名稱、數量、價值應據實申報，

並在報關單上簽章，如屬商品或貨樣，應加附商業發票，以憑審核），連同郵包交各地郵局窗口辦理交寄手續，由郵局將出口郵包彙送海關抽驗放行。

(二) 大宗出口郵包

凡需繳驗簽證文件、離岸價格在美金5,000元以上、保稅工廠或申請退稅之出口郵包物品，均應繕打出口報單並檢附其他必備文件，向各地駐郵局海關（基隆、台北、台中、台南、高雄郵局，及台中、楠梓、高雄加工區與新竹、台南科學工業園區內郵局）辦理出口報關手續。報運出口之郵包，經海關查驗放行後，寄件人憑郵局交寄之執據及圖章，向海關洽領報單副本。

大宗郵包報關時應備文件如下：

1. 包裹發遞單及報關單

每箱各一份（美國地區僅需填具報關單一份），及空白包裹執據（10件以上填寫大宗包裹執據）。

2. 出口報單

應繕具一式一份，另視廠商需要加繕副本，並加蓋輸出、出售人中、英文名稱、住址、廠商編號、統一編號、電話章戳。

3. 發票

一式兩份，加蓋公司、負責人圖章及發票章。

4. 裝箱單

一份，加蓋公司、負責人圖章及發票章。

5. 輸出許可證：第三聯

（1）免辦簽證部分

A.廠商輸出未列入「限制輸出貨品表」之貨品，免證。

B.廠商以外之出口人輸出未列入「限制輸出貨品表」之貨品，離岸價格在美金10,000元以下或等值者，免證。

C.出口「委託查核輸出貨品表」內之貨品，應依該表所列規定辦理。

（2）應辦簽證部分

A.廠商寄往國外郵包物品為「限制輸出貨品表」列貨品，應依表列規定申請辦理簽證。

B.廠商以外之出口人出口未列入「限制輸出貨品表」之貨品，其離岸價格在美金10,000元（不含）以上者，應向國際貿易局申請簽證。

6.委任書

寄件人如委託報關行代為申報時，應檢附一份。

7.其他有關文件

例如，護照、經濟部商品檢驗局輸出檢驗合格證書、行政院新聞局核准出口通知單或證明書、貨物稅完稅照、產地證明書、保稅工廠出廠放行單等。

（三）違禁或管制出口物品

下列物品禁止或管制郵寄出口：

1.新台幣（但經中央銀行專案核准寄送者不在此限）。

2.外幣寄送總值限美金1,500元（或其等值外幣），並限在駐有海關之郵局辦理。

3.未經合法授權之翻印書籍（不包括本人自用者在內）及翻印書籍之底版（包括排字版紙型暨照相原版）。

4.未經合法授權之翻製唱片（不包括本人自用者在內）、翻製唱片之母模（翻製唱片之底版）及裝用翻製唱片之圓標暨封套。

5.未經合法授權之翻製錄音帶及錄影帶（不包括本人自用者在內）。

6.古董、古幣、古畫等。

7.槍械（包括獵槍、空氣槍、魚槍）、子彈、炸藥、毒氣以及其他兵器（包括零件、附件）。

8.宣傳共產主義或其他違反國策之書籍、圖片、文件及其他物品。

9.偽造或變造之各種幣券、有價證券、郵票、印花稅票及其他稅務單照憑證。

10.鴉片類、大麻類、高根類、化學合成麻醉藥品類，並以上各類物品之各種製劑及罌粟種子。

11.依其他法律禁止出口之物品（例如，偽禁藥、動物標本、果樹苗等）。

12.有傷風化之書刊、畫片及誨淫物品。

13.保育類野生動物及其製產品，未經農委會、國際貿易局等有關機關許可者。

（四）其他應注意事項

1.郵寄及封裝方法之限制

郵寄國外之物品、體積、重量，各國訂有不同之限制，報關前應先向郵局查詢寄達國禁止進口或流通之物品及封裝方法，以免違規遭退件。

2.違章之處分

郵遞之信函或包裹內，有管制物品，其封皮上未正確載明該項貨物或物品之品質、數量、重量、價值，亦未附有該項記載者，經查明有走私或逃避管制情事時，得沒入其貨物或物品，並通知出口寄件人。

如涉及其他違章情事，則依關稅法及相關法律規定處分。

第3章 運輸工具之通關

1.進口運輸工具之通關

2.出口運輸工具之通關

運輸工具，係指船舶、車輛、牲畜、航空器等海陸空所用之運輸工具。載運客貨之運輸工具出入國境，應由運輸工具負責人或由其委託之運輸工具所屬業者，依規定將載運之貨物及旅客暨其行李報由當地海關查驗。惟進口後不上下客貨，並在24小時內出口者，可免辦申報。

海關為確保國課，落實法令之執行，並有效打擊關稅詐欺，對載運客、貨之國際運輸工具進出國境應辦理何種手續，均於「運輸工具進出口通關管理辦法」中加以規範。

運輸工具之通關流程，一般定義為運輸工具抵達我國通商口岸，至結關出口。本章依運輸工具進口、出口之通關作業流程分別加以說明。

第一節　進口運輸工具之通關

載運貨物進口之海運及空運運輸工具應辦理之通關手續，包括：進港申報、理船（機）、船（機）檢查、申報艙單與申請准單、放行提貨等作業，茲分述如后。

一、海運進口運輸工具之通關

（一）船隻進港之申報

1.船隻掛號之申請

進港船舶所屬船公司或其代理人，得在進港前15日內，向海關提出或透過通關網路傳輸「船隻掛號申請書」，電腦將會回應「船隻掛號核覆通知」予以確定。

2.進港預報及船隻資料之傳送

進港船舶所屬船公司或其代理人，應於船舶進口24小時前，將「船舶進港預報單」訊息以EDI透過通關網路向海關預報。如因故遲延或中止進口者，應立即向海關報明延期或註銷。。

3.船隻繫泊資料之傳送及註記

船隻進港繫泊後，由港務局將繫泊時間及停泊碼頭資料傳送海關，經電腦邏輯檢查合格後，即轉入進港船隻資料檔並在艙單檔註記。

(二) 理船

船隻到港後，由關員登輪受理申報文件，並完成申報洋菸酒及船員日用物品之加封手續稱為理船。

船舶進港時，船上應備妥由船長簽字之下列文件，以備隨時交登船關員理船或查驗：

1.隨船進口及過境貨物艙單（貨櫃船得以「貨櫃放置艙位配置圖」代替過境貨物艙單）。

2.隨船進口及過境包件清單。

3.貨物（櫃）放置艙位配置圖。

4.入境及過境旅客名單，並註明全部託運行李件數。

5.輪船應用食物及什物清單。如有麻醉品、武器彈藥及外幣者，並各附其清單。

6.郵件清單。

7.船員名單及船員自用不起岸物品清單。

下列船舶海關均派員理船：

1.常川來往台港航線船舶。

2.權宜國籍船舶。

3.前一港口來自亞洲及中國大陸地區，非屬全貨櫃輪之船舶。

4.未能配合海關作業之輪船公司或代理行所屬船舶（例如，無法預先傳輸或遞送艙單供海關岸邊抽查，或艙單申報內容常有不符規定者）。

5.未列入進口艙單之工作船，自國外首次進港者。

6.其他海關認為有登輪理船必要之船舶。

其餘船舶如無接獲該船或其船員走私情報者，以不登輪理船為原則。惟海關未登輪理船者，進港船舶所屬公司或代理行應於船舶靠岸24小時內船舶結關前，檢具由船長簽字之理船文件，註明船舶靠岸及遞送文件資料時間，向海關申報進口。

（三）船隻檢查

海關檢查關員得對進港之船隻作選擇性抄查，凡查有未申報之任何物品，除係滯港之民生必需品外，一律予以查扣，並依私運貨物進口論處。

1.船舶負責人應協助海關檢查

（1）船舶進出港前，船舶負責人應飭部門負責人注意檢查，如發現有私運貨物，或服務人員攜帶違禁或違章物品，或超額金銀幣鈔等違法情事，應即報告當地海關處理。

（2）船舶負責人及服務人員遇海關關員在該船檢查，應予密切協助，並接受檢查。

2.海關施行檢查之時間

海關檢查人員，應於進口船舶到達外港或進港後，及出口船舶離碇泊地點前，對該船施行監視及檢查，並於檢查任務完畢後即行離去。

3.檢查人員應著制服

　海關檢查人員登輪執行任務時，應著規定制服，或佩徽章或提示足以證明身分之其他憑證。

4.登輪檢查

（1）海關檢查人員登輪後，應先通知該輪船長或大副或其他當值之高級船員，並核閱船方向海關申報之司多單、進（出）口艙單及其他相關文件，方得搜查。

（2）海關檢查人員於搜查船上之駕駛室、船員室、儲存室、機器間、鍋爐間及其他場所時，應先通知該船負責司多、管理司多或代表人到場拆卸、開鎖、搬移或眼同作證至檢查完竣為止。

5.繕具搜查筆錄

（1）海關檢查人員檢查工作完竣時，不論有無扣押物品，均應繕填海關扣押物品清單及搜查筆錄，責由該船負責人或代表人簽字蓋章證明。

（2）海關人員執行檢查，如有扣押物品，應會同該輪負責人或代表人共同清點，逐項登載於上述清單。於繕寫被扣押貨物持有人及其職位時，如為我國籍者，應載明身分證統一編號、出生年月日及住所。其為外國籍者，應載明其護照號碼，並繕具委託書，立即交由受委託人簽章。查獲槍械、彈藥或毒品、洋菸酒時，另須製作涉案人之談話筆錄。

6.搜身

　海關檢查人員具有正當理由，認為船舶服務人員身帶物件足以構成違反海關緝私條例情事，經拒絕交驗該項物件者，始得從事身體之搜索。

7.勘驗搜索時間之限制

海關檢查人員登船施行查驗、搜索，不得在日沒後、日出前為之。但於日沒前已開始施行，有繼續之必要，或違反海關緝私條例之行為正在進行者，不在此限。

8.查獲案件之處理

海關檢查人員如查獲違章或走私案件，其物品由海關處理；有關人犯如經海關核明違反懲治走私條例者由海關移送司法機關偵辦，其涉及治安案件時移送治安機關辦理。

(四) 進口文件之申報

進口船舶抵達後應於24小時內，檢具下列文件向海關申報進口：

1.由船長簽字之理船文件。但經海關登船查驗並收取者，得免檢附。

2.船舶入港報告單。但港務局以電腦連線方式傳輸「船舶進港通知」予海關時，運輸業免向海關遞送書面船舶入港報告單。

3.國籍證書。

4.噸位證書（但國籍證書已載明船舶淨噸位者，得免檢附）。

5.助航服務費繳納證明書。

6.來自中華民國通商口岸之船舶經結關者，其結關單照。

(五) 艙單、准單作業

船公司或其代理行，應將其進口艙單先以電子資料交換（EDI）訊息透過通關網路傳輸至海關（進口艙單可採「一段式」或「三段式」傳輸，參見附註一），或以書面艙單遞交海關並經由海關建檔後，始得申請核發普通卸貨准單或特別准單。

進口船舶應向海關申領准單始能下卸貨物，將貨物由船上卸下時應申領普通卸貨准單，下列情形則應事先申請特別准單：

1.凡須於海關辦公時間外起卸貨物者。

2.凡申請船邊免驗提貨、船邊驗放作業者。

3.凡申請卸存貨物於聯鎖倉庫或貨櫃集散站者。

4.凡船舶裝載危險物品或因航行上之阻礙須停泊外港卸貨，
　或因其他正當理由須將所裝貨物全部或一部分卸入駁船或
　卸下碼頭或翻艙者。

5.其他應由海關特別派員押運及監視辦理者。

申領及核發普通卸貨准單與特別准單之程序如下：

1.連線船公司或其代理行申領普通卸貨准單，應由卸存之貨
　棧或貨櫃集散站辦妥貨物進棧申報暨常年聯保，如係貨櫃
　並應辦妥運輸業者與貨櫃集散站常年聯保。

2.連線船公司或其代理行以普通卸貨准單申請書訊息或特別
　准單申請書訊息（僅限於卸船進儲及船邊免驗提貨、船邊
　驗放作業），透過通關網路傳送海關，經邏輯檢查通過後，
　電腦自動將普通卸貨准單或特別准單訊息通知船公司或其
　代理行，並一併通知相關之連線貨棧或貨櫃集散站。

3.海關稽查或倉棧單位列印加蓋關防之普通卸貨准單或特別
　准單，含進口貨櫃清單，並批明「押運」或「監視」後，
　交由船公司或其代理行簽領，俾憑辦理卸船進儲作業。

4.未連線船公司或其代理行申領普通卸貨准單或特別准單，
　應以書面申請，如屬普通卸貨准單尚須加附貨物進棧申報
　暨聯保單（如係貨櫃應加附運輸業者與貨櫃集散站聯保單
　及進口貨櫃清單，聯保得以常年聯保方式辦理），向稽查或
　倉棧單位申請，經審核文件無訛後，將普通卸貨准單申請
　書及特別准單申請書有關資料（不含貨櫃清單）先由經辦
　關員代為鍵入。其餘核發手續與前第2、3項規定同。

5.凡因卸船進儲及船邊免驗提貨、船邊驗放作業以外情形申請特別准單者，船公司或其代理行或貨主應將書面特別准單申請書與特別准單一次套打送海關申請，經有權人員審核文件無訛後，簽發特別准單，准單簽發後如須更改電腦檔案者，應由經辦關員予以更正。

6.准單核發後如更正貨櫃號碼或卸存地點，應以人工處理，並於艙單檔註記。

（六）貨櫃（物）卸船及進儲、提領等作業

1.封條之申請及加封

船公司憑普通卸貨准單及特別准單（含貨櫃清單）申請核給封條，經關員審核無訛後，將普通卸貨准單或特別准單及封條起訖號碼輸入電腦，經邏輯檢查合格後，由電腦自動依序配對貨櫃與封條號碼，並轉入進口艙單資料檔動態註記後，啟動訊息由電腦列印進口貨櫃清單及貨櫃運送單，並於卸櫃後由船公司自行加封（經海關核定之連線績優船公司得自備封條，其餘作業程序相同）。

2.貨櫃出、進站之作業

欲存放內陸集散站之進口貨櫃（物），應申辦貨櫃（物）運出港區及進入內陸貨櫃集散站之手續。

3.進倉資料傳送及列印

進口貨櫃（物）辦妥進倉手續後，倉儲業憑特別准單及進口艙單（自電腦調出艙單畫面）點貨進倉，將進倉資料訊息傳送海關，並轉入進倉資料檔，每日列印進倉資料表，供駐庫關員查核。

4.放行提領作業

進口貨物經完成報單通關作業後，海關將放行訊息通知報關人及倉儲業者辦理提領手續。如係櫃裝貨物，放行訊息同時傳送保三總隊，憑以辦理落地追蹤檢查作業。

附註一

進口艙單「一段式」或「三段式」傳輸

　　為方便輪船公司聯營時，進口船舶所屬船公司或其代理人（下稱船舶經營人）以外之聯營船公司亦能直接傳輸艙單之部分明細資料給海關起見，將進口艙單訊息分成「表頭資料」、「明細資料」及「彙總資料」等三部分。

1. 「一段式」傳輸

　　係指船舶經營人單獨或以船長之名義，將該輪所載貨物，由本身獨家將表頭資料、明細資料及彙總資料等三部分置於同一封包內，一次傳輸而言（不論有否聯營型態存在）。

2. 「三段式」傳輸

　　係指一份進口艙單，允許分成三時段傳輸。表頭資料先由船舶經營人單獨或以船長之名義傳輸後，續由數家聯營船公司（或包括船舶經營人）傳輸明細資料；船舶經營人於確定明細資料已傳輸完成後，再傳輸彙總資料，始完成整份進口艙單資料之傳輸作業。艙單受理時間以彙總資料傳輸完成時間為準。但「三段式」傳輸有下列限制：

（1）整份艙單需全部以連線傳輸且

　　A. 「船舶經營人」本身必須為連線業者。

　　B. 「船舶經營人」傳送艙單表頭資料時，須報明「聯營船公司」之代碼，俾憑受理。

　　C. 「聯營船公司」以向當地關稅局登記者為限。

（2）「聯營船公司」傳輸明細資料係受「船舶經營人」及該輪船長之託而傳輸；如有涉及違章情事，海關以該船長為處分對象。

（3）海關回應訊息給原傳輸者。

（4）船舶經營人得以查詢方式查得全船各卸存地點之貨櫃號碼及櫃數；但聯營船公司僅能查詢本身傳輸之資料。

3.書面進口艙單遞送海關者，以一次填報完整爲限，不得分段處理或遞報。

附註二

海運進口艙單各欄位填報說明

1. 艙單種類：於進口之□格內打「ˇ」。
2. 運送人或其代理人名稱：填入運送人或代理人之中文或英文名稱。
3. 運送人或其代理人代碼：填入運送人或代理人代碼；船舶運送業兼具船務代理業身分而有兩個代碼時，一律使用船舶運送業之代碼。
4. 船名：填入船舶全名。
5. 航次：填入航次編號，如無航次應填NIL。
6. 船舶呼號：依船舶無線電通信碼填列。
7. 船長姓名：填入該船船長姓名全名。
8. 船隻掛號：依申請船隻掛號海關核給號碼填報。
9. 船舶國籍：填入該船舶國籍（應與國籍證書相符）之代碼。
10. 總／淨噸位
    (1) 上段（或前段）填總噸位（Gross Tonnage）。
    (2) 下段（或後段，與前段間加／）填淨噸位（Net Tonnage）。
11. 停泊港口及碼頭：前段填停泊港口，後段填停泊碼頭（含浮筒）。
12. 預定到港時間
    (1) 船舶尚未進港遞進之艙單，應按民國年、月、日、時、分序填列預定到港時間，如90/1/15/15：00。
    (2) 已填繫泊時間者，本項免填。

13.繫泊時間

（1）船舶進港後遞進之艙單應按民國年、月、日、時、分序填列繫泊時間，如90/1/10/09：35。

（2）進港前申報且已填前項者，免填。

14.到港前一港：填列到達本港口之前一國外港口之代碼。

15.前一港離港日期：應按民國年、月、日序填列前一港國外港口正確之離港日期，如90/1/26。

16.結關日期：本欄免填。

17.航行次一港：本欄免填。

18.受理艙單關別：填列受理艙單申報之關別代碼。

19.報單收單關別：本欄免填。

20.受理艙單時間：由關員於受理艙單時填列並簽章。連線艙單電腦列印時由系統自動帶出T/V系統收受艙單時間。

21.艙單號碼、S/O號碼

（1）本欄應填報艙單號碼。

（2）為避免與上、下兩艙號內容混淆，每一艙號或S/O號之第一行全部資料與上一項次資料最後一行應空一行，以利作業。

22.提單號碼（B/L NO）

（1）填報提單號碼，無提單號碼應填NIL。

（2）轉口艙單如有數份提單併列一艙號者得列代表提單號碼。

（3）海運提單號數如超過十六碼，連線者取後十六碼傳輸。

23.貨物件數及單位

（1）件數應依提單所載填列總件數，單位應依「通關作業及統計代碼」填列。

（2）如係不同包裝單位構成，件數應使用PKG，並應於下方（包裝說明）用括弧加註清楚。貨物由二包以上合成一件者，亦應括弧加註，訊息傳輸亦同。

（3）空貨櫃應填報櫃數。

24.標記及號碼

（1）依提單所載填列貨上之標誌（嘜頭Marks）及箱號（Case NO.）。

（2）標記為圖形者，均改以文字敘述，敘述之順序及方式為

A.先填報（或傳輸）圖形內文字或與圖形標誌結合之文字。

B.次行填報（或傳輸）圖形標誌，並以「IN（圖形）」表示。如「IN TRIANGLE」。

C.於圖形標誌下行填報或傳輸圖形外之文字。

（3）常見之圖形標誌有

A.圓形：傳輸或填報CIRCLE或CIR.。

B.正方形：傳輸或填報SQUARE或SQ.。

C.矩形：傳輸或填報RECTANGULAR或REC.。

D.三角形：傳輸或填報TRIANGLE或TRI.。

E.菱形：傳輸或填報DIAMOND或DIA.。

F.橢圓形：傳輸或填報OVAL。

G.星形：傳輸或填報STAR。

H.如屬其他圖形則傳輸或填報OTHER。

（4）標記資料長度超過385Byte時，其遞送之書面艙單應列印完整之標記。

25.貨物名稱、貨櫃號碼、裝運方式、貨櫃種類

（1）先填列貨物名稱。如屬貨櫃裝運，於填完貨物名稱

後，空一行或印一行虛線再逐項填列貨櫃號碼、貨櫃種類、裝運方式。如APLU1234567/4300/l等。

（2）請儘量加註H.S.CODE（六碼）。

26.貨物卸存地點、轉至地點、國外裝、卸貨港、轉船港

（1）本欄內容包括五項，填報時應先冠以下列字母，顯示其類別後，再填報其地點或港口之代碼

　　A.「R」指貨物卸存地點（Storage Place After Unloading；國內地點）。

　　　（A）如先卸存碼頭再拖至內陸貨櫃集散站亞太，請填列亞太（非填列碼頭）。

　　　（B）如先卸存碼頭拖至亞太內陸貨櫃集散站再拖至高雄加工區，請先填列亞太（非填列碼頭，加工區則以S/P辦理）。

　　B.「E」係指「轉至地點」（Destination of Transit；國內或國外地點），如貨物在本港卸船後要轉運至國內其他關稅局（卸存地點）或國外港口者，應加填「E」項。

　　C.「L」係指「國外裝貨港」（Loading Port）。

　　D.「D」係指「國外卸貨港」（Discharging Port），係專供出口艙單填報用，進口艙單內免填報。

　　E.「T」係「國外轉船港」（Tran-shipment Port），如貨物係運輸途中經轉船者，應加填「T」項。

（2）進口艙單至少應填報「R」及「L」兩項。

27.毛重／體積

（1）前段或上段填列毛重，以KGM爲單位（「小數點」以下取一位數）。

（2）後段或下段視需要填列體積或材積及單位。

28.收貨人、發貨人、受通知人及地址

（1）第一行填列收貨人之名稱及地址，並冠以「C：」字樣
（C表示Consignee）。收貨人為銀行或承攬業者，受通
知人應申報真正貨主名稱及其地址（發貨人係於申報
出口艙單時填報）。

（2）第二行填列受通知人之名稱及地址，並冠以「N：」字
樣（N表示Notify Party）。

29.備註：凡加註說明，不宜填列在其他欄位者（例如，運費
支付情形、裝卸計費條件）均可在本欄加註。

30.船長簽章：應由船長簽章。

31.運送人或其代理人簽章：應加蓋船公司（或代理人）之簽
章。

32.空貨櫃號碼

（1）空貨櫃號碼於艙單末頁或另頁按卸存地點列印。連線
艙單空櫃號碼應傳輸；如因作業上無法傳輸，仍應將
空櫃總數報明於「貨物件數」欄，櫃號於卸船前書面
補齊。

（2）本欄不包括屬於進口貨物之空貨櫃。

33.總數列印：總數應列印於艙單末頁。

（1）連線者應列印艙號總數、實櫃總數、空櫃總數、貨櫃
總數等四項。

（2）未連線者除報明上述四項外，應另行報明總重量
（KGM）。

34.頁次：應於各頁填列共　頁第　頁。

附註三

艙單更正之申請

1. 運輸工具所載貨物未列入貨物艙單，或雖經填列而與實際情形不符，如有正當理由得於申報後24小時內向海關申請更正；運輸業以電腦連線方式申報運輸工具進口，且於運輸工具抵達前先行傳輸進口艙單者，得於運輸工具抵達後48小時內申請更正。但有特殊情形經海關核准者，得不受上述更正時間之限制。

2. 連線船公司（代理行）申請追加或變更進口艙單時，如有下列情形，海關電腦不予受理，由艙單單位以人工方式處理

   (1) 海關已查獲在先（應由艙單單位通報註記）。

   (2) 已有密報、通報或機動隊註記。

   (3) 逾時追加、變更者。

   (4) 已銷艙者。

   (5) 已發S/P，申請變更卸存地點及貨櫃號碼者。

   (6) 散裝貨物件數之變更。

3. 未連線船公司得於船舶繫泊遞送正式艙單後24小時內，以書面「中華民國海關艙單更正單」更正之。

4. 進口艙單有申報翔實貨名之轉口貨物申請變更為進口貨物者，運輸業者得於運輸工具進口日起30日內向海關申請更正艙單，並免予議處。進口艙單貨名籠統申報為「一般貨物」（General Cargo）者，如逾「運輸工具進出口通關管理辦法」規定之時限申請更正，應依「進口及過境艙單與實際情形不符案件處分依據表」核議後，始准更正。

附註四

船用物品及船舶日用品之申報

1. 船用物品之報關

   船用物品係指艙面物料及機艙物料。船用物品應由船長或船公司或其代理行出具申請書將所需物料品名、數量、價值等詳細填列於出口報單，向稽查單位申請審核，經認為合理，即在該報單上加蓋「所請船上用品數量經核尚屬合理」戳記，由承辦人簽署後轉送出口單位，經複核後，加蓋放行專用章簽放，並由稽查單位關員辦理船邊驗放。

2. 船舶日用品之報關

   (1) 由船公司或代理行或船舶日用品供應商填具「供應船舶日用品申報表」一式二份，詳列品名、數量及價值等，經蓋章後向稽查單位申請核准裝船。其由船舶用品供應商申請者，應檢附船長或大副之委託文件，經稽查單位參照「船員每人每日食物最高消耗量參考表」審核數量合理後，於該申報表簽章放行。申請人應於核准當日持憑該申報表送食品至碼頭或船邊，交稽查單位碼頭值勤關員驗放裝船，該申報表應俟食品裝輪後留置船上備查。倘因故不能裝船，申請人應將申報表退回稽查單位辦理註銷。

   (2) 申請單上應註明航程所需日數，其申請數量應以實際航程日數所需為準。

   (3) 船員每人每日食物最高消耗量標準如下：米及麵粉各1.125公斤，豬肉、牛肉各1公斤，雞、鴨、魚各1公斤，蛋類 8個，水果類每種2公斤，蔬菜3公斤，罐頭類每種2聽，食用油1公斤，食糖 500公克，其他食品按實際需要審核，以合理數量為原則。

二、空運進口運輸工具之通關

(一) 入境申報

航空器抵達我國境內航空站後，其機長或航空公司或其代理人應檢具下列文件向海關申報：

1. 隨機航員名單（「綜合報告表」）。
2. 進口及過境貨物艙單〔未載貨者亦應檢送「無貨」（CARGO NIL）艙單〕
   - （1）該項艙單應由機長或航空公司或其代理人簽章。
   - （2）進口貨物艙單所列貨物，如含有併裝貨物時，除在艙單上註明何者為併裝貨物外，並須另備分艙單。分艙單應載明貨物之名稱、貨運提單號碼、件數、重量，由機長或航空公司或其代理人簽章。
   - （3）依規定以電腦連線方式傳輸艙單訊息向海關申報進口者，仍應於航空器抵達後二十四小時內補送書面艙單資料，惟海關得視實際傳輸情形，公告准免遞送書面艙單資料。但經民航主管機關核准僅技術性降落，並不裝卸貨物且於規定時間內離境者，及因緊急事故迫降者，得免檢送上列文件。

(二) 卸貨

1. 機長或航空公司或其代理人應於航空器抵達航空站時，持進口貨物艙單（參見附註五、六）向海關申請，經核准後始得卸貨。
2. 航空器所載貨物應按規定向海關申報進出口，並憑進出口貨物艙單卸裝貨物。海關關員得視需要抽核，監視卸裝。
3. 進口貨物卸存機場管制區以外地區之貨棧，應由航空公司

或其代理人檢具其與貨棧經營人共同簽章具結之空運貨物特別准單申請書，申請核發空運貨物特別准單。

4.快遞專差（OBC）攜帶之快遞貨物應卸存於「快遞貨物專區」，並在該專區辦理通關。

（三）放行提貨

航空器載運進口貨物，經完成通關作業後，即可辦理提領手續。

附註五
空運進口艙單之申報

1. 主艙單傳輸與分艙單傳輸

   為方便進口貨物有併裝時，航空公司以外之承攬業者亦能直接傳輸艙單之部分明細資料給海關起見，將進口艙單訊息分成主艙單及分艙單二部分。

   （1）主艙單訊息由航空公司（代理人）負責傳送，分艙單訊息得由航空公司或承攬業傳送至通關網路。

   （2）連線航空公司可提前於航空器飛離抵達本國之前一站時傳輸進口貨物艙單，惟申報時間仍以航空器抵達本國境內航空站為準。

   （3）艙單連線傳輸，有下列數點限制：

   A. 連線申報係以主號為申報單位，即同一主號之所有分號必須均採連線傳送；如有部分分號無法連線傳送者，該主號之所有分號則均採人工申報。

   B. 承攬業者傳輸分艙單係受航空公司（代理人）之託而傳輸；如有涉及違章情事，海關以航空公司（代理人）為處分對象。

   （4）書面進口艙單遞送海關者，以一次填報完整為限，不得分批處理或遞報。

2. 空運進口貨物艙單未規定固定格式，惟申報時應載明下列各項：

   （1）航空器隸屬國籍及所屬公司。

   （2）到達日期及班次。

   （3）機上所載貨物之貨運提單號碼、貨物名稱、件數、重量，如遇兩件以上貨物合裝成一件者，應詳細註明該

件內所包合件數。

（4）裝運及到達地點。

3.空運進口貨物艙單連線傳輸時，其他應注意事項

（1）艙單受理關別：台北關稅局為「CA」，高雄關稅局為「BF」。

（2）貨棧卸存代號：台北航空貨運站進口倉為「C2001」、機放倉為「C2003」、永儲進口倉為「C2007」、遠翔進口倉為「C2009」、快遞進口倉為「C2011」。高雄倉庫進口倉為「B2140」、高雄機放倉為「B2143」。

附註六
空運艙單各欄位填報說明

主艙單

1. 艙單種類：於進口或轉口之□內打「∨」。
2. 頁次：應於各頁填列共幾頁第幾頁。
3. 航空公司代碼：填入航空公司之代碼，請參閱「通關作業及統計代碼」。
4. 航機國籍及註冊號碼：填入航空公司之代碼，及登記註冊號碼。
5. 航機班次：填入航機班次。
6. 日期：填入該飛機到達日期，按年、月、日分序填列。
7. 裝貨地點：填入原始裝貨機場代碼。
8. 到達地點：填入貨物抵埠地點之代碼。
9. 提單號碼：填報主提單號碼。如分批載運，得於提號後加印P表示。
10. 卸存貨棧代碼：填報卸存貨棧代碼。
11. 貨物件數及單位：應依提單所載填列總件數，如以CTN為單位得免填列。如分批抵達，應註明此次載運件數及總件數（例如，2/5）。
12. 毛重及重量單位：應依提單所載填列總毛重及重量單位，如以KGM為單位得免填列。如分批載運，應註明此次載運毛重及總毛重（例如，12.5/20.0）。
13. 貨物名稱：填列主提單之一般性貨物名稱。
14. 備註：凡有加註說明，不適宜填列在其他欄位者，在本欄加註，例如，危險品、冷藏品、運費支付情形。亦可供航

空公司內部使用。

15.總數列印：將總件數及總毛重列印於艙單末頁。

16.機長或運送人或代理人簽章：應由機長或航空公司或其代理人簽章。

分艙單

1.艙單種類：於進口或轉口之□內打「ˇ」。

2.頁次：於各頁填列共幾頁第幾頁。

3.航空公司代碼：填入航空公司之代碼。

4.航機國籍及註冊號碼：填入該飛機國籍之代碼，及登記註冊號碼，得不填列。

5.航機班次：填入航機班次。

6.裝貨地點：填入裝貨機場代碼。

7.到達地點：填入貨物抵埠地點之代碼。

8.日期：填入該飛機到達日期，按年、月、日分序填列。

9.國內承攬業者：填入本國承攬業者名稱。

10.國外承攬業者：填入往來之承攬業者名稱，可免填。

11.提單種類：「M」係指主提單，「H」係指分提單。

12.提單號碼、卸存貨棧代碼：上行填報提單號碼，下行填報卸存貨棧代碼，如此張艙單皆卸存同一貨棧，可於填完所有主、分提單號碼後，空一行或印一行虛線再填列貨棧代碼。

13.貨物件數及單位：依提單所載填列總件數，單位應依「通關作業及統計代碼」填列。

14.毛重及重量單位：應依提單所載填列毛重及重量單位，如以KGM為單位得免填列。

15.分提單筆數、裝運地點：如為主提單，則填列分提單總筆數，如無分提單應填NIL。如係分提單，則填列貨物之起

始裝貨機場代碼。

16.貨物名稱：填列主提單或分提單之一般性貨物名稱。

17.託運人姓名及住址：填列託運人之名稱及地址，可免填
報。

18.收貨人姓名及地址：填列收貨人之名稱及地址，可免填
報。

19.總數列印：以一主號為單位，列印該主號下所有分艙單之
總件數及總毛重。

附註七
艙單更正之申請

1. 連線航空公司（或其代理人）如於航空器抵達前先行傳輸進口艙單者，得於航機抵埠後48小時內，以EDI訊息更正艙單；如於航空器抵達後傳輸艙單者，其傳輸更正艙單時限與未連線航空公司之規定時限同。

2. 未連線航空公司應於航機抵埠後24小時內以書面向海關申請更正。

3. 下列情況，海關不受理連線進口艙單之EDI線上追加、更正，而需依有關規定以書面人工處理：

   （1）主、分艙單經通關網路合併相符，並傳送至海關者。

   （2）逾規定之更正時限者。

   （3）海關已發覺或查獲不符在先，或有已有密告者。

   （4）已銷艙單之艙號。

   （5）艙單訊息傳輸係以「主號」為訊息傳輸單位。

第二節 出口運輸工具之通關

載運貨物出口之海運及空運運輸工具應辦理之通關手續，包括：出港預報、貨物進倉、裝櫃、貨物裝船（機）等作業，茲分述於后。

一、海運出口運輸工具之通關

（一）預報

出口船舶截止收貨、結關、開航預報等作業為出口貨物報關前之準備動作，供廠商選擇適當之船隻載貨，均以EDI訊息傳送海關，以憑受理報單。

1. 截止收貨日由輪船公司自主管理，應於簽發裝貨單（S/O）時加蓋截止收貨日期戳予以提示。

2. 船公司連線傳輸出口船舶開航預報單訊息（簡5251），得隨時更正刪除以便由通關網路設置「出口船舶開航預報單」資料庫，開放為船期表功能，以利報關行及出口廠商查詢及作業。

3. 輪船公司仍須申報出口船舶開航預報單，但該截止收貨日海關不作為截止收單放行之控管用。

4. 海關以「船隻結關」為出口報單收單放行之控管點，輪船公司如需於結關日前發出「出口報單放行清表」訊息，以作為出口報單提前截止收單放行之控管點者，應以書面向出口業務單位或稽查結關單位提出申請，受理申請之單位應鍵入該提前之時間，並同時發出出口報單放行清表訊息；未申請提前發出該項訊息者，由稽查結關單位於結關

時發出該清表訊息。

（二）貨櫃（物）之進站（倉）、裝櫃、出進站及裝船

1.出口貨物報運出口前，須先進儲貨棧，並以EDI訊息傳送進倉証明書向海關申報。

2.出口貨物經報關放行後，散裝貨物即可辦理裝櫃作業。

3.存放內陸集散站之出口貨櫃，應於加封後，申辦運出內陸集散站及進入港區之手續。

4.出口貨櫃（物）運至船邊辦理裝船。

（三）結關

行駛國際航線之船舶駛離港口前，船公司須向海關申請，並辦理繳驗有關文件及繳納費用後，始准開航離港之手續，稱為結關。

船公司於出口貨櫃（物）裝船後，應向海關辦理結關手續，如有未及裝船者，應辦理退關轉船等後續作業，並於結關後48小時內以EDI訊息傳送方式向海關申報出口艙單。結關作業之重點如下：

1.繳納規費

（1）依「海關徵收規費規則」之規定辦理。

（2）繳納助航服務費：凡進出中華民國口岸，享受助航設施便利之船舶，除依規定免繳者外，均應按下列規定擇一徵收助航服務費。

A.按航次徵收者，船舶註冊噸位每噸徵收新台幣2元，但不裝載貨物之客輪減半徵收。

B.按定期徵收者：船舶註冊噸位在150噸以上者，每噸徵收新台幣6元，船舶註冊噸位未達150噸者，每噸徵收新台幣3元；不裝載貨物之客輪各按上述標準減

半徵收。船舶註冊噸位，以噸位證書或國籍証書所載淨噸位為準。

C.繳納時限：應於船舶出口前繳納，如船舶須於海關辦公時間外或星期例假日結關出口者，應於銀行作業時間內預繳助航服務費。

D.繳納證有效期間：凡已繳納助航服務費之船舶，由海關發給助航服務費繳納證，按航次逐次徵收者，限當航次有效，該船舶結關離開國境後自動失效；按定期徵收者，其有效期間為自船舶結關之日起四個月。

E.免徵規定：下列船舶免徵助航服務費

（A）海軍所屬各式艦艇。

（B）軍用及軍事機關徵用之船舶，暨承運公自用物資之軍差船舶，經有關機關證明者。

（C）政府機關所有非從事貿易之船舶。

（D）供築港、疏濬、測量水道或作海底探測用之船舶，及專供運輸其有關器材之船舶。

（E）各友邦軍用艦艇。

（F）引水船。

（G）未裝載商貨之漁船。

（H）各友邦政府派遣來華專作親善訪問或專供海洋研究、鑽探石油、礦物、調查、教育實習用之船舶。

（I）非商用之各種遊艇。

（J）專供在港內使用之船舶（包括躉船、浮橋及浮船）。

（K）專為避難或修理而駛入港內之船舶，及原係駛

往其他通商口岸，但因事實需要，駛入港內添載燃料之船舶，並不上下客貨，嗣後仍以原船原貨出口者。

（L）未裝載進口貨物，申請進口專供解體之船舶；但進港卸貨後再行解體之船舶，仍應徵收助航服務費。

（M）由其他船舶拖曳或載運進口之無動力船舶。

（N）進港船舶事先聲明48小時內復行出口，並不起卸及裝載貨物，或上下旅客共計不滿20人者。

（O）外國向本國訂購之船舶，於建造完峻結關開航出港時，並未裝載貨物或所載旅客不滿20人者。

（3）其他規費：包括特別監視費、押運費、加封費、鍵輸費（未連線者）等。

2.應檢具文件

申請結關時，應檢具下列文件：

（1）結關申請書。

（2）出口貨物艙單。

A.運輸業以電腦連線方式傳輸艙單者，得於船舶結關後48小時內傳輸至海關，並免向海關遞送書面艙單。

B.以非連線方式遞送者，仍應於申請結關時檢送。

C.出口艙單可採「一段式」或「三段式」傳輸。

（3）出境旅客名單。

（4）船員名單。

（5）檢疫准單。

（6）助航服務費繳納證明書。

（7）退關貨物清單（使用「出口貨物退關註銷報告單」），無退關貨物時，仍應填「無」。

（8）註銷貨物清單，無註銷貨物仍應填「無」。

3. 核發結關證書

結關手續完成，由海關核發結關證書，船舶應於48時內開航出口。逾上述時限未開航者，應向海關重行申報進口。但於時限內向海關申報延期開航者，不在此限。滯港期間須起卸貨物者，應向海關重行申報進口。

4. 退關貨物轉船

（1）由船公司或代理行辦理者，以退關貨物轉船清表向海關辦理，不須提示貨主同意書。

（2）由貨物輸出人辦理者，持註明新舊船號之S/O辦理轉船，惟應於放行後30日內辦理。

5. 出口貨櫃清單之遞送

運輸工具裝運貨櫃出口於結關時，運送人或其代理人應將經船（機）負責人或其指定人員簽署之出口貨櫃清單一式二份，遞送海關稽查單位經核明無訛後，一份存查，一份送出口單位附存於有關出口艙單備查。

附註八
海運出口艙單各欄位填報說明

(有※標記者，請參閱海運進口艙單填報說明)。

1. 艙單種類：於出口之□內打「ˇ」。
2. 運送人或其代理人名稱：※
3. 運送人或其代理人代碼：※
4. 船名：※
5. 航次：※
6. 船舶呼號：※
7. 船長姓名：※
8. 船隻掛號：※
9. 船舶國籍：※
10. 總／淨噸位：※
11. 停泊港口及碼頭：※
12. 預定到港時間：（本項免填）
13. 繫泊時間：按民國年、月、日、時、分序填列船舶進港繫泊時間。
14. 到港前一港：※
15. 前一港離港日期：※
16. 結關日期：按民國、年、月、日填列。
17. 航行次一港：填港口代碼。
18. 受理艙單關別：※
19. 報單收單關別
 （1）供海關及船公司列印報單收單關別。
 （2）不同收單關別另紙列印。

20.受理艙單時間：※

21.艙單號碼、S/O號碼

（1）填報S/O號碼。

（2）S/O號之第一行全部資料與上一項次資料最後一行應空
一行，以利作業。

22.提單號碼（B/L NO）：填報提單之參考號碼（因尚未正式
簽發提單）。

23.貨物件數及單位（包裝說明）：※

24.標記及號碼：※

25.貨物名稱、貨櫃號碼、裝運方式、貨櫃種類：※

26.貨物卸存地點、轉至地點、國外裝、卸貨港、轉船港：※

27.毛重/體積：※

28.收貨人、發貨人、受通知人及地址

（1）第一行填列「發貨人」之名稱及地址，並冠以「S」字
樣S表示shipper（申報「進口艙單」填報「收貨人」）。

（2）免填「受通知人」。

29.備註：※

30.船長簽章：※

31.運送人或其代理人簽章：※

32.空貨櫃號碼：※

33.總數列印：應列印於艙單末頁

（1）連線者應列印S/O號總數、實櫃總數、空櫃總數、貨櫃
總數等四項。

（2）未連線者，應另列明總重量（毛量；KGM）。

34.頁次：※

二、空運出口運輸工具之通關

(一) 出境申報

航空器起飛出境前，其機長或航空公司或其代理人應檢具出口貨物艙單一式二份向海關申報。

出口貨物艙單所列貨物，如含有併裝貨物時，除在艙單上註明何者為併裝貨物外，並須另備分艙單。分艙單應載明貨物之名稱、託運單號碼、件數、重量，由機長或航空公司或其代理人簽章，於航空器起飛前一併遞送海關。依規定以電腦連線方式傳輸艙單訊息者，免向海關遞送書面艙單。

空運出口貨物艙單之格式及填報方法，請參考空運進口貨物艙單部分之說明。

(二) 裝運貨物

1. 航空器載運出口（或轉運）貨物，應憑海關蓋印放行之託運單放行訊息或准單裝運。
2. 航空器所載貨物應按規定向海關申報出口，並憑出口貨物艙單裝貨。
3. 快遞專差攜帶貨物在快遞貨物專區通關。

(三) 結關

出口貨物經完成裝機作業後，航空器所屬公司或代理行應向海關申辦出口結關手續。

第4章 進口貨物之通關

1.收單（報關）作業

2.查驗作業

3.分類估價作業

4.徵（繳）稅作業

5.放行提領等作業

貨物輸運進口，應依關稅法及相關法令規定辦理申報及通關手續。貨物進口應辦理之事項、應提出之報單及其他有關文件，得以電腦連線或電子資料傳輸方式辦理通關，並準用貨物通關自動化實施辦法辦理。

　　一般將進口貨物通關流程定義為貨物運抵我國通商口岸至放行提貨，包括：收單（Registration of Declaration）、驗貨（Examination of Cargo）、分估（Tariff Classification and Valuation）、徵稅（Duty Collection）、放行（Release of Cargo）等五步驟。部分貨品免驗；部分屬於易腐、危險物品或具有特殊理由，經海關核准者，得採船（機）邊驗放方式，將驗貨移到最後步驟辦理。進口貨物通關之流程圖如圖4-1：

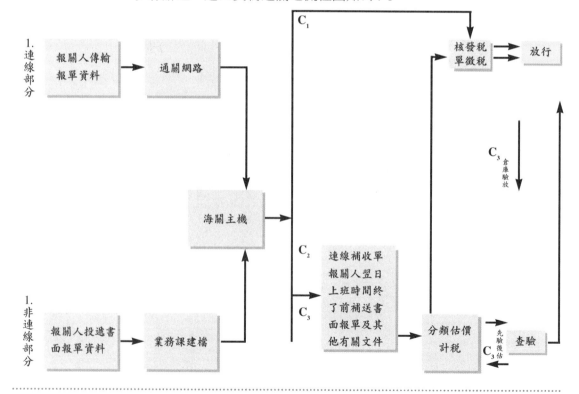

圖4-1 進口貨物通關流程圖

海關實務

第一節 收單（報關）作業

收單作業，就海關而言係收受報關人申報之報單及各種通關文件之作業；就報關人而言係投遞或傳輸報單及各種通關文件之作業。

連線報關人利用自備之PC等電腦設備，將經過專責報關人員審核並簽證後之進口報單資料以有關程式透過通關網路傳送至海關，由海關電腦執行邏輯檢查及核銷進口艙單，檢查通過者報單資料即存進進口報單檔，完成收單作業。若傳送時發生錯誤，電腦會自動回應訊息，通知報關人補正。

進口報單經完成收單程序後，由專家系統核定C1、C2、C3等通關方式。經核定為C1通關方式者，直接進入計稅作業；核定為C2、C3通關方式者，由電腦自動以訊息通知報關人於翌日辦公時間終了前，補送由其電腦列印之書面報單經報關專責人員簽證後，連同其他有關文件送海關分估單位，由收單人員以有關程式自報單檔調出畫面，經審核比對電腦資料無訛及檢視應備文件或各類書表齊全後，於報單檔註記，並於報單加蓋通關方式（C2或C3）章戳後完成收單。若有不符或不全，應以口頭或電話通知報關人補正。

未連線報關人應使用套版紙繕打報單後遞交海關，由海關據以建檔或依海關規定之其他方式（例如，磁片）輸入後，海關始予收單並徵收鍵輸費。建檔後之作業流程與連線者相同；但海關如有通知或報關人有申請更正事項，一律用人工作業。

進口貨物之報關應注意下列事項：

一、報單之申報

納稅義務人（收貨人、提貨單持有人或貨物持有人）或受委託之報關行，應於貨物進口時，繕具進口報單遞交或傳輸海關辦理報關。

二、報關期限

依關稅法規定，進口貨物之申報，應自裝載貨物之運輸工具進口之翌日起十五日內向海關辦理。海運者可在船舶抵埠前五日（全貨櫃輪為七日）內預報。

進口貨物不依規定期限報關者，自報關期限屆滿之翌日起，按日加徵滯報費6元。滯報費徵滿30日仍不報關者，由海關將其貨物變賣，所得價款，扣除應納關稅及必要之費用外，如有餘款，由海關暫代保管；納稅義務人得於五年內申請發還，逾期繳歸國庫。

依上述規定變賣之貨物，如納稅義務人於海關變賣前，申請按實際滯報日數繳納滯報費，補辦報關手續者，海關得准自收文之翌日起三十日內辦理應辦手續提領，逾期仍按規定變賣。

三、報關應附文件

進口貨物報關時，應遞交或傳輸進口報單，並檢附各項通關文件單據，作為海關查核及放行之根據。茲分述如下：

（一）進口報單（Customs Declaration：Import）

1.進口報單類別、代號及適用範圍

進口報單包括15類，其類別、代號及適用範圍如下：

G1（外貨進口）：一般廠商、個人自國外輸入貨物（包括

本國產不申請關稅優惠者）、樣品、展覽品、行李
等。

G2 （本地補稅案件）：保稅工廠、科學園區事業及加工出
　　口區事業非保稅原料補稅、原料、呆料、次品、樣
　　品、下腳廢料申請補稅、年度盤差補稅、產品經核准
　　內銷等案件，及關稅法規定補稅案件與打撈品、掃艙
　　貨、緝案標售物品。

G7 （國貨復進口）：外銷品售後服務或運回整修或被退貨
　　運回者。

D2 （保稅貨物出倉進口）：存保稅倉庫貨物申請出倉進口
　　者。

D6 （保稅倉庫貨物轉儲其他保稅倉庫）：存保稅倉庫貨物
　　申請轉儲其他保稅倉庫者。

D7 （保稅倉庫售與加工區或科園區）：存保稅倉庫貨物申
　　請出倉售與加工出口區或科學工業園區事業者。

D8 （外貨進儲保稅倉）：一般廠商（含未在我國辦理廠商
　　登記之外國廠商）、個人自國外輸入貨物，申請進儲
　　保稅倉庫者（不包括外銷品回銷）。

B3 （保稅工廠售與記帳廠再加工出口）：保稅工廠保稅品
　　售與稅捐記帳之外銷加工廠再加工出口視同出口及進
　　口者。

B6 （保稅工廠輸入原料）：保稅工廠自國外輸入加工外銷
　　原料者。

B7 （保稅倉庫售與保稅工廠）：存保稅倉庫貨物（加工原
　　料）出倉售與保稅工廠者。

E1 （國外輸入加工區）：加工出口區內廠商自國外輸入貨
　　物者。

E4（加工區售與記帳廠再加工出口）：加工出口區內保稅品售與稅捐記帳之外銷加工廠再加工出口，視同出口及進口者。

E5（加工區輸出貨品復進口）：加工出口區輸出貨品自國外退回加工出口區者。

P3（科園區售與記帳廠再加工出口）：科學工業園區內之成品售與稅捐記帳之外銷加工廠再加工外銷視同出口及進口者。

P4（國外輸入科園區）：科學工業園區事業自國外輸入貨物者。

2. 進口報單聯別及其用途

（1）正本（第一聯）：海關處理紀錄聯

（2）副本：

第二聯 進口證明用聯

第三聯 沖退原料稅用聯

第四聯 留底聯

第五聯 其他聯（各關稅局依實際需要規定使用）

（二）投遞進口報單時，應檢附下列文件

1. 海運提貨單（Delivery Order; D/O）或空運提單（Air Waybill; AWB）

由承運業者簽發，作為報關人提貨之主要憑證。非連線申報者應檢附一份；完成通關手續後，加蓋關防，發還報關人，憑以提貨。連線申報者免檢附。

2. 發票（Invoice）或商業發票（Commercial Invoice）

應檢附二份（政府機關或公營事業進口貨物一份）。

3. 裝箱單（Packing List; P/L）

係貨物打包裝箱時，將貨名、規格、型號、數量、每件毛

重、淨重等包裝情形作成之表單。報關時應檢附一份以供海關查驗核對之用。但散裝、大宗或單一包裝貨物可免檢附。

4.裝櫃明細表（Container Loading List）

申報整裝貨櫃二只以上之報單應檢附一份，列明櫃內貨物裝櫃情形。

5.輸入許可證（Import Permit; I/P）

（1）輸入「限制輸入貨品表」內之貨品，應依表列輸入規定辦理簽證；但下列進口人輸入限制輸入貨品表外之貨品，免除輸入許可證：

A.經貿易局登記為出進口廠商者（但其他法令另有管理規定者，應依規定辦理）。

B.政府機關或公營事業輸入之貨品，比照一般出進口廠商輸入規定辦理。

C.已立案私立小學以上學校。

D.入境旅客及船舶、航空器服務人員攜帶自用之行李物品，量值在海關規定範圍以內者。

E.各國駐華使領館、各國際組織及駐華外交機構，持憑外交部簽發之在華外交等機構與人員免稅申請書辦理免稅公、自用物品進口者。

F.其他進口人以海運、空運或郵包寄遞進口「限制輸入貨品表」外之貨品，其離岸價格（FOB）為美金10,000元以下或等值者。

G.其他經貿易局核定者。

（2）進口人輸入「限制輸入貨品表」內貨品屬少量自用或餽贈者得免證放行。

（3）簽審機關與T/V連線傳輸I/P內容者，得免檢附。但簽審

機關仍核發「限量使用之書面文件」者，應於放行之翌日起三日內隨同進口報單補送海關。

6.委任書

委任書係在確定報關行與納稅義務人之委任關係，應由報關人與納稅義務人共同簽署。

（1）一般委任：每一報單應檢附一份委任書。

（2）常年或長期委任：納稅義務人整年均委任同一家報關行報關者，可專案申請整年僅辦理一次，免逐案委任；在報單上「其他申報事項」欄申報核准文號。辦理常年（長期）委任報關者，其委任報關行家數、委任期限之規定等均應適用同一標準為原則（每一廠商每一關稅局最多委任五家，期間最多以一年為限）。

A.下列連線保稅報單應辦理常年（長期）委任報關：

（A）向進出口地海關報關案件：B6、D8（限發貨中心）、G7（限發貨中心及保稅工廠）

（B）向駐加工區海關報關案件：El、E5、D7

（C）向駐科園區海關報關案件：P4、D7

（D）向保稅倉庫監管海關報關案件：B7

B.有保稅工廠監管編號或發貨中心保稅倉庫監管編號之G7（國貨復進口）報單免稅案件。

C.信譽良好廠商經海關核定得船邊抽驗放行案件：審驗方式「7」（申請「免驗船邊裝（提）貨」，受委任報關行限符合「報關行設置管理辦法」第五十條之一規定條件者）。

D.先放後稅使用廠商擔保額度案件。

7.貨價申報書

（1）涉及影響進口貨物完稅價格之核定案件時（例如，有

應加計項目或得扣減項目者），始須檢附二份貨價申報書。

（2）須檢附者應報明有無特殊關係、交易條件、費用負擔情形。

8.貨櫃集中查驗通知單

非連線申報者申報以CY貨櫃裝運進口貨物之報單，始應加附一式四聯之貨櫃集中查驗通知單。

9.產地證明（書）（Certificate of Origin; C/O）

應提供之情形：

（1）國貿局規定應提供者。

（2）為適用第二欄稅率，海關得請納稅義務人提供。

（3）其他（例如，疑似大陸物品，海關得請提供鑑定參考）。

10.型錄、說明書或圖樣

配合海關查核需要提供。

11.進口汽車應行申報事項明細表

進口汽車應加附一份。汽車之牌名、型號、車型等等資料項目，均列入訊息項目。

12.其他

依有關法令規定應檢附者，例如，進口「委託查核輸入貨品表」內之農藥成品，應檢附「農藥許可證」及「農藥販賣業執照」影本；如進口廠商非農藥許可證持有者，應加附持有者之授權文件。

四、海關受理單位及其代碼

由於每一關稅局轄區均甚遼闊，為免報關人往返費時，海關依貨物存放地點，劃分管轄單位，每一單位各有其代碼，投遞報

單或傳輸訊息時必須依海關轄區劃分，向貨物存放地主管單位辦理通關手續（進、出口報單均適用）。

基隆關稅局

AA 進、出口組

AE 六堵分局

AH 花蓮分局

AL 桃園分局第二辦公室

AN 暖暖支局

AP 進口組（駐基隆郵局）郵務股

AS 蘇澳支局

AT 桃園分局

AW 五堵分局

AM 馬祖辦公處

高雄關稅局

BA 進、出口組

BB 保稅組

BC 前鎮分局

BD 中島支局

BE 中興分局

BF 高雄機場分局

BH 進口組國際郵包處理課（駐台南郵局）二股

BK 加工出口區分局（高雄區）

BM 稽查組巡緝課巡緝七股

BN 加工出口區分局（楠梓區）

BP 進口組國際郵包處理課（駐高雄郵局）一股

BS 台南科學工業園區支局籌備處

BG 金門辦公處

台北關稅局

　　CA 進、出口組

　　CB 保稅組

　　CD 倉棧組（機邊驗放案件）

　　CE 倉棧組（快遞貨物專區案件）

　　CH 進口組業務四課（駐永儲航空貨物集散站）

　　CF 快遞機放組（聯邦快遞空運貨物轉運中心）

　　CO 快遞機放組（出口快遞專差）

　　CU 快遞機放組（優比速快遞空運貨物轉運中心）

　　CI 稽查組（旅客行李案件）

　　CL 進口組業務四課（駐遠翔航空貨物集散站）

　　CP 台北郵局支局

　　CS 新竹科學工業園區支局

台中關稅局

　　DA 進、出口課

　　DB 保稅課

　　DP 進口課（駐台中郵局）郵務股

　　DT 加工出口區支局

　　DM麥寮支局籌備處

五、進口報單各欄位填報說明

1.報關人名稱、簽章（1）

（1）應填列報關人中文名稱。但以電子傳輸時免傳。

（2）虛線小格內，填列報關人向海關借用之候單箱號。

（3）報關人應於本欄簽名蓋章。如係納稅義務人自行報關者，應加蓋公司行號章及負責人章（二者均應與輸入

許可證上所蓋者相同）。如報關行受委任報關者，公司
行號章、負責人章限加蓋向海關登記之印鑑。

2.專責人員姓名、簽章（2）

（1）供報關行負責本份報單內容審核簽證之「專責報關人
員」填列姓名及簽章之用。電子傳輸時姓名、簽章免
傳。納稅義務人自行報關者免填列。

（2）虛線小格內依各關稅局規定填列。

3.提單號數（3）

（1）依提貨單上所載填列或傳輸。

（2）海運提單號數如超過十六碼，連線者取後十六碼傳
輸。

（3）空運併裝進口者，應將主提單號數填報於上方，分提
單號數填於下方。

（4）科學園區自海運進口之貨物，應填列轉運申請書進口
編號後八碼（「船隻掛號」＋「艙單號碼」）。

（5）如無提單號數或保稅貨出倉案件，則填列「NIL」。

4.貨物存放處所（4）

（1）可在提貨單上查得或由報關人向船（航空）公司查
詢。

（2）填列或傳輸進口貨物卸存之倉庫或貨櫃集散站、進口
貨棧、保稅倉庫之名稱及代碼。

（3）機邊提貨者填列機放倉之代碼。

（4）船邊免驗提貨或船邊驗放者，填報船舶靠泊之碼頭代
碼。

（5）快遞貨物填列快遞專區之代碼。

（6）貨物存放兩個以上之處所時，此欄填報主要存放處所
及其代碼，於「其他申報事項」欄內報明其他存放處

所及件數。

5. 運輸方式（5）

（1）填列貨物載運方式之代碼：「1海運非貨櫃（有包裝雜貨）、2海運貨櫃、3空運非貨櫃、4空運貨櫃、5無、6海運非貨櫃（無包裝雜貨）」。

（2）國內交易案件，應選填5。

6. 起運口岸及代碼

（1）起運口岸名稱可從提貨單上或輸入許可證上查得，其代碼請參閱「通關作業及統計代碼」簿。

（2）右上方格子內應填列貨物最初起運口岸之名稱及代碼，例如，由德國漢堡運台之貨物在新加坡轉船來台，本欄仍應填漢堡（Hamburg；代碼DE HAM）

（3）屬國內交易案件，應於右上方格子內填列代碼「TWZZZ」。

7. 類別代號及名稱（7）：請參閱進口報單類別、代號填報。

8. 報單號碼（8）：應依「報單及轉運申請書編號原則」之規定辦理，計分五段，含收單關別／轉自關別／民國年度/船或關代號／艙單或收序號。各段編碼位數：

（1）第一段：收單關別，兩位大寫英文字母代碼。

（2）第二段：轉自關別，兩位大寫英文字母代碼。自其他關區轉運來之貨物報單始應填列。

（2）第三段：民國年度，以兩位阿拉伯數字填列。

（3）第四段：船或關代號，四位碼。海運報單填船隻掛號；空運、科園區及海運郵局報單填報關行箱號。

（4）第五段：艙單或收序號，海運報單填艙單號碼（四位碼），空運、科園區及海運郵局報單填列五位流水號。

9.納稅義務人（中英文）名稱、地址（9）（10）（11）（12）
（13）

（1）應以正楷字體書寫或打字機、PC繕打，依中文名稱、
英文名稱、地址順序填列。如用戳記加蓋，其長度不
得超過8.5公分，寬不得超過2公分。傳輸時中文名稱免
傳；地址得免傳，但列印在報單上，一定要使用中
文。

（2）納稅義務人為科園區廠商者，應於中文名稱前填報科
園區統一電腦代碼。

（3）「統一編號」欄（9），應填列營利事業統一編號，非營
利事業機構，填其扣繳義務人統一編號；軍事機關填
八個「0」，外人在台代表或機構無營利事業統一編號
者填負責人「護照號碼」（前二碼固定為「NO」，以
免與廠商或身分證統一編號混淆）；個人報關者，填
其身分證統一編號。

（4）納稅義務人為保稅工廠（或貿易商代保稅工廠進口）、
發貨中心者，應於「海關監管編號」欄（10）填報海
關監管編號（五碼）。

（5）「繳」字欄（11）供填稅費繳納方式，其代碼
「1」先稅後放銀行繳現（向銀行或駐海關收稅處繳納
者）
「2」納稅人／報關業者帳戶即時扣繳（暫不開發）
「3」先放後稅銀行繳現（向銀行或駐海關收稅處繳納
者）
「4」先放後稅啟動納稅人帳戶扣繳（EDI線上扣繳）
「5」先放後稅啟動報關業者帳戶扣繳（EDI線上扣繳）
「6」先稅後放啟動納稅人帳戶扣繳（EDI線上扣繳）

「7」先稅後放啓動報關業者帳戶扣繳（EDI線上扣繳）

「8」彙總清關繳納

（6）凡在「繳」字欄填列「3」、「4」、「5」者，應在「案號」欄（12）填列海關核准先放後稅案號。

（7）「特」字欄（13），係供報明與賣方是否具有特殊關係，填「Y」表示有特殊關係，填「N」表示無特殊關係。

（8）法令規定應由買賣雙方聯名繕具報單者，其屬於委任報關者，得免在本欄或賣方欄加蓋公司行號及負責人章；自行報關之他方或未委任報關之一方，得出具切結書代替在本欄或賣方欄加蓋公司行號及負責人章。

10.賣方國家代碼、統一編號、海關監管編號、名稱、地址（14）

（1）賣方如為國外廠商

A.虛線空格第一格內應填列出具發票之廠商所在地國家或地區之代碼及英文名稱。

B.虛線第二格填列發貨人公司英文名稱前三個字各字之首尾，例如，World Trading Company應填WDTGCO（Company應填CO為例外）；若發貨人在美國，應於該代碼後另行加填州別代碼（二個字母，如加州為CA）。

C.虛線空格第三格免填。

（2）賣方如為國內廠商時

A.在虛線第二格內填列營利事業統一編號。

B.賣方為保稅工廠時，在虛線第三格內填列海關監管編號。

（3）依序填列中文名稱、英文名稱、地址。傳輸時中文名

稱、地址得免傳，但列印在報單上限使用中文。

11.聯別

（1）第一聯為正本，係海關處理紀錄用聯。

（2）視需要可加繕副本，分別為：

第二聯：進口證明用聯。

第三聯：沖退原料稅用聯。

第四聯：留底聯（經海關加蓋收單戳記後發還）。

第五聯：其他聯（各關稅局依實際需要規定使用）。

12.頁數

（1）應填列本份報單共幾頁，如共二頁時，則首頁填「共二頁第一頁」，次頁為「共二頁第二頁」。

（2）「進口汽車應行申報事項明細表」應與報單併計編頁次。

13.理單編號：係填海關電腦所編歸檔用流水號碼，報關人免填。

14.進口船（機）名及呼號（班次）（15）

（1）船名及呼號可由提貨單上查明。

（2）右上虛線小格填列船舶呼號或機名班次。

（3）海運填報載運本報單所申報貨物之船舶名稱及4位或6位英文字母及阿拉伯數字摻雜之呼號。

（4）空運者則為進口機名及班次，機名填航空公司英文簡稱（為二位文字碼），班次則用阿拉伯數字（四碼）填列，航空公司英文簡稱及數字之間空一碼，總長度共七碼，如華航「CI 0010」（即CI後空一格，再填班次0010）。惟加工出口區空運貨物以訊息傳送時，於「船舶呼號」欄則填列「NIL」，而於「航次」欄位填列「進口機名及班次」。

（5）如屬國內交易案件，本欄填「NIL」。

15.進口日期（16）

（1）按民國年、月、日為序填報。

（2）係填明載運本報單貨物的運輸工具進口日期：

A.可於提貨單、艙單資料查明。

B.船舶進口日期之認定，比照進口艙單之規定（即連線船公司於船舶抵達前傳輸艙單者，以船舶入港報告單登載或港務局傳輸海關之繫泊日期為認定標準，於船舶繫泊後傳輸艙單者，其進口日以傳輸時間為準；未連線船公司以船隻抵達本國口岸向海關遞送進口艙單之時間為進口日）。

C.如以查詢方式查證日期時，以「繫泊日期」為準填報；如「繫泊日期」尚未鍵入，則以「預定到港日期」為準填報。

（3）保稅倉庫（含發貨中心）出倉進口案件（D2）、保稅倉庫售與加工區或科園區（D7）及保稅倉售與保稅廠（B7）之案件，此欄填列「申請出倉進口日期」，惟如實際出倉進口日期早於海關收單日期，則以「收單日期」作為申請出倉進口日期。

16.報關日期（17）

（1）由報關行照報單遞進海關申報的實際日期填報。

（2）本欄作為核計是否逾期報關及核計外幣匯率之基準日。如因報單申報不當或應附文件不全，致海關不予收單時，以補正後海關收單日期作為基準日。

（3）連線者以訊息傳輸送達T/V之日期為準。

17.離岸價格（18）

（1）發票金額如為FOB，應直接填入。如為CFR金額，應

減去運費後填入。如為CIF金額，應減去運費及保險費後填入。

（2）如「幣別、金額」欄位不夠用時，可將幣別填列於上方，金額填於下方。

18.運費（19）：運費係指將貨物運達輸入口岸實付或應付之一切運輸費用，填報時其依據資料順序如下：

（1）填入提單所載金額。

（2）提單未載明者，填列發票上註明之運費金額。

（3）發票、提單上均無運費金額時，應由進口人向船（航空）公司查明運費率自行核算後填入。

（4）本欄幣別如與離岸價格不同時，應轉換為與其相同之幣別後，再折算填入。

19.保險費（20）

（1）依發票、保險單證或國內收費之統一發票所載實付金額填報。

（2）如未投保，且未實際支付保險費之進口貨物，免加計保險費，此欄應填「未投保」，並在貨價申報書中報明（依規定免附貨價申報書者，則在發票上加註）。

（3）同第18項「運費」第（4）點。

20.應加減費用（21）（22）

（1）應「加」費用，係指未列入上述FOB或 CFR或CIF價格內，但依交易價格規定應行加計者。例如由買方負擔之佣金、手續費、容器費用、包裝費用等之合計金額，並應與貨價申報書所填內容相符。

（2）應「減」費用，係指已列入上述FOB或CFR或CIF價格內，但依交易價格規定可以扣除者。例如，進口後所從事之建築、設置、裝配、維修、技術協助費用、運

輸費用、遞延支付（例如，D/A付款條件）所生利息…
等之合計金額。

21.起岸價格（23）：起岸價格，即一般貿易所稱之CIF價格。係（18）加計至（21）欄〔或扣除第（22）欄〕之總金額填入。其與外幣匯率相乘即得新台幣起岸價格。

22.國外出口日期（24）

（1）海運為提單所載之出口國裝船日期；空運為提單所載飛機在貨物輸出地起飛日期；郵包為包裹提單所載寄件日期。

（2）國內交易案件請填報報關日期。

23.外幣匯率

（1）依關稅總局驗估處每旬所公布之報關適用外幣匯率表所列之賣出匯率為準。

（2）新台幣交易案件，填「1.0」。

（3）報關後經海關「簡5106不受理報關原因通知」訊息回覆，其原因屬A、C、D類者應重新申報，其匯率之適用以實際重報之日期為準。

24.項次（27）：依發票所列貨物順序，用阿拉伯數字1、2、3逐項填列。

25.貨物名稱、牌名、規格等（28）

（1）依發票、輸入許可證所載填報（如與實際不符，則按實際進口者申報），惟如影響貨物價格或稅則歸屬之各項因素未載列清楚者，則須加以補充。傳輸時按貨物名稱、牌名、型號、規格序分列為原則；如無法分列，得均申報於貨物名稱內。

（2）保稅貨物案件申報時，原料之買方、賣方料號及成品型號首先填報（列印）於貨名之前；牌名、規格、原

進倉報單號碼及項次依序填報（列印）於貨物名稱之後。

（3）車輛案件申報時，於貨名之後依序填報（列印）監理機關所需之牌名、型號、車型等十三種項目。

（4）如有共同的貨物名稱時，得於各該所屬項次範圍之第一項申報即可。

（5）申報二項以上者，應於「貨名」欄之下填寫「TOTAL」，並在「淨重、數量」及「完稅價格」兩欄填報合計數（TOTAL之後無需再填報「以下空白」或「無續頁」之類文字）。

（6）貨名資料長度超過390Byte（空運為385Byte）時，應在報單「申請審驗方式」欄填報代碼「8」，由電腦據以核列為C2或C3（補單時應列印全部內容）。

（7）進口舊品者，應於本欄填報「Used」字樣；並於「申請審驗方式」欄填報代碼「1」。

（8）申請野生動物或其製品輸入時，應先填列動物之學名，再填列其俗名（貨品名稱）。

（9）「長單」得以彙總方式填報。

26.生產國別（29）

（1）可從發票、標記上獲悉。

（2）應填生產該項貨物之「國名」及其「代碼」。

（3）請參照財政部與經濟部訂頒之「進口貨品原產地認定標準」填報。即進口貨品以下列國家或地區為其原產地：

A.進行完全生產貨品之國家或地區。所稱「完全生產貨品」指：

（A）自一國或地區內挖掘出之礦產品。

（B）在一國或地區內收割或採集之植物產品。

（C）在一國或地區內出生及養殖之活動物。

（D）自一國或地區內活動物取得之產品。

（E）在一國或地區內狩獵或漁撈取得之產品。

（F）由在一國或地區註冊登記之船舶自海洋所獲取之漁獵物及其他產品或以其為材料產製之產品。

（G）自一國或地區之領海外具有開採權之海洋土壤或下層土挖掘出之產品。

（H）在一國或地區內所收集且僅適用於原料回收之使用過物品，或於製造過程中所產生之膺餘物、廢料。

（I）在一國或地區內取材自第一款至第八款生產之物品。

B.貨品之加工、製造或原材料涉及二個或二個以上國家或地區者，以使該項貨品產生最終實質轉型之國家或地區為其原產地。進口貨品除特定貨品原產地認定基準由經濟部及財政部視貨品特性另行訂定公告者外，其「實質轉型」，指下列情形：

（A）原材料經加工或製造後所產生之貨品與其原材料歸屬之海關進口稅則前六位碼號列相異者。

（B）貨品之加工或製造雖未造成前款稅則號列改變，但已完成重要製程或附加價值率超過35％以上者。附加價值率之計算公式如下：

$$\frac{\left[\text{貨品出口價格（FOB）}-\text{直、間接進口原材料及零件價格（CIF）}\right]}{\text{貨品出口價格（FOB）}}$$

但僅從事下列之作業者，不得認定為實質轉型作業：

　　　　a.運送或儲存期間所必要之保存作業。

　　　　b.貨品為上市或裝運所為之分類、分級、分裝與包裝等作業。

　　　　c.貨品之組合或混合作業，未使組合後或混合後之貨品與被組合或混合貨品之特性造成重大差異。

　　　　d.簡單之裝配作業。

　　　　e.簡單之稀釋作業未改變其性質者。

　C.進口貨品原產地由進口地關稅局認定，認定有疑義時，由進口地關稅局報請財政部關稅總局會同有關機關及學者專家會商。

27.輸入許可證號碼、項次（30）

（1）本欄位除供輸入許可證號碼、項次填報之用外，亦供其他簽審機關輸入許可文件（許可證、合格證、同意函等）之號碼、項次填報之用。

（2）僅使用一份輸入許可證者，只於首項填報號碼即可，惟傳輸訊息時仍應傳送。

（3）「項次」順序與許可證完全一致者，可免填報，但傳輸時仍應傳送。

（4）一項貨物有二份或以上之I/P者，第二份（或以上）應依序填（列印）於次一項之相對應欄位。

（5）輸入許可證如經修改或補發，報關時仍應採原證號碼填列。

（6）無許可證者應填NIL。

28.商品標準分類號列、稅則號別、統計號別、檢查號碼、主

管機關指定代號（31）

（1）應查閱「中華民國海關進口稅則、進出口貨品分類表合訂本」填列。

（2）填報號列欄務必謹慎，報關人如有不明白應列何號別者，可事先檢齊型錄、說明書等資料及樣品向關稅總局稅則處查詢或主動在「申請審驗方式」欄填報「8」（申請書面審查），否則放行後經海關審查如申報之稅號與海關核定者不同，且涉及簽審規定時，由海關將資料送各簽審機關追蹤清查及處罰專責報關人員。

（3）適用進口稅則「增註」之增、減、免稅物品，應於此欄第二行填報適用之稅則章別與增註項目。例如適用稅則第38章增註二之規定免稅物品，則填報或連線列印3802；增註項目如有適用不同之減稅稅率時，則於增註項目後加填A或B（如3802A）。

（4）「主管機關指定代號」，係應行政院環保署之需求，預備供填報化學物質之化學文摘社登記號碼（Chemical Abstract Service Registry Number; CAS NO.）。進口「業者應回收容器裝填物質之貨品」應於本欄前三碼填報使用之容器材質代碼，否則海關不予收單。

29.單價、條件、幣別、金額（32）

（1）單價條件依發票所載填列，如單價不含運費及保險費者，填FOB或FAS；含運費者填CFR；含運費及保險費則填CIF；含保險費者填C＆I。若按修理費、加工費課徵關稅者，應填報修理費之單位價格。

（2）幣別代碼，依發票所載，以標準化之單位填列。代碼請參閱「通關作業及統計代碼」。

（3）金額依發票所載填列。

（4）如金額長度超出現有欄位時，可彈性跨越左右欄位空白處填列，被佔用欄位之內容必須降低或提高位置填列。

（5）各項單價之幣別如有兩種以上，應轉化為同一種幣別再填報。

30.淨重（公斤）（33）

（1）依裝箱單填列，如實際與文件記載不符者，應按實際進口情形申報。

（2）淨重係指不包括內外包裝之重量，一律以公斤（代碼KGM）表示之。

（3）小數點以下取一位數。

31.數量（單位）（34）

（1）依發票所載填其計價數量及單位代碼。如實到數量與發票所載不符，應依實到數量填報，否則一旦涉及漏稅即受處罰。例如，發票所載為布類1,000碼，則在此欄填1,000YRD。

（2）貨物不止一項時，應逐項填報。

（3）數量（單位）長度超出現有欄位時：

A.可彈性跨越左右欄位空白處填列，被佔用欄位之內容必須降低或提高位置填列。

B.如數量位數較長時，亦可轉換為「百單位」或「千單位」申報，惟轉換之單位須為「通關作業及統計代碼」內所列之計量單位。例如，HPC（百個），HST（百套）、KPC（千個）等。

（4）申報保稅貨物案件時，於此欄第二行填（列印）「B：記帳數量及單位」。

32.數量、單位（35）

（1）依進口稅則合訂本「單位」欄內所載單位為準填列，如單位為公斤（代碼KGM）或公噸（代碼TNE）本欄可免填；如單位欄內所載尚有其他單位者應填入統計用數量括弧（　）空白處。

（2）本欄單位以代碼填列，例如

A.Piece代碼PCE。

B.Meter代碼MTR。

33.完稅價格，完稅數量（36）

（1）從價課稅貨物在上半欄填完稅價格（計至元為止，元以下四捨五入）。

（2）從量課稅貨物在下半欄填完稅數量。例如900TNE。

（3）從量或從價從高課徵者，兩種均需填報，俾利擇高徵稅。

（4）保稅成品內銷、樣品或按加工費、租賃費等減稅扣減等案件，則於完稅價格之第二行列印或填報扣減後之完稅價格，並以括弧「（　）」顯示。

34.進口稅率，從價、從量（37）：進口稅則之國定稅率現分為二欄，第一欄適用於一般國家或地區及第二欄未列稅率者，第二欄適用於與我國有互惠待遇之國家或地區。（以貨物本身之「原產地」為準，非以「輸出國」為準）。

（1）稅率依海關進口稅則所載填列。

（2）從價課徵者填百分比，如30%；從量課徵者填單位稅額，如TWD3.00／MTR。

（3）需徵平衡稅、反傾銷稅或報復關稅者，於此欄之下半欄填列其代碼及稅率。

（4）適用進口稅則增註減稅或免稅時，依減稅或免稅稅率填列。

35.納稅辦法（38）：依通關作業及統計代碼之納稅辦法選擇
　　適當之代碼填列。

36.貨物稅率（39）：本欄除供填列貨物稅率外，亦供營業
　　稅、菸酒稅、推廣貿易服務費、商港建設費等填列之用；
　　如均免徵者，此欄免填。

37.總件數、單位（25）

（1）依提貨單上所載總件數填列，單位應依通關作業及統
　　　計代碼填列，例如，1,000CTN（CARTON）；如係不
　　　同包裝單位構成，總件數應填列PKG（PACKAGE；例
　　　如，100CTN與20BAG，應填列120PKG）。

（2）提單所載總件數與本批實際來貨件數不同時，應分別
　　　報明。

（3）貨物由二包以上合成一件者，應於件數後用括弧加註
　　　清楚。如屬連線申報（含磁片收單）者，應於合成註
　　　記之訊息欄位申報「Y」，並於其他申報事項訊息欄內
　　　報明上開合成狀況。

38.總毛重（公斤）（26）

（1）填報整份報單所報貨物之總毛重，並以公斤（KGM）
　　　為計量單位。

（2）小數點以下取一位數。

39.標記及貨櫃號碼

（1）標記係指貨上之標誌（嘜頭Marks）及箱號（Case
　　　No），依提貨單所載填列。

（2）貨櫃號碼依提貨單上所載填列，其填列原則依序為貨
　　　櫃號碼、貨櫃種類、貨櫃裝運方式。

（3）連線者申報時，標記圖形如電腦未能直接傳送者，改
　　　以文字敘述，敘述之順序及方式為

A.先填等級或傳輸圖形內文字或與圖形標誌結合之文
　　　字。

　　B.次行填報或傳輸圖形標誌並以「IN（圖形）」表示。

　　C.圖形外之文字接於圖形標誌下行填報或傳輸。常見
　　　之圖形標誌有：

　　　（A）圓形：傳輸或填報 CIRCLE或 CIR。

　　　（B）正方形：傳輸或填報SQUARE或SQ。

　　　（C）矩形：傳輸或填報RECTANGULAR或REC。

　　　（D）三角形：傳輸或填報TRIANGLE或TRI。

　　　（E）菱形：傳輸或填報DIAMOND或DIA。

　　　（F）橢圓形：傳輸或填報 OVAL。

　　　（G）星形：傳輸或填報STAR。

　　　（H）其他圖形：傳輸或填報OTHER。

（4）當併裝貨物提貨單上之標記為N/M（No Marks）時，
　　　應事先向通關之稽查單位申請重行標記，俟重行標記
　　　完畢始於報單上申報傳輸。

40.其他申報事項：係供對本報單申報事項另行補充、提示海
　　關承辦關員注意特別處理事項或依有關法令規定應報明之
　　事項，如無適當欄位可供填報時，應於本欄內申報。

41.海關簽註事項：係供海關承辦關員簽註處理情形及加註必
　　要之文字（例如，證明進口事實）。

42.條碼處：實際實施方式及日期，另行規定。

43.通關方式

（1）係海關內部作業使用，進口通關方式計分：C1、C2、
　　　C3。

（2）連線者遞送報單時應列印通關方式。

44.（申請）審驗方式

（1）係供海關權責人員決定該報單將採行之審驗方式，或供報關人填報申請審驗方式。

（2）申請審驗方式以代碼表示：1.申請「先查驗」、2.申請「船（機）邊驗放」、3.申請「廠驗」（出口為先經抽驗）、4.申請「鮮冷蔬果驗放」、6.申請「倉庫驗放」、7.申請「免驗船邊裝（提）貨」、8.申請「書面審查」、9.申請「免驗」。

（3）情形較特殊依規定應由報關人報明代碼者，應依規定主動報明。

　A.報關人應主動在「申請審驗方式」欄填報代碼「1」（申請查驗），由電腦憑以核定為C3者

　　（A）進口貨物為不得參加抽驗之廢料、舊品、次級品或格外品（屬複合稅率、稅率在2.5%以下者除外）。

　　（B）發票上貨物有二產地無法分別報明時，主動報請查驗者。

　　（C）海關規定應予查驗者。

　B.有下列情況之一者，報關人應主動在「申請審驗方式」填報代碼「8」（申請書面審查），由電腦據以核列為C2、C3

　　（A）保稅倉庫案件所屬進口報單類別D2、D7、D8、B7。

　　（B）貨物名稱超過390Byte（空運為385Byte）時。

　　（C）標記超過385Byte時。

　　（D）依簽審規定屬未按CCC號列別標示控管，而責令廠商（或其代理人）應自行報明者。

　　（E）進口靈柩。

（F）進口高科技貨品申請在「抵達證明書」上核章者。

（G）進口次級品或格外品符合參加抽驗條件者。

（H）進口同一稅則未決案件申請審查者。

（I）依「長單申報簡化作業方式」規定申報者。

（J）國貨復運進口案件所屬進口報單類別G7、E5。

（K）三角貿易案件之貨品。

（L）盛裝貨物之容器，在進口後六個月內原貨復運出口者。

（M）廢金屬。

（N）旅客後送行李。

（O）其他依海關規定應予書面審核者。

C. 有下列情況之一者，報關人應主動在「申請審驗方式」填報代碼「9」（應予免驗），由電腦據以核列為C2、C3

（A）總統、副總統應用物品。

（B）駐在中華民國之各國使領館外交官、領事官暨其他享有外交或免稅特權待遇之機構與人員之公用或自用物品，經核准免稅放行者。但必要時海關仍得查驗，並通知進口人及外交部禮賓司洽有關使領館或機構派員會同辦理。

（C）其他專案核准免驗物資。

（4）報關人未填報代碼者應參加抽驗，抽中C3者，以倉庫驗放或先查驗為限。

45. 進口稅

（1）依全份報單各項貨物之完稅價格乘以稅率或數量乘以

單位稅額加總後之合計數填報。分項稅額計至小數點第三位，加總後元以下不計。

（2）如部分繳現，部分記帳，應在同一行上、下或左右分開填報。

46.商港建設費

（1）海運進口者，以全份報單各項完稅價格加總，乘以商港建設費費率之得數填報（核計至元為止，元以下不計；不足TWD100者免收）。惟交通部已研議修改商港法，將商港建設費改為「商港服務費」，納入國際商港港埠業務費率表內，該修正案經通過立法後，即不再委託海關代收。

（2）空運、郵運、轉口、退運貨物進口者及復運進出口貨物免填（收）。

（3）三角貿易貨物於出口時徵收。

（4）進口空櫃、貨主自備空櫃利用其他船公司艙位調運來台，及單純作裝載器具使用之空櫃復運進出口者免收。

47.推廣貿易服務費：海、空運進口者，以全份報單各項完稅價格加總，乘以推廣貿易服務費費率之得數填報（核計至元為止，元以下不計；不足TWD100者免收）。

48.空白欄：稅費欄前三格稅款項目固定，依序為進口稅、商港建設費、推廣貿易服務費，其下四個空格供需要時就貨物稅、營業稅、菸酒稅、平衡稅、反傾銷稅、報復關稅、滯報費等項，依序填列。

49.貨物稅：貨物稅稅額依下列方式核計

（1）從價課徵者

A.完稅價格之計算

　　　　　貨物稅完稅價格＝關稅完稅價格＋進口稅稅額＋商港建設費費額

　　B.稅額之計算

　　　　　貨物稅完稅價格×貨物稅稅率

（2）從量課徵者

　　　　　貨物稅完稅數量×貨物稅（單位）稅額

50.營業稅稅基

（1）營業稅稅基即營業稅的完稅價格，計算規定如下（不含推廣貿易服務費）

　　　　　營業稅稅基＝關稅完稅價格＋進口稅稅額＋商港建設費費額＋貨物

　　　　　　　　　　稅稅額

（2）不論應否課徵營業稅，本欄均應填列。

51.營業稅

（1）營業稅稅額＝營業稅完稅價格（營業稅稅基）×營業稅稅率

（2）一般營業人進口之貨品，免代徵營業稅（但進口乘人小汽車不免徵）。免代徵者，本欄免填。

（3）非一般營業人、個人、機關（構）進口之貨品，應徵收。

52.滯報費（日）：未依關稅法規定於進口日起15日內報關者，自報關期限屆滿之翌日起，按日加徵滯報費新台幣18元。（如2001年1月1日進口，同年1月18日報關，則滯報2日（18-1-15=2），滯報費額為18元×2＝36元，即填報2日36元）。

53.稅費合計：填入進口稅、商港建設費、推廣貿易服務費、

貨物稅、營業稅、菸酒稅、平衡稅、反傾銷稅、報復關稅、滯報費等各欄之總金額。

54.滯納金（日）：海關第一次填發稅款繳納證或傳輸該訊息之日起14日內未繳納者，應加徵滯納金

（1）進口稅應自第15日起照應納稅額按日加徵滯納金0.05%。

（2）營業稅或貨物稅逾期繳納者，應自繳納期限屆滿之翌日起，每逾2日按滯納之金額加徵1%滯納金。惟僅加計30日，超過30日部分，加計利息一併徵收。

（3）由於滯納金核計複雜，逾限繳納者，限向海關指定之銀行駐海關收稅處繳納，免生錯誤，造成困擾。

（4）滯納金及繳納紀錄欄報關人免填。

55.報單背面

（1）背面各欄報關人免填。

（2）應貼之規費證，如正面無位置時可黏貼於背面。

56.報單續頁：填報方式與首頁相同。

第二節　查驗作業

　　查驗貨物，係海關對貨物進行實際查核，以確定貨物之名稱、數量、重量、價值、產地等等與報單申報是否相符，以防廠商虛報或匿報。原則上進口報單之查驗比率應為10～20%。如查驗比率超過20%時，應由各關稅局機動調整降低。

　　應查驗之一般倉庫及船邊放行進口貨物報單，均由驗貨單位主管先行審核並批註查驗注意事項，再視到勤驗貨員人數由電腦分派報單。櫃裝進口貨物於申驗報單派驗前，由該單位之審核小

組按報單申報內容，核定查驗方式（簡易查驗、一般查驗或詳細查驗），並指櫃、指位查驗，再由電腦派驗報單。於電腦派驗後，如有必要，驗貨單位主管可以有關程式逐份報單更改派驗（若電腦當機故障時，改以人工作業，由驗貨單位主管派驗報單）。

驗貨員接獲報單後，於查驗貨物前應先審核單證，並參閱相關稅則號別及型錄等資料。查驗貨物時須遵照「進出口貨物查驗及取樣準則」、「進口貨物查驗須知及參考資料」、「櫃裝進口貨物查驗方式清表」等法令規定執行查驗工作，並於驗畢時詳實製作查驗紀錄，經驗貨單位主管複核並以有關程式輸入驗畢訊息，報單送分估單位辦理後續作業。

整個驗貨作業之細節，分述如下：

一、報單之申驗

（一）連線部分

1. 應驗報單經分估單位送達驗貨單位，經辦關員於簽收後，應即以有關程式輸入電腦。

2. 應驗報單報關人得於每班時間終了前一小時，將進口貨物查驗申請書透過通關網路傳送海關；如非以EDI傳輸者，亦得列進口貨物查驗申請書或以傳真等方式向海關驗貨單位申請派驗，驗貨單位應即將申驗有關資料依有關程式輸入電腦。

3. 連線業者於確定貨物已進倉，可利用EDI將進口貨物查驗申請書傳輸海關憑以派驗。

（二）未連線部分

1. 應在集中查驗區查驗之整裝進口實櫃，應於當日上午十一時前、下午十六時前投單，申請查驗。

2.申請倉庫驗放或集中查驗區驗放，報關人毋須填報申請時間。

二、報單之派驗

（一）查驗方式之決定

1.由學識、經驗豐富之高職等非主管關員參與「審核小組」，並依貨物進口人、報關行、起運口岸、生產地、貨物特性、裝箱單記載貨物之包裝及裝運情形、稅則號別及派驗當時人力等因素決定其查驗方式或變更指派人員，以襄助主管過濾高危險群之報單。

2.由電腦指櫃、指位，排除人工干預。

3.查驗人數以一人為原則，惟必要時驗貨主管可酌予增派人力。

（二）派驗作業

1.查驗報單清表之列印

驗貨單位主管應於派驗前，先以有關程式將出勤驗貨人員代號鍵入電腦，用電腦派驗並列印「驗貨員查驗報單清表」（以人工作業時，應於「進口報單派驗登記簿」登錄，以便查考），將本班次申驗報單分派驗貨員依照「進出口貨物查驗及取樣準則」有關規定查驗。

2.查驗貨物通知之列印

驗貨單位主管以有關程式處理整批申驗報單之指櫃並列印海關查驗貨物通知一式二份，一份附於報單，一份於上午、下午分別交報關人持向倉儲業辦理吊櫃，倉儲業或報關人如已連線者，得以查驗貨物通知訊息透過通關網路傳送各該業者辦理吊櫃作業。

3.倉儲業應配合辦理作業

倉儲業於接到海關查驗貨物通知訊息或表格後，如係櫃裝貨物，應即配合於查驗前將應查驗貨櫃拖吊至集中查驗區候驗。如因故無法吊櫃，應以無法吊櫃通知傳輸海關或報關行，並列印書面表格二聯交報關行，其中一聯轉交海關驗貨員，海關接到本通知後，改以人工處理，並依下列方式辦理：

(1) 如無法吊櫃原因非屬報關人之責任者列入下一班查驗，經列入下一班查驗仍無法吊櫃者，則取消派驗。

A.集中查驗區已無空位。

B.壓在底層無法作業。

C.吊櫃機具調度困難。

D.吊櫃機具發生故障。

(2) 如無法吊櫃原因係因下列屬報關人之責任者，逕予取消派驗。重新派驗時，應徵收特別驗貨費。

A.貨櫃未進站。

B.貨櫃號碼錯誤。

4.派驗主管之批示

派驗報單主管人員應按報單申報內容，分別批示查驗方式（如拆櫃進倉始予查驗、全部拆櫃進倉查驗、全部拆櫃倒出查驗等）及查驗注意事項（如應否取樣、開驗過磅通扦件數、是否提供說明書、填註貨品特性資料等）由驗貨關員執行。

5.報備或其他事項之處理

進口貨物如有溢裝，或實到貨物與原申報不符，或夾雜其他物品進口情事，除係出於同一發貨人發貨兩批以上，互相誤裝錯運，經舉證證明，並經海關查明屬實者，准予併

案處理，免予議處外，應依海關緝私條例有關規定論處。但經收貨人或報關人依下列規定以書面並檢附國外發貨人證明文件向海關驗貨單位主管或其上級主管報備者，得視同補報

（1）參加抽驗報單，應於抽中查驗前為之。

（2）參加抽驗抽中免驗、申請免驗或其他原經核定為免驗之報單，應於海關簽擬變更為查驗之前為之。

（3）其他依規定應予查驗之報單，應於海關驗貨單位未派驗前為之。

依前項規定報備，如有下列情形之一者，其報備無效：

（1）海關已發覺不符。

（2）海關已接獲走私密告。

（3）報備內容（貨名、規格、產地、數量、重量等）及理由未臻具體或實際到貨不符者。

（4）報備不合規定程序者。

　　依第一項規定報備之貨物應予查驗，查驗時應將其標記號碼、貨物名稱、牌名、規格、產地、數量、淨重等項在報單上註明，並加註未在報單上申報字樣，送由派驗單位主管人員核轉進口分類估價單位核辦。

6.退單之處理

（1）驗貨員不得無故退單，如確有特殊事由須退單者，應經主管核准方得辦理。

（2）退驗報單，再次派驗時，仍宜指派原驗貨關員查驗為原則，如有其他原因，則不在此限。

（3）經初次查驗無結果，而必須複驗者，不得再指派初驗之驗貨員擔任，應另行指派其他資深驗貨員辦理，必要時得加派驗貨人員或交由機動隊辦理。

三、貨物之查驗

(一) 單證之查核

　　驗貨關員應核明查驗所需之裝箱單、裝櫃明細表、型錄、說明書、藍圖或公證報告等單證。其未檢附者，於必要時，應即通知報關人限期檢送。

(二) 查驗程序

　　驗貨關員查驗一般進口貨物，應依下列程序辦理：

1. 查驗貨物存放處所

   貨物存放處所須與進口報單申報之存放處所相符，如有不符，應不予查驗，並即送回其主管核辦。

2. 核對包裝外表上標記及號碼

   除依規定免予施用標記及號碼之貨物外，所有貨物包裝外表上標記、號碼應與報單上所申報及提貨單所列者相符。但違反標記及號碼施用之規定者，仍應依有關規定辦理。

3. 核對件數

   有短卸或溢卸者，應向駐庫關員查明並將實到數量在報單上註明。

4. 指件查驗

   遵照派驗報單主管人員批註之至少開驗件數、過磅件數、通扦件數之範圍內自行指定件數查驗。

5. 拆包或開箱

   (1) 進口危險品或氣體，應由貨主就其毒性、易燃性、易爆性、化合性、氣體壓力或其他特性，於海關查驗前提出書面說明。其由信用良好之廠商進口且貨物經查明為原製造廠原封，包裝上註明貨名及原製造廠商

者，得免開啟查驗。關員查驗時，應先報請派驗報單主管人員決定或洽經化驗單位主管人員提供意見瞭解查驗方法。

（2）進口貨物如在查驗過程中，發現有未申報、偽報貨名、品質、規格或匿報數量等違章情事時，以全部查驗為原則，俾明瞭整批貨物之真實情形；但在繼續查驗中，如已查驗部分足以推斷整批貨物之真實內容者，得酌情免予繼續開驗。

（3）進口貨物如發現有大陸產製標誌者，應依有關規定處理。

（4）海關於查驗貨物時，遇有下列情形之一者，得施予破壞性之檢查：

A.密告走私槍械毒品案件，或雖無密告，但依客觀資料研判有藏匿槍械毒品之可能者。

B.其他經依現況研析，認為有予以破壞性查驗之必要，報經一級單位主管核可者。於施行破壞性檢查時，應於扣押憑單上註明破壞之事實或另付與證明書。經施予之破壞性檢查而查無結果者，對合於國家賠償法規定要件之案件，依同法規定賠償；不合於國家賠償法之賠償要件，則仍予適當補償。

（5）查驗貨物時，其搬移、拆包或開箱暨恢復原狀等事項及所需費用，統由納稅義務人或其委託之報關人負責辦理，但應盡可能保持貨物裝箱及包裝原狀，並避免貨物之損失。

（三）驗貨關員查驗貨物時應注意事項

1.貨物名稱、牌名、品質、規格、貨號、型號等，若有不符情形或報單上未報明者，應於報單正頁更改或加簽註，作

為分估或議處之依據。

2. 來源地名（產地或生產國別）之認定：進口貨物（含大陸物品）之原產地，各關稅局應依照財政部與經濟部頒訂之「進口貨品原產地認定標準」辦理，原則上進口貨物（全部或部分）貨上或包裝上如有產地標誌（文字、數字或圖案），依其標誌認定其產地，查驗關員認有可疑者，得請納稅義務人提供產地證明文件。惟下列具有特定國家或地區產製特性之貨品，凡起運口岸為東亞地區者，原則上應由驗貨員就個案逐依職權認定其產地，否則即應一律移送關稅總局會同有關機關及學者專家會商認定其原產地：香菇（生鮮、冷藏、乾及調製者）、花生、蒜頭、大蒜、竹筍（冬筍、孟宗竹筍）、黑木耳、紅豆、金針菜、柿餅、大閘蟹、銀魚、鳳尾魚、豬腳筋、印石、杉木製品、花崗岩及其製品、生鮮或冷藏百合。

3. 數量（長度、面積、容量等均用公制單位）

（1）體積細小之電子零件，秤驗足夠件數，如重量劃一或相差甚微，即可拆開其中一、二件予以點數，據以計算全部貨物之數量。

（2）進口貨物實到件數與報單上申報相符，其包裝外型完整，並無開啓之痕跡，但其內部經查驗核對發現部分短缺者，其短缺部分，可認為短裝，驗貨關員應在報單上改正並加簽註查驗前包裝完整字樣。

4. 淨重（用公制單位）：驗貨關員查核貨物重量，應依下列規定辦理

（1）在貨物未過磅前，應先試驗磅秤是否準確，如有偏差應即予調整。

（2）凡貨物係以重量計價者，其已開驗或通扦各件均應逐

一過磅，應親自調撥秤錘，不得假於人手，並應嚴禁報關人或工人接近秤錘以防弊端。

A.視實際情形，選取足夠件數秤驗，以求準確，如秤驗結果與申報重量不符，應增加秤驗件數。

B.凡進口報單附有重量清單者，可憑清單指件秤驗核對。

C.劃一包裝之貨物，可秤驗足夠件數，據以計算全部貨物之重量，包裝大小不同之貨物，應分別秤驗各種包裝若干件，以求得確實重量為準。

D.抽件秤驗，應從整批貨物之堆置處之各方任意抽取若干件過磅，不得專就一方抽取。

E.毛重除皮，務求準確，對大宗貨物或對包裝大小不一之貨物，尤應注意，必要時應將貨物取出，實際秤驗其淨重或皮重，常見之普通貨物，可紀錄其確實皮重，以供日後參考。

F.散裝貨物可憑起運口岸之公證報告認定其重量，必要時得以抽驗方式押運至設有地磅處過磅。

G.秤驗結果應在進口報單背面詳細紀錄，如憑裝箱單或重量清單秤驗者可抽件核對，如結果相符，挑認其件號及重量，並在相關單證上簽署，另於進口報單背面註明依裝箱單或重量清單秤驗無訛字樣；如有不符，應逐件秤驗並將結果記於報單背面，同時將原申報之重量改正。

5.驗訖標示

（1）無箱號之貨件，應在箱件上加蓋查驗戳記或用不褪色墨水筆簡署；有箱號者應將箱號批註在裝箱單上，免蓋查驗戳記或簡署，查驗無訛者，應於報單最末一行

簽章。

(2) 驗貨關員對進口報單上各申報項目，應依據實到貨物查驗核對。

(3) 經查驗對原申報之貨名、品質、規格、成分、產地等項之正確性無法確定或有疑義時，應加簽註，送請派驗報單主管人員審核，必要時再派員重驗或移請分類估價單位處理。

(四) 櫃裝貨物之查驗 (即新驗貨制度)

為落實量能查驗，提昇查驗品質，海關於1995年10月11日起實施新驗貨制度。

新制係將經由電腦專家系統篩選之應驗報單，再依高、低危險群貨物分別施予詳細、一般及簡易之查驗方式，以節省低危險群貨物之查驗時間，改用於對高危險群貨物之詳細查驗，以有效防杜不法並加速貨物通關。

1.派驗

(1) 驗貨單位主管依電腦抽派驗系統將有關資料（例如，出勤驗貨人員代號、各查驗區申驗之報單份數，及貨櫃數、驗貨員分組之代號等），輸入電腦後，啓動電腦派驗，並列印驗貨員查驗報單清表對外公布。

(2) 如僅係取樣而交由驗貨單位辦理者：通關方式得免予更正為C3；並得以人工方式指派，且免在集中查驗區辦理取樣。

2.查驗

驗貨員受派應驗報單後，應依規定時間至貨存地點執行查驗。查驗前應先向駐站關員索取貨櫃運送單核對原貨櫃封條及貨櫃號碼無訛後，執行查驗。查驗時，應依「進出口貨物查驗及取樣準則」之規定辦理；並按審核小組事先依

高低危險群貨物核定之方式查驗。

（1）簡易查驗：即由驗貨員就櫃（貨）抽驗一件，僅核對該件貨名、數量、材質及嘜頭相符即可，但如有不符應繼續開驗。

（2）一般查驗：即依據「進出口貨物查驗及取樣準則」之一般查驗規定辦理查驗，應就指定櫃號、櫃位所存放貨物進行查驗，包括：指認嘜頭、清點件數、就指定箱別開驗等，其開驗件數以5%以下為原則。

（3）詳細查驗

A.海關認為有詳細查驗之必要或有具體密報者，應於集中查驗區將櫃內貨物搬出至不經移動即能看見每一件貨物至少一面，始進行查驗，必要時應拆櫃查驗或拆櫃進倉查驗；其開驗箱數以10%為原則，但開驗已達30件，且未發現不符者，得免予繼續開驗。

B.整裝貨櫃裝載廢料、舊車零組件及古董古物或經權責單位主管人員核定應拆櫃查驗者應一律拆櫃卸存倉庫後始予查驗。

C.下列貨物應於集中查驗區將貨物全部搬出貨櫃查驗，如集中查驗區無足夠場地供搬出貨物置放查驗，或在集中查驗區詳細查驗有困難者，則應拆櫃進倉後始予查驗：

（A）高危險群廠商自香港、澳門、韓國及東南亞地區進口之貨物。

（B）國外退運進口之國產品。

（C）旅客之後送行李。

（D）有明確具體資料之通、密報案件。

（E）於「廠商應審或應驗註記維護檔」註記之進口

應驗廠商進口之貨物。

3. 加封封條

櫃裝貨物驗畢，應再以海關封條加封，並於貨櫃運送單（或驗貨卡）更正封條號碼，簽章後交駐站（庫）關員，駐站（庫）關員應以有關程式於艙單檔註記更正封條號碼。

4. 驗放報單之查驗

櫃裝貨物之驗放報單，應先由驗貨單位主管以有關程式列印海關查驗貨物通知，連同報單交付受派驗貨員查驗。驗貨員於查驗無訛後，應於放行通知上簽章並交付駐庫或巡段關員簽收，憑以辦理監視提貨，報單則送驗貨單位主管複核。

（五）船邊或倉庫驗放報單之查驗

1. 例准船邊驗放之物品

進口鮮貨及易腐品、活動物、危險物品、大宗貨物（例如，棉花、小麥、黃豆、紙漿、牲油、砂石、泥土、水泥、廢鐵、廢紙等）例准船邊驗放。

此類報單，仍依一般程序查驗，惟應注意其實到貨物需與報單上申報各項完全相符，始可放行。如於查驗時發現其名稱、品質、規格、數量、重量各項，有不符情事應於報單上簽註不符事實送由驗貨主管核轉分類估價單位處理。

2. 須取樣鑑定案件之處理

倉庫驗放或經核准船邊驗放之進口貨物，須取樣鑑定者，其不涉及管制或禁止進口，且無違章漏稅情形，而僅分類估價之確定問題者，得於查驗取樣後放行。

3. 短卸案件之處理

倉庫驗放或船邊驗放，查驗時若發現短卸應將實到貨物先予驗放，在報單及提單上分別註明短卸情形及放行件數。

4.保稅工廠驗放報單之處理

　保稅工廠驗放報單於查驗無訛後，填寫驗貨紀錄簽章後將有關提單及登帳用副報單當場一併發交報關人。

5.散裝廢鐵之驗放

　船邊驗放散裝廢鐵，發現如夾雜多量堪用品或桶裝者，應不予放行，並將其押卸公倉，全部開驗，並應注意有無夾雜堪用品、違禁品、廢彈或任何爆炸物。其重量之挑認，參考重量公證報告書，但公證重量低於原申報重量時，就原申報者認定，惟如係實際押磅仍應以過磅者為準。

（六）查驗紀錄之填註

　進口報單查驗辦理紀錄欄內除主管人員核定指示者外，應由經辦驗貨關員於驗貨後依下列規定原則據實填報：

1.「應取樣」或「應繳說明書」兩項，如經照辦，可填報已檢送，其因特殊原由，不能檢送者，如樣品過於笨重或過於精細易損或有危險性，報關人不能依限繳送說明書等，應簽註不能檢送原因。

2.「標記印刷情形」一項，應填報其製作方法。

3.「裝箱情形」一項，應填報貨物包裝是否完整良好，有無破損、有無頂換、私開及其他可疑之痕跡。

4.「未驗原因」一項，應將未驗之原因據實填明。

（七）處理大陸產品有關規定

1.大陸地區物品之處理，參照大陸地區物品處理有關法令彙編。

2.准許輸入之大陸物品，其物品本身或內外包裝有中共當局標誌（文字或圖案，即「中華人民共和國」等字樣及中共黨旗、黨徽等）者，應於通關放行前予以塗銷，其他簡體

字則並未要求強制塗銷。

四、報單申報事項之認定及改正

（一）報單申報事項之認定

1. 查驗貨物應符合分類估價之要求，凡影響稅率及價格者，均應認定，有申報不符者，應照實到貨物更正。
2. 進口貨物如申報有等級者，應於查驗或分估時，根據到貨情形予以認定。未能認定者，應取足夠樣品留供鑑定，以免造成事後核價困難。
3. 依「進出口貨物查驗及取樣準則」第十五及第五十九條規定貨名不詳之貨品應移分類估價單位送請化驗機構確定貨名。

（二）報單申報不符之處理

1. 進口報單上所申報各項與查驗結果有不符者
   （1）驗貨關員應在報單上據查驗結果予以改正。改正事項不得使用橡皮擦抹，應用不褪色鉛筆、鋼筆或原子筆將原申報不符各項圈去或劃去，務使原申報之文字或數字仍能明顯認出，另在圈去或劃去上方加以改正並予簽署。
   （2）有偽報或匿報情事者，並應於報單正面，對有關項目加註偽報或匿報字樣；另在報單正頁空白處應加蓋「承認查驗結果」戳記，由報關人或貨主簽認。
   （3）如係由報關人簽認者，驗貨員應核明其身分，並由其註明報關證字號。如報關人或貨主不能或拒絕簽認，由驗貨員在報單上註明並報告其主管另行派員複驗，以昭眾信，並息紛爭，並須將爭議之貨物先予扣押安

為封存，如當場扣押有困難者，應點交駐庫關員確實看管。

2. 查驗前包裝已破損者：查驗時發現進口貨物包裝已有破損，應在報單上加註「查驗前包裝已破損」字樣，如貨物有缺少或損壞，應據查驗結果在報單上將有關項目改正或註明破損情形，如報單上附有破損證明單，應參酌複核。

3. 保育類野生動物或侵害智慧財產權貨品：保育類野生動物之活體及其產製品或侵害智慧財產權貨品，經驗明來貨與原申報不符，雖無漏稅，但涉有違反其他法律規定而嚴重影響國內政治、經濟、社會、環保或國際形象，得依海關緝私條例第三十七條第一項規定沒入貨物。

（三）已驗報單之處理

1. 未及驗畢或未及繕作查驗紀錄報單，應由各通關單位驗貨主管俟所屬驗貨員返關並作明確交待後，將報單收存保管。

2. 經驗明與原申報不符之報單，應即於報單上註明，並於返回辦公室時即將報單送由主管處理，不得留在手中過夜，其有取樣者，並於返回辦公室時即將貨樣交出。

3. 海運貨物通關自動化後有關作業：

（1）查驗相符報單

　　A. 一般C3報單查驗後，經驗貨單位主管複核並以有關程式輸入驗畢訊息，報單送分估單位辦理後續作業。

　　B. 驗放報單經驗貨單位主管複核並以有關程式輸入驗畢訊息後，如來貨申報相符，報單逕送審核單位審核。

（2）驗明不符之報單

A.一般C3報單查驗不符案件，應於報單詳述不符情形，經驗貨單位主管複核並以有關程式輸入驗畢及查驗不符訊息後，報單送分估單位處理。

　　　B.驗放報單查驗不符案件，貨物不予放行，並於電腦放行通知、報單分別簽註不符情形，一併送驗貨單位主管複核後以有關程式輸入驗畢及不符訊息，報單送分估單位處理。

　4.其他應辦事項

　（1）驗貨單位應以有關程式每日自電腦列印「驗畢報單清表」及「逾期未驗報單清表」，憑以查核。

　（2）申請派驗清表內有顯示密報或通報或機動隊註記之報單，驗貨單位主管除應於派驗時在報單上批示加強查驗外，驗畢報單應特別注意審核，如有申報不符情事，應於報單註記係密報或通報案件。

五、貨樣之提取

（一）為鑑定貨物之名稱、種類、品質、等級，供稅則分類、估價或核退稅捐之參考，得於查驗進、出口貨物時，提取貨樣，但以在鑑定技術上認為必要之數量為限；不能重複化驗鑑定之貨物，應以足夠供三次化驗鑑定之用。

（二）下列貨品免取樣

　1.凡附有型錄、圖樣、說明書、或仿單之進出口貨物，例如，機器、科學儀器、化學產品以及西藥等，可憑上述文件辦理分類估價而無疑義者。

　2.世界名廠產品，進口時經驗明確未經改裝，並有原廠之簽封及商標標明名稱與申報相符者。

　3.通常習見或同一公司經常進出口之貨品，可憑以往紀錄辦

理分類估價者。

4.單件貨物，體積巨大或重量甚大，不易移動者。

5.出口貨物經驗明與所報名稱、規格等相符者。

6.其他無法取樣者。

（三）驗貨關員應依分類估價單位或派驗報單主管人員在有關進、出口報單上之批註提取貨樣。取樣時，應注意所取樣品確能代表該批貨物之一般品質、規格及等級；並應由驗貨關員親自檢取，不得假手於報關人或他人；所取樣品，除體積過小或粉狀或液體樣品外，須以不褪色筆在貨樣上簽署。驗貨關員取樣後，應當場會同查驗之貨主或其報關人或倉庫管理人，於有關報單背面簽認本件樣品係經會同海關人員自本報單所報貨物中抽取無訛之事實。

（四）驗貨關員抽取之貨樣，除體積笨重者外，應親自攜回辦公室，不得假手報關人遞送。

（五）對於進口布料，應依進口人之申請於查驗時留樣，並眼同報關人封存後發還備用。

（六）驗貨關員抽取進出口貨物貨樣，應開具貨樣收據一式五聯，第一聯發給貨主或其委託之報關人，第二聯黏貼於有關報單上，第三聯黏貼於貨樣上，第四聯發給倉庫或貨櫃集散站業主存查，第五聯由驗貨單位存查。

貨樣收據應註明報單號碼、樣品之簡單名稱、件數及貨樣可予發還日期，如貨主聲明放棄者，海關於保留時間屆滿後，逕予處理。

（七）驗貨關員抽取零星貨樣，應照下列規定辦理，免簽發貨樣收據

1.屬化學品、染料、油脂等貨樣，為防止潮解、變質或掉包頂替情事，應以塑膠樣品瓶裝並加簽封。

2.不能以塑膠瓶盛裝之中藥材及各種纖維與製品，應以較厚之牛皮紙封套裝封並予加封。

3.凡不能以前兩款規定裝瓶、裝封之零星貨樣，應由驗貨關員加以整理綑紮後黏貼貨樣標籤。樣品標籤、牛皮紙封套及貨樣標籤上，應註明報單號碼、取樣日期及「本件樣品係會同自所報貨物中抽取會封無誤」字樣後，由驗貨關員及報關人或倉庫管理人會同簽章。

（八）貨樣應由派驗報單主管指定專人登記後送交貨樣管理單位點收登記及保管。零星貨樣可隨同報單送分類估價單位。分類估價單位收到貨樣時，應查核鉛封或封緘是否完整，如有開拆痕跡，應予拒收，並退回驗貨單位另行取樣。

六、特別驗貨費之徵收

（一）依「海關徵收規費規則」第三條規定：進出口貨物經海關核准在下列情形下查驗者，應徵收特別驗貨費，每一報單新台幣1,000元。

1.海關核准登記之倉庫、貨櫃集散站、航空貨物集散站及卸貨之碼頭空地以外地方貨物之查驗。

2.經貨主請求對進出口貨物之複驗或特別查驗。

3.船（機）邊放行進出口貨物之查驗。

4.因貨主或報關人之疏誤，須由海關作第二次派單之查驗。

5.辦公時間外之查驗貨物。

（二）同一貨主同時申報一份以上之進口報單或出口報單，如係同一種貨物並在同一時間及地點查驗者，按一份報單徵收特別驗貨費。

（三）進出口貨物有下列情形者，可減半或免徵特別驗貨費：

1.進出口貨物、郵包、貨物樣品及出口餽贈物品或進口餽贈

自用物品，其完稅（或離岸）價格不超過美金5,000元者，減半徵收特別驗貨費。

2.旅客行李、軍政機關進出口貨物、加工出口區出口郵包及文件、雜誌、刊物或報紙，其毛重在20公斤以下者免徵特別驗貨費。

七、退單之處理

因報關人未能準時到場會同查驗而退單者，以書面通知報關人及貨主三天後始得重新申請查驗。

八、逾期不申驗貨物之處理

進口貨物，應自報關日起10日內申請海關查驗，逾期仍未據報關人申請查驗或申請展延查驗期限者，應函告倉庫管理人預定會同查驗時間，並以副本抄送報關人或納稅義務人，報關人或納稅義務人如仍未於預定查驗時間前申請查驗，應即指派驗貨關員，按預定查驗時間，會同倉庫管理人查驗。驗畢，由倉庫管理人在報單背面簽證本批貨物確經會同海關查驗字樣；其有破損或數量、重量不符，或有僞報、匿報情事，應由倉庫管理人簽證。驗貨關員並應在報單正面加蓋「本單係會同倉庫管理人查驗」戳記。倉庫管理人對海關依關稅法規定逕行洽請會同查驗時，應配合辦理並代辦搬移、拆包或開箱，暨恢復原狀等事項。

九、貨物有無查驗之辨識

海關爲方便貨主查明其進出口貨物有無查驗，進口貨物可由稅費繳納證兼匯款申請書上「應否查驗」欄查知，如該欄填列「N」

代表未查驗，填列「Y」則表示查驗；出口貨物可由代收費用繳納證上「查驗」欄上查知，填列「N」表示未查驗，填列「Y」表示查驗。廠商收到報關人送來「進出口貨物通關稅費清表」時，請仔細查看以免被浮報費用或通關時間。

第三節 分類估價作業

分類估價作業，主要是分估人員依「中華民國海關進口稅則／進出口貨品分類表合訂本」核定進口貨物之稅則稅率，並依關稅法相關規定核定完稅價格，據以計算應繳稅費，以及核銷簽審文件。

報單完成收單作業後，C2及先估後驗報單送分估單位股長派估。受派估之分估員以有關程式鍵入報單號碼後，電腦畫面即顯示報單全部資料，並提示經專家系統篩選之分估應注意事項及有關簽審規定等資料，分估員於比對進口報單申報事項無訛後，參據電腦畫面提示之資料辦理分估及銷證作業。必要時，得以有關程式自分估資料參考檔（包括：價格資料、簽審基準、已開放間接進口大陸物品、應取樣或應檢附型錄貨品、大陸物品錄案及應徵特別關稅資料等）擷取分估參考資料，依有關法令規定辦理分估及銷證作業。如有錯單或應補辦事項，應以有關程式將訊息通知報關人，俟補正後再鍵入分估初核通過訊息。

C2及先驗後估報單經審核無訛，分估員及有權複核人員應以有關程式分別鍵入初核及複核通過訊息，即完成分估作業，報單移送審核單位辦理後續作業。

C2報單如屬應取樣或應檢附型錄而無查驗之必要者，得於報單上批示僅取樣，送驗貨單位取樣。如屬先核後放或發現報價偏

低者，應先傳眞總局驗估處查價，並得簽請將通關方式改爲C3查驗，鍵入電腦註記，並以電話或電腦自動將改查驗訊息通知報關人。

C3報單及改查驗之報單經查驗結果發現有申報不符者，分估人員應將查驗結果鍵入電腦更檔，並依規定辦理分估作業，無法即時完成分估作業時，應將訊息通知報關人。其涉及緝案者，於電腦報單檔註記後，依有關法令規定人工處理。

分估作業之重點，分述於后。

一、稅則號別分類之核定

（一）各關稅局應依據HS解釋準則及附則所載有關規定辦理進口貨物貨品號列及品目之劃分及稅則號別之認定。核定稅則號別時如有疑義，得函請關稅總局（下稱總局）稅則處解答。

（二）總局驗估處在事後如就申報貨名審查發現各關稅局所核定之稅則號別有明顯錯誤，或有前後、彼此不一致情形者，應函請各關稅局複核。

二、分估人員應注意審核事項

（一）申報價格之審核

1.發票金額是否正確

審核發票金額欄所列金額與報單申報價格是否一致，其所列應加計或扣減費用，如有疑問應請進口人或其報關代理人提出說明，如其無法提出說明或提供證明文件，或對其說明仍有懷疑者，則於報單加註意見，仍以先放後核通關

方式辦理，若進口人提供補正文件時，原附之文件應保留，另以影本供驗估處作審查參考。

2. 申報價格是否異常

憑驗估處提供之價格資料或估價經驗，審核價格是否有申報不實之嫌，如申報價格與驗估處提供之價格資料相較顯屬異常，或參據其他資料或憑經驗（如成交價格低於其原材料價格者）判斷申報價格顯屬異常，有詳加查證之必要者，應以電話傳眞機傳送有關文件或述明具體理由先向總局驗估處查價，該處無法即時核定其應納稅款之個別案件，進口人如有先行提貨必要者，納稅義務人得根據關稅法規定，申請繳納相當金額保證金，先行提貨，事後再予審查；對於僞造或變造交易發票案件，可以僞造文書罪嫌移送法辦，對虛報貨價案件，亦應按海關緝私條例等有關規定予以處置。

「報價顯屬異常」之認定標準如下：

（1）汽車類：進口廠商申報之交易價格與同樣或類似貨物之價格資料相較偏低10%及以上者。

（2）一般貨物

A. 進口稅捐總稅率（即進口稅、商港建設費及貨物稅稅率之總和）在50%（含）以上之進口貨物，其申報之交易價格與同樣或類似貨物之價格資料相較，偏低20%及以上者。

B. 進口稅捐總稅率在25%（含）以上，50%（不含）以下之進口貨物，其申報之交易價格與同樣或類似貨物之價格資料相較，偏低25%及以上者。

C. 進口稅捐總稅率25%（不含）以下之進口貨物，其申報之交易價格與同樣或類似貨物之價格資料相較，

偏低30%及以上者。

（3）惟進口廠商申報之交易價格與同樣或類似貨物之價格資料相較，其整份報單稅捐（包括進口稅、商港建設費及貨物稅）差額在新台幣20,000元（含）以下者除外。

3.申報情形是否合乎一般貿易習慣

審核申報價格情形是否與一般貿易習慣有違背之嫌，如有，應於報單上加註意見。

（二）進口貨品原產地認定有關之規定

1.各關稅局依據「進口貨品原產地認定標準」第五條規定送關稅總局認定之條件

（1）各關稅局認定產地後，進口人有疑義時，進口人必須提供具體之相關事證，並經各關稅局查證認定後仍有爭議時，始可報請總局認定。

（2）報請認定原則上以一次爲限。

2.進口貨物或其包裝上之產地標誌，查無去除、破壞或塗改者，亦無積極證據足以判定係虛報產地時，如進口人申請退運，應准其退運，免再繼續查證或送認定；除非經法院依法裁定，否則亦不得以無具體事證之密告、檢舉、通報等情事爲理由繼續留置。

3.進口特定紡織品之產地標示應照下列規定辦理：凡進口列屬CCC號列第61章（針織或鉤針織之衣著及服飾附屬品）、62章（非針織及非鉤針織之衣著及服飾附屬品）之紡織品，除6117、6217兩節屬其他類者外，均應於貨品本身標示正確產地，否則不准通關稅放。此項產地標示方式應具顯著性與牢固性。

（三）應施檢驗商品之處理

　　凡應施進口檢驗品目之商品，其價值在美金1,000元（含）以下，而為供自用、商業樣品、展覽品、研究開發用者，除防爆馬達、鋼索、電動遊樂器及玩具槍外得免檢驗進口；惟應由業者向海關辦理切結保證不作銷售轉讓或移作他用後始逕予驗放。另進口食品類商品，其重量在10公斤以內或最小單位包裝重量超過10公斤者以乙件為限，始得由業者向海關辦理切結保證不作銷售轉讓或移作他用後逕予驗放。

（四）內銷比例有關之規定

1. 經核定按內銷比率課稅之原料是否全部專供製造財政部核定之產品，有無移作製造核定產品以外之其他用途等不法挪用情事，應作事後之查核，由各局指派專人不定期赴現場實地抽查。
2. 按內銷比率課稅之進口貨物，如因轉讓或變更用途，致與減免關稅之條件或用途不符者，原進口時之納稅義務人或現貨物持有人應依關稅法規定，自轉讓或變更用途之翌日起卅日內，向原進口地海關按轉讓或變更用途時之價格與稅率核算補繳關稅。

（五）應注意之特殊輸入規定

1. 輸入貨品，應依貿易法、貿易法施行細則、貨品輸入管理辦法、科技貨品輸出入管理辦法、限制輸入貨品及委託查核輸入貨品彙總表規定辦理。
2. 輸入大陸地區貨品，應另依「台灣地區與大陸地區貿易許可辦法」、「農產品—准許間接輸入大陸物品項目表」、「工業產品—不准輸入大陸物品項目表」規定辦理。
3. 進口舊品之輸入規定如下：

（1）舊品係指貨品經使用或翻修而仍堪用者。進口舊品，相關進口文件上應註明「舊品」（used）字樣。

（2）進口舊品比照進口新品之規定辦理，進口舊車並應比照新車規定依小汽車輸入配額管理辦法辦理；舊品進口後另應依照環保測試、耗能標準、交通安全及勞工安全等國內相關管理法令規定辦理。

4.輸入貨品其屬應施檢驗或檢疫之品目，應依有關檢驗或檢疫之規定辦理。

5.輸入調製食品、食品添加物、藥品、醫療器材、含藥化妝品、毒性化學物質、有害事業廢棄物、野生動物活體或保育類野生動物產製品、大型車輛、度量衡器、肥料、農藥、飼料及其添加物等等貨品，均應依相關輸入規定辦理通關（詳見「中華民國海關進口稅則／進出口貨品分類表合訂本」輸入規定部分）。

三、進口廠商分類標準及異狀廠商進口案件之處理

（一）進口廠商之分類

海關為便利報單抽驗，並達到有效查緝違規不法貨物之目的，將進口廠商分為低危險群廠商（L類，信譽良好廠商）、一般廠商（G類）、高危險群廠商（H類；有注意檢查必要之信譽不佳或有不良紀錄廠商）三類，每類再細分三級共九級；並由專家系統據以核列為C1、C2、C3三種方式通關。

（二）異狀廠商進口案件之處理

進口廠商有下列情事之一者，得列入異狀廠商，改按先核後放方式通關，並於執行期滿後始解除列管。

1.經調查發現繳驗偽造、變造或不實之發票者。

2.經政府機關通報虛設行號、擅自歇業、暫停營業或他遷不明者。

3.經海關按申報地址查無該廠商或他遷不明者。

4.進口人申報價格與同樣貨物交易價格相較，顯然嚴重偏低，已逾50%（含），或整份報單稅差達新台幣10萬元（含）以上者。

5.進口人如無正當理由拒絕調查或拒不提供該貨或同類貨物之有關帳冊、單據等文件資料供查核者。

6.其他違法或違規情事，經驗估處認為有改按先核後放方式通關之必要者。

四、完稅價格之核估

進口貨物之完稅價格（Duty-Paying Value; DPV）係指作為計算關稅稅額之價格。我國採用起岸價格（CIF）為完稅價格，並根據交易價格制度規定作為完稅價格之計算方法。茲將關稅法規對進口貨物完稅價格核估之詳細規定，分述如后。

（一）交易價格

交易價格係指進口貨物由輸出國銷售至我國實付或應付之價格。進口貨物之實付或應付價格，如未計入下列費用者，應將其計入完稅價格：

1.由買方負擔之佣金、手續費、容器及包裝費用。

2.由買方無償或減價提供賣方用於生產或銷售該貨之下列物品及勞務，經合理攤計之金額或減價金額：

（1）組成該進口貨物之原材料、零組件及其類似品。

（2）生產該進口貨物所需之工具、鑄模、模型及其類似

品。

（3）生產該進口貨物所消耗之材料。

（4）生產該進口貨物在國外之工程、開發、工藝、設計及其類似勞務。

3.依交易條件由買方支付之專利權及特許權之權利金或報酬。

4.買方使用或處分進口貨物，實付或應付賣方之金額。

5.運至輸入口岸之運費、裝卸費及搬運費。

6.保險費。

依上述規定核計完稅價格者，應根據客觀及可計量之資料。無客觀及可計量之資料者，視為無法按交易價格核估其完稅價格。另海關對納稅義務人提出之交易文件或其內容之真實性或正確性存疑，納稅義務人未提出說明或提出說明後，海關仍有合理懷疑者，視為無法按上述規定核估其完稅價格。

以進口貨物之交易價格計算完稅價格尚應注意：

1.進口貨物之交易價格，有下列情事之一者，不得作為計算完稅價格之根據

（1）買方對該進口貨物之使用或處分受有限制者。但因中華民國法令之限制，或對該進口貨物轉售地區之限制，或其限制對價格無重大影響者，不在此限。

（2）進口貨物之交易附有條件，致其價格無法核定者。

（3）依交易條件買方使用或處分之部分收益應歸賣方，而其金額不明確者。

（4）買賣雙方具有特殊關係，致影響交易價格者。特殊關係，係指有下列各款情形之一者

A.買、賣雙方之一方為他方之經理人、董事或監察人者。

B.買、賣雙方為同一事業之合夥人者。

C.買、賣雙方具有僱傭關係者。

D.買、賣之一方直接或間接持有或控制他方百分之五以上之表決權股份者。

E.買、賣之一方直接或間接控制他方者。

F.買、賣雙方由第三人直接或間接控制者。

G.買、賣雙方共同直接或間接控制第三人者。

H.買、賣雙方具有配偶或三親等以內之親屬關係者。

但與下列價格之一相接近者，視為其特殊關係不影響交易價格

A.經海關核定買、賣雙方無特殊關係之同樣或類似貨物之交易價格。

B.經海關核定之同樣或類似貨物之國內銷售價格。

C.經海關核定之同樣或類似貨物之計算價格。

（5）無交易事實者（例如，寄售貨物、免費贈送之物品或樣品、租賃貨物、展覽品、以貨易貨之貨品等）。

（6）非以銷售至我國為目的者（例如，旅客攜帶自用物品、個人自用舊轎車等）。

（7）依關稅法規定應加計之各項費用，如無可計量之數據據以調整者。

（8）實到貨物與原申報不符，且不符事項影響其交易價格者。

2.進口貨物由輸出國銷售至中華民國實付或應付之價格，不包括該貨物可單獨認定之下列費用、關稅及稅捐在內

（1）廠房、機械及設備等貨物進口後，從事之建築、設置、裝配、維護或技術協助等之費用。

（2）進口後之運輸費用。

（3）進口貨物應繳之關稅及稅捐。

買方為自己之利益支付之費用，除關稅法所定之費用外，即使有利賣方，仍不得視為對賣方之付款。

3.為查明進口貨物之正確完稅價格，除參考提貨單、發票、裝箱單及其他進口必須具備之有關文件外，得採取下列措施
（1）檢查該貨物之買、賣雙方有關售價之其他文件。
（2）調查該貨物及同樣或類似貨物之交易價格或國內銷售價格，暨查閱其以往進口時之完稅價格紀錄。
（3）調查其他廠商出售該貨物及同樣或類似貨物之有關帳簿及單證。
（4）調查其他與核定完稅價格有關資料。

（二）其他核估方法

進口貨物之交易價格如不能作為計算其完稅價格之依據時，則按下列核估順序核定。但海關得依納稅義務人請求，變更核估之適用順序。

1.同樣貨物之交易價格
以該貨物出口時或出口日前、後三十日內銷售至我國之同樣貨物之交易價格核定。核定時應就交易型態、數量及運費等影響價格之因素作合理調整。所稱同樣貨物，係指其生產國別、物理特性、品質及商譽等均與該進口貨物相同者。

2.類似貨物之交易價格
以該貨物出口時或出口日前、後三十日內銷售至我國之類似貨物之交易價格核定。核定時應就交易型態、數量及運費等影響價格之因素作合理調整。所稱類似貨物，係指與該進口貨物雖非完全相同，但其生產國別及功能相同，特

性及組成之原材料相似，且在交易上可互為替代者。

3. 國內銷售價格

（1）國內銷售價格，係指該進口貨物或同樣或類似貨物，於該進口貨物進口時或進口前、後，在國內按其輸入原狀，於第一手交易階段，售予無特殊關係者最大銷售數量之單位價格核計後，扣減下列費用：

A. 同級或同類進口貨物，在國內銷售之一般利潤、費用或通常支付之佣金。

B. 貨物進口繳納之關稅及其他稅捐。

C. 貨物進口後所發生之運費、保險費及其相關費用。

（2）按國內銷售價格核估之進口貨物，在其進口時或進口前、後，無該進口貨物或同樣或類似貨物在國內銷售者，應以該進口貨物進口之翌日起九十日內，按該進口貨物或同樣或類似貨物輸入原狀首批售予無特殊關係者相當數量之單位價格核計後，扣減前項所列各款費用計算之。

（3）進口貨物非按輸入原狀銷售者，海關依納稅義務人之申請，按該進口貨物經加工後售予無特殊關係者最大銷售數量之單位價格，核定其完稅價格，該單位價格，應扣除加工後之增值及（1）項所列之扣減費用。

4. 計算價格

計算價格係生產該進口貨物之成本及費用、正常利潤，以及運至輸入口岸之運費、裝卸費及保險費之總和（下列各項費用之總和）：

（1）生產該進口貨物之成本及費用。

（2）由輸出國生產銷售至中華民國該進口貨物同級或同類貨物之正常利潤與一般費用。

（3）運至輸入口岸之運費、裝卸費、搬運費及保險費。
5.查得價格

海關依據查得之價格資料，以合理方法核定。

（三）特殊貨物完稅價格之核估

1.依修理、裝配費用或加工差額核估

運往國外修理、裝配之機械、器具或加工貨物，復運進口者，依下列規定，核估完稅價格：

（1）修理、裝配之機械、器具，以其修理、裝配所需費用，作為計算根據。

（2）加工貨物，以該貨復運進口時之完稅價格與原貨出口時同類貨物進口之完稅價格之差額，作為計算根據。

2.依租賃費或使用費核估

進口貨物係租賃或負擔使用費而所有權未經轉讓者，其完稅價格，根據租賃費或使用費加計運費及保險費核估。如納稅義務人申報之租賃費或使用費偏低時，海關得根據調查所得資料核實估定。但每年租賃費或使用費不得低於貨物本身完稅價格之十分之一。按租賃費或使用費課稅之進口貨物，除按租賃費或使用費繳納關稅外，應就其與總值應繳全額關稅之差額提供保證金，或由授信機構擔保。

（1）適用範圍：依租賃費或使用費核估之貨物，以基於專利或製造上之秘密不能轉讓，或因特殊原因經財政部專案核准者為限。租賃或使用期限，由財政部核定。

（2）審核要項：凡申請按租賃費或使用費課徵關稅之進口案件，均應向海關提出，並由海關依下列規定審核：（財政部2000年5月核示）

A.租賃或使用期間：貨物係基於專利權或製造上之秘密不能轉讓者，其租賃或使用期間最長不得超過三

年。如因事實需要，得由進口人於期限屆滿前以書面敘明理由，檢附相關證明文件，向海關申請展延，展延次數以一次為限，展延期限不得超過三年。又其租賃或使用期間，不論單計或併計，均不得超過行政院發布之「固定資產耐用年數表」規定之耐用年數。

B.試用期間：新式機器設備，係由進口人在購用前先按租賃或借用方式試用，以決定購買與否者，其試用期間不得超過半年，並不得申請展延。

C.無購置必要者：價格高昂之貨物，僅須短期使用而無購置必要者，其租賃或使用期間以一年為限。如因事實需要，得由進口人於期限屆滿前以書面敘明理由，檢附相關證明文件，向海關申請展延，展延次數以一次為限，展延期限不得超過一年。

D.無法依關稅法復運出口免稅之規定辦理者：無法依關稅法規定於進口後六個月或於財政部核定日期前復運出口享免稅待遇之各類物品，而係租賃或借用者，其租賃或借用期間以六個月為限。如因事實需要，得由進口人於期限屆滿前以書面敘明理由，向海關申請展延，展延次數以一次為限，展延期限不得超過六個月。

E.一次徵收：進口貨物按租賃或使用費計算之關稅，應依海關核准之年數（未滿一年者，以一年計） 一次徵收完畢，租賃或使用期間，自貨物放行之日起算。

F.專案報部：海關如不能依A至D各款規定處理時，得研議意見專案報財政部核辦。

3.補稅案件之完稅價格核估

（1）免稅或從低徵稅之進口貨物補稅（或減免關稅之進口
貨物，因轉讓或變更用途，致與減免關稅之條件或用
途不符者）案件，按下列規定核估其完稅價格：

A.貨物完整且未經使用者，參照轉讓或變更用途前後
三十日內進口之同樣或類似貨物新品之交易價格，
核定其完稅價格。

B.貨物雖經使用，但仍完整尚可供原來目的使用者，
參照轉讓或變更用途前後三十日內進口之同樣或類
似貨物新品之交易價格減除折舊額後，核估其完稅
價格。

C.貨物破損、殘缺或變形，已不堪供原來目的使用，
但仍具利用價值者，應分別情形，按廢品或零件估
算完稅價格。

D.無轉讓或變更用途前後三十日內進口之同樣或類似
貨物之交易價格可參考者，參照轉讓或變更用途同
樣或類似貨物之國內銷售價格核估完稅價格；其無
國內銷售價格可考者，得依據查得之資料，以合理
方法核定之。

（2）漁船換下之舊有免稅進口器材補稅案件，應依「免稅
或從低徵稅之進口貨物補稅辦法」辦理補稅。

4.發貨中心、保稅倉庫之保稅貨物申請出倉進口案件，其完
稅價格之核估計有下列三種方式：

（1）該貨物輸入我國前，進口人與國外供應商已完成交易
者，按其交易價格核估。

（2）該貨物輸入我國進儲保稅倉庫時，國外賣方尚未找到
買方，俟找到買方完成交易後始出倉進口者，按其交

易價格核估。

（3）該貨物輸入我國進儲保稅倉庫至出倉進口時均尚未找到買方者，則按四、（二）估價順序核估。

5.旅客攜帶自用、家用行李物品，超出免徵進口稅之品目數量範圍者，其完稅價格應依關稅法規定核定，如依查得資料核定其完稅價格時，得參照下列價格資料核估之：

（1）總局驗估處蒐集之合理價格資料。

（2）根據國內市價合理折算之價格資料。

（3）納稅義務人提供之參考價格資料。

6.非免稅進口自用舊汽車完稅價格之核定及折舊計算方式

（1）非免稅進口自用舊汽車完稅價格之核定，應依關稅法完稅價格核定之規定辦理。如依查得資料核定其完稅價格時，得按其新車或同樣或類似新車離岸價格與年份起算折舊，以扣減折舊後之價格，另加運費及保險費合爲完稅價格，或按輸出國之舊車行情，另加運費及保險費合爲完稅價格。

（2）非免稅進口自用新車不予折舊，使用過之舊車按其離岸價格與年份起算折舊，同年度折舊10％，其後五年第一年折舊20％，第二年35％，第三年50％，第四年60％，第五年65％，五年以後不再增加折舊。但個人進口已使用之自用小汽車，如非屬領照半年以上或行駛里程數超過5,000英哩，且其車況顯然非經過正常使用者，則以實到車輛海關查驗認定之新舊程度折舊。

（3）旅客自歐美地區以貨櫃裝運之後送行李，其內含有自用舊小汽車及其他行李物品時，其自用舊車運費之攤計一律以美金400元作爲核計標準。自其他地區進口或單獨進口自用舊汽車案件，仍按其實際支付之運費核

計完稅價格。

7.免稅進口車輛轉讓補稅案件之估價

（1）按3.補稅案件之完稅價格核估（1）規定核估。

（2）查無上開規定時間內之同樣或類似貨物之交易價格及國內銷售價格可考而依據查獲之資料以合理方法核定時，其估價程序及折舊標準等核估原則，比照非免稅進口自用舊汽車之估價程序及折舊標準辦理。

8.舊機械新舊程度之認定

（1）以出廠年份為主。第一年折舊20%，第二年起逐年再遞減10%，最多遞減至30%為止。

（2）無出廠年份可查之舊機械，以驗貨關員認定之新舊程度為準。

五、分估方式

進口貨物因性質不同，分先核後放、先放後核兩種分估方式：

（一）先核後放

進口貨物於放行前，先由進口地海關以電話傳真機傳送有關文件，向關稅總局驗估處查詢，俟接該處通知後再予處理。

1.適用範圍

（1）實到貨物與原申報不符之案件。

（2）無實際交易之進口貨物：如展覽品、租賃貨物、寄售貨物、贈送品、以貨易貨之貨品等。

（3）進口貨物交易價格有關稅法所列不得作為計算完稅價格之根據者。

（4）進口廠商申報之交易價格顯屬異常者。

（5）經總局核列為異狀廠商之進口案件。

（6）其他經各關稅局認為需以電話傳真機查詢價格資料者。

2.先核後放制度之優劣

（1）優點：貨物放行後無補稅之顧慮，廠商可於貨物進口時即確定進口成本。

（2）劣點：進口地關稅局須先向關稅總局驗估處查詢完稅價格，通關時間較長。

（二）先放後核

進口地關稅局於完成審核作業後，海關得按納稅義務人申報之事項，先行徵稅驗放，事後再加審查；該進口貨物除其納稅義務人或關係人業經海關通知依關稅法規定實施事後稽核者外，如有應退應補稅款者，應於貨物放行之翌日起六個月內，通知納稅義務人，逾期視為業經核定。

進口貨物未經海關依上述規定先行徵稅驗放，且海關無法即時核定其應納關稅者，海關得依納稅義務人之申請，准其檢具審查所需文件資料，並繳納相當金額之保證金，先行驗放，事後由海關審查，並於貨物放行之翌日起六個月內核定其應納稅額，屆期視為依納稅義務人之申報核定應納稅額。

1.適用範圍

（1）非屬按先核後放通關方式辦理之貨物（例如，屬於L級、G1級之廠商進口貨物）。

（2）不得先放後核之案件：進口貨物有下列情事之一者，不得依先放後核規定先行徵稅驗放。但海關得依納稅義務人之申請，准其繳納相當金額之保證金先行驗放，並限期由納稅義務人補辦手續，屆期未補辦者，沒入其保證金。

A.納稅義務人未即時檢具減、免關稅有關證明文件而能補正者。

　　B.納稅義務人未及申請簽發輸入許可文件，而有即時報關提貨之需要者。但以進口貨物屬准許進口類貨物者為限。

　　C.其他經海關認為有繳納保證金，先行驗放之必要者。

2.先放後核制度之優劣

　（1）優點：通關作業快速。

　（2）劣點：貨物放行後尚有補稅之顧慮，貨物進口時無法確定成本，廠商經營風險較大。

六、完稅價格之換算

　　進口貨物之完稅價格必須換算為新台幣，其匯率之適用以報關日前一旬中間日（5、15、25）台灣銀行掛牌公告匯率為準，未掛牌部分按經濟日報所載紐約外幣兌換美元收盤價格折算。有關匯率表請向各地海關索取，或利用語音回報系統查詢外幣匯率。

七、進口報單應、免、抽驗及驗放方式之核定

（一）應驗項目

1.車輛（驗估處核定之L類代理廠商除外）。

2.古董、菸酒（菸葉除外）、硝化纖維。

3.輸入規定為二五七之稅則第27、29及38章之油品或溶劑油（經濟部工業局認定之石化業廠商除外）。

4.自亞洲地區輸入之疑似大陸物品。

5.不能參加抽驗之廢料。

6.密通報案件（艙單檔註記密通報或發現可疑者）。

7. H3類廠商。

8.入境旅客之後送行李。

9.特定之應驗廠商、應驗貨品、應驗報關行。

10.特定賣方。

11.主動申請查驗者。

12.舊品、次級品或格外品（屬複合稅，稅率在2.5%以下者除外）。

13.個人報關者。

14.L類廠商外之應驗項目：

（1）國貨復運進口貨物。

（2）三角貿易貨物。

（3）按修理、裝配費、加工費、租賃或使用費課稅貨物。

（4）賠償或掉換進口免稅貨物。

（5）自東南亞地區或國家進口之農產品（中藥材除外）及植物油。

（6）驗估處核定之應取樣項目。

（二）免驗物品

依據財政部核定之「免驗貨物品目範圍」下列物品應予免驗：

1.總統、副總統應用物品。

2.駐在中華民國之各國使領館外交官、領事官暨其他享有外交或免稅特權待遇之機構與人員之公用或自用物品，經核准免稅放行者。但必要時海關仍得查驗，並通知進口人及外交部禮賓司洽有關使領館或機構派員會同辦理。

3.其他專案核准免驗物資。

（三）得予免驗物品

下列進口貨物得申請免驗：

1. 包裝相同、重量劃一、或散裝進口之大宗貨物，經審核其提貨單、發票、輸入許可證等證件認為無異狀者。例如，原棉、原毛、已淨或已梳薙各種毛，人造纖維及合成纖維，人造纖維絲及合成纖維絲，礦砂，工業用砂土及石料，各種金屬塊、錠，生鐵、鐵磚，鐵軌，米、穀、小麥、黃豆，小麥粉，淡牛奶、淡奶皮、煉奶、奶粉，煙葉，孕育材料、放射元素及放射同位素，化學肥料，柴油，牲油，木漿、紙漿，生皮，煤，水泥，天然橡膠，其他包裝相同、重量劃一、或散裝進口之大宗貨物。

2. 笨重之機器及器材，其裝箱單分箱列明貨名數量等，審核認為無異狀者。

3. 軍政機關購運進口之器材物品。

4. 公營事業購運之進口器材。

5. 國內公私立著名大學購運進口之器材。

6. 私人餽贈之進口物品、郵包，數量零星者。

7. 靈柩或骨灰。

8. 信譽良好廠商之進口貨物。

（四）抽驗

進口貨物報單由專家系統依廠商分類核定應、免驗，驗貨單位主管得視在勤驗貨關員之工作能量斟酌決定應開驗件數。

（五）船（機）邊驗放、查驗區驗放、貨櫃場驗放及倉庫驗放之核定

1. 船邊驗放

（1）廠商應具備條件：信譽良好生產事業廠商具備下列條

件者，得以書面向各地關稅局進口組（課）申請為「得船邊抽驗放行廠商」，各地關稅局應以書面通知核定結果。

A.生產事業。

B.與通關網路連線，使用「防止冒用優良廠商報關查對系統」者。

C.以連線方式報關。

D.如委託報關行報關，該生產事業應以常年委任方式委託符合「報關行設置管理辦法」第五十條之一規定條件之報關行報關。

（2）得申請船邊驗放項目：

A.數量少可一次查驗完畢者，例如，活動物、危險品、船用油漆等。

B.散裝廢鐵。

C.散裝礦砂、礦石、砂土原料、非食用植物油、動物油及液態化工原料等。

D.木材、鋸料、薄片（不含原料）。

E.包裝相同、重量劃一之冷凍鮮貨、漁船自行撈捕託商船運回漁貨及退除役官兵輔導會進口牛、羊肉可依裝箱單查驗者。

2.機邊驗放

空運進口鮮貨、易腐物品、活動物、植物、有時效性之新聞及資料、危險品、放射性元素、骨灰、屍體、大宗及散裝貨物，或有其他特殊情形經經管海關准予機邊驗放之貨物，均准由納稅義務人檢齊有關單證預行報關，並準用關稅法先放後核之規定辦理簽放。其進口艙單俟飛機抵埠查驗放行後補銷。

3.倉庫驗放

除免驗、船邊驗放貨物仍依有關法令規定辦理外,對於優良廠商進口之「先放後核」貨物,如單證齊全,原則上均准倉庫驗放,惟下列貨物除外:

(1) 旅客不隨身攜帶之行李物品。

(2) 國貨復進口案件。

(3) 掉換賠償補運進口案件。

(4) 廢料及金屬渣。

(5) 轎車。

(6) 舊機械。

(7) 貨名、品質、規格申報不詳,須待化驗鑑定始能確定其品質等級或成份之貨物。

(8) 書刊、圖片、唱片、錄音帶及錄影帶等。

核准驗放之貨物,除加工出口區外,於簽辦稅放手續後一律先送由機動巡查隊審閱,再送驗貨單位查驗放行。

4.查驗區或貨櫃場驗放

在貨櫃集中查驗區或經專案核准得予在貨櫃場查驗之整裝貨櫃除2項外之貨品,一律准申請查驗區或貨櫃場驗放。

八、進口稅則號別及稅率之核定

(一) 稅則號別與稅率之審核

1.依「海關進口稅則解釋準則」辦理。

2.海關進口稅則修正時,其稅率之適用,以運輸工具進口日為準。但依關稅法規定補稅之貨物,以其報關日為準。依關稅法規定存儲保稅倉庫之貨物,以其申請出倉進口日為準。

3.海關對於進口貨品之稅則歸列，應求前後一致，如發現該進口貨品行之多年歸列之稅則號別不適當，擬變更其稅則號別且將影響進口人之權益者，除已明文修訂者外，應先報財政部核定。

(二) 統一稅則之規定

1.整套機器拆散進口之機器稅則號別

整套機器及其在產製物品過程中直接用於該項機器之必要設備（其適用範圍以供組成該項機器運轉產製物品所需之各種機件，在操作過程中直接用於該項機器之設備及正常使用情形下供其備用或運轉用之必需機件或設備為限），因體積過大，或其他原因，須拆散、分裝報運進口者，除事前檢同有關文件申報，經海關核明屬實，准按整套機器設備應列之稅則號別徵稅外，各按其應列之稅則號別徵稅。

（1）整套機器設備拆散分裝報運進口，於事前申請按整套機器設備應列之稅則號別徵稅案件，應查核下列各項文件無訛，並簽請進口組組長核定：

A.機器設備型錄及其設計藍圖。

B.機器設備產製之物品名稱及其生產能量等有關說明文件。

C.向國外廠商訂購該項機器設備之詳細合約。

D.進口機器設備表一份，分別填列機器設備名稱、規格、單位、數量、單價、總值及詳細用途。

（2）專供配合機器使用之電子控制設備及軟體公司進口供自行測試軟體用之電腦設備，准適用本項規定申請，按整套機器設備應列之稅則號別徵稅，其他事務用電腦設備不得適用。

（3）整套機器設備，其因部分國內能產製，致非整套全部

進口者，如其具有該項機器之主要特性者，准歸入該項完整機器之稅則號別辦理，並以進口部分之價值超過50%作為認定標準，如進口部分未達50%或全部為機器零件，亦未具該項機器之主要特性者，應仍按各該項應屬之稅則號別課稅。

2.組合貨物拆裝進口之稅則號別

由數種物品組合而成之貨物，經拆散，分裝報運進口者，除機器依上項規定辦理外，按整體貨物應列之稅則號別徵稅。本項規定之立法意旨在於各國對其產業普遍採保護政策，故一般貨物如以成品方式進口時稅率較高；如以零件、原料方式進口，因其在國內加工時，可增加國民就業機會，提高商品附加價值，甚至提高國家生產毛額，故稅率較低。

依本項規定整體貨物拆散、分裝報運進口，按下列情形之一認定：

（1）組合物品之名稱與數量，載入同一輸入許可證或同一提貨單者。

（2）組合物品之數量，適合整體貨物所需之數量者。

（3）組合物品之種類、名稱均為整體貨物之組件，雖其數量不足以裝配成整體貨物，但其每套價值超過整體貨物價值50%者。

（4）依經濟部核准分期自製整體貨物計畫之廠商，照核定之分期自製百分比，直接進口該項自製整體貨物之零件、配件或附件，於進口報關時，檢附經濟部核准自製該項整體貨物之證明文件，由海關核明屬實者，按該項自製整體貨物之零件、配件或附件應行歸屬之稅則號別徵稅。

(三) 稅則分類之特殊規定

凡化學品對其稅則號別不明確而有疑義者，均應檢樣化驗，依結果作為分類之依據。

九、實到貨物與原申報或輸出入規定不符案件之處理

報運貨物進出口，實到貨物如與原申報或輸出入規定不符案件，除其他法律另有規定外，適用「實到貨物與原申報或輸出入規定不符案件處理要點」之下列規定辦理：

(一) 實到貨物與原申報不符，涉及逃避管制或偷漏 (溢沖退) 稅款者

1. 僅偷漏 (溢沖退) 稅款而未涉及逃避管制案件，依海關緝私條例第三十七條第一項或第四項等規定處分。
2. 涉及逃避管制案件，依海關緝私條例第三十七條第三項轉據同條例第三十六條第一、三項處分。
3. 所漏稅款涉及內地稅者，應併予追徵及處罰；如涉及刑事責任者，應移送法辦。
4. 上列經予處分之貨物，如合於准予備價購回或申請撤銷扣押之要件者，得准依各該規定提供相當保證金後先予放行。

(二) 實到貨物與原申報不符，但未涉及逃避管制或偷漏 (溢沖退) 稅款者

1. 涉案貨物不需繳驗任何輸出入許可 (證明) 文件之案件，即依規定放行。需繳驗者，於海關規定之期限內補正者亦同。

2.出口案件如合於海關緝私條例第三十七條第二項處分要件者，併依該條項規定處分。

（三）應補正文件者

1.實到貨物應驗憑輸出入許可（證明）文件而無法繳驗或所繳驗文件與實到貨物不符者，應限期補正，逾期未補正者，依關稅法規定限期退運，或依貨品輸出管理辦法辦理，或依出口貨物報關驗放辦法規定辦理退關。

2.依本要點規定，應驗補正之輸出入許可（證明）文件依規定放行或限期退運退關者，其辦理補正或退運期限為二個月，必要時得准予延長一個月。但情況特殊者不在此限。

3.凡違反進出口貿易主管機關規定者，應否通報主管機關，依「海關配合進出口貿易管理作業規定」辦理。

十、銷證及查核簽審規定

（一）核銷輸入許可證

1.辦畢分類估價後，即將輸入許可證所載各項內容與報單到貨及發票所列項目相互核符，並逐項核挑。

2.經核對無訛，且輸入許可證上貨物已全部進口者，在該證上註明報單號碼，蓋章後加蓋核銷輸入許可證章戳。如貨物僅部分進口者，應另將進口數量及外幣價格暨有關報單號碼於證上註明，僅予部分註銷。

（二）核銷產地證明書及其他證件

1.如因產地證明書正本尚未寄達而無法繳驗者，可由收貨人具結限期於三個月內補繳，先驗憑副本通過，收貨人逾期不繳驗正本者，應備函限期催辦，如仍不遵限繳驗者，即

通知國貿局核辦。

2.適用第二欄互惠稅率之國家或地區名單，其產品國別之認定標準，一律以生產地為準，由海關就申報進口貨物及有關文件查明認定，但海關如認為有必要或查驗認定不易者，得請納稅義務人提供產地證明，以便參核。

十一、貨樣業務

(一) 進出口貨樣之登記

1.進、出口貨樣如在各單位內部傳遞者，以專設送文簿移送，如送化驗股者應以移送貨樣清單移送，俾利查核。

2.貨樣管理單位應設置進出口貨樣登記簿，對於每日由驗貨單位送來之一般貨樣按進、出口貨樣別，分別予以登記並予妥善之保管。

3.已成立緝案之有關貨樣，應分別檢出，另行保管，並在登記簿上註明緝案號數以備查考，且在未結案前不得處理或發還。

(二) 進出口貨樣之保管、發還

1.進口貨樣，除應作專案保管者外，應自簽發貨樣收據之日起保留二個月，惟貨樣保留期限未屆滿前，如據貨主申請提前發還，分估課經辦人員應於貨主申請書上簽註意見，報請核定准駁。分類估價經辦人員於辦妥分類估價後，除應作專案保管者，另填具「專案保管貨樣通知單」予以保留外，報關人可憑貨樣收據第一聯於保管期屆滿後向海關領回貨樣。

2.出口貨樣除應作專案保管者外，應自簽發貨樣收據之日起保留十日，出口組驗估單位經辦人員辦妥核定稅則分類

後，除應作專案保管者，另填具「專案保管貨樣通知單」予以保留外，報關人可憑貨樣收據第一聯於保管期屆滿後向海關領回貨樣。

3. 發還貨樣時，貨樣管理單位應將貨樣收據收回註銷。如貨主所執存之貨樣收據遺失由貨主及報關人聯名出具之收據領回有關貨樣。但貨樣已於掛失前經人憑貨樣收據領去者，海關不負責任。

4. 進出口貨樣，如貨主自願放棄而不領回者，應由貨主或其代理人在貨樣收據上簽署聲明放棄，海關於保留期間屆滿後，逕予處理。

5. 因查驗逾期貨物所提取貨樣由緝案處理組處理。

6. 進出口危險或劇毒品顯有報驗不符情事，非取樣不可者，應在貨樣包裝袋上，以紅字樣標明「危險品」、「劇毒品」字樣，俾便提高警覺，另行放置。

（三）調樣之處理

1. 分類估價單位須調樣參考時，應填具調樣憑單，列明調樣日期、報單號數、報關人名稱、貨樣收據號數、調樣單位，由調樣人及其主管簽章後向貨樣管理單位調樣。

2. 貨樣管理單位應設置調樣登記簿，樣品借出時應根據調樣憑單登記，歸還時亦應將歸還之日期填入。調出之貨樣，貨樣管理單位須隨時注意有無歸還，必要時應即追回。

（四）逾期未領回之貨樣處理

1. 貨樣管理單位於貨樣保留期限屆滿後（專案保管者，於解除專案保管後），逾十日仍未領回者，應予公告，並副知報關公會，限期壹個月內領回。

2. 貨樣管理單位對逾期未經貨主或其代理人領回之貨樣，應

定期根據貨樣登記簿之紀錄，分別開列逾期未領回之貨樣清單，並作實地清點後，報請處理。一般之處理方式：

(1) 可供長久保存參考者，列出移送分類估價資料單位編目保管作為分類估價資料。

(2) 已變質或損壞者，即予銷燬或拋棄。

(3) 有利用價值者，由貨樣管理單位按放棄貨物處理。

第四節 徵（繳）稅作業

進口貨物於完成分估後即自動計稅，並將稅款寫入稅費檔放出訊息通知報關行或貨主繳稅，報關行或貨主除按先放後稅方式辦理外，可以現金繳納、匯款繳納、EDI線上扣繳及記帳方式繳納稅費，系統即可自動轉帳登錄。選擇以EDI方式繳納者，僅需於其辦公處即可完成稅費支付作業。

一、關稅之減免

（一）關稅法有關之免稅規定

1.下列各款進口貨物免稅

(1) 總統、副總統應用物品。

(2) 駐在中華民國之各國使領館外交官、領事官與其他享有外交待遇之機關及人員，進口之公用或自用物品。但以各該國對中華民國給予同樣待遇者為限。

(3) 外交機關進口之外交郵袋、政府派駐國外機構人員任滿調回攜帶自用物品。

(4) 軍事機關、部隊進口之軍用武器、裝備、車輛、艦

艇、航空器與其附屬品，及專供軍用之物資。

（5）辦理救濟事業之政府機構、公益、慈善團體進口或受贈之救濟物資。

（6）公私立各級學校、教育或研究機關，依其設立性質，進口用於教育、研究或實驗之必需品與參加國際比賽之體育團體訓練及比賽用之必需體育器材，但以成品為限。

（7）專賣機關進口供專賣之專賣品。

（8）外國政府及機關、團體贈送之勳章、徽章及其類似之獎品。

（9）公私文件及其類似物品。

（10）廣告品及貨樣，無商業價值或其價值在限額以下者。

（11）中華民國漁船在海外捕獲之水產品；或經政府核准由中華民國人民前往國外投資國外公司，以其所屬原為中華民國漁船在海外捕獲之水產品運回數量合於財政部規定者。

（12）打撈沉沒之船舶、航空器及其器材。

（13）經營貿易屆滿二年之中華民國船隻，因逾齡或其他原因，核准解體者。但不屬船身固定設備之各種船用物品、工具，備用之外貨、存煤、存油等除外。

（14）經營國際貿易之船舶、航空器或其他運輸工具專用之燃料、物料。但外國籍者，以各該國對中華民國給予同樣待遇者為限。

（15）旅客攜帶之自用行李、物品。

（16）進口之郵包物品數量零星在限額以下者。

（17）政府機關進口防疫用之藥品或醫療器材。

（18）政府機關為緊急救難進口之器材及物品。

（19）中華民國籍船員在國內設有戶籍者，自國外回航或調岸攜帶之自用行李物品。

（20）上列貨物以外之進口貨物，其同批完稅價格合併計算在財政部規定之限額以下者，免稅。

第2款至第6款、第10款、第15款、第16款及第19款所定之免稅範圍、品目、數量及限額之辦法，由財政部定之。

2.損壞貨物之免稅

進口貨物有下列情形之一者，免徵關稅：

（1）在國外運輸途中或起卸時，因損失、變質、損壞致無價值，於進口時，向海關聲明者。

（2）起卸以後，驗放以前，因水火或不可抗力之禍變，而遭受損失或損壞致無價值者。

（3）在海關查驗時業已破漏、損壞或腐爛致無價值，非因倉庫管理人員或貨物關係人保管不慎所致者。

（4）於海關放行前，納稅義務人申請退運出口經海關核准者。

3.賠償或掉換貨物之免稅

進口貨物因損壞或規格、品質與原訂合約不符，由國外廠商賠償或掉換者，該項賠償或掉換進口之貨物，免徵關稅。但以在原貨物進口之翌日起一個月內申請核辦，並提供有關證件，經查明屬實者為限。如係機器設備，得於安裝就緒試車之翌日起三個月內申請核辦。

本項賠償或換掉之進口貨物，應自海關通知核准之翌日起六個月內報運進口；如因事實需要，於期限屆滿前，得申請海關延長之，其延長，以六個月為限。

4.復運出口貨物之免稅

（1）應繳關稅之貨樣、科學研究用品、試驗用品、展覽物

品、遊藝團體服裝、道具、攝製電影電視之攝影製片器材、安裝修理機器必需之儀器、工具、盛裝貨物用之容器，進口整修、保養之成品及其他經財政部核定之物品，在進口之翌日起六個月內或於財政部核定之日期前，原貨復運出口者，免徵關稅。

(2) 進口供加工外銷之原料，於該原料進口放行之翌日起一年內，經財政部核准復運出口者免稅。本項復運出口之原料關稅，應在出口之翌日起六個月內申請沖退，逾期海關將不受理。

5.復運進口貨物之免稅

(1) 貨樣、科學研究用品、工程機械、攝製電影、電視人員攜帶之攝影製片器材、安裝修理機器必須之儀器、工具、展覽物品、藝術品、盛裝貨物用之容器、遊藝團體服裝、道具，政府機關寄往國外之電影片與錄影帶及其他經財政部核定之類似物品，在出口後一年內或於財政部核定之日期前原貨復運進口者，免徵關稅。

(2) 外銷品在出口放行之翌日起五年內，因故退貨申請復運進口者，免徵成品關稅。但出口時已退還之原料關稅，應仍按原稅額補徵。本項復運進口之外銷品，經提供擔保，於進口之翌日起六個月內整修或保養完畢並復運出口者，免予補徵已退還之原料關稅。

(3) 運往國外免費修理之貨物，如其原訂購該貨之合約或發票載明保證免費修理，或雙方來往函電足資證明免費修理者，復運進口免稅。如無法提供修理裝配費或免費修理之證件，海關得按貨物本身完稅價格十分之一作為修理費之完稅價格計課。

（二）低價進口貨物之免稅

財政部核定自1998年10月1日起，進口貨物完稅價格在新台幣3,000元以下者免徵關稅，但同批進口貨物完稅價格合併計算逾3,000元者及違禁品、管制品、煙酒不適用。

（三）依「離島建設條例」規定之免稅

澎湖、金門及馬祖地區之營業人進口並於當地銷售之商品，免徵關稅。財政部於2000年10月發布「澎湖金門馬祖地區進口商品免徵關稅實施辦法」，同時公布適用免徵關稅商品之項目；其他稅費則依各該法規之規定辦理。

（四）「貨物樣品進口通關辦法」規定之免稅

1. 無商業價值之廣告品及貨樣，免徵進口關稅。
2. 前條以外之廣告品及貨樣，其完稅價格在新臺幣12,000元以下者，免徵進口關稅。

（五）依海關進口稅則之「增註」規定免稅

包括改良品種或生產用之動物、供烤鰻用之醬油、專供製造血液代用品等近五十種物品進口免稅，詳見「中華民國海關進口稅則／進出口貨品分類表合訂本」。

（六）貨物稅之優待

1. 依貨物稅條例規定供研究發展用之進口車輛、附有特殊裝置專供公共安全及公共衛生目的使用之特種車輛、郵政供郵件運送之車輛、裝有農業工具之牽引車、符合政府規定之農地搬運車以及不行駛公共道路之各種工程車免稅。
2. 以冷暖氣機之主機或壓縮機，裝置於冷凍冷藏設備者免稅。

（七）減稅

依關稅法規定按修理、裝配費用、加工差額課徵及按租賃費或使用費課徵、按整套機器之稅則號別徵稅等皆爲關稅減免之規定。另下列貨物依海關進口稅則增註規定減徵或從低課徵：

1. 鮮檸檬、柑橘、及葡萄柚。
2. 飼料用麵筋。
3. 供發電用柴油。
4. 輸入供化學反應合成製造化學產品之工業酒精。
5. 供化學反應製造烷基所需用之白臘油。
6. 飼料用之含有藥物之飼料添加物。
7. 直接用料工廠輸入再軋用鋼鐵捲盤。
8. 機械製造工廠輸入專供堆高機或跨載機用引擎。
9. 農業機械製造工廠自行進口之農地搬運車用零、附件。

（八）徵稅之特殊規定

1. 凡印有或刻有牌號或廣告之日、月曆及廣告印刷品均予免徵進口關稅。至鉛筆、原子筆、打火機等雖刻有牌號廣告，仍具商業價值，與關稅法免稅之規定不盡相符，仍應課徵進口關稅。

   在國內產製之產品外銷再由國外購運進口，其須課徵關稅者以及加工出口區、科學園區、保稅工廠及依規定產品應予外銷之外銷工廠，其產品經專案核准內銷應予補稅者，均適用第二欄稅率課徵關稅，至經專案核准補稅輸入課稅區之進口原料，仍應依其原生產國別適用第一欄或第二欄稅率課徵關稅。

2. 減免關稅、分期繳稅或稅款記帳之進口貨物補稅規定：減免關稅之進口貨物，因轉讓或變更用途，致與減免關稅之條件或用途不符者，原進口時之納稅義務人或現貨物持有

人應自轉讓或變更用途之翌日起三十日內，向原進口地海關按轉讓或變更用途時之價格與稅率補繳關稅。但逾財政部規定年限者，免予補稅。

分期繳稅或稅款記帳之進口貨物，於關稅未繳清前，除強制執行或經海關專案核准者外，不得轉讓。其經強制執行或專案核准者，准由受讓人繼續分期繳稅或記帳。

3.課徵反傾銷稅應行注意事項

（1）反傾銷稅除關稅法規定所稱之反傾銷稅外，並包括「平衡稅及反傾銷稅課徵實施辦法」所稱之臨時課徵反傾銷稅，及輸出國生產者或出口商有提供或補償情事時，應加徵該提供或補償金額之反傾銷稅。

（2）各關稅局對於反傾銷稅之課徵案件皆應登錄。

（3）平衡稅及反傾銷稅稽徵程序之執行：

A.審核來貨是否符合應徵平衡稅或反傾銷稅之要件。

B.經核定應課徵平衡稅及反傾銷稅之貨物，一律按「先核後放」方式辦理。

二、計稅及通知繳納

（一）計稅

海關應課徵及代徵之進口稅費，包括：進口稅、商港建設費、推廣貿易服務費、貨物稅、營業稅、菸酒稅、特別關稅、滯報費、滯納金、規費等。

應納進口稅費之計算方法，請參閱進口報單填報說明45~54。

（二）通知繳納

  1.連線者

  （1）海關以電腦訊息通知應繳稅額。

  （2）報關人自行列印繳納證或收款書。

  2.未連線者

  由海關列印、分送繳納證或收款書給納稅義務人或報關人。

三、繳納類別

（一）現金繳納

納稅義務人持海關繳款通知以現金向駐當地海關之銀行收稅處繳納，由銀行通知海關。

（二）匯款繳納

納稅義務人持海關繳款通知（簡5110或簡5111）到經收稅款之銀行或分行，以匯款方式匯入國庫存款戶或海關收稅專戶。

（三）EDI線上扣繳

與通關網路連線之貨主或報關行，在與通關網路直接連線之銀行開立「繳納稅費專戶」於接到海關繳款通知訊息，經複核確認後，由貨主或報關行發動訊息，指示銀行由其專戶扣款，轉入國庫存款戶或海關收稅專戶，並以訊息通知海關。

（四）記帳

外銷品進口原料關稅，由納稅義務人提供保證（授信機構保證書或擔保品）經海關核准登帳後將貨物放行，俟加工為成品外銷後再予沖銷除帳。

（五）先放後稅

「先放後稅」，是指納稅義務人依關稅法規定，應繳之關稅、保證金及應徵、代徵各項稅費、款項、滯納金、滯報費等，由納稅義務人申請提供一定金額之擔保（含現金、公債券、授信機構之保證、金融機構之定期存款單與信託憑證等），經海關核准後，在擔保期間內，凡該納稅義務人應繳之稅費，可由其提供之擔保額度中暫行扣抵，替代現金、保證金之繳納先行驗放其貨物；俟納稅義務人於規定期限內，繳納應繳之稅費後，恢復其擔保額度，重複循環使用。

（六）繳押款

在通關作業過程中，一時不能確定稅額或可否放行或其他原因，使貨物處於不能放行狀態時，除少數貨品涉及管制規定外，廠商可申請提供相當金額之現金或擔保品作為擔保，先將貨物放行。得繳押之情形：

　　1.待補減、免稅款文件。

　　2.待補I/P。

　　3.按租賃費或使用費核價。

　　4.異議稅則號別、完稅價格、應補繳稅款、特別關稅。

　　5.進口應徵關稅之貨樣等待復運出口。

　　6.外銷品復運進口整修、保養待復運出口。

　　7.外銷品退貨復運進口尚未調出原報單。

四、繳納期限

（一）進口稅

應自稅款繳納證送達或傳輸該訊息之翌日起14日內繳納。

（二）逾期繳納之處理

1. 徵收滯納金
   （1）關稅按應繳稅額每日加徵0.05%之滯納金。
   （2）貨物稅、營業稅按應繳稅額每二日加徵1%；逾30日者改徵利息。

2. 滯納金徵滿60日仍不繳稅者，則
   （1）海關變賣貨物。
   （2）保管價款餘款五年。
   （3）五年內納稅義務人得申請發還。

3. 商港建設費逾時未繳之處理
   依「商港建設費收取分配基金保管及運用辦法」規定，商港建設費應由納稅義務人，自海關填發繳納證之日起14日內繳納，逾時不繳納者，由海關停止辦理進出口貨物報運手續。

五、關稅記帳

現行外銷品沖退原料稅款辦法規定，外銷品原料稅款除依內銷比率課稅者外，得提供同額公債、經財政部認可之有價證券擔保或經財政部核可之授信機構出具之書面保證，或申准自行具結，向經辦機關辦理記帳或申請緩繳。廠商提供前二項之保證申請辦理稅款記帳或緩繳者，應同時具結保證此項原料不作內銷之用；惟商港建設費及推廣貿易服務費不得隨同關稅記帳。故關稅記帳有二種方式：

（一）擔保記帳

進口外銷品原料稅款，准由納稅義務人提供銀行或金融機構之定期存款單設定質權於海關作為記帳擔保。

加工外銷品原料稅款由授信機構擔保記帳者，該項記帳稅款於期限內沖銷後，經辦機關應即通知授信機構解除其保證責任。未能依限沖銷者，其所應追繳之稅款及自稅款記帳之翌日起至稅款繳清之日止，照記帳稅款按日加徵萬分之五之滯納金，應由擔保授信機構負責清繳。但被擔保廠商業經破產宣告或已停業、倒閉，而其稅款已由授信機構繳清者，得由該授信機構提供不足清償之確實資料檢送法院破產宣告文件或當地稅捐稽徵機關出具之停業證明，報經財政部核准後，免賠繳滯納金。

(二) 自行具結記帳

廠商合於規定並經財政部認為適當者，其外銷品原料稅款准予自行具結記帳，並於原料進口報關時，海關由核定之記帳額度中逐一扣減。

　1.外銷廠商登記為「外銷品原料稅款自行具結廠商」

　（1）申請資格

　　　A.過去二年平均外銷實績年在新臺幣6,000萬元以上，或沖退稅金額年在新臺幣3,000萬元以上；或過去三年平均外銷實績年在新臺幣4,000萬元以上，或沖退稅金額年在新臺幣2,000萬元以上；或過去四年平均外銷實績年在新臺幣2,000萬元以上，或沖退稅金額年在新臺幣1,000萬元以上；經查同期間內平均無虧損、無違章漏稅不良紀錄，其過去年度如有虧損亦已彌補者。（如過去三年之實績於第三年度開始後已達新臺幣4,000萬元，或沖退稅金額新臺幣2,000萬元；或過去四年之實績於第四年度開始後已達新臺幣2,000萬元，或沖退稅金額新臺幣1,000萬元；而其過去二年度或三年度經年終查帳平均無虧損、無違章漏稅不良紀錄者，視為已滿三年或四年）。

B.合於促進產業升級條例規定之新興重要策略性產業，如開始營業已逾一年度者，應查明其上年度無虧損、無違章漏稅不良紀錄。

C.前述無違章漏稅不良紀錄，係指各該所定期間內無漏稅或所漏稅額合計未滿新臺幣50萬元者而言。

（2）應檢附證件

A.經濟部國貿局外銷實績證明一份或沖退稅證明。

B.稅捐稽徵處（國稅局）出具之各年度平均無虧損、無違章漏稅不良紀錄證明一份。

C.經濟部公司執照、工廠登記證、營利事業登記證正、影本各一份。（正本審核後退還）

D.依公司法規定辦理設立登記變更之登記事項卡正、影本各一份。

E.廠商印鑑卡十二份。

F.銀行存款印鑑證明一份。（辦理緩繳案件者需檢附）

G.關稅局自行具結記帳廠商財務狀況申報表一份。

H.外銷品原料稅捐自行具結記帳常年總切結書二份。

2.貿易商申請辦理外銷品原料稅款記帳者

（1）申請資格：以已接有外銷訂單並與合格外銷工廠訂有合作外銷契約暨以該項訂單所需之原料為限。

（2）報關時檢附下列文件供核：

A.外銷訂單及與合格外銷工廠所訂合作外銷契約。

B.外銷品退稅標準。若無法即時檢具退稅標準者，應由進口人切結如因無退稅標準不能沖稅時，其責任應由進口人自負。

C.合格外銷工廠之「工廠登記證」。

記帳之外銷品原料稅款不能於規定期限內沖銷者，應即補繳稅款，並自記帳之翌日起，至稅款繳清之日止，就應補稅款金額按日加徵0.05%之滯納金。其未能依限繳清者，停止其原料稅款記帳。但有下列情形之一者，免徵滯納金：

（1）因政府管制出口或配合政府政策經核准超額儲存原料者。

（2）工廠遭受風災、地震、火災、水災等不可抗力之災害，經當地警察或稅捐稽徵機關證明屬實者。

（3）因國際經濟重大變化致不能於規定期限內外銷，經財政部及經濟部會商同意免徵滯納金。

（4）因進口地國家發生政變、戰亂、罷工、天災等直接影響訂貨之外銷，經查證屬實者。

（5）在規定沖退稅期限屆滿前已經出口，或在規定申請沖退稅期限屆滿後六個月內出口者。

進口稅捐記帳之外銷品原料轉售內銷，應先向經辦海關補繳稅款，並加徵滯納金。其未依規定繳清記帳稅款及滯納金，即自行將稅款記帳之加工外銷原料或其製品改作內銷者，除追繳稅款及滯納金外，貿易主管機關及財政部並得對該廠商視其情節按下列各款擇一或同時予以一定期間之處分：

1.停止原料稅款記帳。

2.停止各項有關外銷貸款。

3.停止進口簽證。

第五節　放行提領等作業

貨物放行，指通關貨物經由海關准許得由關係人（納稅義務

人、收貨人、提單持有人、報關人等）處置（提領）之行為。

一、放行訊息之通知

（一）完成徵（繳）稅作業後，海關即以放行訊息通知報關行或貨主，至存放貨物之倉棧，向業者繳納倉租（或以電腦連線方式繳納）提領貨物。

（二）海關以進口貨物放行通知訊息通知倉儲業准予放行提貨，倉儲業放行提貨完畢之翌日以進口貨物出倉資料訊息傳送海關。以上訊息如海關檢查錯誤則以倉儲業或運輸業申報訊息回覆通知或駁回通知訊息通知倉儲業重新處理。

二、貨櫃（物）之放行出站（倉）

進口貨櫃（物）放行出站（倉）時，貨櫃出站准單（或貨物放行條）經駐庫關員簽章後，由報關人轉交卡（拖）車司機經管制站關員（或管制站警衛）驗證放行，收回後鍵入電腦檔供貨櫃追蹤系統銷案。

三、船邊免驗進口貨櫃之提領

經海關核定信譽良好廠商，其船邊免驗之進口貨櫃，准憑特別准單、電腦放行通知、提貨單及港務局（或船公司）列印之貨櫃出站准單等文件，由報關人向海關駐站關員辦理提櫃手續。

四、散裝貨物之提領

船邊免驗及驗放之散裝貨物，報關人持憑特別准單、電腦放行通知、提貨單辦理提領手續。

（一）驗放貨物

應由驗貨員於驗畢後，在電腦放行通知單簽章。

（二）免驗貨物

由巡段關員憑電腦放行通知單與船公司之提單抽核無訛後，於電腦放行通知簽章，交報關人持向港務局辦理核發貨物放行條憑以出站。

五、落地追蹤

應辦落地追蹤之免驗貨櫃，報關人於提貨前，應向保三總隊辦理落地追蹤手續。

六、審核、簽證、理單

（一）審核

以免審免驗（C1）方式通關之進口報單，於通關過程中，幾已達無紙化作業，海關為防止廠商藉機從事不法行為，故規定仍應於放行後三日內補送書面進口報單及有關文件供事後審核。另C2及C3報單於完成通關作業後，報單亦移送審核單位審核。

1.審核範圍

（1）報單內容與電腦申報資料是否一致？

（2）應檢附文件是否齊全？

（3）商品分類

A.申報CCC號列是否恰當？

B.稅則號別、稅率是否正確？

C.有否規避簽審規定或構成漏稅？

D.有否商品分類以外之虛報違章等情事？

（4）貨物價格：

　　A.應加計或扣減項目有無遺漏或不當？

　　B.申報價格是否符合交易價格之要件？

　　C.發票是否僞造、變造？

　　D.貨物價格計算有否錯誤？

　　E.申報價格是否顯屬異常？

（5）統計作業基本資料。

2.加強軍品及貨物金額超過新台幣一億元之進口報單之審核。

3.審核發現缺失之處理

（1）經電腦篩選應審核之報單，原則上採取重點抽審爲原則，可審核全份報單，亦可審核整份報單中之部分。

　　A.電腦審核人員先利用電腦程式鍵入報單掛號、查驗方式、通關方式等資料後，分別就電腦畫面所顯示之不同訊息，予以審核，若屬抽核訊息，則應與報單逐項核對稅費、生產國別、稅別號別、完稅價格及納稅辦法等。

　　B.經電腦審核未通過之報單，審核人員應填具待補正項目簡便通知連同報單一併送還原通關單位複核補正，待補正完畢後，再送回補審。

　　C.經電腦審核通過之C2、C3報單，即進行人工書面審核（C1報單僅爲電腦審核），經審核通過者始予歸檔或續辦其他作業。

　　D.審核人員發現有待補正或待複核事項而未能通過時，應繕具「審核進口報單報表」送有權核定人員審核後於報單檔註記未通過原因（例如，漏徵規

費、未檢附有關應備文件或其他應補正事項）、原經辦單位及承辦人員代號後，由電腦列印「送各單位報單清表」連同相關報單送回原承辦人員複核補辦手續並加註處理情形後，再退回審核單位，由審核人員於電腦銷檔，並鍵入審核通過訊息，經電腦篩選屬免審核之報單，則由審核人員輸入免審核通過訊息，報單送審核編袋人員續辦。

（2）審核發現報單有未鍵檔之項目，退回原鍵檔單位補鍵。

4.進口報單規費證貼用情形之審核與稽銷

（1）審核人員審核進口報單及單證文件已貼用之海關規費證，如發現紙質、圖案、字體、顏色可疑者，即以端末機稽銷，以辨認真偽，並依據顯示資料立即追查。

（2）為提高電腦稽銷比率以強化稽核功能，應另在每月每旬中各擇定一日將該日經審核面額在新台幣300元（含）以上之全部規費證悉數列表納入電腦稽銷。

（二）簽證

需要簽證文件者，於此一作業點辦理貨物放行後進口證明聯（進口報單副本第二聯）、沖退原料稅用聯（進口報單副本第三聯）之核發作業。

1.簽發進口證明文件

（1）進口證明書之核發

A.車輛類核發「進口與貨物稅完（免）稅證明書」。

B.三角貿易案件核發進口證明書時，應於進口證明書加註「本案係三角貿易案件，貨物已於進口通關同時轉售國外」。

C.審核進口證明書所載內容與進口報單內容是否相

符。

    D.核銷規費證（面額100元）。

    E.有權簽證人員加蓋印鑑及打印人員加蓋簽證文件專用關防。

（2）高科技貨品抵達證明書核章。

（3）保育類野生動物或產製品許可證核章。

2.核發沖退原料稅用聯

（1）收受進口報單時，對已報明將申請沖退稅之案件應切實核明，已按規定加附繕打清晰之進口報單副本始予收單。申請核發進口報單副本之報單通過審核後，按袋核發進口報單副本。

（2）廠商或報關行於報關時，應另加附與報單正本一式套打之進口報單副本乙份，並加蓋「供廠商申請沖退稅用」字樣，經局核銷後設立專簿登記，由報關人簽領。沖退稅報單副本應收簽證費每份新台幣100元。

（3）未放行或未結案之報單寄送驗估處後，應轉進口報單追蹤檯人員送有關課股，俟結案後再予核發退稅用報單副本。

（4）進口報單副本之核發期限如下：

    A.報關時已附有退稅用進口報單副本者，應於報單放行後兩週內核發供廠商退稅捐用進口報單副本，未附進口報單副本者，則應於報關人申請核發之日起兩週內核發。

    B.因化驗、查價等待決原因未能及時核發進口報單副本者，應於原因消滅時起兩週內核發供廠商退還稅捐。

(三) 理單

　　包括進口報單與進口艙單之歸檔及保管、進口報單之借調及
追蹤、轉運申請書之追蹤、檔案之銷燬等海關內部管理作業。

第5章 出口貨物之通關

1.收單（報關）作業

2.驗貨作業

3.分類估價作業

4.簽放等後續作業

貨物輸出國外，應依出口貨物報關驗放辦法及相關法令規定辦理申報及通關手續，依出口貨物報關驗放辦法應辦理之事項、應提出之報單及其他有關文件，得以電腦連線或電子資料傳輸方式並準用貨物通關自動化實施辦法辦理通關。

　　出口貨物通關流程一般定義為貨物進倉至裝船結關開航；包括收單、驗貨、分估、放行四步驟。部分貨品免驗；部分貨品將驗貨步驟移到最後辦理。其流程圖如圖5-1：

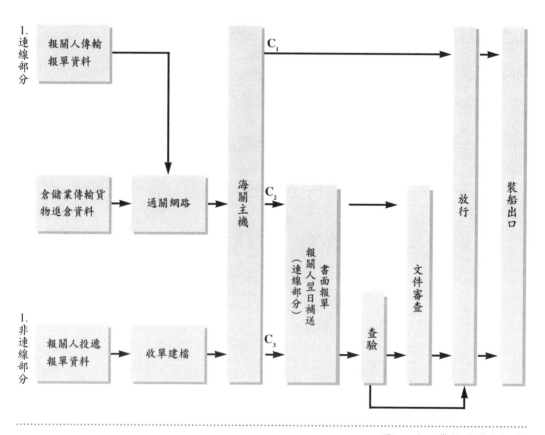

圖5-1 出口貨物通關流程圖

第一節 收單（報關）作業

　　出口貨物應於貨物進倉後方能辦理收單（報關）作業，倉儲業應依據裝貨單或託運單、海運出口貨物進倉申請書點貨進倉，進倉完畢後以出口貨物進倉資料訊息透過通關網路傳送海關。海運貨物，業者需於進倉證明上加註貨物進倉時間；空運出口貨物進倉完畢者，由貨運站業主在託運單上簽章證明貨物已進倉。

　　貨物出口之報關，海關收單作業均比照進口報單之收單手續，僅在資料比對上有所不同，出口報單資料係與進倉證明單相比對（進口報單資料係與進口艙單相比對）。

　　出口貨物報關時應注意事項如后。

一、報單之申報

　　貨物輸出人或受委託之報關行，應於貨物出口時，繕具（或由電腦列印）出口報單，遞交或傳輸海關辦理報關。

二、報關期限

　　海運出口貨物，無截止收單時間之限制，連線出口報單在船舶結關前得24小時隨時傳輸，未連線報單於海關上班時間內均可報關。

　　空運出口貨物，報關時限依轄區海關公布時間辦理。

三、報關應檢附文件

　　出口貨物報關時，應遞交或傳輸出口報單，並檢附各項通關文件單據，作為海關查核及放行之根據。茲分述如下：

（一）出口報單（Customs Declaration：Export）

1.類別、代號及適用範圍

出口報單計包括19類，其類別、代號及適用範圍如下：

G3（外貨復出口）：一般廠商、個人自國外輸入貨物、行李，由於轉售、不得進口、修理、掉換、租賃、展覽等原因復出口者。

G5（國貨出口）：一般廠商、個人將國貨（含復運出口）、行李向國外輸出者。

D1（國貨售與發貨中心）：國內一般廠商將國貨售與發貨中心者，及保稅倉庫外貨售與國內一般廠商申請退貨者。

D3（保稅貨售與發貨中心）：保稅工廠、加工出口區及科學園區之國產保稅貨物售與保稅倉庫者，及保稅倉庫外貨售與保稅區（含保稅工廠、加工出口區及科學園區）申請退貨者。

D4（保稅貨退運出口）：原由國外輸入存儲保稅倉庫之保稅貨物申請退運出口者。

D5（保稅貨出倉出口）：保稅倉庫之國產保稅貨物申請出倉出口者。

D9（國貨進保稅倉）：存入專用保稅倉庫之重整貨物，為重整貨物向國內課稅區廠商採購原料、半成品或成品者。

B1（國內廠售與保稅廠原料）：國內一般廠商售與保稅工廠加工外銷品原料視同出口及進口者。

B2（保稅廠售與他保稅區再加工出口）：保稅工廠保稅物品售與其他保稅區再加工出口視同出口及進口者。

B8（保稅廠原料復出口）：保稅工廠進出原料申請復運出

口者。

B9 （保稅廠加工品出口）：保稅工廠加工外銷品出口（含復運出口）者。

E2 （加工區輸出國外）：加工區產品輸出國外者。

E3 （課稅區輸入加工區）：由國內一般廠商輸往加工區供外銷事業自用或供轉口外銷，視同外銷者。

E6 （國外輸入加工區復出口）：國外輸入加工區貨物申請復運出口者。

E7 （加工區售與他保稅區再加工出口）：加工區事業之保稅品售與保稅工廠、出口區或科園區再加工出口，視同出口及進口。

P1 （國內廠售與科園區）：國內一般廠商售供科園區事業自用之物資，視同外銷者。

P2 （科園區售與他保稅區再加工出口）：科園區事業之保稅品售與保稅工廠、加工區或他園區事業再加工出口，視同出口及進口者。

P5 （科園區進口原料復出口）：科園區事業進口原料申請復運出口者。

P6 （科園區成品出口）：科園區事業成品出口者。

2. 出口報單聯別及其用途

（1）正本

　　第一聯　海關處理紀錄聯

　　第二聯　押匯用聯

　　第三聯　沖退原料稅用聯

　　第四聯　退內地稅用聯

（2）副本

　　第五聯　出口證明用聯

第六聯　留底聯（經海關加蓋收單戳記後發還；如係整批投單，可改以清單替代本聯）

第七聯　其他聯（各關稅局依實際需要規定使用，如供稅捐稽徵機關查核用聯）

（二）投遞出口報單時應檢附文件

1. 裝貨單（Shipping Order; S/O；又稱下貨准單或訂位單）或託運申請書（Cargo Shipping Application；又稱託運單）

   由承運業者簽發，一式二聯，甲聯為裝貨單，乙聯為大副或櫃裝貨物收貨單，係出口貨物裝船之主要單證。

   非連線申報者始應檢附。海運出口貨物，不得將數張裝貨單合併申報同一份報單。空運併裝出口貨物，得以數份出口報單共附同一託運單，惟需檢附併裝單二份。

2. 裝箱單（Packing List; P/L）

   報關時應檢附一份。如提供正本，並經權責人員簽署者，免再加蓋廠商公司章及負責人私章；如報關行以出口商傳真之裝箱單報關，應加蓋報關行公司章及負責人私章。但散裝、裸裝、一箱或種類單一且包裝劃一之貨物均免檢附。

3. 輸出許可證（Export Permit; E/P）

   （1）廠商輸出未列入「限制輸出貨品表」貨品免繳。

   （2）廠商以外出口人（包括個人）輸出貨品，應向貿易局辦理簽證；並於報關時檢附E/P正本（海關存查聯）。但輸出小額貨品（金額在離岸價格美金20,000元以下或其等值者；不含設限紡織品）免證。

   （3）有下列情形之一者，免證輸出

   A.停靠中華民國港口或機場之船舶或航空器所自行使用之船用或飛航用品，未逾海關規定之品類量值

者。

  B.漁船在海外基地作業，所需自用補給品，取得漁業
   主管機關核准文件者。

  C.軍事機關輸出軍用品，取得國防部或其指定授權機
   構之同意文件者。

  D.寄送我駐外使領館或其他駐外機構之公務用品。

  E.停靠中華民國港口或機場之船舶或航空器使用之燃
   料用油。

  F.中華民國對外貿易發展協會及中華民國紡織業外銷拓
   展會，輸出商業用品。

（4）小量郵包及旅客自用物品免證。

（5）簽審機關與通關網路連線傳輸E/ P內容者，報關人報關
  時免附。但簽審機關仍核發「限量使用之書面文件」
  者，報關人應負責在放行之翌日起三日內隨同出口報
  單補送海關。

（6）其他法令另有管理規定者。例如，國際貿易局得就海
  關能予配合辦理部分之相關貨品名稱及其輸出規定，
  彙編「委託查核輸出貨品表」，海關應依公告規定辦
  理。

（7）無輸出許可證者，應附發票或其他價值證明文件一
  份。

4.發票或商業發票

（1）無輸出許可證及其他價值證明文件時，應提供經廠商
  權責人員簽署之發票或商業發票一份。

（2）請廠商儘量採用統一格式，並儘可能填列CCC Code及
  Brand欄位。

（3）如提供正本，並經權責人員簽署者，免再加蓋廠商公

司章及負責人私章;如報關行以出口商傳眞之發票報
關,應加蓋報關行公司章及負責人私章。

5.出口貨物進倉證明(進倉單)

係倉庫或貨櫃集散站業者簽章證明貨物已進倉之文件(惟
海關核准船邊驗放或逕運船邊裝運者得免附)。

(1)非連線申報者

A.海運出口者:應繳驗一份經倉儲業倉庫管理員簽證
之「海運出口貨物進倉證明書」(海關聯)。

B.空運出口者:由航空貨運站在主託運單上加蓋簽章
替代(證明貨物已進倉)。

C.倉儲業未以連線方式傳輸,而提供書面進倉證明
書,由海關代爲鍵入資料時,應付鍵輸費。

(2)連線申報者:由倉儲業者用電腦傳輸出口貨物進倉資
料給海關者,報關行報關時免附。不同廠商出口兩批
以上貨物,欲併裝於同一貨櫃,應先進倉經通關放行
後再併櫃。

6.委任書一份

報關時應附委任書一份。但得辦理常年(長期)委任,並
於出口報單申報海關核准文號;辦理常年委任報關者,每
一廠商在每一關稅局最多委任五家,期間最多以一年爲
限。依海關規定下列連線保稅報單應辦理常年(長期)委
任報關

(1)向駐加工區海關報關案件:E3、B2

(2)向駐科園區海關報關案件:P1、B2

(3)向保稅工廠監管海關報關案件:B1、B2、D3(保稅工
廠售與發貨中心)

(4)向保稅倉庫監管海關報關案件:D1、D3(發貨中心售

與另一發貨中心）

7.型錄說明書或圖樣

　　配合海關查核需要提供。

8.其他機關委託代為查核之文件

　　如輸出檢驗合格證書、檢疫證明書、貨物稅完稅照或免稅

　　照等。

9.其他

　　依有關法令規定應檢附者。例如，申請沖退原料稅者，應

　　檢附一份「外銷品使用原料及其供應商資料清表」（惟連線

　　者免傳輸）。

四、輸出規定

　　輸出貨品應依貿易法、貿易法施行細則、貨品輸出管理辦

法、限制輸出貨品及委託查核輸出貨品合訂本規定辦理。

　　輸出大陸地區貨品，應另依「台灣地區與大陸地區貿易許可

辦法」規定辦理；輸出戰略性高科技貨品，應另依「戰略性高科

技貨品輸出入管理辦法」規定辦理。輸出貨品如屬應施出口檢驗

之品目，並應依有關檢驗之規定辦理。

五、出口報單各欄位填報說明（有＊標記者，請參閱進口報單填報說明）

1.報關人名稱、簽章（1）： ＊

2.專責人員姓名、簽章（2）： ＊

3.檢附文件字號（3）：係供需提供未連線簽審機關核發之許

　　可文件、合格證等，如電信器材出口憑證，新聞局書刊放

　　行單、貨物稅完（免）稅照等文件所填列。

4.貨物存放處所（4）：將出口貨物進存之貨棧、貨櫃集散站或碼頭名稱或代碼填入，名稱可由海運出口貨物進倉證明書或託運申請書內查得。

5.運輸方式（5）

（1）填入貨物運出方式之代碼：「1海運非貨櫃（有包裝雜物）、2海運貨櫃、3空運（非貨櫃）、4空運貨櫃、5無、6海運非貨櫃（無包裝雜物）」

（2）國內交易案件及設限紡織品案件，在海運關區報關以空運出口者，應選填5。

6.類別代號及名稱（6）：請參閱本節三、（一）1填報。

7.聯別：請參見本節三、（一）2填報。

8.頁數

（1）＊

（2）「外銷品使用原料及其供應商資料清表」應與報單併計編頁次。

9.報單號碼（7）：應依「報單及轉運申請書編號原則」之規定辦理，計分五段，含收單關別／出口關別／民國年度／船或關代號／裝貨單或收序號。各段編碼位數

（1）第一段：收單關別，兩位大寫英文字母代碼。

（2）第二段：出口關別，兩位大寫英文字母代碼。由其他關區裝船出口之報單始應填列。

（3）第三段：民國年度，以兩位阿拉伯數字填列。

（4）第四段：船或關代號，四位碼。海運報單填船隻掛號，空運報單填報關行箱號。

（5）第五段：裝貨單或收序號，海運報單填裝貨單號碼（四位阿拉伯數字），空運報單由報關行自行編號。

10.貨物輸出、出售人（中、英文）名稱、地址（8）（9）（10）

（11）

（1）應以正楷字體書寫或打字機、PC繕打，依中文名稱、英文名稱、地址順序填列。如用戳記加蓋，其長度不得超過8.5公分，寬不得超過2公分。傳輸時中文名稱免傳；地址得免傳，但列印在報單上，一定要使用中文。

（2）貨物輸出或出售人為科園區廠商者，應於中文名稱前填報科園區統一電腦代碼。

（3）「統一編號」欄（8），應填列營利事業統一編號，非營利事業機構，填其扣繳義務人統一編號；軍事機關填八個「0」，外人在台代表或機構無營利事業統一編號者填負責人之護照號碼（前二碼固定為「NO」）；個人報關者，填其身分證統一編號。

（4）貨物輸出或出售人為保稅工廠、發貨中心者，應於「海關監管編號」欄（9）填報海關監管編號（五碼）。

（5）「繳」字欄（10）預備供填列稅費繳納方式之代碼（暫時不用）。

（6）「案號」欄（11）預備供填利用帳戶繳納時之案號（暫時不用）。

（7）法令規定應由買賣雙方聯名繕具報單者，其屬於委任報關者，得免在本欄或賣方欄加蓋公司行號及負責人章；自行報關之他方或未委任報關之一方，得出具切結書代替在本欄或賣方欄加蓋公司行號及負責人章。

11.買方統一編號（及海關監管編號）名稱、地址（12）

（1）買方如為國外廠商時

　　A.上方兩個虛線空格均免填。

　　B.名稱應以英文填報、傳輸；地址可省略。

（2）買方如爲國內廠商時

　　A.應在虛線空格第一格填列營利事業統一編號；如同時具有保稅工廠身分，應於虛線空格第二格填列海關監管編號。

　　B.中文名稱傳輸時免傳。

　　C.地址傳輸時免傳，但列印在報單上限使用中文。

12.收單編號或託運單號碼（13）：海運者填裝貨單之提單參考號碼；空運者應填列託運單之分號。

13.理單編號：＊

14.報關日期（14）：＊

15.輸出口岸（15）：

（1）係填列裝載本報單出口貨物之運輸工具出口地點及代碼，例如，基隆代碼（TWKEL）、台中代碼（TWTXG）、 高雄 （TWKHH）、中正機場（TWCKS）。

（2）如屬國內交易案件，應填列代碼「TWZZZ」。

16.離岸價格幣別、金額（16）

（1）應依輸出許可證或發票上所載之離岸價格（即FOB金額）填入。如爲 CFR金額，應減去運費後填入。如爲CIF金額，則應減去保險費及運費後填入。幣別代碼請參閱「通關作業及統計代碼」。

（2）「TWD」欄

　　A.係供填FOB之新台幣金額。

　　B.本欄金額應與第34欄各項之「合計金額」相等，或在規定之容許差範圍內。

17.運費（17）

（1）依裝運文件或發票所列運費之幣別、金額填列，如以

FOB為交易條件，本欄免填。

（2）幣別如與離岸價格不相同時，應轉換為與其相同之幣別後，再折算填入。

18.保險費（18）

（1）依裝運文件或發票所列保險費之幣別、金額填列，如交易條件為FOB或CFR，本欄免填。

（2）同17項「運費」第（2）點。

19.應加減費用（19）（20）：應「加」費用，係指未列入貿易文件上所載FOB價格內，但依交易價格規定應行加計者，例如，由賣方給買方之折扣費；應「減」費用，係指已列入貿易文件上所載FOB價格內，但依交易價格規定可以扣除者，例如，由買方負擔之佣金、手續費等之合計金額。

20.申請沖退原料稅（21）：出口貨物欲申請沖退進口原料稅者，應在本欄填報代號「Y」，並檢附「外銷品使用原料及其供應商資料清表」；不申請沖退原料稅者，填代號「N」。

21.買方國家及代碼（22）：依E/P或發票所載填列買方所在地之國家或地區英文名稱，並在右上方虛線空格內填列買方所在地之國家或地區代碼。如屬國內交易案件，代碼欄應填「TW」。

22.目的地國家及代碼（23）：填入本報單貨物之「最終目的地」國家及地方英文名稱全名，並在右上方虛線空格內填列其代碼。

23.出口船（機）名及呼號（班次）（24）

（1）海運者，填列載運之船舶名稱及呼號（可由裝貨單上查得）。空運者，航次欄應填列託運單主號，船舶呼號

欄應填列出口機名及班次。

（2）國內交易案件，本欄填「NIL」。

24.外幣匯率

（1）依關稅總局驗估處每旬所公布之報關適用外幣匯率表
所列之「買入匯率」為準。

（2）新台幣交易案件，填「1.0」。

25.項次（27）：依輸出許可證或發票所列貨物順序，用阿拉
伯數字1、2、3、…逐項填列。

26.貨物名稱、品質、規格、製造商等（28）

（1）依輸出許可證或發票所載填報，如與實際不符者則按
實際出口貨物申報。傳輸時按貨物名稱、牌名、型
號、規格序分列為原則；如無法分列，得均申報於貨
物名稱內。

（2）保稅貨物案件申報時，原料之買方、賣方料號及成品
型號首先填報於貨名之前；牌名、規格、原進倉報單
號碼及項次依序填報於貨物名稱之後。

（3）如有共同的貨物名稱時，得於各該所屬項次範圍之第
一項申報即可。

（4）貨物不止一項者，應逐項填明，最後應填寫
「TOTAL」，並在「淨重、數量」及「離岸價格」兩欄
填報合計數（TOTAL之後無需要再填報「以下空白」
或「無續頁」之類文字）。

（5）需退稅之出口貨物，其名稱與原料核退標準規定同物
異名時，應在貨名下註明核退標準所規定貨名、規
格、型號。

（6）貨名資料長度超過390Byte（空運為385Byte）時，應
在報單「申請審驗方式」欄填報代碼「8」，由電腦據

以核列為C2或C3。

（7）依法令規定應顯示「製造商」者（如申請沖退稅）請勿漏填其名稱。

（8）「長單」得以彙總方式填報。

27.商標

（1）貨物本身或其內外包裝或容器標示有商標者，應逐項填報實際之商標，並儘量以實際商標縮小影印黏貼，再加蓋騎縫章。如有國貿局核准商標登錄文號，亦應報明，如未標示商標，則應填報「NO BRAND」。

（2）商標由貨名欄第一行開始列印，並以「」框之，貨名自貨名欄第二行開始列印。

（3）復出口案件亦應申報，並於此欄之下用括弧加註（「生產國別」）。

（4）連線傳輸報單應按下列方式傳輸

A.純英文商標，應傳輸英文商標全名。

B.純中文商標，應傳輸「CHINESE」。

C.中英文混合商標，應傳輸英文文字再加列「& CHINESE」。

D.英文字與幾何圖形商標，應傳輸英文文字再加列「& GEO FIG」。

E.中文字與幾何圖形商標，應傳輸「CHINESE & GEO FIG」。

F.英文字與其他圖形商標，應傳輸英文文字再加列「& FIG」。

G.中文字與其他圖形商標，應傳輸「CHINESE & FIG」。

H.中英文與圖形混合商標，應傳輸「WORD & FIG」

I. 純圖形商標或中英文以外其他文字（與圖形混合）之商標，應傳輸「FIG」。

J. 如有國貿局核准商標登錄文號，應傳輸商標登錄文號（BTTM加六位阿拉伯數字號碼）。

K. 未標示商標，應傳輸「NO BRAND」。

28. 輸出許可證號碼及項次（29）：將輸出許可證「號碼」及「項次」填入。

29. 商品標準分類號列、稅則號別、統計號別、檢查號碼、主管機關指定代號（30）：＊

30. 淨重（公斤）（31）：＊

31. 數量（單位）（32）：＊

32. 數量、單位（統計用）（33）：＊

33. 簽審機關專用欄：目前係供填報紡織品出口配額之類別、數量及單位等。其他簽審機關如有需要亦可利用此欄。

34. 離岸價格（新台幣）（34）

（1）依輸出許可證或發票所載之FOB金額乘以外幣匯率即得新台幣離岸價格，輸出許可證或發票所載如為CFR金額，則應減去運費；如為CIF金額，則應減去保險費及運費後再與外幣匯率相乘後填入（金額計至元為止，元以下四捨五入）。

（2）如幣別金額太長，欄位不夠用時，可將幣別填列於上方，金額填於下方（即一欄當二欄使用）。

（3）（ ）欄目前係供填設限紡織品出口之FOB美金或其他外幣金額（其他貨品暫時免填）。

（4）申報「禮物、贈品、樣品、掉換、賠償、廣告品等」時，即使發票載明「NCV」亦應申報其實際價格，不得申報「NCV」（NO Commercial Value）、「FOC」

（Free of Charge）或「0」。

35.統計方式（35）

（1）本欄統計方式代碼填列於本欄位之上半欄，請參閱「通關作業及統計代號」

（2）下半欄供「需繳納」或「免收」商港建設費、推廣貿易服務費等時填列。例如，外銷國產貨櫃出口時免收商港建設費，則於此欄填列B22（商港建設費代碼）：0%。

36.總件數、單位（25）

（1）依裝貨單或託運單上所載總件數填列，單位應依通關作業及統計代碼填列。

（2）貨物由二包以上合成一件者，應於件數後用括弧加註清楚。如屬連線申報（含磁片收單）者，應於合成註記之訊息欄位申報「Y」，並於其他申報事項訊息欄內報明合成狀況。

37.總毛重（公斤）（26）：＊

38.標記及貨櫃號碼

（1）標記係指貨上之標誌（嘜頭Marks）及箱號（Case No），依實際出口貨物外包裝上所載填列。

（2）整裝貨櫃應填列貨櫃號碼。

（3）連線者申報時，標記圖形如電腦未能直接傳送者，改以文字敘述。

39.其他申報事項

（1）＊

（2）兩家以上出口廠商將兩批以上貨物售予國外同一買方，不得以其中一家廠商為「貨物輸出人」將貨物併裝於同一貨櫃，並應於本欄內申報「項次」貨物之提

供廠商名稱、統一編號及離岸價格，向海關報運出口。

40.海關簽註事項：＊

41.條碼處：＊

42.通關方式：＊

43.（申請）審驗方式

（1）如有下列情況之一者，報關人應主動在「申請審驗方式」欄填報代碼「8」（申請書面審查），由電腦據以核列為C2或C3

　　A.統計方式欄之下半部申報特殊條件免收商港建設費、推廣貿易服務費等者。

　　B.貨物名稱超過390Byte時。

　　C.依簽審規定屬未按CCC號列別標示控管，而責令廠商（或其代理人）應「自行報明」者。

　　D.出口舊船舶（包括漁船）、舊汽、機車及舊營建機械。

　　E.靈柩。

　　F.外貨復出口案件所屬之出口報單類別 G3（同時遞送進出口報單之三角貿易案件及外貨退回國外掉換之案件除外）、B8、E6、P5之貨品。

　　G.高科技及CITES貨品。

　　H.依「長單申報簡化作業方式」規定申報者。

　　I. 出口擬原貨復運進口之貨品。

　　J.出口委外加工（出口時須留樣供進口時查核用之案件，及委外加工後直接輸往設限地區之紡織品案件除外）、修理、裝配之貨品。

　　K.其他依海關規定應予書面審查者。

（2）如有下列情況之一者，報關人應主動在「申請審驗方式」欄填報代碼「1」（申請查驗），由電腦據以核列為C3

A.同時遞送進出口報單之三角貿易案件之貨品。

B.出口時須留樣供進口時查核用之案件。

C.同一保稅工廠成品出口，將需辦理沖退稅之非保稅物品合併裝櫃著。

D.外貨退回國外掉換及國貨復出口之案件。

E.直接或間接輸往設限地區之委外加工紡織品案件。

F.其他依海關規定應予查驗者。

（3）有下列情況之一者，報關人應主動在「申請審驗方式」填報代碼「9」（應予免驗），由電腦據以核列為C1

A.總統、副總統寄往國外物品。

B.駐在中華民國之各國使領館外交官、領事官暨其他享有外交待遇之機關與人員寄往國外物品經主管機關證明者。

C.其他專案核准免驗物資。

44.商港建設費

（1）海運出口者，以全份報單「實際離岸價格總金額」乘以商港建設費費率之得數填報（核計至元為止，元以下不計，不足TWD 100者免收）。惟交通部已研議修改商港法，將商港建設費改為「商港服務費」，納入國際商港港埠業務費率表內，該修正案經通過立法後，即不再委託海關代收。

（2）空運及郵運出口者免填（收）。

45.推廣貿易服務費：海、空運出口者，以全份報單「實際離岸價格總金額」乘以推廣貿易服務費費率之得數填報（核

計至元為止，元以下不計，不足TWD 100者免收）。

46.合計：將商港建設費、推廣貿易服務費及其他應收款項各
欄加總之總金額填入。

47.繳納紀錄：報關人免填。

48.證明文件核發、聯別、份數、核發紀錄

（1）請報關人填列與背面申請欄相同之聯別、份數；並在
背面貼足規費證。

（2）由海關依實際核發情形作紀錄。

49.（報單背面）申請證明文件、聯別、申請份數

（1）依實際需要證明文件之聯別、份數填明申請。

（2）請參閱報單背面填報注意事項第3項。

50.報單續頁：報單續頁之填報方式與首頁相同。

第二節 驗貨作業

出口貨物報關後，海關以海關查驗貨物通知訊息或表格通知
倉儲業配合查驗。

出口貨物免徵關稅，其查驗目的在於防止貨物輸出人藉報運
貨物出口，而將管制品、仿冒品私運出口，或從事假出口、真退
稅等不法情事。

出口與進口貨物之查驗作業相同，但櫃裝出口貨物係於貨櫃
場辦理查驗，不必於集中查驗區查驗。原則上出口報單之查驗比
率應為4～5％。如查驗比率超過5％時，應由各關稅局機動調整降
低。

一、應驗、免驗及抽驗之規定

（一）應驗項目

1. H2類級出口廠商案件。
2. 紡織品委外加工案件。
3. 出口廠商自行申請查驗案件。
4. 機、船邊驗放貨物案件。
5. 稅則應驗：影片、原油、橡膠、棉花等出口案件。
6. 密報案件。
7. 非保稅物品與保稅物品合併裝櫃出口案件。
8. 混合五金廢料、其他鋼鐵廢料及碎屑、鑄鐵廢料及碎屑。

（二）免驗物品

出口貨物報關驗放辦法第十七條規定下列出口物品免驗：

1. 總統、副總統運寄國外之物品。
2. 駐在中華民國之各國使領館、外交官、領事官及其他享受外交待遇之機關與人員運寄國外之物品，經外交部或其授權之機關證明者。
3. 其他經財政部專案核准免驗物資。

（三）得予免驗物品

出口貨物報關驗放辦法第十八條規定下列出口物品得予免驗：

1. 鮮果及蔬菜。
2. 動物、植物苗及樹木。
3. 米、糖、化學肥料、煤炭、木材、水泥、石灰、石料、木漿等包裝相同、重量劃一或散裝出口之大宗貨物。
4. 軍政機關及公營事業輸出物品。

5.不申請沖退稅之外銷品。

6.危險品。

7.靈柩或骨灰。

8.信譽良好廠商之出口貨物。

（四）抽驗之規定

出口貨物報單除符合應、免驗之案件外，應予抽驗，抽驗比率由廠商類級、貨品類別、報關人、國外收貨人、復出口案件、輸出國家地區等因素共同決定，俾對高危險群貨物加強查驗，對信譽良好低危險群廠商等之出口貨物給予免驗或降低抽驗比率之優惠。

（五）船（機）邊驗放之規定

鮮貨、易腐物品、活動物、植物、危險品、散裝、大宗、箱裝及體積龐大之出口貨物，暨進（出）口船舶、航空器就地採購之專用物料，輸出人檢具規定文件，送海關審核，其品類量值合理者，或有其他特殊情形者，得經海關核准船（機）邊驗放。

（六）複驗之規定

海關對於已查驗之出口貨物，必要時得予複驗；對於抽中免驗或依規定免驗之出口貨物，必要時得予查驗。

二、查驗前之作業

（一）報單點收與鍵檔

分估單位以送驗清單將應驗報單送交驗貨單位，驗貨單位簽收人員點收出口報單無訛後，以有關程式鍵入清單編號，存入電腦派驗報單紀錄。分估單位以零星報單送驗貨單位者，驗貨單位簽收人員以有關程式鍵入報單號碼或以條碼機讀取報單號碼，存

入電腦派驗報單紀錄。

（二）派驗報單清表之列印

驗貨單位應於派驗前以有關程式列印當班次所應派驗報單清表。驗貨單位主管並應注意有無書面之密報、通報通知，俾於有關報單註記加強查驗。

（三）驗放案件放行通知之列印

驗放案件，出口報單鍵入收訖註記後，電腦自動列印出口貨物電腦放行通知檢附於出口報單。

（四）派驗

1. 驗貨主管之批示

驗貨單位主管逐案批示應驗報單之查驗件數及應注意事項。

2. 量能查驗

整裝貨櫃，電腦自動予以「指櫃查驗」，並依驗貨人力核定查驗櫃數（量能查驗），驗貨單位主管以有關程式處理整批之查驗報單櫃數。如暫不實施指櫃查驗及量能查驗櫃數，則仍按現行驗貨單位主管批示查驗方式辦理，並將批示查驗貨櫃號碼輸入電腦。

3. 電腦派驗

驗貨單位主管於派驗前，先以有關程式將出勤驗貨人員鍵入電腦。並以有關程式查詢各貨物存放處所之查驗報單份數及貨櫃數，再將驗貨員分組之代號輸入各貨物存放處所。然後啟動電腦派驗，由電腦依亂數指派各驗貨員分組之驗貨員代號，必要時亦可再查詢各組所分配之報單份數及貨櫃數，如有分配不恰當者，可重行更正分配後，列印驗貨員派驗報單清表，俾將報單分送驗貨員。電腦派驗

後，如有必要，可依有關程式逐份報單改派驗。

4.交付驗貨員查驗

驗貨單位主管依派驗報單清表，將報單連同已指定櫃號、櫃數清表、海關查驗貨物通知交付驗貨員執行現場查驗，並將另一份查驗報單清表公布。

（五）查驗時間

1.出口貨物應在海關辦公時間內查驗。如於辦公時間內未能驗畢者，得由海關酌准延長。

2.經海關核准在船邊驗放之貨物，得不受辦公時間之限制。

（六）查驗貨物通知

1.查驗訊息之轉送

轉送海關查驗貨物通知訊息至連線報關人及倉儲業：驗貨單位主管啟動電腦派驗後，即自動透過通關網路列印海關查驗貨物通知一式兩份，一份附於報單，一份交報關人持向倉儲業辦理吊櫃。

2.倉儲業吊櫃

倉儲業於接到海關查驗貨物通知訊息，如係整裝貨櫃，應即辦理吊櫃候驗（應驗出口貨櫃應存放一階待驗）。

（七）查驗前單證之審核

1.單證及批註之查核

出口貨物應依海關規定詳細填報，並應附裝箱單以便查驗。應查驗之出口報單由驗貨主管視貨物之性質、種類、包裝、件數之多寡等情形，決定應查驗件數（必要時得全部開驗）在出口報單上加以批註後，指派驗貨人員赴貨物存放地點查驗。

2.文件資料之補正

驗貨關員查驗出口貨物，應先審核出口報單申報事項及所附文件資料是否完備，如有應行補正事項，應責成報關人補正。

三、查驗程序

驗貨關員查驗出口貨物，應依下列程序辦理：

(一) 核對貨物存放處所

出口貨物存放處所須與進倉證明所列存放處所相符，方予查驗，否則不予查驗。

(二) 查核貨物是否全部到齊

出口貨物不論進存倉庫、運置碼頭或貨櫃集散站，應全部到齊後始予查驗，否則不予查驗。

(三) 核對包裝外皮上標記及號碼

包裝外皮上標記號碼應與報單上所申報及裝貨單上所記載者相符。

(四) 指件查驗

根據派驗報關主管人員在報單上之批示，至少開驗若干件、過磅若干件之範圍內自行指定件數查驗。

(五) 拆包或開箱

查驗出口貨物時，其搬移、拆包或開箱暨恢復原狀等事項，統由貨主或委託之報關人辦理，但驗貨關員應盡可能保持貨物裝箱及貨物之原狀，避免貨物之損失。

(六) 查驗時應注意

1.貨物名稱、牌名、品質、規格、貨號、型號等。

2.數量（長度、面積、容量、體積等均用公制單位）。

3.淨重（用公制單位）。

（七）驗訖標示

無箱號之貨件，應在箱件上加蓋查驗戳記或以不褪色墨水簡署；有箱號者，應將箱號批註於裝箱單上，免蓋查驗戳記或簡署。

（八）貨未到或報關人不會同查驗之處理

驗貨關員依照派驗之出口報單辦理查驗時，發現貨全未到達或未到齊或報關人故意拖延不會同查驗者，除有「出口貨物報關驗放方法」第二十一條但書所述之情形者外，應在報單上註明後報請派驗報單主管人員處理，必要時海關得會同倉庫或貨櫃集散站業主逕行查驗。

四、應注意驗對事項

（一）加工布料之查驗

外銷成衣如係使用進口布料者，報關人應在出口報單上報明海關登記貨樣號碼、封條號碼及隨帶經海關登記共封之布樣供驗貨關員核對。進口布料貨樣經與外銷成衣核符後，其貨樣如尚需使用者，經貨主聲明取回保管時，各出口查驗單位應予以重新加封，驗貨股應設立專簿登記出口報單號碼、布料貨樣所屬進口報單號碼、原取樣海關貨樣號碼與封條號碼、查驗日期、驗貨關員姓名及辦理情形，以備查核追蹤。

（二）出口貨櫃之查驗

查驗出口貨櫃除應依照一般查驗程序及應注意事項外，並注意下列各點：

1.依批示查驗

　一份報單之貨物若裝兩只以上之貨櫃時應就每個貨櫃抽驗，如派驗人員在報單批示「每櫃至少應查驗××件」或「在第×號貨櫃應翻×櫃位查驗」以達到有效查驗之目的，驗貨員應切實遵照辦理，不得僅就某一貨櫃或櫃門附近抽驗。

2.抽櫃查驗

　一份出口報單含兩櫃或以上者，得酌情抽驗若干櫃，由驗貨股長在報單上指定查驗櫃號。

3.翻櫃

　不論整裝貨櫃或合裝貨櫃，為查明貨物是否全部到齊，得翻櫃清點查驗。

4.加封

　查驗完畢應即予加封，將貨櫃號碼及封條號碼註明於報單及出口貨物裝入貨櫃申請書上，並親自填發貨櫃運送單一式三份，第三聯存底，第一聯親自交駐站關員簽收，不得假手報關人轉交。

5.運送單之保管

　驗貨員經管之貨櫃運送單無論已否簽發均應妥為保管以免遺失。

(三) 船邊驗放出口貨物之查驗

　1.實到與申報須完全相符

　出口貨物船邊驗放應注意事項與一般出口貨物之查驗相同，惟應注意其實到須與報單上申報各項完全相符，始可放行，如發現其貨品名稱、品質、規格、數量、重量等各項有不符情事，應於報單上簽註不符事實，暫不准放行，報請股長或派驗人員核轉出口業務課核辦。

2.檢疫證或合格證之核對

　出口貨物報單經出口業務課核准憑「檢疫證、 合格證核對無訛即予放行」者，查驗時必須附有檢疫證或合格證並核對相符後始可放行，驗貨員應於該證上蓋職名章，並將該證字號記於報單上。

3.貨櫃運送單之填發

　如係櫃裝船邊驗放貨物，應填發貨櫃運送單。

（四）開驗原則

　　出口貨物以抽驗為原則，依貨物之性質、種類、包裝、件數之多寡酌定抽驗件數，但必要時（有下列情況時）得全部開驗：

1.申報件數少而貨物項目複雜者。

2.查驗過程中，發現有偽報貨名、品質、規格或匿報數量、或夾帶貨物、或其他違章情事時。

（五）開驗費用之負擔

　　出口貨物查驗時，其搬移、拆包或開箱、恢復原狀等事項及所需費用，統由貨物輸出人負擔。

五、驗明不符報單之處理

（一）包裝標記號碼與出口報單原申報不符者

1.標記號碼不符，而貨物相符者

　應由驗貨關員將報單及裝貨單更正。

2.標記號碼及貨物均不相符者

　應查明有無故意以管制出口貨物偽報為准許出口貨物或以低稅率原料製成之外銷品偽報為高稅率原料製成之外銷品頂替出口之企圖，並簽報處理。

3.貨物與原申報相符，標記號碼與裝貨單亦相符，僅報單上填寫錯誤者

　　驗貨關員應於查明後在報單上更正。

4.標記相符而貨物不符者

　　即有偽報頂替之嫌，應據情簽報處理。

(二) 發現偽匿報或違章情事時

　　出口貨物在查驗過程中，發現有偽報貨名、品質、規格或匿報數量，或夾帶貨物，或其他違章情事時，以全部查驗為原則；但在繼續查驗中，其已查驗部分足以推斷整批貨物之真實內容者，得酌情免以繼續查驗。

(三) 對申報事項無法確定或有疑義時

　　經查驗對原申報之貨名、品質、規格、成分、產地等項之正確性無法確定或有疑義時，應加簽註，送請派驗海關主管人員審核，必要時再派員重驗或移請分類估價單位處理。

(四) 查驗不符報單之改正

　　出口報單上所申報之各項內容，與查驗結果不符者，驗貨關員應在報單上據查驗結果，予以改正。改正事項，不得使用橡皮擦抹，應用不褪色鉛筆、鋼筆或原子筆將原申報不符各項圈去或劃去，務使原申報之文字或數字仍能明顯認出，另應在圈去或劃去之上方加以改正，並予簽署，其有偽報或匿報情事，應於報單正面，對有關項目加註偽報或匿報字樣。

六、查驗紀錄之填報

（一）申報事項之核對及簽章

驗貨關員對出口報單申報各項，應依據實到貨物查驗核對，確實無訛者，應於報單最末一行予以簽章。

（二）查驗紀錄之填報

出口報單查驗辦理紀錄欄內，除由主管人員核定指示外，其餘各項應由經辦驗貨關員於驗貨後，依下列規定，原則據實填報：

1. 「應取樣」一項，如經照辦，應填報後檢送；其因特殊原因不能檢送者，如樣品過於笨重或過於精細易損或有危險性等，應填報其製作方法。
2. 「標記印刷情形」一項，應填報其製作方法。
3. 「裝箱情形」一項，應填報貨物是否裝箱完整良好，有無破損、有無頂換、私開及其他可疑之痕跡。
4. 「未驗原因」一項，應將未驗之原因據實填明。
5. 已開驗、過磅、通扦之箱號，應在報單內逐號註明。

七、退關貨物之處理

（一）應否查驗

已報關放行因故無法裝船（機）出口存置碼頭（機場）倉庫之退關貨物，如原出口報單已抽中應驗者，仍應於開驗核符後方准辦理退關手續；其為抽中免驗者，得准免驗逕辦退關手續。

（二）是否存放聯鎖倉庫

已退關之出口貨物，如存放聯鎖倉庫迄未搬動者，重報出口

時，得驗憑已註銷裝貨單，准免複檢，至已退關之出口貨物非存放聯鎖倉庫者，在裝運出口時，應再行查驗。

（三）全部或部分未到

船（機）邊驗放之出口報單，其出口貨物因故全部未到者得憑報關人之申請逕予註銷，如部分未到者應憑報關人於第一次派驗前之申請，按實際到達船（機）邊或機放倉庫之數量於查驗無訛後，方准辦理退關或放行裝船（機）。

八、取樣之處理

（一）應依規定辦理

取樣時應切實依照「進出口貨物查驗及取樣準則」第五十二條至五十五條有關規定辦理。

（二）註明取樣件數並簽署

經海關取樣之出口貨物，由驗貨關員於查驗完畢，並俟貨主或其委託之報關人將包件或箱件恢復原狀後，將海關印製之標示取樣紀錄之紙袋註明取樣件數並簽署後貼在包件上或箱件上。

第三節 分類估價作業

出口業務單位之分估關員比照進口業務單位之分估關員，辦理廠商分類、稅則分類、離岸價格、規費、違章案件等之審核與處理作業。

一、出口廠商分類

為便利報單抽驗，海關將出口廠商分為：低危險群廠商（L類）、一般廠商（G類）、高危險群廠商（H類）三類七級；並由專家系統據以核列為C1、C2、C3三種方式通關，以查緝違規不法貨物。

二、審核貨品分類

出口貨物之稅則分類準用海關進口稅則及進出口貨品分類表之規定。

（一）分估註記

分估人員以有關程式鍵入報單號碼，調出分估畫面顯示經專家系統篩選之分估提示資料，辦理分估工作，必要時得自分估資料參考檔（包括：貨品分類基準檔、簽審規定檔、欠稅檔等），擷取分估參考資料，依有關規定辦理核定稅則號別、離岸價格、統計方式、商港建設費、推廣貿易服務費、核銷輸出許可證及有關簽審規定應審文件（紡拓會、資策會、簽審機關委託代審、檢驗、檢疫合格證等），作業完成後，鍵入分估（放行）檔完成註記。

（二）貨品分類號列申報不符案件之處理

1.貨證相符，但申報之分類號列不符案件

（1）貨品不涉及管制及限制者，由出口地海關逕行更正分類號列，憑原輸出許可證核銷放行。

（2）貨品涉及管制及限制者，應驗憑更正之輸出許可證或依有關規定辦妥手續後方准予放行。貨主如有異議經審核尚有疑義者，得准其出具切結書，取樣後先予放

行，事後報請貨品分類審議小組核定。如申請退關由
出口地海關逕依有關規定處理。

2.貨證不符案件

應依「出口貨物報關驗放辦法」有關規定處理。

三、核算離岸價格

(一) 離岸價格之核定

1.核算依據

出口貨物之價格應以輸出許可證所列之離岸價格折算申
報。無輸出許可證者，憑報關時檢附之價值證明文件、實
際價值分析表或信用狀影本核算。

2.費用之扣除

出口貨物係以起岸價格爲成交條件者，應扣除運費、保險
費及其他發生在輸出港口之一切費用。

(二) 外幣價格之折算

出口貨物離岸價格之計算，其匯率之適用，每月分上、中、
下三旬爲適用週期，以每旬總局驗估處負責編製之外幣匯率表匯
率爲準。

四、批註查驗取樣

爲鑑定出口貨物之名稱、種類、品質供稅則分類或核退稅捐
之參考，出口報單得批註查驗取樣憑核，並依規定留存樣品室。

無法就貨樣鑑別其品質成份之出口貨物，得移送進口組化驗
室化驗或簽請委託其他機關代爲化驗。

五、商港建設費及推廣貿易服務費金額之審核

出口貨物依法免稅，惟應代徵商港建設費及推廣貿易服務費，該兩項費用係於結關銷艙後第二天，由海關列印稅費繳納證或收款書給報關行，依進口稅費繳納方式辦理。

(一) 商港建設費之收取

海關代徵商港建設費係依據「商港建設費收取分配基金保管及運用辦法」規定辦理，其要點：

1. 自國際商港或自商港區域外興建之特種貨物裝卸及其他特殊設施進口、出口之貨物應依規定收取商港建設費。
2. 商港建設費依法定之費率收取，起徵點為新台幣100元。
3. 已完成通關手續或正在辦理通關手續之出口貨物，因故註銷或退關時，得向原收取機關申請退還已繳納之商港建設費。
4. 免收商港建設費之出口貨物
   (1) 總統、副總統應用物品。
   (2) 駐在中華民國之各國使領館外交官、領事官暨其他享有外交待遇之機關與人員之公用或自用物品。但以各該國對中華民國給予同樣待遇者為限。
   (3) 外交機關之外交郵袋、政府派國外機構人員攜帶自用物品。
   (4) 軍事機關、部隊之軍用武器、裝備、車輛、艦艇、航空器及其附屬品，暨專供軍用之物品。
   (5) 辦理救濟事業之政府機構或公益、慈善團體贈送或受贈之救濟物資。
   (6) 專賣機關進口供專賣之專賣品。
   (7) 購入或出售之專供運輸使用之船舶。

（8）辦理退貨復運進口之外銷品。

（9）海運進、出口郵包物品。

（10）轉口貨物（含轉口船用物品）。

（11）退運貨物。

5.三角貿易貨物，僅依出口貨物之收取標準收取一次。如貨主不予退運出口，任由海關處理者，則一律免收。另儲存保稅倉庫之船用品售予國際航線之船舶亦屬出口之一種，與本類貨物之性質相近，亦比照辦理。

6.保稅工廠、加工出口區、科學工業園區內之貨物，經核准內銷之案件，出廠（區）者，免收商港建設費。

7.進口空櫃、貨主自備空櫃利用其他船公司艙位調運來台，及單純作裝載器具使用之空櫃復運進出口者免收。

8.遠洋漁船租用冷凍商船泊靠漁港起卸之進、出口貨物免收。

惟交通部已研議修改商港法，將商港建設費改為「商港服務費」，納入國際商港港埠業務費率表內，該修正案經通過立法後，即不再委託海關代收。

(二) 推廣貿易服務費之收取

依據貿易法第二十一條第一、二項及第卅七條但書規定，及行政院核示，推廣貿易服務費由海關統一按法定之費率收取。惟下列輸出入貨品，免收推廣貿易服務費：

1.政府機關、各國使領館外交人員出口貨品。

2.救濟物資、自用船舶固定設備之各種專用物品、燃料及個人自用行李出口者。

3.依法沒入或貨主聲明放棄經海關處理之貨品。

4.保稅倉庫、保稅工廠、物流中心、加工出口區、科學工業

園區、免稅商店等保（免）稅貨品之進出口。但保稅倉庫之申請出倉進口、物流中心之申請出中心進口及其他核准內銷之應稅貨品，不在此限。

5.轉口及復運進、出口貨品。

6.依關稅法令有關規定免稅進口者。但海關進口稅則規定免稅者，不在此限。

7.應繳或補繳之推廣貿易服務費，金額未逾新台幣100元者。

8.三角貿易貨品。

9.其他經經濟部國際貿易局專案核定免收者。

六、涉及違章案件之處理

出口貨物與原申報或原簽證不符案件之處理：

（一）應予扣押貨物及運輸工具者

出口貨物申報不實而涉及逃避管制應予扣押貨物及運輸工具者，按海關緝私條例第十七條及二十一條規定辦理。

（二）無法即時認定有無違章及情節輕微者

1.出口貨物申報不實如無法即時認定有違反海關緝私條例第卅七條第二、四項規定者，及雖能認定，但其違反情節輕微者准先予放行，至有違反海關緝私條例第卅七條第二、四項情節重大者，仍應依同條例第十七條及第二十一條規定辦理。

2.報運貨物出口有虛報貨名等違法行為之案件，如其情節輕微，海關實務上並不處分沒入貨物者，為免業者遭受過度損失，可免予扣押該出口貨物。

（三）涉及逃避管制及違章情節重大者

　　進出口貨物申報不實而涉及逃避管制者，及經確認有違反海關緝私條例第卅七條第二、四項情節重大者，依同條例第十七條規定辦理扣押案件，授權各分支局受理貨物所有人、管理人或持有人提供相當保證金或其他擔保申報撤銷扣押手續，應僅限於裝船急迫且係繳現（包括支票）案件，其不急於裝船及其提供現金（包括支票）以外之擔保，仍應由緝案處理組受理。

（四）未構成緝案者

　　申報不符但未構成緝案者，應簽註意見呈報上級核定或由簽放單位先予放行後再退回分估單位簽辦。

第四節　簽放等後續作業

一、報單及有關單證之核對及簽放

（一）放行手續

　　出口貨物不必經徵稅手續，故分估後即可辦理放行，其作業與進口相同。

（二）放行時應注意事項

　　1.放行時限之規定

　　（1）應依收單序儘速處理。

　　（2）下列報單，海關於當日完成放行，如辦公時間內無法處理完畢，應主動加班且免收規費：

　　　　A.前一日收單未處理完畢之報單。

B.前一日以連線方式申報，於當日上午海關上班後一小時內補送之C2、C3報單。

　　C.當日為元旦或春節連續假日之前一日，於當日上午辦公時間內完成收單者均予放行。

2.發現有欠繳稅捐或罰鍰廠商之進出口貨物，應暫緩放行，先以電話聯繫或將報單資料送交法務室或其他關區法務室處理。

3.認為可疑之免驗出口報單，如退稅金額多、數量大、出口商信譽欠佳者，得報經核准派員查驗。

4.應行查驗而未經查驗者，應將報單送驗貨課（股）或機動巡查隊查驗並查明原因。

5.應切實核對中華民國商品標準分類號別，報單上所列號別與輸出許可證上所列者應完全相符。

6.應切實辦理貨物完（免）稅證、輸出合格證之審核。

7.應經公會核章案件之簽放

（1）對於應先經有關公會核章或憑其出口核章登記單始准簽證出口之貨品通關時，可逕憑輸出許可證即予簽放，惟應嚴查其貨證是否相符，以避免逃避核章情事。

（2）未逾規定簽證限額免簽證之不結匯出口貨品案件，請查驗公會核章登記單或進出口報單上之公會簽章後予以簽放，以利貿易管理。

8.實到貨物與原申報不符案件之處理

（1）與原申報相符部分不得一併扣留；虛報數量或申報不符部分可先予押款放行。

（2）經查獲涉有仿冒商標、偽標產地之案件，應檢樣移送國貿局仿冒商品查禁小組依法處理。

（三）產地標示之查核

1.應具顯著性與牢固性

輸出貨品，應於貨品本身或內外包裝上標示產地，其標示方式應具顯著性與牢固性。

2.應標示之文字

輸出貨品係中華民國製造者，應標示中華民國製造或中華民國臺灣製造，以其他文字標示者，應以同義之外文標示之。但輸往美國以外之無邦交地區者，得標示臺灣製造或其同義之外文。其因特殊原因須免標產地，或標示其他產地者，應向貿易局申請專案核准。

3.不得標示之文字

輸出貨品係在中華民國製造者，不得標示其他國家或地區製造之字樣，或加標外國地名或其他使人誤認係其他國家或地區製造之字樣。但有下列情形之一經專案核准者，不在此限：

（1）原標示於進口貨品或零組件之原產地標示，得予保留。

（2）供國外買主裝配之零組件，其產地標示在表明其最後產品之產地者。

（3）供國外買主盛裝之容器或包裝材料者。

（四）商標標示之查核

1.應自行查明專用權之歸屬

出口貨品標示有商標者，應自行查明所標示之商標之專用權歸屬，不得有仿冒情事。貨品之內外包裝或容器標示有商標時，適用前項之規定。

2.應於報單上載明或黏貼

輸出貨品，應於出口報單上正確載明或黏貼其所標示之商

標，未標示商標者應載明「無商標」。

3.經海關查明與申請不符者之處理

輸出貨品標示之商標，經海關查明與出口報單申請不符者，海關得要求出口人提供該商標專用權人指定標示或授權使用或其他能證明無仿冒情事之文件供查核放行。

4.商標出口監視系統

（1）申請商標登錄：貿易局對出口貨品標示之商標為特別監視者，得建立商標出口監視系統，受理商標專用權人或其代理人申請商標登錄並收取費用。其執行程序，由貿易局會同關稅總局公告。

（2）輸出貨品經海關查核與登錄相同或近似案件之處理：輸出貨品之本身、內外包裝或容器上如標示有商標，或所標示之記號、標籤、符號、印戳、進口商名稱縮寫或其他文字，經海關查核與商標出口監視系統登錄之商標相同或近似並使用於登錄同一貨品者，依下列方式處理：

A.與系統登錄之商標相同且未列入商標專用權人同意標示廠商名單者，海關得要求出口人提供商標專用權人指定標示或授權使用或其他能證明無仿冒情事之文件供查核放行。

B.與系統登錄之商標近似者，海關得就其近似程度是否足以產生混淆誤認之虞，依前款規定辦理或要求出口人具結聲明無仿冒商標之情事後予以放行並函相關主管機關事後查證。

（五）審核輸出許可證

1.貨品分類號列申報不符案件之處理

（1）貨證相符，但申報之分類號列不符案件

A.貨品不涉及管制及限制者，由出口地海關逕行更正分類號列，憑原輸出許可證核銷放行。

B.貨品涉及管制及限制者，不得放行。貨主如有異議由出口地海關報請貨品分類審議小組核定，不得押款放行。如申請退關由出口地海關逕依有關規定處理。

（2）貨證不符案，應依「出口貨物報關驗放辦法」有關規定處理。

2.輸出許可證之更正及註銷

（1）修改

依貨品輸出管理辦法規定，下述各款之修改，應自簽證單位簽證之日起六個月內為之。但未逾三年經貿易局核准者，不在此限。

A.未報關前發現錯誤者，應註銷重簽，不得申請修改。

B.已報關未放行前或報關放行後須修改者，應檢附輸出許可證有關聯及修改申請書向原簽證單位辦理。但修改內容涉及貨物名稱、品質、品類、單位或數量者，應先經海關簽署說明始可申請修改；如因屬免驗或抽中免驗，海關無資料可資查證者，應由海關在修改申請書有關聯簽署證明。

C.申請修改時，仍應依原輸出規定辦理。

D.輸出許可證申請人名稱，不得修改。但經貿易局專案核准修改者，不在此限。

E.出口貨物原申報無商標，經查驗發現來貨有商標，應改證後始准放行出口案件，應以原證修改；如須另請新證，必須原證註銷後始得辦理。

（2）註銷

如需更正之項目過多，應由報關人將原件送交原簽證銀行辦理註銷，再由報關人另向原簽證銀行申請補發，補發後持向海關補行核簽。

（3）補發

憑加蓋驗放章之申請書及原簽證單位核發之輸出許可證補發本辦理。

二、退關及註銷貨物之處理

（一）退關貨物

凡出口或復運出口或轉船貨物，經向海關傳遞之連線、非連線報單，已產生通關方式，並已放行（驗放報單則為查驗無訛後），因故未能裝船出口者，謂之退關貨物。分全部、部分退關二種。退關貨物之處理程序：

1.出口貨物退關清單之繕具

退關貨物應由船公司或其代理行，於向海關辦理船隻結關前，繕具出口貨物退關清單一式二份送交有關倉儲業者核明並簽證。

2.退關清單送交出口單位

海關於收到結關文件包括：出口艙單、出口放行清表、退關清單後，依規定辦理結關手續，並將出口艙單及退關清單一份送交出口單位處理。

3.出口單位之歸檔及後續作業

出口單位收到已結關之銷艙不符清表，及其結關文件後予以整理歸檔，對銷艙不符案件若屬件數不符、單位不符者，則依報單資料，以有關程式予以補銷艙，若屬退關案

件，則等待報關行前來辦理改船或出倉作業，作業程序如下：部分退關者，若屬驗放報單則事後依驗貨員更正之數量於電腦程式更正，若屬一般報單，則待報關人辦理改船或出倉再辦理核銷事項。

4.全部退關貨物之處理

（1）貨物退運出倉

A.出口單位之作業：出口單位憑報關人之出口退關貨物出倉申請書一式二份及退關報告，調出有關報單，辦理退關貨物之複驗，有權簽放人員於貨物查驗無訛後，在出倉申請書正副本上放行並簽註「准予出倉」字樣後正本留存備查，副本連同已註銷簽放之檢驗合格證等有關文件退還報關人，出倉申請書副本由報關人持向倉棧組辦理貨物退運出倉手續後，由駐庫關員簽註存查。

B.各局相互代辦出口貨櫃貨物通關作業，因故退關申請領回案件。甲局簽放之出口櫃裝貨物如尚未啓運，比照前述方式經複驗加封後，辦理退運出倉。如業已啓運，乙局應根據原報單單底，並核對電腦檔查驗無訛後將相關文件寄回甲局。經核驗無訛後，將出倉申請書副本退予報關行人員，並在正本上簽收後將貨物提回。

C.加工區廠商貨物之退關：加工出口區廠商由高雄港裝船出口之貨物退關，如爲他關區者其申請退運手續，除比照前述退關貨物辦理外，並應派員押運或以保稅卡車或貨櫃裝運並依規定簽發運送單，如爲高雄關區者，其申請退運手續在貨存地之海關辦理。

（2）貨物改船出口

　　A.退關後申請將原貨改裝他船出口，出口單位調出原出口報單，並按一般手續核放裝船出口。出口報單放行清表上自行列印「退關」字樣，無須再編送統計報單。

　　B.各局相互代辦出口貨櫃貨物通關作業因故退關申請改船出口案件：甲局簽放之出口貨櫃貨物如尚未啓運者，由甲局辦理退關作業。如貨物業已啓運者，准由船公司或其代理行在乙局辦理轉船出口手續。

　　C.退關轉船不須申請核准

　　　　（A）由船公司或代理行辦理者，以書面遞送或連線傳輸「退關貨物轉船清表」向海關申報，不須提示貨主同意書，海關受理後，電腦即自動核銷原出口報單，並發出海運出口貨物電腦放行通知訊息，船公司即憑以裝船作業。惟經海關核准船邊驗放或免驗之出口貨物，不得逕以「退關貨物轉船清表」辦理退關轉船，應以註銷重新報關之方式辦理。

　　　　（B）由貨物輸出人辦理者，免先經海關核准亦免重新報關，改持註明新舊船號之S/O辦理轉船，惟應於放行後30日內辦理。

5.部分退關貨物之處理

（1）貨物退運出倉處理程序比照全部退關貨物辦理。

（2）部分退關案件應重新報關。出口單位應將報單列為C3，再送驗貨單位查驗部分退關貨物，並於報單更正實際出口重量、數量及件數，分估人員以有關程式更正電腦報單檔，鍵入完成訊息並於「出口貨物註銷、

退關提領出倉申請書」簽章交報關人准予提領出倉。

（二）註銷貨物

出口或復運出口或轉船出口貨物，經向海關傳遞之C 2、C3報單，尚未放行者，因故不裝船出口，經由貨主、報關人、船公司（或其代理行）向有關出口業務單位申請註銷者，謂之註銷報關貨物。

1.已報關未放行之出口貨物

（1）出口單位收受出口報單，在放行前如因出口貨物檢驗不合格、國外買主來電或來函取消購買及其他正常理由，經貨主或報關人或船公司或其代理行提出申請取消報關經核准後，原附於出口報單上之有關證件應俟改船出口時移附於新報單或俟辦理退運出倉時發還報關人。如為部分取消裝船者，簽放人員於裝船出口後應按實際數量在電腦檔上有關各欄內逐項更正。

（2）貨物辦理退運出倉或改船出口手續，其應辦手續可比照全部退關貨物辦理出倉或改船出口手續處理。惟出倉者應繕具出口註銷報關貨物出倉申請書。

2.未報關之出口貨物

（1）已進儲倉棧或貨櫃集散站（場）未報關之出口貨物，申請出站領回時，應由貨主或報關人繕具出口註銷報關貨物申請書一式二份，檢附有關進倉證明書、裝箱單、委任書或註明長期委任字號等文件，向經管出口業務單位申請，經出口業務單位受理並審核後，有權簽放人員在申請書正、副本簽註「尚未報關，查驗無訛後准予出倉（站）」字樣送驗貨單位派驗。

（2）驗貨員查驗無訛並於申請書正、副本簽署後，副本併同進倉證明單逕行發還報關人持憑向駐庫（站）關員

辦理出倉（站）領回手續，申請書正本及裝箱單則退回出口業務單位備查，駐庫關員應於辦妥退運出站手續後，在申請書副本簽證後存查。

（三）船邊及倉庫驗放貨物退關及註銷案件

　1.貨物已查驗放行者

　　貨物查驗放行後，因故需辦理退關者，報關人持放行通知書交予船公司繕作退關報告，一份送出口業務單位辦理改船作業，另一份與放行通知書交由船公司向稽查單位辦理後續作業。

　2.因故全部未到者

　　船邊驗放之出口貨物，如經海關簽放後因故全部未到者：

　（1）倉儲業簽證及查驗單位簽註：報關人應以申請書及船公司或其代理人出具之「退關報告」一式二份請倉儲業簽證，查驗單位根據報關行之申請書於退關報告上予以簽註「本批貨物未到未放行」並加蓋職名章及日期、時間後，將出口報單送交出口業務單位，註銷清單交船公司或其代理行憑以辦理結關手續。

　（2）未及申請查驗或註銷簽證者：報關人怠於申請派單查驗或申請註銷簽證，而裝載貨物之出口船隻即將開航者，船公司或其代理行得出具退關報告一式二份及具結書向查驗單位（夜間或例假日向倉棧組或稽查單位）主管申請簽證，查驗單位應即派員查核屬實後在出口報單、放行通知書、退關報告上予以簽註「報關人未申請派單查驗」字樣，並加蓋職名章及時間後將出口報單送出口業務單位，退關註銷報告書交由船公司或其代理行憑以辦理結關手續。

3.出口貨物部分未到

　　查驗關員應照規定將已到者驗放裝船，並將出口報單及放
　　行通知書上有關事項予以據實改正，更改之處應加蓋職名
　　章以明責任，並應在退關報告上簽證部分出口貨物註銷。
　　放行通知書交報關人憑以將部分出口貨裝船，出口報單交
　　回出口業務單位處理，註銷清單交船公司或其代理行憑以
　　辦理結關手續。

4.已產生通關方式而貨主已確定不出貨者

　　可委由報關人持申請書前往出口單位辦理刪除手續，經核
　　准後由經辦人員將電腦檔案予以刪除。

三、核銷出口艙單

(一) 出口艙單之傳輸

　　海運運輸業者，應以連線方式傳輸海運出口艙單，連線艙單
於船舶結關後四十八小時內傳輸。

(二) 資料之比對

　　海關電腦受理出口艙單訊息後，應與出口報單資料比對。

(三) 文件之轉送

　　各局稽查單位應於出口船舶結關銷艙完畢後即將銷艙不符清
表等文件，轉送出口單位辦理後續事宜。

四、出口規費之徵收及核銷

　　報關人於報關前將應繳納規費之等額規費證黏貼於報單上，
交由海關核銷規費證，辦理收單驗放手續。

（一）特別驗貨費

1. 出口貨物經海關核准在下列情形下查驗者，應徵收特別驗貨費，每一份報單新台幣1,000元。
   - （1）海關核准登記之倉庫、貨櫃集散站、航空貨物集散站及卸貨之碼頭空地以外地方存放貨物之查驗。
   - （2）貨主請求對出口貨之複驗或特別查驗。
   - （3）因貨主或報關人之疏誤，須由海關作為二次派單之查驗。
   - （4）辦公時間外查驗之貨物。
2. 同一貨主同時申報一份以上之出口報單，如係同一種貨物並在同一時間及同一地點查驗者，按一份報單徵收特別驗貨費。「同一種貨物」係指
   - （1）貨物總名稱相同者。
   - （2）貨物性質相似，類別相近，屬於同類之貨物。
   - （3）稅則號別之前四位相同之貨物。
3. 出口貨物、貨物樣品、郵包及贈品，其離岸價格不超過美金5,000元者，特別驗貨費、特別監視費及押運費減半徵收。但文件、雜誌、刊物及報紙，其毛重在20公斤以下者免徵。
4. 船舶專用之船用物品免徵。

（二）簽證文件費

海關因商民申請核發下列文件，應徵收簽證文件費每份新台幣100元。

1. 出口報單沖退原料稅用聯、退內地稅用聯、出口證明用聯及其他用途聯。
2. 貨主為申請修改或補發輸出許可證、海關電腦資料檔或其他文件，需要海關簽證或更正者。

3.抄發或影印海關單證或稅款收據，或申請補發前二款證明文件，或申請補發助航服務費繳納證。

4.經海關核准登記之報關行執照，每張一律徵收新台幣2,000元。本項證照遺失申請補發減半徵收。

5.在實施貨物通關自動化通關作業之關稅局，未連線業者所遞送之書面報單、艙單或其他報關文件由海關代為輸入電腦者，應依規定徵收報關文件鍵輸費。

五、放行通知

(一) 放行訊息之通知

海關放行以出口貨物電腦放行通知訊息或表格通知倉儲業。

(二) 倉儲業之作業

倉儲業接收後即憑以打盤、裝櫃、併櫃作業，倉儲業如經船公司委託以出口貨櫃清單訊息傳送海關，憑以製作出口貨櫃運送單，出站裝機或裝船出口。

六、審核、簽證、理單作業

(一) 審核、理單作業

請參閱進口審核、理單部分作業說明。

(二) 簽證作業

1.出口報單副本之申請

（1）申請人（貨主或報關行）應在報單正本正面右下角之「證明文件核發」欄內填報其欲申請之出口報單副本之聯別及份數。並應依規定自行貼足簽證文件規費。

（2）出口報單副本應與報單正本一次套打或套印，於報關時遞送海關。

（3）出口報單副本之用途：限申退下列諸稅項

 A.供向關稅總局申請沖退稅捐用（第三聯）。

 B.供向稅捐稽徵機關沖退稅捐用（第四聯）。

 C.保稅組查核用（B9報單副本第七聯）。

 D.供其他用途之出口證明文件（第五聯）。

2.出口報單副本之核發期限

（1）貨物輸出人於出口報關後、載運貨物之運輸工具駛離出口口岸前申請發給者，海關應於載運貨物之運輸工具駛離出口口岸之翌日起二十日內簽發。

（2）貨物輸出人於載運貨物之運輸工具駛離出口口岸後，方申請核發者，海關應於收到申請書之日起二十日內簽發。

（3）輸往加工出口區或科學工業園區貨物，於運入區內，經駐區海關查驗放行前申請發給者，海關應於經駐區海關查驗放行之翌日起十日內簽發。

（4）輸往加工出口區或科學工業園區貨物，於運入區內，經駐區海關查驗放行後，方行申請核發者，海關應於收到申請書之翌日起十日內簽發。

第6章 轉運貨物及物流中心 貨物之通關

在我國相關法規中規範之轉運貨物包括：轉口、轉運兩種貨物。

轉運貨物之通關流程，一般定義爲轉運（口）貨物運抵我國通商口岸，至轉運抵目的地或裝另一船、機出口。

境外航運中心、三角貿易貨物，亦屬轉運（口）貨物性質，兩者之通關作業一併在本章加以介紹。

物流中心爲2000年引進我國之營利事業，由國外或其他保稅區進儲物流中心之貨物，於提領出倉內銷時才須繳稅，故物流中心有鼓勵國內廠商發展轉口貿易之功能。以物流中心之業務性質應可歸列爲保稅倉庫，惟其通關作業規定與其他保稅倉庫差異頗大，故特於本章第三節列述。

第一節　一般轉運貨物之通關

首先，將「海關管理進出口貨棧辦法」、「海關管理貨櫃辦法」中規範之兩種轉運貨物意義加以說明。

「轉口貨物」（Transit Goods），係指國外貨物由運輸工具運抵我國口岸後，暫時卸存貨棧，在同一關稅局區等待轉裝另一運輸工具運送至國外目的地者。轉口貨物以貨櫃裝運者，依「海關管理貨櫃辦法」規定，限在原港口或原機場轉運出口。

「轉運貨物」（Transshipment Cargo），係指國外貨物於運輸工具最初抵達本國口岸，卸貨後轉往國內其他港口者。

除上述兩種轉運貨物外，運輸工具所載國外貨物，在本國口岸過境，不卸岸，原船（機）載運離境者，稱爲「過境貨物」（Through Cargo）或「通運貨物」。

海運貨物，於船隻抵達港埠後，由船公司傳送進口艙單，以

EDI向海關申領普通卸貨准單及特別准單及進口貨櫃清單卸船進儲，倉儲業憑分送艙單點收貨物（櫃）保管。

　　轉運其他關稅局之進口貨櫃，由報關人以EDI向海關申請核發轉運申請書、轉運准單，並檢附承諾書辦理轉運。轉運保稅區進口貨物，憑特別准單或由報關人以相關報單連線報關，經放行後押運或監封保稅卡車（或貨櫃）運往目的地倉庫拆櫃進倉。轉運出口貨櫃，則由報關人以EDI向海關申請核發轉運申請書、轉運准單，並檢附承諾書辦理轉口裝船（機）。

　　貨物（櫃）欲拖運出站或裝船出口時，由倉儲業者憑轉運准單訊息，列印三合一出進站放行准單，駐站（庫）關員憑轉運申請書及承諾書核簽放行准單，並核對貨櫃無訛後准予拖運出站或裝船出口。

　　海空聯運轉口貨物，由運送人以轉運申請書向海運關區申請核准後，裝貨櫃或保稅工具轉運機場貨棧拆櫃進倉再裝機出口。

　　轉運貨物之通關應注意下列事項：

一、轉運申請書之申報

　　由運輸業或受委託之報關行繕具（或由電腦列印）轉運申請書及轉運准單，遞送或傳輸海關辦理。

二、報關期限

（一）轉口貨物（櫃）

1.存儲進口貨棧之轉口貨物，須於進倉之日起30日內轉運出口。如無船期或班機者，得申請延長30日，逾期仍由海關予以監視，並依海關徵收規費規則徵收特別監視費。

2.轉口貨櫃，須於進儲集散站（或碼頭專區）之日起30日內

在原港口或原機場轉運出口。如無船期或班機者，得申請延長30日，逾期仍由海關予以監視，並依海關徵收規費規則徵收特別監視費。但以海空聯運方式依海關指定路線辦理轉運或以海運、空運方式辦理轉運者，不受原港口或原機場轉運出口之限制。

(二) 誤裝、溢卸或其他特殊原因，須退運或轉口

進口貨物在報關前，如因誤裝、溢卸或其他特殊原因須退運或轉口者，應於裝載該貨之運輸工具進口後15日內向海關申請核准，90日內原貨退運或轉運出口。其因故不及辦理者，可於限期屆滿前，依關稅法規定，向海關申請存儲保稅倉庫。

三、報關應檢附文件

(一) 轉運申請書

轉運申請書（Customs Declaration：Transit）分為七類，其代號、名稱、適用範圍（及適用限制）如下：

T1 （外貨轉運他關區）：進口貨物不同關稅局間之轉運，及溢卸貨物之轉運他關稅局（1、7）

T2 （外貨轉口）：轉口貨物由相同海運關稅局（原港口）轉運出口者。（1、3、4）

T3 （退關貨物轉船出口）：出口貨物退關之轉船出口者，及不同關稅局之代辦出口。（2）

T4 （船用品轉口）：船用品之轉運裝船者。（2、6）

T5 （溢卸貨物轉口）：溢卸貨物之轉運出口者。（2、7）

T6 （海空聯運貨物轉口）：海運之轉口貨物由空運轉運出口者。（2、4、5）

T7 （空海聯運貨物轉口）：空運之轉口貨物由海運轉運出口

者。（2、5）

註：「適用限制」代碼之意義

1. 以連線或未連線方式報關均可，惟「T1」二次轉運者限以未連線方式辦理。

2. 以「未連線」方式報關為限。

3. 「T2」案件限在原港口轉運。

4. 轉運國外之「實貨櫃」，不得拖至內陸貨櫃集散站存放。

5. 武器、彈藥禁止海空或空海聯運。

6. 「船用品轉口」如屬「申請由空運出口」者，適用「T6」。

7. 「溢卸貨物轉口」如屬下列兩種情形之一者，不適用「T5」：

（1）如屬轉運他關區（報關進口）者，適用「T1」。

（2）屬「申請由空運出口」者，適用「T6」。

（二）遞送轉運申請書時，應檢附下列文件

1. 提單（B/L）

進口艙單未列明轉運他關區、轉運貨物為船用品者，應檢附提單、中華民國海關艙單更正單及轉運申請書（T1或T4）辦理報關。

2. 委任書

（1）報關行辦理 T1或T2之轉運申請書者，應檢附一份委任書。如辦理常年（長期）委任時，免逐一檢附委任書，惟

A. 每一業者在每一關稅局最多委任五家報關行。

B. 委任期間最長以一年為限。

C. 以運輸業向當地海關登記者為限。

（2）運輸業（海運限船舶經營人）之委任書，於申領准單

時送稽查單位。

（3）海運案件，於申請書（准單）第（8）欄「船務（航空）公司」欄，以填列「船舶經營人」為限。

3.申請書

海運申請由空運出口，或空運申請由海運出口之溢卸貨物、船機用品，應檢附申請書（敘明理由經海關核准）及轉運申請書辦理通關。

4.裝箱單或發票

轉運貨物如係船用品，而未按明細項目申報者，應檢附裝箱單或發票憑核。

5.承諾書

轉運貨櫃（物）出站（倉）時，應由申請人填寫一份書面承諾書（可多批合用一份），承諾負責依海關規定運行的路線及時間，將貨櫃（物）運抵目的地，送交駐庫（站）關員查核。

四、海關受理單位

（一）海運

1.艙單單位

受理T1（外貨轉運他關區）、T2（外貨轉口）、T4（船用品轉口）、T5（溢卸貨物轉口）、T6（海空聯運貨物轉口）等五類轉運申請書。

2.出口業務單位

受理 T3（退關貨物轉船出口）、T7（空海聯運貨物轉口）等二類轉運申請書。

（二）空運

　　艙單單位或出口業務單位。

五、海空聯運轉運貨物之通關

（一）加封、押運

1.海運轉空運之整裝貨櫃，以船邊提櫃方式辦理，並經海關檢視後加封轉運，必要時海關得派員押運。

2.海運轉空運之併裝貨櫃或空運轉海運之轉口貨物，一律於港區或機場內，在關員監視下，裝入保稅卡車加封後轉運，必要時海關得派員押運。

（二）申報

　　海空聯運轉運貨物應由輪船公司或航空公司於進口艙單內以轉口貨物列載，並填具轉運申請書向海關申報。申報時並應檢同與運輸公司聯名承諾書，聲明負責將轉運貨物在海關規定時間內安全運抵目的地海關指定地點，但武器、彈藥禁止海空聯運。

（三）轉運地區、時間之限制

1.海空聯運貨物之轉運，以基隆港、台中港與中正國際機場，高雄港與高雄國際機場、中正國際機場為轉運地區。

2.各港口與機場間之轉運時間均有限制，例如，高雄港與高雄國際機場間以四十分為限，高雄港與中正國際機場以八小時為限，載運途中不得無故逗留或繞道他處，逾時到達，由海關依照有關規定處理，如涉及安全事故由海關通知有關單位辦理。

（四）卸存之轉口倉、時間規定

1.從事海空聯運之港區及機場應闢設與一般進出口貨物隔離之區域與轉口倉，處理海空聯運轉運貨物。

2.裝載海空聯運轉運貨物之保稅卡車，於到達轉運地海關後，應在關員監視下拆封卸存轉口倉。海空聯運轉運貨物存放之時間依「海關管理貨櫃辦法」有關規定辦理。

（五）通關手續之簡化

1.由海運轉空運之轉運貨物得申請提前出倉。

2.海空聯運之轉口貨物得向海關申請變更貨物原包裝及嘜頭，但不得變更其原產地標示。

3.海關應將海空聯運轉口貨物與一般進出口貨物之通關手續加以區別，並予簡化。

4.海空聯運轉運貨物之抽查，依海關現行規定辦理，如因安全需要，由專案機關會同海關檢查。

六、境外航運中心貨物之通關

境外航運中心（Offshore Shipping Center），是我國為提昇貿易競爭力，發展台灣地區成為海運轉運中心，順應航商需求，在不違背兩岸「不通航」之基本政策下，對第三地經台灣轉大陸，或大陸經台灣轉第三地之貨物（櫃）所設之專區。

境外航運中心設置地點由交通部會商有關機關在台灣地區國際商港相關範圍內指定適當地點設置之。目前僅高雄港開始實施，設在一般碼頭或貨櫃中心之轉口區內，專區內之作業規範運作與一般轉口區相同。

為規範境外航運中心作業，交通部於1995年5月5日發布施行「境外航運中心設置作業辦法」；財政部亦於同日核定「境外航運

中心關務作業要點」配合實施。

(一)「境外航運中心設置作業辦法」要點

境外航運中心與大陸地區港口間之航線為特別航線。直航於兩岸間之船舶以下列之「外國船舶」為限：

1.外國船舶運送業所營運之外國船舶。

2.中華民國船舶運送業所營運之外國船舶。

3.大陸船舶運送業所營運之外國船舶。

上列船舶不得載運以兩岸為目的地之貨物。但航行境外延伸航線的船舶可載運兩岸進出口貨，即船隻從大陸載運大陸輸往歐美日等國家的出口貨後，航行至台灣，可裝載台灣輸往歐美日國家的貨物。反之，從歐美日國家還航的船舶可同時載運台灣及大陸的進口貨，並在台灣卸下台灣之進口貨。

(二)「境外航運中心關務作業要點」之規定

1.作業範圍

（1）整裝貨櫃（CY）之轉口。

（2）合裝貨櫃 （CFS櫃）之加裝、改裝、分裝及併裝作業。此項作業應向關稅局申請於貨櫃集散站或碼頭轄區內之轉口倉庫辦理。

（3）大宗貨、雜貨之轉口，應由業者視需要，個案向關稅局申請。

（4）簡單加工、重整作業，應由業者依保稅倉庫設立及管理辦法，向關稅局申請於境外航運中心內設立專用保稅倉庫或發貨中心辦理。但加工出口區經政府指定為境外航運中心，其區內事業從事簡單加工、重整作業者，需向關稅局申請於指定地點辦理，並以建立帳冊且經關稅局核准具自主管理資格者為限。

上列各款作業範圍之實施，依各港區及相關地區之特性，由交通部會商財政部及經濟部決定。

2.不得轉運之物品

大陸地區輸往第三地或第三地輸往大陸地區之武器及彈藥不得在境外航運中心進行轉運。

3.不得以統稱申報之物品

卸岸之轉口貨物如有武器，彈藥、毒品、菸酒、中國大陸出產之農產品及食品，不得以「一般貨物」統稱申報，經海關查明未據實詳細列入艙單申報者，依海關緝私條例有關規定處罰。

4.應申報文件

轉口貨櫃（物）轉運出口時，應填具轉運申請書及轉運准單向關稅局申報。但以電腦連線方式傳輸申報者，轉運准單由關稅局列印，並准免補送書面轉運申請書。

5.以不出管制區為原則

轉口貨櫃（物）以不出碼頭（海關管制區）轉運出口為原則，轉口貨櫃如欲運出海關管制區至其他碼頭裝運出口，必須先向海關申請核准。

6.載運貨物之限制

船舶載有以兩岸為目的地之貨物者，不得直航於兩岸港口間。但航行境外延伸航線的船舶可載運兩岸進出口貨。

7.規費之徵收

依海關徵收規費規則辦理。

（三）境外航運中心業務概況

境外航運中心之業務，原規劃分三階段實施，第一階段以高雄港為範圍，實施貨物不通關、不入境，貨櫃可拆櫃或併櫃。第二階段將高雄小港機場納入境外航運中心，大陸貨品可從事簡易

加工、重整作業，進行海空聯運。第三階段定點直航，開放貨物通關、入境，擴大境外航運中心為經貿營運特區。

因高雄港為全球第三大貨櫃港，位置適中，亦為全球海運樞紐，航線遍及全球各大港口，利用高雄港為兩岸轉運中心運輸貨物約可節省運費三分之一以上，亦可減輕業者營運成本，故我國政府選定高雄港於1997年與大陸福州、廈門開辦兩岸定點航運轉運中心業務，每月約有十艘兩岸權宜輪往返航行三個港口，年裝卸貨櫃量1998年為272,700多只，1999年增至365,800多只，2000年的裝卸量可望再增加。但高雄港境外航運中心業務以純貨櫃轉運為主，無法進行加工、包裝、認證、行銷等作業，故中心業務一度萎縮，導致部分虧損航商有撤離之計畫。

有鑑於目前境外航運中心營運績效不彰，經濟部於2000年7月規劃開放該中心增列加工等經營項目，以強化高雄港之業務功能。未來如能再開放航商辦理散裝、雜貨之轉運業務，兩岸進出口貨物即可經由境外航運中心以保稅方式輸運至簡易加工作業區進行加工、組裝，物品之附加價值將可提高一倍以上，因而增加航商及境外航運中心之營運量，為兩岸營造雙贏情勢。

七、轉運申請書各欄位填報說明

1.進口編號
 (1)「進口編號」計分五段
   A.其中第二段「轉至關別」係指本批貨物轉往進儲之通關單位，填列其代碼，如前鎮分局應填「BC」。
   B.其餘四段與進口報單相同，請參閱進口報單填報說明第8項。
 (2)海運「T3退關貨物轉船出口」及空運出口貨物退關轉海運出口，本欄填報原出口報單號碼。

（3）一批貨物申報一份轉運申請書，不得數批貨物合併申報。

2.出口編號（3）：請參閱出口報單填報說明第9項。其中T1、T6（適用於空運關區通關）免填列。

3.頁數

（1）應填列本份申請書共幾頁。

（2）海運轉運案件，應於本欄之上半部供填列轉運申請書「類別代號及名稱」。

4.申請人名稱、蓋章（1）

（1）填列申請人之中文名稱，傳輸時本欄免傳。

（2）申請人可為船務（航空）公司或報關行，其所蓋之公司行號章、負責人章，以業向海關登記之印鑑為限。並應於右下角虛線欄內填報船務（航空）公司之代號或報關行箱號。

（3）申請人為收貨人者，應於左下角「統一編號」欄填報營利事業統一編號。

（4）本欄不必經由「專責報關人員」簽蓋。

5.提單號數：依艙單「提單號數」欄所載填報。

6.船（機）進口日期（5）

（1）填明載運本申請書貨物的運輸工具進口日期。船機進口日期之認定，請參閱進口艙單之規定。

（2）海運「T3」及空運出口貨退關轉海運出口案件，以「原來出口報關日期」為準。

7.貨物存放處所（6）

（1）依進口艙單所載實際貨物存放處所名稱或代碼填報。

（2）T3案件為貨物實際存放處所。

8.收單日期、編號（7）

（1）係供海關收單關員簽蓋收單日期，並予編號之用。

（2）連線者以訊息傳輸送達通關網路之日期爲準。

9.收貨人

（1）依進口艙單所載收貨人名稱及地址填報。

（2）T3案件，填列原出口貨物輸出人名稱及地址。

10.受通知人

（1）依進口艙單所載受通知人名稱及地址填報。

（2）T3案件免填。

11.船務（航空）公司（8）：係填報本申請書貨物申報進、出口之船務（航空）公司名稱。

12.進口船（機）名及呼號（班次）（9）：請參閱進口報單填報說明第l4項。

13.起運口岸（10）：請參閱進口報單填報說明第6項。

14.轉運船（機）名及呼號（班次）（運輸工具名稱）（11）

（1）海運填載運本申請書貨物之出口船舶名稱及4位或6位英文字母及阿拉伯數字摻雜之呼號，船名及呼號可由裝貨單上查明。

（2）空運者填載出口機名及班次，機名填航空公司英文簡稱，班次則用阿拉伯數字填列，例如，華航「CI 0008」。

（3）進口貨物不同關區之轉運時，填報載運本申請書貨物之運輸工具名稱，例如，拖車、保稅卡車、火車等。

15.目的地（12）

（1）依據艙單所載填報本申請書貨物到達目的地之名稱及代碼。

（2）屬T1轉運申請書者，應填列轉往貨櫃集散站或貨棧之地點、名稱及代碼。

16.標記及貨櫃號碼

（1）依艙單所載標記及貨櫃號碼填報。

（2）請參閱進口報單填報說明第39項。

（3）T3案件依原出口報單所載填報。

17.件數（16）

（1）依艙單所載件數填報。

（2）請參閱進口報單填報說明第37項。

（3）T3案件依原出口報單所載填報。

18.其他記載事項

（1）係供對本申請書記載事項另行補充、提示海關承辦關
員注意特別處理事項、或依有關法令規定應報明之事
項，如無適當欄位填報時，應於本欄中填報。

（2）海運由歐、美、紐、澳直接運達整裝貨櫃，申請直接
轉運，及海上走廊之申請轉運者，應於本欄填列。

19.貨物名稱（13）

（1）依艙單所載貨物名稱填報。

（2）卸岸之轉口貨物，其申報方式：

A.中國大陸出產之農產品及食品、武器、彈藥及毒
品、菸酒，應據實詳細申報。

B.美軍物資，得以「軍品」統稱申報。

C.其餘轉口貨物，得以「一般貨物」（General Cargo）
統稱申報。

（3）不得以浮貼或艙單整份黏貼申報。

（4）船用品有明細資料者，得以裝箱單或發票表明之。

（5）T3案件依原出口報單所載填報。

（6）超過390BYte（空運385BYte）時應補送書面轉運申請
書，列印全部內容。

20.數量（單位）（14）

（1）依艙單所載數量（單位）填報，如艙單未申報者免填。

（2）「T3」案件依原出口報單所載填報。

21.毛重（公斤）（15）

（1）依艙單所載毛重填報，並以公斤爲計量單位。

（2）「小數點」以下取一位數（設限紡品輸出單證另依其規定）。

22.條碼處：實際實施方式及日期，另行規定。

23.海關處理紀錄

（1）供海關承辦關員簽註處理情形或加註必要之文字（須押運、加封等）。

（2）供核定通關方式列印或加蓋章戳之用。

第二節 三角貿易貨物之通關

三角貿易（Triangular Trade）係指甲國商人將乙國貨物賣給丙國之貿易。即我國廠商接受國外客戶（買方）之訂貨，而轉向第三國供應商（賣方）採購，貨物由賣方逕運買方，或經過我國轉運銷售至買方之貿易方式。

一、三角貿易分類

（一）轉口貿易

甲國廠商從乙國進口貨物後存入保稅倉庫，再出口到丙國，此種貿易方式，一般稱爲轉口貿易。

（二）與通關作業無關者

甲國廠商將貨物由乙國逕運至丙國。按此種方式進行者，與甲國海關通關作業無關。

二、通關規定

（一）廠商進口報單與出口報單應同時申報

經海關審核後，應驗報單進出口同時查驗；簽放手續先經進口單位辦理後，再移送出口單位辦理。

（二）洋貨不得以我國為產地之標示。

（三）原則上應於原港口轉船出口

如有特殊情況必須轉運其他關區裝船者，須簽請主管核准，並依規定派員押運或以保稅卡車裝運，以免發生弊端。

（四）貨物在同一關稅局出口之通關作業

1.原進口倉庫貨物

廠商應於規定報關期限內向海關同時申報進、出口報單，註明或申請係三角貿易，經海關進口單位辦理進口報單通關手續後，移請稽查單位派員押運或以保稅卡車裝運將貨物送出口倉，再將進、出口報單併送出口單位辦理通關作業，俟放行後，將進出口報單送稽查單位辦理監視裝櫃加封或押運裝船（機）出口。

2.保稅倉庫貨物

出口時應向海關填具出口報單（D4保稅倉庫退運出口）向原監管保稅倉庫業務單位辦理銷帳核發准單手續後，先由稽查單位派員押運或以保稅卡車裝運將貨物自保稅倉庫送至出口貨棧，報單送出口單位辦理報關查驗、放行事宜

後，再移請稽查單位辦理監視裝櫃加封或押運裝船（機）出口。

（五）貨物自不同關稅局出口之通關作業

1.保稅倉庫貨物

（1）出口時應以出口報單（D4）向原監管保稅倉庫業務單位辦理銷帳及核發准單手續，有關貨物由稽查或倉棧單位監視裝入保稅卡車加封或押運至出口地海關出口倉庫（發貨中心貨物免加封或押運），報單經出口地海關收單辦理查驗放行手續後，送稽查單位監視裝櫃加封或押運裝船（機）出口，並列入出口貨物艙單。

（2）未能立即裝船（機），而在出口地海關暫行存儲其監管之保稅倉庫，另俟船（機）期出口者：出口時應填具D6報單（保稅貨運國內他港口報單），向原進口地海關進口保稅單位辦理銷帳及驗放手續後，有關貨物則由稽查單位監視裝入保稅卡車加封或押運至出口地海關保稅倉庫存放，待貨物出口時，再向出口地海關填具出口報單（D4）申報貨物出口，並於完成出口通關手續後辦理裝船（機）作業，完成貨物轉口。

2.一般貨物

（1）貨主存於進口倉之未稅貨物，申請三角貿易轉運至其他關稅局出口者，如准許進口類貨物准予辦理；管制進口類、禁止進口類、違禁品、暫停進口物品、同一批貨物有准許進口類亦有其他類者，一律不准申請轉運。原進口地海關應詳予審核決定准駁，並逐項驗明來貨，出口地海關應再予復驗。

（2）通關作業程序

A.進口地海關

（Ａ）進口單位核准自他關稅局三角貿易或退運出口時，應查驗加封並填具「特准退回國外貨物復驗押運並監視裝機、裝船出口報告表」（押運表）後放行，放行關員應於進口貨物電腦放行通知單、提單、進口報單、押運表上批註「請稽查組派員押運（或監視裝入保稅卡車）至××關稅局退運出口」等字樣，連同已查驗外貨復運出口報單（應繕打出口地海關之出口報單號碼）等全卷轉送稽查單位。

（Ｂ）稽查單位按進口單位批註之轉運方式辦理貨物之轉運工作，轉運時影印進口報單一份連同出口報單、押運表送交出口地海關。進口報單正本於簽註辦理轉運情形後送還進口放行單位。

B. 出口地海關：出口單位於辦理出口通關手續後，應於進口報單影本簽證已出口事項，並寄還進口地海關進口放行單位，俾附存原進口報單以相互勾稽。

第三節　物流中心貨物之通關

　　物流（Physical Distribution; Logistics），是貨物由生產地點至使用地點或消費者之整個流通過程。

　　物流業可分為：都市物流業、區域物流業及國際物流業等，其中經營國際物流業者，必須向海關申請登記經核准後始得營業。國際物流是兩個以上國家之貨物流通，為迎合現代多樣、少量、高頻率的配送服務要求，製造商將產品送交顧客，需要國際物流中心來進行配送。

國際物流涉及空間、運輸、通訊及關稅方面之限制，為方便物流中心貨物之通關作業，增加國內業者商機及吸引外資來台，以促進我國國際貿易之發展，財政部於2000年3月公布「物流中心貨物通關辦法」，並於同年9月發布實施「物流中心貨物通關作業規定」作為海關監管物流中心之法令依據。

　　「物流中心貨物通關辦法」所稱之物流中心（Logistic Center），指經海關核准登記以主要經營保稅貨物倉儲、轉運及配送業務之保稅場所。物流中心內得進行因物流必須之重整及簡單加工。進口貨物存入物流中心，原貨出口或重整及加工後出口者免稅。國內貨物進儲物流中心，除已公告取消退稅之項目外，得於出口後依關稅法規定辦理沖退稅。

　　海關對物流中心之監管採取電腦連線通關、風險管理及帳冊、自主管理方式。有關海關對物流中心之監管規定分述如后。

一、登記之申請

（一）申請登記應具備條件

　　物流中心向海關申請核准登記應具備下列條件，並應檢具規定文件向當地海關申請核准登記，經海關核准登記者，發給登記證。

1. 應以登記經營物流為主要業務之股份有限公司組織且實收資本額新台幣三億元以上。
2. 應設在國際港口、國際機場、加工出口區、科學工業園區內及鄰近國際港口、國際機場地區或經海關專案核准之地點。申請設立於鄰近國際港口、國際機場地區者，申請設立前應先向海關申請勘查。
3. 應與外界有明顯之區隔，且具備確保貨物安全與便利海關

查核之設施。

4.應設置電腦及相關連線設備，並以電子資料傳輸方式處理業務。

5.應設有門禁並以電腦控管貨物及車輛之進出。

6.應依規定繳納保證金

（1）物流中心應向海關繳納保證金新台幣2,000萬元。該項保證金得依關稅法施行細則規定提供政府發行之公債券、銀行定期存款單、信用合作社定期存款單、信託投資公司一年以上普通信託憑證、授信機構之保證等擔保。

（2）物流中心滯欠之稅款、罰鍰或其他款項，海關得就其保證金予以扣抵。

（3）保證金額度不足者，應補足後，始得辦理貨物之進儲。

（二）登記證之校正及換發

1.海關發給物流中心之登記證，每二年校正一次。

2.物流中心之公司登記事項，如有變更，應於辦妥公司變更登記之翌日起十五日內檢附有關證件影本，向海關辦理換證手續。

3.物流中心實收資本額及中心地址之變更應先經海關同意。

二、不得進儲物品

物流中心未經海關核准，不得進儲下列物品

（一）違禁品。

（二）槍械、武器、彈藥。

（三）毒性化學物品。

（四）放射性物品。

（五）未經許可之特定戰略性高科技貨品。

（六）於存儲期間可能產生公害或環境污染之物品。

（七）其他經海關公告不適宜存儲之貨物。

三、物流中心之管理

（一）自主管理

物流中心採自主管理，其自主管理事項，由海關訂定並公告。

（二）電腦連線

物流中心之營運作業、帳冊管理及應向海關申報事項均應以電腦處理，並與海關連線。

（三）物流中心之監管

1.海關得派遣關員定期或不定期前往中心查核。

2.為海關定期或不定期查核與通關作業需要，物流中心應無償提供海關驗貨場地、辦公處所及必要之機具。

3.物流中心違反「物流中心貨物通關辦法」有關規定，經海關限期改善，逾期仍未改善者，不得辦理貨物之進儲。

（四）貨物存儲期間

進儲物流中心之貨物存儲期間不受限制，惟存儲逾二年之貨物，應按月列印報表供海關查核。

（五）貨物之運送

物流中心與國際港口、機場間貨物之運送，應由物流中心或與其訂定契約之運輸業辦理，其涉及違章或私運，應由物流中心

與運送人負共同責任，依海關緝私條例處分。

（六）貨物之載運

下列物流中心貨物應以貨櫃、可加封卡車或可加封貨箱載運：

1.國外貨物於進口地海關放行後運至物流中心。

2.自物流中心運至保稅區。

3.出口貨物自物流中心運至出口地海關轄區出口貨棧或裝船（機）處所。

上列1.2.項貨物應由物流中心以自備封條或電子封條加封後載運。自備封條之廠牌、規格及樣式應報請轄區海關核可後使用。

（七）損毀保稅物品之處理

1.天然災害

物流中心之保稅物品，遭受水災、風災、火災或其他天然災害而致損毀，經於災害事實終止之翌日起一週內申報，轄區海關查明屬實者，得核實除帳。

2.失竊

物流中心之保稅物品，遭受失竊而致短少，經向警察機關報案取得證明，申請轄區海關查明屬實者，應自失竊之翌日起三個月內補稅除帳，其有特殊情形，報經轄區海關核准者，得申請提供保證金暫免補稅，惟最長不得超過六個月，期滿後如仍未尋回，海關即將保證金抵繳稅費結案，尋回部分則退回保證金。

（八）貨物之檢驗、測試

物流中心貨物，需運往課稅區或保稅區辦理檢驗、測試者，應經海關核准後登錄電腦帳冊。運回時，應登錄電腦銷案。

(九) 貨物之重整及簡單加工

　　物流中心貨物之重整及簡單加工，重整後變更料號者應於事前檢送「物流中心重整及簡單加工申請書」向轄區海關申請核准，但重整後未變更料號者得由專責人員於事後向海關報備。惟此項重整及簡單加工限貨物在流通過程所必需者為限，不得以大型複雜機器設備從事加工，且應於重整及加工專用倉區辦理。

(十) 損耗及廢料之處理

1. 物流中心貨物之重整及簡單加工，如有損耗，得經海關查明屬實後，准予核銷。
2. 產生之廢料，如需進口，其屬保稅或未稅者，有利用價值部分，應依法徵免稅捐後進口，無利用價值部分，由海關派員會同監視銷毀。

(十一) 貨物之盤點

　　物流中心每年至少應定期自行盤點乙次，其有盤虧者，應自行補報，經依法徵免稅捐後銷案；其有盤盈者，應補報申請書表，經海關核明後登錄帳冊管理。

四、貨物之通關

　　物流中心貨物之通關，依「物流中心貨物通關辦法」規定辦理；該辦法未規定者，適用其他相關法令之規定。海關並訂有「物流中心貨物通關作業規定」作為物流中心作業之依據。

(一) 物流中心使用報單

　　物流中心為二十四小時通關作業。貨物進出物流中心，應由物流中心以電腦向海關申報，如委由報關行報關者，應先向海關辦理與報關行間之常年（長期）委任關係。物流中心通關上使用

之報單分為下列三類：

    1.轉運申請書及轉運准單

       L1 外貨進儲物流中心轉運申請書（轉運准單）

    2.進口報單

       L2 保稅貨出物流進口

       B7 保稅倉或物流售與保稅廠

       D6 保稅倉與物流貨相互轉儲或售與

       D7 保稅倉或物流售與加工區或科園區

    3.出口報單

       L5 物流中心貨物出口

       D1 課稅區貨售與發貨或退回物流中心

       D3 保稅貨售與保稅倉或物流中心

（二）貨物之進儲

    1.國外貨物之進儲

物流中心應以電腦申報轉運申請書（L1外貨進儲物流中心轉運申請書）向進口地海關申請進儲。海關受理並完成通關手續後，以電腦核發轉運准單（L1外貨進儲物流中心轉運准單）之訊息，傳送物流中心及貨櫃（物）存放處所之倉儲業者，海關核發書面准單供物流中心辦理提領手續。但貨櫃（物）存放於內陸自主管理之貨櫃集散站者，物流中心及貨櫃集散站得憑轉運准單訊息辦理提領與放行手續。

航運公司或貨櫃（物）存放處所之倉儲業者，應依「運輸工具進出口通關管理辦法」規定卸載貨物及加封，並應憑書面准單或准單訊息依海關進出口貨櫃（物）控管作業規定開具「貨櫃（物）運送單（兼出進站放行准單）」或載運單，貨物憑以運出港區、貨櫃集散站、機場或航空貨運集

散站進儲物流中心，並即拆櫃卸貨進倉。

2. 保稅區保稅貨物之進儲

（1）由加工區或科園區進儲者，應由買賣雙方聯名填具出口報單（D3保稅貨售與保稅倉或物流中心報單）向原保稅區賣方轄區海關申報，但加工區或科園區之保稅物品進儲對方區內物流中心者，應向賣方駐區海關申報。

（2）由保稅工廠進儲者，應由買賣雙方聯名填具出口報單（D3保稅貨售與保稅倉或物流中心報單）向原保稅區賣方轄區海關申報，但保稅工廠之保稅貨物進儲加工區或科園區區內之物流中心者，應向該物流中心駐區海關申報。

（3）由保稅倉庫或其他物流中心進儲者，應由買賣雙方聯名填具進口報單（D6保稅倉與物流貨相互轉儲或售與報單），向原保稅區賣方轄區海關申報，但保稅區之保稅貨物進儲加工區或科園區區內之物流中心者，應向該物流中心駐區海關申報。

上列案件之貨物，於完成通關手續取得電腦放行通知後，憑「貨櫃（物）運送單（兼出進站放行准單）」或保稅工廠出廠放行單，運出該保稅區，進儲物流中心。此類案件得向海關申請按月彙報，經核准者，得先憑交易憑證檢附裝箱單，點收建檔進儲物流中心，於次月十五日前彙總填具報單辦理通關手續，並以報單放行日期視爲進出口日期。

3. 課稅區貨物之進儲

課稅區貨物進儲物流中心，應由物流中心填具「國內貨物進（出）單」，登錄電腦後進儲。

（三）貨物之運出

1.輸往課稅區

物流中心保稅貨物輸往課稅區，應由納稅義務人檢附報關必備文件，填具進口報單（L2保稅貨出物流進口報單）以電腦向物流中心轄區（或駐區）海關申報，經通關放行後，電腦產生放行通知訊息，物流中心列印「貨櫃（物）運送單（兼出進站放行准單)」，貨物憑以運出物流中心。

2.原貨配銷課稅區

原由課稅區進儲物流中心之貨物，原貨配銷課稅區者，由物流中心填具「國內貨物進（出）單」，並登錄電腦後運出，由物流中心電腦自動勾稽銷案。

3.售與或轉儲保稅區

（1）售與加工區或科園區者，應填具進口報單（D7保稅倉或物流售與加工區或科園區報單）向駐區海關申報。

本項貨物於裝櫃（車）並以自備封條加封後，由物流中心及保稅區業者聯名以電腦連線向海關申報。並依海關進出口貨櫃（物）控管作業規定列印「貨櫃（物）運送單（兼出進站放行准單)」運出。經通關放行後，電腦產生放行通知訊息傳送物流中心憑以核銷。

（2）售與保稅工廠者，應填具進口報單（B7保稅倉或物流售與保稅廠報單）向轄區海關申報。

（3）售與保稅倉庫或其他物流中心者，應填具進口報單（D6保稅倉與物流貨相互轉儲或售與報單）向轄區（或駐區）海關申報。

上列兩項貨櫃（物）由物流中心及保稅區業者聯名以電腦連線向海關申報。經通關放行，依海關進出口貨櫃（物）控管作業規定列印「貨櫃（物）運送單（兼出進

站放行准單)」，以自備封條加封後運出。

同批貨物含有保稅貨物及課稅區進儲貨物，應同時由雙方聯名填具各該使用報單，向同批保稅貨物申報通關海關申報。

物流中心貨物售與保稅區案件，得向轄區海關申請按月彙報，經核准者，物流中心得分批將出倉貨物明細登錄電腦，列印「貨櫃（物）運送單（兼出進站放行准單）」，貨物以自備封條加封後，併同交易憑證及裝箱單，運出交貨。於次月十五日前彙總填具報單辦理通關手續，並以報單放行日期視為進出口日期。

4.出口

（1）一般物流中心貨物

物流中心貨物出口時，應由物流中心或貨物持有人填具出口報單（L5物流中心貨物出口報單），向出口地海關連線申報，於貨物裝櫃（車）加封後，開具「貨櫃（物）運送單（兼出進站放行准單）」，貨物憑以運往出口地辦理通關手續，完成通關放行後，海關電腦自動將放行訊息傳送物流中心憑以銷帳。

（2）設於加工區或科園區之物流中心貨物

物流中心應向駐區海關報關，經通關放行，電腦產生放行通知訊息後，依出口貨櫃（物）控管作業規定開具「貨櫃（物）運送單（兼出進站放行准單）」，貨物憑以運往出口地裝船（機）。

（3）全屬國內課稅區進儲貨物

以物流中心「國內貨物進（出）單」運出後，依照國內貨物出口方式，向出口地海關申報。但設於加工區或科園區之物流中心，應向駐區海關報關。

（4）手提小件物品

手提小件物品交與攜帶人攜帶出口，應填具出口報單（L5物流中心貨物出口報單），比照物流中心貨物售與保稅區案件，向轄區海關申請按月彙報之規定辦理通關，放行後列印「貨櫃（物）運送單（兼出進站放行准單）」及報單副本一聯交攜帶人具領出物流中心，貨物出物流中心後十日內，由出口地海關回傳出口證明銷案。

物流中心貨物出口後，如需辦理沖退原料稅捐者，應依「外銷品沖退原料稅捐辦法」等有關規定申報，並向海關申請出口報單副本，憑以申辦。

（四）退關貨物之處理

物流中心出口貨櫃（物），於出口放行後，因故未裝運出口者，除辦理轉船（機）外，應依海關通關程序，向出口通關單位辦理申請退關手續後，原貨應加封運回物流中心，並即拆櫃卸貨進倉，註銷原已核銷帳表。

（五）退貨案件之處理

1.進儲貨物之退貨

進儲物流中心貨物發生退貨情事者，應將退貨理由填報於申請書表註記欄，退回課稅區或保稅區者，依輸往課稅區或保稅區規定辦理後銷帳。退回國外者，依出口規定辦理後銷帳。退回保稅區者，應依該保稅區原規定存倉期限辦理。此類案件物流中心應填具之申請書表如下：

（1）退回課稅區者，應填具「國內貨物進（出）單」。

（2）退回保稅工廠者，應填具進口報單（B7保稅倉或物流售與保稅廠報單）。

（3）退回加工區或科園區者，應填具進口報單（D7保稅倉或物流售與加工區或科園區報單）。

（4）退回保稅倉庫或其他物流中心者，應填具進口報單（D6保稅倉與物流貨相互轉儲或售與報單）。

（5）退回國外者，應由物流中心或貨物持有人填具出口報單（L5物流中心貨物出口報單）。

2.運出貨物之退回

物流中心運出之貨物發生退貨情事，應將退貨理由填報於申請書或報單之註記欄，依貨物進儲之規定辦理。物流中心應填具之申請書表如下

（1）由課稅區退回者，應由買賣雙方聯名填具出口報單（D1課稅區貨售與發貨或退回物流中心報單），並依關稅法規定於原貨物運出（進口）後一個月內申請核辦，如係機器設備，得於安裝就緒試車後三個月內申請核辦。

（2）由國外退回者，應由物流中心以電腦申報轉運申請書（L1外貨進儲物流中心）。

（3）由保稅工廠、加工區或科園區退回者，應由買賣雙方聯名填具出口報單（D3保稅貨售與保稅倉或物流中心報單）。

（4）由保稅倉庫或其他物流中心退回者，應填具進口報單（D6保稅倉與物流貨相互轉儲或售與報單）。

物流中心貨物運往國外或保稅區發生退貨情事，應報明原出口報單（含視同出口），如原出口（含視同出口）時已請領供退稅用之出口（含視同出口）證明文件者，應主動繳回或由海關發函更正，其已辦理沖退稅者，應繳回已退稅款或恢復原記帳紀錄，擔保如已解除者，應補辦擔保手續。

第7章 保稅貨物之通關

1.科學工業園區貨物之通關

2.加工出口區貨物之通關

3.保稅工廠貨物之通關

4.保稅倉庫貨物之通關

5.免稅商店貨物之通關

海關將科學工業園區（Science-base Industrial Parks）、加工出口區（Export Processing Zones）、保稅工廠（Bonded Factories）、保稅倉庫（Bonded Warehouses）、免稅商店（Duty-free Shops）列為保稅區，保稅區內貨物進出口之通關及監管作業規定為本章介紹範圍。

科學工業園區、加工出口區事業及保稅工廠進口之原料，僅於進區（廠）時登記數量，不必繳稅，待其加工為成品外銷後，按實際的數量予以銷帳，海關只作平時的稽核及定期的盤點，此一制度可使廠商不須先繳稅，減輕生產成本，增加外銷競爭力。

進儲保稅倉庫之貨物，於提領出倉進口時才須繳稅，以利廠商發展轉口貿易。

免稅商店分市區、機場免稅商店二種。機場免稅商店得在市區內設預售中心。設置免稅商店的目的在服務出境或過境旅客。

保稅區貨物（櫃），憑特別准單或轉運申請書及進口艙單辦理進儲作業；並憑相關保稅報單辦理連線通關作業。保稅區內製造、倉儲、保稅倉庫等業，已漸採取電腦化帳冊、自主管理方式。

第一節 科學工業園區貨物之通關

行政院為引進高級技術工業及科學技術人才，以激勵國內工業技術之研究創新，並促進高級技術工業之發展，選定適當地點設置科學工業園區，設定保稅範圍，賦予保稅便利。區內之事業，以創設製造及研究發展高級技術工業產品之科學工業為主。

新竹、台南、高雄等處均設有科學工業園區。海關依據關務法規及科學工業園區設置管理條例及其施行細則、科學工業園區

保稅業務管理規則等相關規定，對園區事業保稅物資之管理及通關作業加以規範，其要點列述如后。

一、保稅物資之管理

（一）進出區物資之規定

1. 進口物資之限制

    科學工業園區事業進口之自用機器設備、原料、物料、燃料及半製品，除屬於禁止進口類者外，事先申請科學工業園區管理局核定者，不受管制進口之限制，但進口後輸往園區保稅範圍外時，仍應受管制進口法令之限制。

2. 留置時間

    園區事業依「科學工業園區設置管理條例」輸入園區保稅範圍內之自用物質，其留置於園區保稅範圍內之時間，不受任何限制。

3. 機器設備之免稅

    科學工業園區事業進口之自用機器設備免繳進口稅、貨物稅及營業稅；但於輸入後五年內輸往保稅範圍外時，應依進口貨物之規定，課徵進口稅、貨物稅及營業稅。輸入屆滿五年後，由園區事業自行除帳，屆時得免列帳監管，但高科技機器設備仍應依相關規定辦理。

4. 原料、物料等之借入、借出、歸還

    園區事業借入、借出及歸還原料、物料、燃料、半成品、成品，應由雙方聯名填具「園區事業借入（出）原料、物料、燃料、半成品、成品申請書」，向海關申報辦理驗放及進（出）廠手續，並由各該園區事業點收或歸還銷案後登入帳冊。此類案件得依規定辦理自行點驗進（出）廠，並

於進（出）廠五日內檢送「園區事業借入（出）原料、物料、燃料、半成品、成品申請書」一份向海關報備。

上述由園區事業借出原料、物料、燃料、半成品、成品，限自借出之日起三個月內歸還，逾期不還或未向海關銷案者，應即依規定補辦報關及轉帳手續，並得停止受理雙方園區事業借出入案件之申請半年。

5.自行點驗進出區案件

園區事業經管理局及海關會同評估認為管理健全者，其視同進出口、委外加工、受託加工、借料及價值未逾海關核定免繳保證金限額之保稅物資運往區外展示、修理、檢驗、組裝測試等案件，得自行點驗進出區，且視同進出口案件，得先憑交易憑證及裝箱單等文件，由園區事業自行驗明後進出廠、區登帳，並按月彙報。

6.少量物資之輸出入案件

園區事業輸出國外或由國外輸入之物資，如以空運或郵寄數量在十件以下，每件毛重未逾二十公斤，其輸入時，得填具「園區事業空運或郵寄少量原料包裝加封交運進廠申請書」，向海關申請核准，交由該園區事業所派人員攜運進廠；輸出時，得交郵寄或比照輸入程序辦理。但在運送中遺失者，應由園區事業補繳稅捐。

7.產地標示之特殊規定

園區事業輸出之產品，因輸往國家地區特殊或產品體積微小，不能標示產地名稱者，或習慣上不標明者，得列舉事實及理由，並檢附有關文件，向管理局申請免標產地。

（二）產品單位用料清表之審核

1.用料清表之造具

園區事業應於製造新產品後一個月內且產品未出區前，造

具各種「產品單位用料清表」連同製造程序說明書，報請海關審定，未經報請審定而產品已先行出區致無法審核者，不予除帳。如因使用原料之用量不易確定時，報請審定之期限得延長為三個月。

2.用料清表之審定期限

海關應於收文後一個月內審定，並將其中一份發還園區事業作為核銷保稅帳冊之依據，一份留存海關。

3.用料清表變動之重審

園區事業原送之產品單位用料清表如有變動，應於變動後另造新表或變更清表，向海關重新申請審定，經審定者，以海關收文日期為使用新表日期。

4.可相互替代流用原料之處理

園區事業所使用之原料，其性質及功能相近而可相互替代流用者，應於產品單位用料清表上列明，並經海關審核後，方得於年度結算時合併計算。

5.用料清表之適用期限

產品單位用料清表之適用期限，自海關核准日起三年，期限屆滿前應由園區事業重新申請審定。

6.得以電子媒體申報

產品單位用料清表得經海關核定，以電子媒體申報。

(三) 園區保稅物品帳冊之管理

園區事業首次由國外購入之機器設備、原料、物料、在製品、半成品、成品前應先向海關申請設立保稅帳冊，並指派專人辦理保稅業務，經海關核准後公告監管。保稅業務人員應按規定參加海關或其他機構舉辦之講習，以充實專業知識。

1.登帳

（1）分別備置原料、物料、成品及機器設備帳冊

園區事業應分別備置原料、物料、成品及機器設備帳冊報請海關驗印，驗印後應依海關規定詳細記錄原料、物料及成品進、出倉數量、倉庫結存數量、機器設備、半成品及在製品之動態記錄，以供管理局及海關隨時查核。

（2）以電子資料傳輸處理有關帳冊之規定

前項保稅帳冊之建立，管理局得依實際情形要求園區事業設置電腦及相關連線設備，以電子資料傳輸處理有關帳冊並由管理局會同海關設立「科學工業園區保稅稽核管理資訊系統」處理。園區事業之帳冊以電子計算機處理者，應將進出廠之有關資料，依規定期限輸入建檔，並按月印製替代帳冊之報表；如以電子媒體錄製，應於次月二十日前送海關備查。

（3）非保稅物資誤列案件之補稅

園區事業不得將非保稅物資列為保稅物資報運進口，如有誤列，應於放行後三十日內向海關申請補繳稅捐。

（4）登帳時限

保稅物品出入（廠）倉，應於二日內登帳（自國外進口保稅物品於海關放行後七日內登帳）。

（5）可相互替代使用原料之管理

園區事業輸入之非保稅原料、物料，如可與其他保稅原料、物料相互替代使用者，應一併登列於原料、物料帳管理，並於年度結算時分項列明，合併計算。

（6）帳冊保存期限

園區事業保稅物資之帳冊及編製之報表，應於年度盤點結案後保存五年，有關之憑證應保存三年。

（7）配合查閱帳冊、報表及憑證

　　管理局及海關因稽核或監管需要，除得查閱園區事業保稅帳冊、報表外，並得會同派員持憑公函查閱其他帳冊、表報及憑證，園區事業不得拒絕。

（8）物品之存放及記錄

　　園區事業之保稅物品應依序存放固定之倉庫或場所，並編號置卡隨時記錄其存入、領出及結存數量以備查核。

（四）盤存

1.年度盤存

（1）盤存次數

　　園區事業應每年盤存一次，每二年會同會計師盤存一次，但保稅帳冊製作完善、保稅物品管理健全者，得另依審核要點之規定，向海關申請免會同會計師盤存。會同會計師盤存者，應依「會計師代理所得稅事務辦法」規定已核准登記為稅務代理人有案之會計師為限。園區事業如因產能所需致生產線無法中斷者，得向海關申請核准實施不停工盤存或假日盤存。

（2）編列盤存清冊

　　園區事業應於年度盤存前編列保稅原料、物料、在製品、半成品、成品及機器設備盤存清冊，以憑查核。

（3）盤存日期

　　年度盤存日期，距上年度盤存日期最短不得少於十個月，最長不得超過十四個月，其有特殊情形，事先報經駐區海關核准者，得酌予提前或延長之，但海關及管理局認有必要時，得隨時予以盤存。

（4）錯誤之申請複查

年度盤存時，未經抽查之項目事後發現錯誤，應於盤存後二週內，在該項物資未動用前，向海關申請複查，逾期不予受理。

（5）編製盤存報表

園區事業應於盤存後三個月內根據盤存清冊編製盤存統計表，保稅原料結算報告表，連同在製品、半成品、成品盤存數折合原料分析表、內外銷成品折合原料分析表送海關審核。具按月彙報資格之園區事業，其機器設備若無盤盈、盤虧者，得免編製機器設備盤存統計表及保稅原料結算報告表。

（6）盤存不符之處理

辦理盤存之保稅物品，如實際盤存數量與當年度帳面結存數量不符時，按下列規定辦理

A.實際盤存數量少於帳面結存數量，如未逾盤差容許率者，准免補繳稅捐，逾盤差容許率者，應於接獲海關核發之補稅通知後十日內繕具報單補繳進口稅捐、貨物稅及營業稅。

B.實際盤存數量多於帳面結存數量，除應將超過部分之差額併入結存數外，並應敘明理由，如係產品單位用料量偏高者，應修定產品單位用料清表，供次年度結算時使用。

C.同一種類或可相互替代流用之原料，如部分為保稅，部分為非保稅，於年度結算時應一併列入盤存。

D.原料盤差容許率，依照海關管理保稅工廠分業分類原料盤差容許率辦理。

（7）帳冊及報表保存年限

　　園區事業有關保稅之帳冊及編製之報表，應於年度盤存結束後，保存五年；其有關之憑證保存三年。園區事業得於盤點結案後，報經海關核准將有關之憑證，以微縮影片、磁帶、磁碟片、光碟片或其他電子媒體等按序攝錄後依規定年限保存，其原始單證得予銷毀。

2.結束盤存

　園區事業於撤銷或解散前，應依下列規定辦理結束盤存：

（1）訂定盤存日期及會同盤存

　　園區事業應向管理局、海關及稅捐機關洽訂或由海關逕予訂定盤存日期，並得會同管理局辦理盤存。

（2）保稅物資之封存或聯鎖

　　海關應視實際情形將保稅物資封存於該園區事業之內或管理局指定之地點。

（3）補稅

　　盤存之保稅物資，應由園區事業繕具報單補稅，其盤存數少於帳面結存數，應另辦理補稅。

（4）提供保證金

　　園區事業所有保稅物資，非經補稅不得輸往課稅區，但因園區事業宣告破產者，應依破產法及其相關規定辦理；如因生產或外銷之需要，得由園區事業提供相當之保證金，經海關核准後提領使用，並應於提領之翌日起一年內檢附出口證明文件向海關辦理銷案，逾期未銷案者，由海關就保證金抵繳應納稅款。

（5）因故無法辦理結束盤存案件之處理

　　經撤銷或解散之園區事業如因故無法辦理結束盤存

時，海關得逕依帳面結存數課徵應補稅款。

（五）保稅物資之進儲及查驗

園區事業進出口保稅物資應進儲園區海關監管聯鎖倉庫、貨櫃集中查驗區辦理查驗。惟有下列各款情事之一者，得經海關核准在指定場所查驗：

1. 體積過巨、數量龐大，在倉庫起卸不便者。
2. 危險及易腐物品進儲倉庫有礙安全者。
3. 精密器材在倉庫查驗易於毀損變質者。
4. 數量未逾十件、每件毛重未逾二十公斤之零星物品。
5. 其他情形特殊經駐區海關專案核准者。

（六）產品出區展示

1. 申報

   應填具「園區事業產品出區展示申請書」，報請海關審核，並繳納稅款保證金後放行出區。

2. 銷案

   運回時，繕具「園區事業出區展示產品運回進廠申請書」，向海關辦理銷案手續。

3. 價值未逾海關核定限額案件之處理

   出區展示之產品價值未逾海關核定限額者，得免繳稅款保證金，逕憑「生產性機具物品出區放行單」向海關核備簽放出區，並得依規定自行點驗進、出區。

4. 展示期限

   產品出區展示時間不得超過二個月，情形特殊者，得於期限屆滿前申請展期，但合計期限不得超過三個月，期滿應即運回，逾期未運回者，應於期限屆滿後十日內填具報單補稅。

（七）保稅物資運往區外委託代爲修理、檢驗、組裝測試

　　1.申請書之填具

　　應填具「科學工業園區保稅品運出區修理、檢驗或組裝測試申請書」報請海關審核並繳納稅款保證金後放行出區，但機器設備須先報經管理局核准。

　　2.價值未逾限額物資之出區

　　前項保稅物資價值未逾海關核定限額者，得免繳保證金逕憑「生產性機具物品出區放行單」核備簽放出區，並得依規定自行點驗進、出區。

　　3.期限之規定

　　保稅物資運往區外修理、檢驗或組裝測試，至遲應於出區後三個月內運回，運回區內時應繕具「園區事業出區保稅品運回進廠申請書」，向海關辦理銷案及退還保證金手續，未依限運回者，應於期滿後十日內填具報單補稅。如情形特殊未能依限運回者，應檢具區外受理廠商或他關區分廠書面資料於期限屆滿前提出申請，經海關查明屬實後始准延期，惟機器設備須先經管理局同意，但合計期限不得超過六個月。

（八）副產品、下腳、廢品之查核

　　1.儲存場所之規定

　　園區事業在生產過程中產生之副產品、下腳、廢品等，均應按類別、性質依序儲存於倉庫或經管理局及駐區海關認可之地點，但半成品型態之廢料，應分別列明使用原料情形，以備查核。

　　2.副產品、下腳、廢品之處理

　　（1）有利用價值部分

　　　　由園區事業向管理局申請核發向課稅區輸出准許證，

依關稅法有關規定核定完稅價格計徵稅捐後內銷。或由管理局核准，並經海關及管理局監毀後依其剩餘價值補稅提領出區。上述作業，園區得經管理局核准，以預估每年處理監毀數量，依其剩餘價值事先補稅。園區事業於海關及管理局會同監毀後，得在預先補稅額度內准予提領出區。

（2）無利用價值部分

由駐區海關斟酌情形派員會同管理局監督毀棄。

3.沖銷保稅帳之規定

前項副產品、下腳、廢品等，其未在產品單位用料清表用料量中另列有損耗率或未經核准者，得核實沖銷保稅原料帳。

4.轉售或報廢除帳之規定

不能外銷之次品及因變更產品類型或生產計畫等產生之剩餘呆料，須經管理局核准，始得轉售或報廢除帳。

二、物品之通關

科學園區管理局設置「園區通關自動化系統」（簡稱園區系統）。園區內業者要與通關網路連線，均應經由園區系統；通關網路所有傳輸用戶之訊息，均送科管局後，由科管局轉送。需申請簽證案件，科管局於業者透過園區系統進行報關時，同時進行簽審作業。因此，經由園區系統送達海關之進、出口案件，視為已經科管局核准進口或出口。

有關科學園區原、物料、產品進、出區之通關作業細節列述如下。

（一）原、物料進區

1. 由國外輸入物資

    （1）由機場輸入者

    A.繕具轉運申請書：應由管理局設置之儲運單位或其代理人繕具「轉運申請書」檢附轉運准單，註明「輸往科學工業園區」字樣，與一般物資進口艙單同時向機場海關遞送，辦理申報輸入手續，並機邊押卸。

    B.押運或加封：由機場海關派員押運或監視裝入保稅卡車或貨櫃加封，交由運送人運往園區，向駐區海關辦理通關手續。

    （2）由其他關區之港口機場輸入者

    應由報關行向輸入港口或機場之海關繕具「轉運申請書」檢附轉運准單辦理轉運科學園區手續，並依一般貨物進口規定辦理通關。

    （3）復運出口之規定

    園區事業輸入物資因退貨、調換或其他原因得申請復運輸出；復運輸出應繕具報單，依照一般復運出口貨物出口之規定辦理通關手續。

2. 由保稅範圍外廠商購入物資

    由保稅範圍外廠商售供園區事業自用之機器設備、原料、物料及半製品，視同外銷。其應辦手續如下：

    （1）賣方須辦理沖退及減免稅款案件

    賣方廠商應向管理局辦理輸入簽證，及向海關辦理報關手續。此類案件應由買賣雙方聯名繕具報單，並檢附統一發票及裝箱單等向駐區海關辦理報關，經海關放行後核發視同出口報單副本交賣方廠商憑以辦理沖

退及減免稅款。

（2）賣方不辦理沖退及減免稅款案件

賣方無須依前項規定辦理沖退及減免稅款者，得免辦入區手續。但園區事業購進機器，日後有退回、調換或運返保稅範圍外者，於運返保稅範圍外時，由該園區事業填具「科學工業園區生產性機具物品出區放行單」出區。

（3）按月彙報之規定

交易次數頻繁、數量零星者，得依規定辦理按月彙報，並設置自課稅區輸入登記簿，於進廠前按進廠批數逐批登記貨品名稱、數量及價值，自行點驗進廠。

（4）退貨案件之規定

A.發生退貨情事時，應於進廠三月內由買賣雙方聯名填具退貨申請書，報經海關核准後查驗辦理出區，原已核發視同出口證明文件者，應收回註銷，其已辦理沖退或減免稅款者，應繳回已沖退稅款並通知所屬稅捐稽徵機關，始可退貨出區。

B.進廠三個月後發生之前項退貨案件，應按一般進口程序辦理進口通關手續，並依法課稅。

3.由保稅區輸入物資

（1）保稅工廠或保稅倉庫售供園區事業自用之物資視同出口及進口：買賣雙方應聯名繕具報單，連同統一發票、裝箱單及其他有關文件向海關辦理報關。

（2）自加工出口區輸入保稅物資：憑加工區海關簽放之「貨櫃（物）運送單」查核封條完整，除有查驗必要者外，即予放行。園區事業保稅人員於收貨後將加簽之報單副本及「進（出）口貨櫃清單」退回加工出口區

銷案。

4.受託加工

外銷廠商以其原料或半成品委託園區事業加工案件，應辦作業如下：

（1）申請：園區事業應先檢附委託加工合約書或訂單，委託加工廠商之營利事業登記證，加工前後之樣品或圖說，說明加工過程及所使用或添加之原料，向管理局申請核准。

（2）報關

A.進區：進區時應繕具「園區事業代加工原料進區申請書」，辦理通關手續。

B.加工成品出區：應繕具「園區事業代加工品出區申請書」，辦理通關手續。

（3）添加保稅原料：園區事業受託加工，如有添加保稅原料，於加工品出區時，應繕具報單，依保稅物資輸出園區之規定辦理報關手續。

（4）申請書以電子計算機處理者：進、出區申請書經海關核准以電子計算機處理者，應將使用之號碼序號先向海關申請核備，並將進出廠有關資料依規定期限輸入建檔，並按月印製替代申請書之報表，於次月二十日前印妥備查。

5.非保稅物質誤列之規定

不得將非保稅物質列為保稅物質報運進口。如有誤列，應於30日內向海關申請補繳稅款。

6.登帳期限

園區事業之物質進出廠（倉）後，應於二日內登列有關帳冊。但自國外進口保稅物品，應於海關放行後一週內登

帳。

（二）產品、物資出區

1. 成品出口

   （1）報單之繕具

   應繕具出口報單，依照一般貨物出口之規定向駐區海關辦理通關手續。

   （2）查驗及運送

   出口物資，應由海關在指定倉庫或地點查驗，經放行後監視裝入保稅卡車或貨櫃加封交運，並簽發出口貨載運單或貨櫃運送單，隨貨封送出口地海關，經出口地海關核明後，以出口貨載運單或貨櫃運送單第二聯送回海關銷案。

   （3）退貨案件之申報

   發生退貨時，應繕具報單依一般貨物復運進口規定辦理通關，貨物進廠後列入成品帳。

2. 成品由其他廠商或貿易商報運出口

   應繕具報單申報。出口報單應註明：「本批物資係由○○公司（園區事業）供應，除該園區事業得申請除帳外，出口廠商不得申請退稅」字樣。出口後報單副本交由園區事業除帳。

3. 成品售予稅捐記帳之外銷加工廠再加工外銷

   （1）報關

   A.買賣雙方應聯名繕具報單檢附發票、裝箱單等有關文件，向海關申請辦理查驗、記帳及放行手續。

   B.以海關簽放報單日期為視同出口及進口日期。

   （2）發生退貨時

   A.由買賣雙方聯名繕具退貨申請書及報單。檢附發

票、裝箱單及原報單影本，於出區後三個月內向海關申請核准。

　　B.原出售之園區事業已領視同出口證明者，海關應通知稅捐機關。

4.保稅物質售予保稅工廠、其他科學工業園區事業再加工出口或進儲一般保稅倉庫、發貨中心保稅倉庫者，視同出口及進口

買賣雙方應聯名繕具報單，連同發票、裝箱單及其他有關文件向海關辦理報關。發生退貨時，準用（二）3退貨案件之規定辦理。

5.保稅物資售予保稅工廠或加工出口區區內事業，視同出口及進口

買賣雙方應聯名繕具報單，檢附發票、裝箱單及其他有關文件向海關辦理報關，經海關查驗、放行後交運。發生退貨時，準用（二）3規定辦理。

6.保稅物資售予同區內其他園區事業

得採按月彙報，買賣雙方應聯名繕具報單連同裝箱單及其他有關文件，於交易後次月十五日前，向海關辦理通關手續。

7.保稅物資售予其他園區之園區事業

（1）買賣雙方應聯名繕具報單檢附裝箱單及其他有關文件，向賣方海關辦理報關。具按月彙報資格之園區事業，得於交易後次月十五日前，向海關辦理按月彙報。

（2）園區事業間非交易性之交付其他園區事業保稅物資者，視同出口及進口，繕具報單並檢附裝箱單及其他有關文件，向海關辦理報關。

（3）具按月彙報資格之園區事業，其機器設備移轉案件，可免進倉查驗，由保稅人員自行點驗出廠並依規定辦理按月彙報。

8.售與或贈送之樣品或贈品

園區事業以其成品作為樣品或贈品，售與或贈送國內外廠商及到廠參觀之客戶，其價值未逾免結匯限額者，依下列規定辦理：

（1）售與或贈與課稅區廠商者

應由園區事業繕具報單向海關申請辦理補稅出區。

（2）寄送國外廠商者

應繕具報單依成品外銷程序，辦理報關出口。

（3）交與到廠參觀之國外客戶、由廠方人員、快遞業者攜帶出口或民間團體出國饋贈外賓之禮品者：

應繕具「園區事業樣品攜帶出口申請書」，由海關或具按月彙報資格之園區事業保稅人員，核明加封交國外客戶、廠方人員、快遞業者或民間團體具領出區，於出區後二十日內憑出口地海關出口證明銷案（由園區事業保稅人員核放之「園區事業樣品攜帶出口申請書」案件，應於出區後三日內向海關備案）。未能銷案，亦未運回廠內者，應於銷案期限屆滿後十日內繕具報單按出廠時形態補稅。園區事業以其原料、零組件、儀器設備交與到廠參觀之國外客戶、由廠方人員、快遞業者出口至國外測試、維修，其價值未逾免簽證限額者，比照上述規定辦理。

（4）政府機關派員出國、或接待來訪外賓向園區事業購買贈品贈送外國人士者

應憑中央各院所屬一級機關證明及收據銷案。未能銷

案，亦未運回廠內者，應於銷案期限屆滿後十日內繕具報單按出廠時形態補稅。

9.物資內銷

（1）報單之申報

內銷課稅區之保稅物資，應繕具報單，檢附有關文件報經海關補徵進口稅捐後，始准放行出區。但屬管制進口者須經管理局之核准，其屬售予課稅區廠商再加工外銷者，應另行報明並加附一份退稅用副報單，由海關驗證後逕送退稅單位，供加工外銷出口後辦理退稅。

（2）賠償或調換案件之規定

內銷課稅區之物資，發現損壞或規格、品質與原訂合約不符，須由園區廠商賠償或調換者，該項賠償或調換之出區貨物免徵關稅。但以在原貨物放行後一個月內提出申請，並檢附有關證件，經海關查明屬實者為限。

（3）復運回園區修理、裝配案件之規定

機器內銷課稅區後，復運回園區修理、裝配者，依關稅法之規定以修理、裝配費用或加工之差額作為核估完稅價格之依據。

（4）內銷課稅區之產品依下列方式之一課稅

A.國內有產製者，按出廠時形態完稅價格減除30%後之餘額課徵進口關稅。

B.其產品為保稅範圍外尚未能產製者，依所使用原料或零件課進口關稅。

（5）按月彙報

交易次數頻繁、金額零星者，得按月彙報。

10.原料或半成品運出區外加工

（1）運出園區保稅範圍外加工

A.申請：園區事業之原料或半成品運出園區保稅範圍外加工者，應符合管理條例施行細則第三十七條之規定，檢附委託加工合約書或經委、受託加工雙方簽署之訂單、加工廠商之公司執照及工廠登記證、加工前後之樣品或圖說，說明加工過程及所使用或添加之原料向管理局申請核准。委託加工案件得以電子資料傳輸方式申辦，附件得以傳真方式傳送，倘申請時園區事業尚未確定數量及價值時，可暫不提供，惟須於本年內補報實際數量及價值，否則管理局得暫停受理次一申請案件。

B.紀錄卡之填具：前項原料或半成品運往區外時，應填具經海關驗印之「園區事業原料運出區外加工及加工品運回進廠存倉紀錄卡」向海關辦理出區手續，加工品運回入區時，逕於原紀錄卡銷案。

C.加工廠添加原料之規定：委外加工由加工廠所添加之原料不得申請退稅，但加工廠為園區事業、加工區區內事業或保稅工廠者得申請除帳。

D.加工程度之規定：運出園區保稅範圍外之原料或半成品，以委託加工至零件或組件為限，但情形特殊者得向管理局申請核准加工至成品。如園區事業以自己名義由加工廠商或設立於其他關區之分廠處直接出口加工品者，應檢具出口地海關核發之報單副本向海關銷案。

（2）互託加工之規定

園區事業間或設立於不同關區各分廠間之互託加工，

應填具經海關驗印之「園區事業原料運出廠外加工及加工品運回進廠存倉紀錄卡」向海關辦理出區手續，加工品運回進廠時，逐於原紀錄卡銷案。

（3）代加工之廠商應辦理事項

代園區事業加工之廠商應設置專區存儲保稅原料及加工品，並應設置帳卡隨時記錄保稅物資之存入、領出及結存數量，以備海關查核。

（4）進出廠資料以電子計算機處理者應辦理事項

經海關核准以電子計算機處理廠、區外加工之進出廠資料者，應將使用之號碼序號先向海關申請核備，並將進出廠有關資料依規定期限輸入建檔，並按月印製替代加工紀錄卡之報表，於次月二十日前印妥備查。

（5）加工期限之規定

運出廠、區外加工之時間，以經管理局核准之日起六個月為限，情形特殊者，得於期限屆滿前申請展期，但合計期限不得超過一年，期滿應即運回，運出園區外加工逾期未運回者，應於期限屆滿後十日內填具報單補稅。

（6）使用模具之規定

園區事業自備之模具，得經管理局核准運出區外供委託加工之加工廠或跨關區另設之分廠使用，其申請方式及期限依委外加工之規定辦理。

11.產地證明書之核發

園區事業輸出物資須附產地證明書者，得依「台灣地區產地證明書發給辦法」及其有關法令之規定向管理局申請核發。

第二節 加工出口區貨物之通關

我國政府為促進國內投資及國際貿易而設置加工出口區,給予劃定範圍之區內事業減免稅捐之優惠及良好之投資環境。加工出口區區內事業係指經核准在區內製造、加工、組裝、研究發展、貿易、諮詢、技術服務、倉儲、運輸、裝卸、包裝、修配等及經經濟部核定之其他相關事業。就本質言,加工出口區為自由貿易區、普通工業區及保稅地區三者之結合。

海關對加工出口區原係採圍牆式之管理,於各加工出口區設分支局辦理通關及貨物進出區之檢查作業,為配合轉型及加速區內貨品之流通,已積極推動保稅帳冊式管理,以便利區內事業及節省關員人力,目前為圍牆式、帳冊式管理雙軌並行。

台灣境內經核准設立之加工出口區有高雄、楠梓及台中三處。海關依據關務法規及加工出口區設置管理條例、加工出口區設置管理條例施行細則、加工出口區管理處及分處業務管理規則、加工出口區區內事業貨品及帳冊管理要點等相關規定,對區內事業貨品之管理及通關作業加以規範。

一、保稅貨品之管理

區內事業得將其貨品(原物料、半製品及成品)在區內作儲存、陳列、改裝、加工、製造及他項處理。但須備具帳冊分別詳細記載貨品出入數量及金額,以供管理處及海關隨時稽核。

加工出口區區內事業貨品之進、出區,倉儲、運輸、裝卸之營運,廢品、下腳、樣品、廣告品之處理,加工出口區之管理等,皆有明確規定。

(一) 免稅輸入貨品送往區外檢修

1.聯單之填具

區內事業如依管理條例第十六條規定將免稅輸入貨品因修理、測試、檢驗、委託加工或提供勞務,而須輸往課稅區者,得填具加工出口區貨品運往課稅區處理查驗聯單,經管理處或分處核准,並附以運回期限後,持向海關駐哨人員申請驗放。另經核准實施帳冊管理之區內事業,經管理處或分處核准後,得由其保稅業務人員填具區內事業保稅貨品出入廠(區)修理、檢送或測試紀錄卡辦理。但自國外輸入之模具不得在區外供生產使用。

2.機器設備出區送修之規定

機器設備如價值在新台幣200萬元以上出區送修,應比照一般出區貨品填具「進口報單」(G2)辦理報關驗放出區,並應於兩個月內運回區內。如因特殊情形無法於限期內運回時,應向管理處申請延期(合計期限不得逾六個月),其無法運回有正當理由者,應在到期前向海關申請補稅,准免運回;擅不運回或在區外使用者,移送海關核處。

3.銷案

區內事業運往區外整修、測試、檢驗之貨品,經處理完畢後,將該貨品連同原核准出區聯單持向出入口海關關員辦理查驗,並在聯單運回查核欄簽章後,將原聯單第三聯送還管理處或分處銷案。否則管理處或分處應將該案送海關辦理補稅,自行點驗進出區之區內事業若未如期運回,應於期限屆滿後十日內繕具報單辦理補稅。

(二) 樣品、廣告品攜出區外

1.送往課稅區案件之申辦

區內事業將樣品、廣告品送往課稅區陳列展示或試用,除

准用（一）項之規定辦理外，另得採破壞後出區免運回區內。

2.經課稅區帶往國外案件之處理

樣品、廣告品攜經課稅區帶往國外且其價值未逾免簽證限額（美金10,000元）者，由區內事業填具「加工出口區貨品運往課稅區處理查驗聯單」逕向出入口關員辦理查驗加封後放行出區，並於一個月內檢附出口地海關之出口證明文件辦理銷案，否則應補繳稅款（其輸出價值，每月累計不得超過新台幣10萬元）。另已核准實施帳冊管理之區內事業，得填具「攜帶區內事業貨品出口申請書」或「區內事業貨品出（入）區展示申請書」自行點驗進出區，惟應依上述規定於一個月內檢附出口地海關之出口證明文件辦理銷案。

(三) 一般貨品攜入加工出口區

一般貨品，係指區內事業之產品、機器設備、原料、燃料、物料、半製品及其所產生之廢品下腳。或其他已辦理沖、退稅手續或適用營業稅零稅率之物資及其所產生之廢品下腳。

凡一般貨品不須辦理免稅或退稅手續者，均可自由攜入，得免辦登記手續，但不得攜帶違禁物品。

易與區內事業之產品、機器設備、原料、物料、燃料、半製品、廢品下腳及其他非一般物品混淆，難以辨認證明之貨品，或自課稅區隨同貨品輸入之包裝品或容器而未計入貨價之貨品，仍須攜出區外者，應於攜入加工出口區時，向駐出入口之海關辦理登記，內容包括：持有人姓名、物品名稱、數量及日期等，並經駐區海關查驗符合後，方得攜運入區。出區時經海關查驗，註銷後放行出區。

(四) 寄出區外之包裹

自區內郵局寄出區外之包裹，除一般貨品得逕交郵局寄發外，其他非一般貨品，應依加工區有關之規定辦理輸出或出區手續。海關對於寄出區外之包裹，得予以檢查或查驗。

(五) 零星貨品之進出區

貨品價值在免簽證限額內者，得經駐區海關在辦公室或指定地點辦理驗放後郵寄，或交由發受貨品者指派之人員攜帶出區。進區時，由該區海關核對封條完整或相符即放行入廠，除有必要者外，免再查驗；郵寄者亦同，如在運送途中遺失，依關稅法相關規定處理。

二、貨品之通關

區內事業輸出入貨品時，應向駐區海關辦理通關手續，其屬貿易主管機關公告限制輸出貨品項目者，應先向管理處或分處申請核准。自國內或國外輸往加工區之物資，其包裝應標明：「輸往中華民國〇〇加工出口區」字樣。

區內事業輸出貨品時，應依貨品輸出管理辦法產地標示規定標示產地，但因貨品特性或包裝情況特殊致無法依據規定標示者，得向所在區管理處或分處申請專案核准免予標示產地。

(一) 原、物料進區

1.由國外輸入貨品

區內事業應依一般進口貨物報關程序辦理報關提貨手續。

(1) 進區手續

A.由所在地港口（機場）輸入者（例如，由高雄港進口，進入高雄或楠梓加工出口區），運送人憑准單辦理船（機）邊押卸。

B.由所在地以外港口（機場）輸入者（例如，由台中進口，輸往高雄或楠梓加工口區），運送人以轉運方式辦理。

（2）貨品之進儲區內保稅倉庫

由國外輸入加工出口區保稅倉庫之貨品，應由收貨人或提單持有人填具「外貨進儲保稅倉庫申請書」，經海關核准後發給准單，由倉庫營業人憑准單會同監視關員核對標記及數量無訛後進倉。

（3）進口貨品之卸存

區內事業自國外輸入之貨品，應卸存區內經海關核准登記之貨棧或指定地點，但符合海關規定免拆櫃進倉之整裝貨櫃或其他經海關核准之貨品，經出入口駐哨關員核對封條無訛後，暫停於區內經海關核准登記之空地或露置場，經海關抽中應驗案件逐予就櫃查驗；抽中免驗案件由海關拆封後，提領進區內事業廠區卸貨。前項貨品得申請海關核准在區內事業廠區或其他指定地點查驗。

（4）零星貨品之驗放

自國外輸入之貨品如係零星輸入，其件數在60件（袋），每件（袋）毛重32公斤以下，且其價值在輸入免簽證限額以內者，得附「區內事業零星輸入加封交運進區申請書」，申請海關加封後，交由該事業指派人員攜帶進區，並於進區時向駐區海關申請驗放進廠。

2.由保稅倉庫輸入貨品

比照國外輸入貨品辦理報關手續。

3.由課稅區輸入貨品

（1）須辦理沖退或減免稅捐者

A.報關

應運入區內海關指定倉庫或地點，並繕具「課稅區輸入加工出口區貨品報單」（E3），檢附統一發票、裝箱單等必要文件（包括申請供沖退稅用報單副本）向駐區海關辦理通關手續。

B.證明文件之核發

海關應於貨品放行之翌日起十日內發給退稅或免稅證明文件。但賣方如係科學工業園區之園區事業，依業務管理規則有關規定辦理。

C.按月彙報

賣方如係保稅工廠或發貨中心保稅倉庫，得填送「自保稅工廠或發貨中心保稅倉庫輸入貨品至加工出口區申請書」向海關出入口駐哨關員申請編號、押運至指定倉庫或地點，再檢附統一發票，送海關人員驗放。於次月十五日前，由買賣雙方聯名填具報單，並檢附統一發票影本向駐區海關彙總報關。

D.前述貨品運返課稅區時，應依規定課徵稅捐。

（2）不辦理沖、退稅者

A.得免辦報關或入區手續，但如有下列情形之一者，應由區內事業或賣方填具「自課稅區輸入未辦減免稅貨品至加工出口區申請書」（四聯單），於貨品入區時向駐區海關派駐出入口關員申請查驗、編號放行。

（A）該貨品有運返區外之可能性者。

（B）區內事業欲證明所購置之生產設備係全新者。

B.如不以報單或四聯單向駐區海關申請即逕予運入區內之貨品，不得要求辦理退貨或調換，但得課稅出

區。

（3）受託加工案件之申報

區外廠商之貨品委託區內事業加工，或區內事業位於區外之同一營利事業或法人之貨品送交區內事業加工者，準用區內事業委託區外加工之規定辦理，並得整批或分批出入區。已實施帳冊管理之區內事業，經駐區海關核准後，於加工貨品進出區時，得填具「區內事業受託加工貨品進出廠紀錄卡」，自行點驗進出區及辦理按月彙報。

（二）貨品出區（廠）

1.輸出國外

區內事業輸往國外之貨品，應先存放指定出口貨棧或指定地點（但貨品以整裝貨櫃裝運輸出者，得逕存放於區內事業場所），並應依一般出口貨物報驗方式辦理報關驗放作業。

輸往國外之貨品經海關放行後，由關員押運或監視裝入保稅卡車、貨箱或貨櫃加封後，交由運送人運往輸出地港口或機場（但由與加工出口區鄰接之港埠、機場輸出者，以免辦加封或押運手續爲原則），並由輸出地海關關員驗封押卸並監視裝船或裝機。

符合輸出管理辦法規定，且其價值在免簽證限額以內之輸往國外貨品，得經駐區海關在辦公室或指定地點驗放後，以掛號包裹方式郵寄，或交由買方或賣方指派之人員攜帶出區，但在運送途中遺失者，依關稅法相關規定處理。

2.帳冊管理之區內事業貨品輸往保稅工廠

經核准實施帳冊管理之區內事業輸往保稅工廠之貨品，得自行點驗進出區並辦理按月彙報。

3.以課稅區廠商名義由加工出口區輸出者

　區內事業接受課稅區廠商轉接之外銷訂單，而以課稅區廠商名義由加工出口區輸出者，區內事業或其委託之報關人遞送出口報單時，應在報單正本「貨物輸出人及統一編號」欄內，以課稅區廠商名義資料填報，「其他申報項」欄內註明「本批貨物係由加工出口區○○公司生產製造或提供，准予出口，出口廠商不得申請退稅」字樣。區內事業於每月三日前將上月以課稅區廠商名義申報之報單影本送管理處或分處備查。

4.各加工出口區相互間或與科學工業園區間貨品之運送

　（1）區間之運送

　　　A.應由發受貨品雙方聯名填具報單（E7）並檢附裝箱單及其他有關文件向發貨地海關申報，區內事業可向海關申請在其廠區內直接監視裝車，貨品不須進倉。經核准實施帳冊管理之區內事業，由其保稅業務人員自行點驗貨品進出廠（區），並應於次月十五日前彙總填具報單，向賣方海關申報。

　　　B.經加封或押運送達他區時，由該區海關核對封條完整或相符後，即予放行入廠，除有必要者外，免再查驗，以簽放後之報單副本退回發貨地海關銷案。

　（2）區內之運送

　　　區內事業將貨品售與或運送與同區內其他區內事業供生產或轉運之用者，買賣或發受貨雙方得免簽證及報關逕行交貨。經核准實施帳冊管理之區內事業，應於收受貨品後五日內填具「區內事業交易申報書」，或於次月十日前向駐區海關辦理按月彙報。

5.內銷課稅區

加工出口區貨品輸往課稅區者，比照進口貨品方式通關。

（1）貨品之存放與應檢附文件

加工出口區輸往課稅區之貨品，應存放區內海關指定貨棧或地點，並檢附裝箱單及其他有關文件向駐區海關辦理通關手續。前項貨品如係區內事業產品者，於內銷時，區內事業應檢附貨品用料分析表及相關證明文件，向駐區海關申請計算附加價值後，依規定課徵關稅。

（2）課稅

區內事業產製之產品輸往課稅區者，按出廠時形態扣除附加價值後課徵關稅，並依進口貨品之規定，課徵貨物稅及營業稅，其提供勞務予課稅區者，應依法課徵營業稅。

（3）按月彙報

實施帳冊管理之區內事業，得依下列規定辦理按月彙報：

A.向駐區海關繳納相當數額之內銷保證金或擔保。

B.設置按月彙報內銷登記簿，於出廠前按出廠批數逐批登記內銷日期、品名、規格、數量、價格及預估稅額後，於保證金額度內准由區內事業先行提貨出廠。

C.區內事業應於次月十五日前，將上月內銷貨品彙總填具報單辦理補稅。

6.運往區外委託加工

（1）申請

區內事業將貨品委託或送至課稅區廠商加工，應填具區外加工申報書申請管理處或分處核准，並應依下列

規定申請辦理

A.提供用料分析表，供出區之貨品於加工後運回區內時，查核其數量。

B.出區之貨品，應屬於准許進口類者。

（2）查核

前條委託區外加工之區內事業及受託人，均應受管理處、分處或海關之查核；其經核准出區委託加工之貨品，限在受託人處所加工，非經管理處或分處核准，不得變更。

（3）銷案

區內事業出區加工之貨品應自放行出區之翌日起算六個月內整批或分批運回，運回時應持原出區時申報之區外加工申報書，逐向駐區海關申請驗放銷案；其核准期限未達六個月者，應在核准期限內運回；其有特殊情形不能如期運回者，得於期限屆滿前，敘明理由，申請所在區管理處或分處核准延期，延長期限不得超過六個月。

（4）低價少量或零稅率貨品之驗放

委託區外加工貨品如屬於無外流之虞或急需試作之低價少量貨品或適用零稅率之貨品，且查驗無困難者，得填具聯單，向出入口駐守關員申請查驗，編號放行，運往經核准之加工處所。

（5）廢品下腳之處理

出區之貨品經加工後所產生之廢品下腳，應於最後一批加工品運回前隨同運回，另按加工出口區區內事業之廢品下腳處理辦法規定處理。但補繳稅款或由海關認定無商業價值或適用零稅率者，得免運回。

（6）實施帳冊管理之區內事業貨品委託區外加工

    A.應經管理處或分處核准後辦理。

    B.應填具經駐區海關驗印之「區內事業廠外加工貨品出進廠紀錄卡」，自行點驗進出廠（區），加工品運回入廠時，逐於原紀錄卡簽章辦理銷案手續。

    C.由加工廠所添加之原料，不得申請退稅。但加工廠為科園區事業、加工區事業或保稅工廠者，得申請除帳。

    D.代區內事業加工之廠商，應設置專區儲存保稅貨品，並應設置帳卡隨時紀錄保稅貨品存入、領出及結存數量，以備海關查核。

    E.運出區外加工或區內事業間互託加工之期間，不得逾六個月，情形特殊者，得於期限屆滿前申請展期，但合計期限不得逾九個月，期滿應即運回，逾期未運回者，應於期滿後十日內填具報單補稅。

7.廢品下腳申請內銷

生產過程中所產生之廢品下腳欲申請內銷時，應填具「進口報單」（G2）除屬有害之廢品、下腳需經管理處或分處同意外並檢附統一發票正、影本各乙份、裝箱單等文件逐向駐區海關報關繳稅後查驗放行。

第三節　保稅工廠貨物之通關

保稅工廠制度，是外銷品製造廠商依關稅法規定向海關申請核准登記為海關管理保稅工廠，其自國外進口之原料存入保稅工廠製造或加工產品外銷者，免徵關稅之制度。

保稅工廠制度自1969年實施迄今已逾30年，由於保稅工廠進口原料免繳關稅（惟應按其完稅價格萬分之六繳納業務費），俟製成產品報運出口後，進口原料稅捐即予沖銷，因此，外銷品製造廠商加入保稅工廠可減輕營運資金之積壓，並減輕申辦沖退稅之壓力，除能增強外銷競爭能力外，辦理進出口通關手續亦較為簡便，有鼓勵外銷，促進經濟發展之實效。

保稅工廠相關法規包括：海關管理保稅工廠辦法、海關管理保稅工廠業務執行注意事項、保稅工廠辦理盤存注意事項等等。

一、海關監管要項

（一）保稅業務專人之指定

保稅工廠應指定專人代表保稅工廠辦理有關保稅事項，並向海關報備。

（二）稽核作業

監管海關得派遣關員定期或不定期前往保稅工廠稽核或辦理下列事項：

1. 查核保稅工廠生產情形，原料倉庫及成品倉庫之存量，暨保稅工廠之帳冊與表報。
2. 稽核保稅工廠產品單位用料清表及審核年度盤存各項報表。
3. 定期或不定期會同保稅工廠盤查保稅物品。
4. 監督銷燬保稅工廠之副產品及經專案核准銷燬之次品或呆料。
5. 輔導新成立與經營營運欠佳須加強監管之保稅工廠。
6. 稽核其他有關監督保稅工廠之業務。

（三）分級管理

　　海關對保稅工廠採分級管理，其等級區分為優、甲、乙、丙四級。保稅工廠之分級係依據工廠規模（資本額、設備及其使用率；佔10分）、銷售實績（內、外銷實績；佔10分）、財務狀況（盈虧情形、獲利能力、償債能力；佔30分）、保稅物品管理情形（帳冊、表報、物品、倉儲等等之控管；佔50分）等四個項目予以加總後之成績作為評等標準。各級保稅工廠之管理原則為：

1. 優級保稅工廠（分級考評九十分以上者）

　　年度盤存得事先申請海關核准委由會計師辦理盤點並簽證，免由海關派員會同辦理，並得報經監管海關核准辦理生產線不停工年度盤存；其產品單位用料清表，海關亦可依廠商資料逕予審定，免赴廠實地審核，即採信任式管理。

2. 甲級保稅工廠（分級考評八十分至八十九分者）

　　年度盤存應由海關派員會同辦理，其產品單位用料清表，亦可依廠商資料逕予審定，免赴廠實地審核。

3. 乙級保稅工廠（分級考評六十至七十九分者，或設立未滿一年者）

　　採一般式管理，如年度盤存應由海關派員會同盤存、用料清表實地赴廠審核。

4. 丙級保稅工廠（未滿六十分者，或瀕臨撤銷資格邊緣者）

　　採嚴格管理，如年度盤存應由海關派員會同辦理、用料清表實地赴廠審核且審核項目比率高等。

（四）風險管理方式之試辦

　　依據上述保稅工廠分級，高雄關稅局將優、甲級保稅工廠列為低危險群廠商，乙級保稅工廠列為一般廠商，丙級保稅工廠列為高危險群廠商，報請關稅總局准自2000年11月份起試辦風險管

理，對低危險群廠商採取減少赴廠查核次數、降低抽核量等措施，將查核重點置於高危險群廠商之監管、查核，以減輕關員工作負荷並提昇查核績效。

二、保稅物品之管理

　　保稅工廠管理之重點在原料帳及成品帳之查核。由海關派關員稽核帳冊表報及查核保稅原料、成品及其他物料之進出廠；並定期或不定期抽查庫存數量，其要點如下：

(一) 產品單位用料清表之造具及審定

1.產品單位用料清表之造具

保稅工廠應於海關接管或製造新產品後一個月內且產品未出口前，造具有關「產品單位用料清表」一式二份，列明產品之代號、名稱、規格或數量，並將所需各種原料之料號、名稱、規格或型號、單位、應用數量（實用數量加損耗數量）等項，連同製造程序說明書，報請監管海關審核，未經報請監管海關審核，而產品已先行出口致無法審核者，不予除帳，但出口者如為樣品，得於出口後一個月內送達監管海關審核，逾期不予除帳。產品單位用料清表得經監管海關核准以電子媒體儲存備查。

2.除帳之規定

保稅工廠產品核銷保稅原料，一律按產品單位用料清表審定之應用數量除帳，生產過程中所產生之下腳、廢料不得另為報廢除帳。

3.審定期限

（1）海關應於收到產品單位用料清表後一個月內審定，並將其中一份發還保稅工廠作為核銷保稅原料之依據。

（2）保稅工廠原送之產品單位用料清表如有變動，應於變動後另造新表，列明原用料清表核准文號，向監管海關申請核定，其造送及審定期限及儲存比照1與3.（1）之規定辦理。

4.可流用原料之規定

保稅工廠所使用之原料，其價格、性質及功能相近而可相互替代流用者，應於產品單位用料清表上列明，並經海關核准後，始可流用並合併登帳及合併結算。

5.清表之適用期限

產品單位用料清表之適用期限，自監管海關核准日起三年，期限屆滿前應由保稅工廠重新申請審定。

（二）帳冊之設立及查核

1.設立單位

保稅工廠應以廠為單位，分別設立原料及成品帳冊，詳細記錄原料進出倉數量、成品進出倉數量、倉庫結存數量。如海關認為必要者，並應設立半成品及在製品之動態紀錄，以供監管海關隨時查核。

2.驗印及電腦帳之規定

（1）帳冊、保稅工廠廠外加工紀錄卡、出廠放行單，使用前均應報請海關驗印。

（2）帳冊如以電腦處理者，應將有關資料，依規定之期限輸入電腦，以供海關隨時查核，並按月印製替代原料帳及成品帳之表報，於次月二十日前印妥備查。替代帳表得經監管海關核准以電子媒體儲存備查。

3.登帳期限

保稅物品進出廠（倉）後，應於二日內登列有關帳冊。但自國外進口保稅物品，應於海關驗放後一週內登帳。

4.可流用之非保稅原料登帳規定

保稅工廠進口或向國內採購供加工外銷用之非保稅原料，如係可與其他保稅原料相互替代流用者，應一併登列於原料帳，納入管理範圍。

5.帳表格式之規定

帳冊、表報，應依照海關統一製訂格式印製使用，但保稅工廠須自行設計格式或更改海關統一格式者，均應事先報請海關核可後，方准使用。

6.保存期限之規定

（1）保稅工廠有關保稅之帳冊及編製之報表，應於年度盤點結案後，保存五年，其有關之憑證保存三年。

（2）前項有關之憑證保稅工廠得於盤存結案後報經監管海關核准，以微縮影片、磁帶、磁碟片或其他電子媒體等按序攝錄後依規定年限保存，其原始單證得予銷燬。但監管海關依法進行查案時，如須複印單證及有關文件，保稅工廠應負責提供所需複印之單證及有關文件。

7.應配合海關查核之規定

海關因稽核或監管需要，除得查閱保稅工廠保稅帳冊、報表外並得派員持憑公文查閱其他帳冊、報表及其憑證，保稅工廠不得拒絕。

（三）保稅物品存入、提領之查核

1.存放及記錄

保稅工廠存儲之保稅物品，應依序存放於經海關核定之倉庫或場所，並編號置卡隨時記錄保稅物品存入、領出及結存數量，以供查核，但採用電腦控管並可在線上即時查核者，得免設卡。保稅物品倉庫由廠方負責看管，於停工時

加鎖，其連續停工十日以上者，應向海關申報，海關得派員聯鎖。

2.租用廠外倉庫之規定

保稅工廠因廠內倉庫不敷存儲，必須租用廠外倉庫時，應符合租用廠外倉庫，並報請監管海關核准後，方可使用。

3.領、退料之填報

（1）保稅工廠自倉庫提取原料、半成品時，應填具「領料單」，依照規定程序辦理，並保留其憑證，以備查核。

（2）前項提領之原料、半成品退回倉庫時，亦應填具「退料單」，依照規定程序辦理重新入帳存入倉庫，並保留憑證，以備查核。

（3）前兩項之領料單及退料單，如工廠原有其他表報足以替代或作業程序特殊者，得於申請海關核准後准予替代或免予填報。

4.成品存、出倉之登帳

保稅工廠產製之成品，應按日填具「成品存倉單」，登帳存入成品倉庫；出倉時應填具「成品出倉單」，報明出倉原因後，出倉登帳，但工廠有其他表報足以代替者，得申報核定以其他表報代替。

（四）保稅工廠物品之盤存

1.接管盤存

外銷加工廠商經核准登記為保稅工廠後，應於海關指定之接管日期由海關會同辦理盤存，其盤存之原料、在製品、半成品及成品之進口稅捐，准憑保稅品盤存統計表辦理沖退稅。

2.年度盤存

（1）盤存次數

已登記接管之保稅工廠每年應辦理保稅物品盤存一次，除優級保稅工廠經海關核准免派員會同辦理或事先申請海關核准委由會計師辦理並簽證者外，應由海關派員會同辦理。

（2）盤存期限

年度盤存之盤存日期跟上年度盤存日期，最短不得少於十個月，最長不得超過十四個月。其有特殊情形，事先報經監管海關核准者，得酌予提前或延長。但海關認有必要時，得隨時予以盤存。

（3）錯誤之申請複查

前二項盤存，事後發現錯誤時，得由保稅工廠在該項保稅物品未動用前向監管海關申請複查，經海關查明屬實者准予更正。但逾盤存後二週申請者，不予受理。

（4）應編製之盤存表件

保稅工廠應於盤存後二個月內，根據盤存清冊編製盤存統計表、保稅原料結算報告表連同在製品、半成品及成品盤存數折合原料分析清表、出口成品及內銷成品折合原料分析表，送交監管海關審核。但優級保稅工廠之上列報表經事先申請海關核准，委由辦理盤存之會計師簽證，並於盤存日起二個月內完成簽證送交監管海關，海關得免予審查。但如有特殊原因經申請海關核准者，得延長一個月，並以一次為限。在製品、半成品及成品盤存數折合原料分析清表、出口成品及內銷成品折合原料分析表，得經監管海關核准以電子媒體儲存備查。

（5）盤存清冊之分送

保稅工廠年度盤存清冊，海關於核定後，得應稅捐稽徵機關要求，分送各該稽徵機關參考。

（6）不停工或假日盤存之規定：

保稅工廠年度盤存得申請海關核准實施不停工盤存或假日盤存，其實施方式於保稅工廠辦理盤存注意事項訂定。申請假日盤存者，應依海關徵收規費規則徵收特別處理費。

（7）盤存不符之處理：

辦理盤存之保稅物品，如實際盤存數量與當年度帳面結存數量不符時，按下列規定辦理：

A.實際盤存數量少於帳面結存數量，如未逾盤差容許率者，准免補繳稅捐，逾盤差容許率者，應於接獲海關核發之補稅通知後十日內繕具報單補繳進口稅捐。

B.實際盤存數量多於帳面結存數量，其數量大於盤差容許率者，應敘明理由報請監管海關查明原因，倘係產品單位用料量偏高者，應修定產品單位用料清表，供次年度結算時使用。

C.同一種類或可相互替代流用之原料，如部分為保稅部分為非保稅，年度結算時應一併列入盤點，並按實際使用數量沖銷保稅及非保稅原料帳。未能查明其實際使用數量者，應優先沖銷保稅原料數量。非保稅原料發生盤差者，免予補稅。

D.保稅工廠盤差容許率，由海關分業分類訂定之，並報財政部備查。

E.保稅工廠之保稅物品如有發生短少之情事，應於事實發生後十五日內，向海關申報並補稅。

3.臨時盤存

監管海關認為有查核必要時得隨時予以盤存。

4.結束盤存

（1）盤存日期之訂定及補繳稅款：

經撤銷之保稅工廠，應向監管海關洽訂或由監管海關
逕予訂定盤存日期，辦理盤存及結算。其盤存之保稅
物品應按結存數量繕具報單補繳稅款。（成品及半成
品概按其所使用保稅原料之形態核課稅款）。

（2）擔保之提供

在海關未發單徵稅前，如因生產或外銷需要，保稅工
廠得提供相當稅款金額之擔保，報經監管海關核准後
提領保稅物品。但應於提領之翌日起一年內檢附出口
證明文件向監管海關辦理銷案，逾期未銷案者，由海
關就擔保償還應納稅款。未能依前項規定辦理結束盤
存者，海關得逕依帳面結存數量課徵各項稅款。

（五）受託辦理業務之核定

1.保稅工廠得經監管海關核准受託辦理加工業務，其管理方
式由海關訂定並報財政部核定。

2.保稅工廠得經監管海關核准辦理相關產品之檢驗、測試、
修理、維護業務，其管理方式由海關訂定，並報財政部核
定。

（六）次品、副產品、下腳、廢料及呆料之管理

1.存儲及處理之規定

保稅工廠不能外銷之次品，及在生產過程中所產生之副產
品、下腳、廢料等，均應按類別、性質存儲於倉庫或經海
關認可之其他場所，並應設置帳卡，隨時記錄存出情形。

但半成品形態之廢料，應分別列明使用原料情形，以備查核。管理重點：

（1）有利用價值部分

依海關進口稅則從量或按售價核定完稅價格課徵稅款後准予內銷。或由海關予以監毀後依其剩餘價值補稅，提領出廠。

（2）無利用價值部分

由海關斟酌情形派員或會同各有關主管機關監督燬棄。

2.處理期限

保稅工廠因故未能復運出口之呆料、未能外銷之產品或次品，得於原料保稅進口或加工完成後二年內依前項規定辦理後除帳，逾期應即依前項第一款規定課徵稅款後准予內銷。但遇有特殊情況未及於前開期限內辦理者，得於期限屆滿前向監管海關申請延長，其延長期限最長不得超過一年。

3.沖銷之規定

上述副產品、下腳、廢料等，其未在產品單位用料清表用料量中另列有損耗率，或雖已列有損耗率而未經核准者，得核實沖銷保稅原料帳。

（七）損毀保稅物品之處理

1.天然災害

保稅工廠存倉或在製之保稅物品，遭受水災、風災、火災或其他天然災害而致損毀，經於災害事實終止之翌日起一週內報請海關查明屬實者，得核實除帳。

2.失竊

保稅工廠存倉或在製之保稅物品，遭受失竊而致短少，經

向警察機關報案取得證明報請海關查明屬實者，應自失竊之翌日起三個月內補稅除帳，其有特殊情形，報經監管海關核准者，得申請提供保證金暫免補稅，惟最長不得超過六個月，期滿後如仍未找回，即將保證金抵繳稅款結案，找回部分海關應將保證金退回。

(八) 廠外加工之管理

保稅工廠進口之原料或加工品，得經監管海關核准後運出廠外加工，而以加工到半成品且該加工品以仍能辨別其所加工之原料者為原則，但保稅工廠所生產之產品已超過工廠產能，而該保稅工廠又已事先具結負責以自己名義將運出廠外加工之產品逕行出口者，得申請監管海關專案核准其運出廠外加工至成品。

1. 申請書及應填具表卡

   廠外加工，應由保稅工廠事先繕具出廠加工申請書，註明加工廠商名稱、地址、營利事業登記證及工廠登記證字號（其為自然人者，姓名、地址及身分證統一編號），使用原料及加工品名稱、數量以及加工期限等，並檢附廠外加工品用料清表連同合約向監管海關申請核准後，填具已經海關驗印之廠外加工紀錄卡辦理出廠，亦得在核准之種類、數量及加工期限內，逐批填具廠外加工紀錄卡，分批出廠。

2. 原料之運送

   保稅工廠進口之保稅原料，得經監管海關核准由進口地海關驗放後，直接運至加工場所，從事廠外加工。

3. 加工廠添加原料之規定

   廠外加工由加工廠所添加之原料，不得申請退稅。但加工廠為保稅工廠者得申請除帳。

4.損耗之處理

運出廠外加工之原料或加工品，如發生損耗與運出數量不符時，應由海關查明原因，依照規定處理。其加工過程較為複雜者，廠商應事先提供資料，以供查核。

5.加工期限

廠外加工之時間，以經監管海關核准廠外加工之翌日起六個月為限，但其有特殊情形者，得於期限屆滿前，申請海關核准延期，延長期限不得超過三個月，並以一次為限。逾期未運回者，海關應派員調查原因，如仍存放於原加工處所，應即通知限期運回保稅工廠，並得停止其三個月以下廠外加工案件之核准；如查明未存放於原加工處所者，應即按運出廠外加工時之形態，補繳進口稅款並按海關緝私條例有關規定處分，並得停止其六個月以下廠外加工案件之核准。

6.加工廠商應設置專區及帳卡

代保稅工廠加工之廠商應設置專區存儲保稅原料及加工品，並應設置帳卡隨時記錄保稅物品之存入、領出及結存數量，以備海關查核。

(九) 復運進口之外銷品運出廠外維修之管理

1.申辦

保稅工廠復運進口之外銷品，得經海關核准運出廠外維護、修理，並準用廠外加工之規定辦理。

2.未依限辦理案件之處理

未依限辦理者，除事先經核准並已逕行復運出口者外，應於期滿後十日內繕具報單補稅，並納入內銷額度。

（十）產品出廠展列之管理

1.申請

保稅工廠產品出廠展列，應填具展覽品進出廠申請書，並檢附有關文件（例如，展覽單位之邀請函等），報請監管海關核准後提領出廠。

2.展列期限

產品出廠展列時間不得超過六個月，其需展期者，應以書面說明原因向海關申請，但合計期間以不超過一年為限。

3.加貼籤條

展列之產品應於明顯處加貼「本產品僅供陳列之用」之籤條。

4.出廠登記及依期限運回

展列之產品進、出廠時，應登載於展列產品進、出廠登記簿。不依規定期限運回工廠者，應於期滿後十日內繕具報單補稅。

（十一）原料出廠測試、檢驗

1.申辦及登記

保稅工廠原料出廠測試、檢驗，準用產品出廠測試、檢驗規定辦理，並登載於經海關驗印之「保稅工廠送外檢驗測試原料進出廠登記簿」。

2.不依期限運回案件之處理

原料出廠後，不依規定期限運回工廠者，準用廠外加工之規定辦理。

（十二）保稅工廠產品出廠測試、檢驗或核樣

1.申請

應填具申請書，報請監管海關核准後提領出廠。

2.期限之規定

監管海關得視產品數量及性質核定作業期間，其需展期者，應於海關核定之作業期間屆滿前，以書面說明原因，向海關申請，但合計期間不得超過六個月。

3.進出廠登記

產品進出廠時，應登載於經海關驗印之「保稅工廠送外測試檢驗核樣產品進出廠登記簿」。

4.不依限運回案件之處理

產品出廠後，不依規定期限運回工廠者，應於期滿後十日內繕具報單補稅後列入內銷額度。

（十三）保稅工廠撤銷案件之處理

保稅工廠經撤銷後，其保稅物品依下列規定辦理：

1.封存或聯鎖

所有保稅物品，由海關封存或與保稅工廠聯鎖於該工廠之倉庫內，海關應不定期派員巡查，必要時得予保管。

2.訂定盤存日期及辦理盤存

經撤銷之保稅工廠應向監管海關洽訂或由監管海關逕予訂定盤存日期，依照第二十一條有關規定辦理盤存（結束盤存），如實際盤存數量帳面結存數量不符時，依第二十二條第一項規定辦理。

3.核課稅款

經盤存之保稅物品，除依第4款規定辦理者外，監管海關應即按結存數量發單課徵各項稅款（成品及半成品均按其所使用保稅原料之形態核課稅款）。

4.提供擔保

在海關未發單徵稅前，如因生產或外銷之需要，保稅工廠得提供相當稅款金額之擔保，報經監管海關核准後提領使

用保稅物品，但應於提領之翌日起一年內檢附出口證明文件向監管海關辦理銷案，逾期未銷案者，由海關就擔保償還應納稅款。

5. 未能辦理盤存案件之處理

未能依前項規定辦理結束盤存者，海關得逕依帳面結存數量課徵各項稅款。

三、物品之通關

（一）原料進廠

1. 進口原料

（1）保稅工廠進口原料應繕具報單，依照一般貨物進口規定辦理通關手續。海關於必要時，得派員在保稅工廠內辦理查驗。

（2）貨物經海關驗放後，一週內登帳。領用時，應填具領料單，退回倉庫時，應填具退料單，依照規定程序辦理並保留其憑證，以備查核。

（3）保稅工廠不得將非保稅原料列為保稅原料報運進口。如有誤列，應於放行後三十日內繕具報單，向監管海關申請補繳進口稅捐。

（4）保稅工廠進口原料因退貨、調換或其他原因復運出口者，應繕具報單依照一般復運出口貨物出口之規定辦理通關手續。

2. 國內廠商售與保稅工廠之原料

（1）需辦理沖退稅捐者

A. 進廠時買賣雙方應聯名繕具報單，檢附發票、裝箱

單等報經監管海關核准後放行進廠登帳。監管海關應於核准之翌日起二十日內核發視同出口副報單，交國內廠商憑以辦理沖退稅。

B.交易次數頻繁、數量零星者，得先憑交易憑證點收進廠登帳，於次月十五日前依規定按月彙報，並以該批貨物報單放行日期視同進出口日期。

C.未依規定辦理報關而進入保稅工廠之物品，概按非保稅物品處理。

（2）退貨時

A.於進廠後三個月內由買賣雙方聯名繕具退貨申請書，報經監管海關核准，原供應廠商已領有視同出口證明文件者，應予收回註銷或更正，並通知有關機關註銷或更正；其已辦理沖退稅款者，應繳回已沖退稅款，並通知所屬稅捐稽徵機關，始可辦理退貨。

B.進廠三個月後之退貨案件，其退貨手續按一般貨品進口通關程序辦理，並按該貨進廠形態課稅。

（二）產品出廠

保稅工廠之保稅物品，除直接出口或售與保稅區者外，應依規定申請海關核准或向海關報備，始得出廠。保稅工廠之物品出廠時，均應由保稅工廠依規定填具出廠放行單，否則，駐守警衛不得放行。出廠放行單應編列統一編號，按序使用，並保留其存根聯，以備查核。

1.成品出口

（1）應繕具出口報單，並報明經監管海關審定之產品單位用料清表文號及頁次，依照一般貨物出口之規定向出口地海關辦理通關手續。如其產品單位用料清表已送

監管海關審核但未審定者，除應將監管海關受理之申請書字號於出口報單上報明外，並應申請出口地海關留樣封送監管海關作爲審核之依據。

（2）應將出廠放行單一聯隨運輸工具附送至出口地海關，如出口貨物係分裝多車運送，或分次多批運送者，其出廠放行單上應註記所有裝運之車號及每車件數，或各批次件數，以備海關稽核。

（3）貨物由出口地海關查驗。如因已裝特殊貨物不宜在出口地查驗者，得申請監管海關派員在廠內查驗後押運、或監視加封運送至出口地辦理通關手續。但出口地海關認爲必要時，仍得複驗。

（4）出口產品因故退貨復運進口者，應繕具報單依照一般復運進口貨物進口之規定辦理通關手續，並於進廠後存入成品倉庫及入帳。

2.保稅物品售與科學工業園區事業及加工出口區外銷事業或其他保稅工廠再加工出口

（1）應於出廠時，由買賣雙方聯名繕具報單，檢附發票、裝箱單及區內主管機關核准等有關文件向買方之監管海關或駐區海關辦理通關手續。其次數頻繁、數量零星者，得依規定按月彙報。

（2）發生退貨時，應由買賣雙方繕具退貨申請書，檢附區內主管機關核准文件，報經買方監管海關或駐區海關核准後，辦理進出廠（區）。

3.成品或保稅原料出售與稅捐記帳之外銷加工廠再加工外銷者

（1）由買賣雙方聯名繕具報單，檢具發票、裝箱單等有關文件，依規定向監管海關申報辦理稅捐記帳及放行手

續，始准出廠。但交易頻繁數量零星者，准由保稅工廠提供擔保後，先行出廠，於次月十五日前檢附有關證明文件，辦理按月彙報手續。依上述規定放行之貨物，得分批出廠。但應於簽放後一個月內出貨完畢。

（2）前項外銷加工廠之稅捐應依照外銷品沖退原料稅捐辦法有關規定辦理，並以經辦海關簽放報單日期為視同出口及進口日期。

（3）發生退貨時，應依下列規定辦理

　　A.由買賣雙方聯名繕具退貨申請書及B1報單，於報單上註明「○○報單退貨」字樣，並檢附裝箱單及原報單（B3報單）影本，於視同出口及進口放行之翌日起一年內向監管海關申請核辦，經核准後退貨進廠登帳，原出售工廠已領有視同出口證明者，監管海關應同時通知有關稅捐稽徵機關。

　　B.監管海關辦畢上述手續後，應發給原購買廠商退稅用副報單，憑以辦理沖退稅。

4.成品由其他廠商或貿易商報運出口

應依成品出口之規定辦理，並於出口報單上載明「本批貨物由○○保稅工廠供應，除該保稅工廠得申請除帳外，出口廠商不得申請退稅」字樣，於出口後交由保稅工廠除帳。

5.內銷補稅

依「海關管理保稅工廠辦法」規定，保稅工廠之產品以外銷為原則，欲辦理內銷應先向監管海關申請核准。內銷產品，如經再加工外銷者，得依外銷品沖退原料稅辦法等有關規定辦理退稅。但屬於取消退稅之貨品項目，仍不得退稅。

（1）經核准內銷之保稅工廠產品，應由保稅工廠或由買賣雙方聯名繕具進口報單，報經監管海關依出廠時之形態補徵進口稅後，始准放行出廠。

（2）除依經濟部公司執照和營利事業登記證註明產品限全部外銷者外，其他保稅工廠之產品可以在年產量百分之五十限度內向各監管海關申請核准內銷；依海關管理保稅工廠辦法第四十一條規定內銷之產品，除該產品係屬使用供裝配用已逾百分之五十以上之單一半成品所製成者，應依完稅價格按有關稅率核計關稅外，得由廠商向監管海關申請依下列方式之一課徵關稅，一經採用不得變更，其有效期間為一年

　A.內銷產品應依完稅價格減去百分之三十後，就其餘額按有關稅率核計關稅。

　B.內銷產品有使用國產非保稅原料經海關查明屬實者，依完稅價格先扣除該項非保稅原料部分之價值後，就其餘額按有關稅率核計關稅

（3）依據經濟部公告，專案許可保稅工廠申請輸入未公告准許間接進口之大陸地區原物料、零組件製成之產品，非經國際貿易局核准，不得課稅內銷。

（4）保稅工廠進口原料，經監管海關核准改為內銷者，準用上述規定辦理。

（5）上述內銷補稅案件，保稅工廠得向監管海關申請按月彙報，並依下列規定辦理：

　A.提供相當金額之擔保。

　B.設置按月彙報內銷登記簿，於貨品出廠前，按出廠批數，逐批登記內銷日期、貨名、規格、數量及預估稅額後，於擔保額度內准予先行提貨出廠。

C.次月十五日前，將上月內銷貨品，彙總繕具報單依規定辦理補稅。

6.樣品及贈品

（1）保稅工廠之產品，售與或贈送國內外廠商及到廠參觀之客戶，其價值未逾免簽證限額者，依下列規定辦理：

A.售與或贈與國內廠商，依內銷之規定辦理。

B.寄送國外廠商者，依產品出口之規定辦理。

C.交與到廠參觀之國外客戶、廠方人員或委託快遞專差攜帶出口者，應填具「攜帶保稅工廠產品出口（或復運進口）申請書」，交國外客戶或廠方職員或快遞專差具領出廠，於出廠後十日內憑出口地海關出口證明銷案。隨身攜帶出口之產品攜帶復進口時，應持憑原「攜帶保稅工廠產品出口（或復運進口）申請書」，向進口地海關報驗進口，於放行後一週內進廠存倉並入帳。

（2）保稅工廠攜帶保稅原料出口或復進口時，其價值未逾免簽證限額者，比照上述方式辦理。

（3）政府機關派員出國或接待來訪外賓向保稅工廠購買禮品贈送友邦人士者，得憑中央各院所屬一級單位證明及收據提領出廠銷案。

（4）保稅工廠應設置出廠登記簿，並報請監管海關驗印，逐筆登記出廠產品之日期、名稱、規格、數量及繳稅金額，以備查核。

上述（1）之C或（2）（3）之貨品未依規定銷案，亦未運回廠內者，應於銷案期限屆滿後十日內繕具報單依前述內銷之規定辦理補稅。

第四節 保稅倉庫貨物之通關

　　保稅倉庫爲經海關核准登記供存儲保稅貨物之倉庫。海關爲規範保稅倉庫貨物之存儲、出倉及通關，訂有「保稅倉庫設立及管理辦法」，俾便依循。

　　保稅倉庫包括：普通、專用、發貨中心等三種。普通保稅倉庫僅供存儲一般貨物。專用保稅倉庫專供存儲下列貨物之一者：

　　1.供經營國際貿易之運輸工具專用之燃料、物料。

　　2.修造船艇或飛機用器材。

　　3.礦物油。

　　4.危險品。

　　5.供檢驗、測試、整理、分類、分割、裝配或重裝之貨物（下稱重整貨物）。

　　6.修護貨櫃或貨盤用材料。

　　7.展覽物品。

　　8.供免稅商店銷售用之貨物。

　　9.其他經海關核准存儲之物品。

　　發貨中心保稅倉庫（下稱發貨中心）則係專供存儲自行進口或自行向國內採購之貨物，並得辦理貨物之重整，其範圍應先經海關核准。

　　保稅倉庫之設立、貨物之存儲、出倉及通關之相關規定如后。

一、保稅倉庫之設立

(一) 組織、資本額之規定

除政府機關、公營事業及經財政部專案核准者外，應以股份有限公司組織為限，但設立發貨中心之公司，其實收資本額應在新台幣5,000萬元以上。

（二）設備之規定

1.保稅倉庫須建築堅固，並視其存倉貨物之性質，具有防盜、防火、防水、通風、照明或其他確保存倉貨物安全與便利海關管理之設備。重整貨物專用保稅倉庫並應有適當工作場所。申請核准存儲貨物之露天處所，應與外界有明顯之區隔。但設置於國際港口、國際機場之管制區內者，不在此限。

2.海關視實施貨物通關自動化作業需要，得依實際情形公告要求保稅倉庫營業人設置電腦及相關連線設備以電子資料傳輸方式處理業務，其作業規定，由海關規定。

（三）設立地點之規定

保稅倉庫應在港區、機場、加工出口區、科學工業園區、鄰近港口地區，或經海關核准之區域內設立。

（四）登記之申請

申請設立保稅倉庫者，應備具申請書及海關規定之文件向當地關稅局登記。經核准登記之保稅倉庫，由海關發給執照，以憑開業。

（五）登記之變更

保稅倉庫營業人之名稱、地址、負責人、營業項目及倉庫地點或面積，如有變更，應於辦妥變更登記之翌日起十五日內檢附有關證件影本，向監管海關辦理換照手續，但倉庫地點或面積變更，應於變更前先報請監管海關核准。經核准登記之保稅倉庫，

其執照費及執照遺失申請補發之補照費，依海關徵收規費規則徵收。

（六）保證金之規定

經核准設立之保稅倉庫，其營業人應向海關繳納下列金額之保證金。但其營業人為政府機關或公營事業者，不在此限。

1. 普通保稅倉庫及專用保稅倉庫

   新台幣30萬元。但經申請核准自主管理且設立營業滿三年者，保證金為新臺幣300萬元，未滿三年者，保證金為新臺幣600萬元。

2. 發貨中心

   新台幣300萬元。但存倉保稅貨物加計售與課稅區廠商按月彙報先行出倉之貨物所涉稅捐金額超過新台幣300萬元者，得由海關就個別發貨中心之需要，酌予提高。

（七）自主管理之申請

發貨中心經核准設立後採自主管理。普通或專用保稅倉庫經核准設立營業後，合乎下列規定者，得向海關申請核准自主管理，其自主管理之事項及程序，由海關規定。

1. 公司實收資本額在新台幣5,000萬元以上（但存儲修造飛機用器材之專用保稅倉庫不受此限）。

2. 公司保稅管理制度健全且無欠稅，最近三年內漏稅、罰鍰紀錄合計未達新台幣50萬元者。

3. 公司帳冊、表報、進出倉單據均以電腦處理，且與海關電腦連線自動化通關者。

（八）業務費之徵收

保稅倉庫應按月徵收業務費，每月新台幣6,000元。但經海關核准實施自主管理，海關不再派員駐站（庫）者，免予徵收。

二、貨物之存儲

(一) 可進儲與不得進儲物品

　　凡運送中華民國口岸之貨物，除另有規定者外，在報關進口前，均得向海關申請存入保稅倉庫。其中以重整為目的專用保稅倉庫、發貨中心保稅倉庫准許進儲未公告准許間接輸入的大陸地區原物料、零組件。但下列物品應不准存儲保稅倉庫、專用保稅倉庫及發貨中心：

　1.違禁品。

　2.禁止進口之貨物。

　3.於存儲保稅倉庫期間可能產生公害或環境污染之貨物。

　4.其他經海關認為不適宜存儲保稅倉庫之貨物。

(二) 存倉期限

1. 存儲保稅倉庫之保稅貨物，其存倉期限以二年為限，不得延長。但如係供應國內重要工業之原料、民生必需之物資、國內重要工程建設之物資或其他具有特殊理由經財政部核准者，不在此限。

2. 保稅貨物，如不在前項規定之存倉期間內申報進口或退運出口，自存倉期限屆滿之翌日起，準用關稅法規定加徵滯報費，滯報費徵滿三十日，仍不申報進口或出口者，準用關稅法將貨物變賣之規定處理。

3. 保稅貨物存倉未滿二年，如經所有人或倉單持有人以書面聲明放棄，準用關稅法相關規定處理。

4. 保稅貨物依第四十八條規定進儲其他保稅倉庫，其存倉期限應仍自最初在原進口地進儲保稅倉庫之日計算之。

5. 保稅貨物退運出口，如因故未能裝運，應由海關派員重行押運或監視加封進儲保稅倉庫，其存倉期限，應仍自最初

進儲保稅倉庫之日計算之。

三、保稅倉庫之管理

(一) 保稅貨物之稽核

保稅倉庫之監管海關得派遣關員定期或不定期前往保稅倉庫稽核保稅貨物。

(二) 貨物進出倉時間

貨物進出保稅倉庫，應在海關規定之辦公時間內為之。但有特殊情形經海關核准者，不在此限。

(三) 保稅專人之指定

保稅倉庫應指定專人代表保稅倉庫辦理有關保稅事項，並向海關報備。

(四) 進出倉貨物之抽驗

海關得視驗貨單位在勤驗貨關員之工作能量，以抽驗方式辦理保稅倉庫貨物進、出倉之查驗。

(五) 盤點及查帳

1. 保稅倉庫營業人員應依海關規定，設置存貨簿冊經海關驗印後使用，對於貨物存入、提出、自行檢查或抽取貨樣，均應分別詳實記載於該簿冊內，海關得隨時派員前往倉庫檢查貨物及簿冊，必要時，得予盤點，倉庫營業人及其僱用之倉庫管理人員應予配合。
2. 發貨中心及專用保稅倉庫作重整業務者，依前款規定設置簿冊，應按國外進口貨物、國產保稅貨物、其他非保稅貨物及重整後成品貨物，分別設置存貨帳冊。

3.展覽物品專用保稅倉庫設置之簿冊，應詳列各項參加展覽物品之參展廠商、貨名、規格、數量等資料，並註明展示陳列位置，以備查核，但展覽期限短暫，參展貨物繁多者，得向海關申請，以核發之進口報單副本按序裝訂成冊代替。

4.保稅貨物進出保稅倉庫，應於進、出倉後二日內登列有關帳冊。

5.帳冊、表報、進出倉單據，得經監管海關同意，以電腦處理。但應按月印製替代存貨簿冊之表報，於次月二十日以前送海關備查。

6.發貨中心保稅倉庫以電腦處理其帳冊、表報、進出倉單據及出廠出倉放行單兼代准單者，免向海關申請驗印；但應於次月二十日前印妥使用明細之表報備查。

（六）保稅貨物受損之規定

1.保稅貨物在存儲保稅倉庫期間，遭受損失或損壞者，準用關稅法及同法施行細則相關規定辦理。

2.存儲保稅倉庫之貨物應由倉庫營業人負保管責任，如有損失，除依前項之規定辦理者外，倉庫營業人應負責賠繳應納進口稅。

（七）公證或抽樣之規定

保稅貨物如須檢查公證或抽取貨樣，由貨物所有人或倉單持有人向海關申請准單，倉庫營業人須憑准單會同關員監視辦理。其拆動之包件，應由申請人恢復包封原狀。

（八）貨物扣存之規定

海關依據海關緝私條例或其他規章應處理之保稅倉庫存貨，得憑海關扣押憑單隨時將存儲於倉庫之該項貨物扣存海關倉庫，

保稅倉庫營業人或管理人不得拒絕。

(九) 聯鎖之規定

1. 經核准登記之保稅倉庫，應由海關及倉庫營業人共同聯鎖。但發貨中心、經海關核准自主管理之普通及專用保稅倉庫，暨設立於加工出口區及科學園區者，得免聯鎖。

2. 海關對免聯鎖之保稅倉庫，於必要時得恢復聯鎖或派員駐庫監管。

3. 貨物進出保稅倉庫，須海關派員往返監視起卸貨物時，如因時間急迫，得由倉庫營業人、有關輪船公司或航空公司提供交通工具；倘需派員常川監視，倉庫營業人應供給該員辦公處所。

4. 前項須由海關派員監視者，倉庫營業人應依海關徵收規費規則有關規定繳納監視費。

(十) 暫行停業之規定

1. 保稅倉庫儲存之貨物，如經全部完稅，海關得應保稅倉庫營業人之請求，准予暫行停業，停業期間免徵規費。

2. 前項停業期間最長以一年爲限，逾期未申請復業者，海關得撤銷其保稅倉庫執照。

3. 海關核准暫行停業之保稅倉庫，在其執照有效期間向海關申請核准復業者，原發執照適用至有效期限屆滿爲止。

四、貨物進儲、出倉之監視

（一）保稅倉庫貨物

1.進儲

（1）進儲之申請

A.進口貨物進儲保稅倉庫，應由收貨人或提貨單持有人填具「外貨進儲保稅倉庫申請書」（D8進口報單）經海關業務單位核准後，於「保稅倉庫貨物進出倉登記簿」或「材料進出倉登記卡」上登帳，發給「保稅貨物進儲保稅倉庫准單」（兼代進口貨物電腦放行通知），由倉庫營業人憑准單會同監視（或押運）關員核對標記及數量無訛後進倉。或申請派員押運，會同倉庫業者查點貨物無訛後監視進倉。

B.專供飛機用之燃料、客艙用品或修護器材，得經海關核准，先行卸存保稅倉庫於三日內補辦通關進儲手續。

（2）溢、短卸之查核

進儲保稅倉庫貨物如有溢卸、短卸情事，保稅倉庫營業人應於船運貨物全部卸倉後七日內；空運貨物應於全部卸倉後三日內；以貨櫃裝運之進口貨物應於拆櫃後三日內，填具短卸、溢卸貨物報告表一式二份，送海關查核。

（3）貨物堆置之規定

A.存儲保稅倉庫之貨物應將標記朝外，按種類分區堆置，並於牆上標明區號，以資識別，但存儲展覽物品專用保稅倉庫之貨物，報經海關核准者，不在此限。

B.經海關核可之電腦控管自動化保稅倉庫得不受前項
　　　之限制，其貨物應以每一棧板為單位分開堆置，並
　　　於貨架上標明區號以資識別，但同一棧板上不得放
　　　置不同提單之貨物。

　　C.重整貨物專用保稅倉庫應將重整前後之貨物，以不
　　　同倉間分別存儲。

（4）露天處所存儲貨物之規定

　　貨物之包件過重或體積過大或者其他特殊情形者，得
　　經海關核准，存儲保稅倉庫之露天處所，其安全與管
　　理，仍由倉庫營業人負責。

　　前項露天處所須鄰接已登記之倉庫，但鄰接之土地如因
　　政府徵收而被分割，不在此限。

（5）參展貨物之處理

　　A.已繳稅進口之貨物或國產貨物進儲展覽物品專用保
　　　稅倉庫參展時，應檢具清單，附加標記，列明廠
　　　牌、貨名、規格、數量，報經監視關員會同倉庫營
　　　業人核對無誤後進倉。參展完畢退運出倉時，應持
　　　憑原清單報經海關監視關員會同倉庫營業人核對無
　　　誤後出倉。

　　B.未繳稅貨物參展完畢申請轉入同一關區之保稅倉庫
　　　儲存時，應依保稅倉庫設立及管理辦法第四十八條
　　　規定辦理轉儲手續。

2.出倉進口

　存儲保稅倉庫之保稅貨物申請出倉進口者，依下列規定辦
　理：

（1）納稅進口貨物

　　應由貨物所有人或倉單持有人填具報單，檢憑報關文

件，向倉庫監管海關辦理通關手續，倉庫營業人憑海關放行准單會同監視關員核對標記及數量相符後，准予提貨出倉。

（2）供應保稅工廠之原料

由保稅工廠檢憑報關必備文件，填具報單向倉庫監管海關辦理通關手續，倉庫營業人憑海關放行准單會同監視關員核對標記及數量相符後，准予提貨出倉。

（3）供應加工出口區區內事業或科學工業園區園區事業之自用機器設備、原料、燃料、物料及半製品

由賣方檢具海關規定之文件向倉庫監管海關申請核發出倉准單，倉庫營業人憑准單會同監視關員核對標記及數量相符後，准予提貨出倉，由海關將貨物押運或監視加封進區，區內事業並應依規定辦理報關進區手續。

3.出倉退運出口

（1）出倉單據之填具

存儲保稅倉庫之保稅貨物，申請出倉退運出口者，由貨物所有人或倉單持有人申辦通關手續，倉庫營業人憑海關放行准單會同監視關員核對標記及數量相符後，准予提貨出倉，由海關派員押運或監視加封運送至裝載出口運輸工具之負責人或其指定人接收，列入出口貨物艙單，並予監視出口。

（2）不核發出口證明

存儲保稅倉庫之保稅貨物，於出倉出口後，海關概不核發出口報單副本、出口證明書或簽證任何出口證明文件。但依「保稅倉庫設立及管理辦法」第四十二條規定辦理者，不在此限。

4.轉儲

（1）得轉儲之情形

存儲保稅倉庫之保稅貨物，有下列情形之一者，得轉儲其他保稅倉庫，應由原進儲人或買賣雙方聯名填具「保稅貨物轉儲其他保稅倉庫申請書」外，準用「保稅倉庫設立及管理辦法」第二十五條第四款及第三十一條之規定。

A.運往國內其他通商口岸保稅倉庫者。

B.售與發貨中心者。

C.發貨中心出售之外貨。

D.保稅倉庫撤銷登記停止營業者。

E.發生不可抗力之天災，例如，浸水、山崩、颱風致損壞存儲之保稅貨物或可預見其發生之可能者。

F.原進儲人自行設立保稅倉庫者。

G.其他特殊情況者。

（2）前項第四款至第七款情形，如係轉儲同通商口岸之其他保稅倉庫者，應事先申請海關核准。

（二）發貨中心貨物

1.進儲

進儲發貨中心貨物，應由發貨中心憑准單或申請書副本或報單副本核對標記及數量無訛後進儲。

（1）外貨進儲發貨中心

應由發貨中心營業人填具「外貨進儲發貨中心申請書」，經海關完成通關作業後發給准單或申請書副本，持憑進儲。

（2）自加工出口區、科學工業園區區內保稅倉庫以外之事業，或保稅工廠購買保稅貨物：

應由買賣雙方聯名填具報單，檢附交易憑證、裝箱單等有關文件向賣方所在地駐區海關或監管海關申報，經海關完成通關作業後發給准單或報單副本，持憑進儲。

（3）自課稅區廠商購買貨物

應由買賣雙方聯名填具報單，檢附交易憑證、裝箱單等有關文件向買方所在地海關申報，經海關完成通關作業後發給准單或報單副本，持憑進儲。海關應於報單放行之翌日起十日內核發視同出口報單副本交賣方憑以辦理沖退稅。

（4）按月彙報之申請

保稅工廠及課稅區廠商將貨物售與發貨中心，得向海關申請按月彙報，經核准者，得先憑交易憑證點收進倉登帳，於次月十五日前彙總填具報單辦理通關手續，並以報單放行日期視為進出口日期。由課稅區廠商售與發貨中心之保稅貨物，在未補辦通關手續前不得出倉，如有先行出倉之必要者，應留存貨樣，以供報關時查核。

2.出倉進口

（1）准單之開立

存儲發貨中心之保稅貨物申請出倉者，其發給准單之手續，由監管海關授權發貨中心開立經監管海關驗印並編列統一編號之「發貨中心保稅倉庫出廠出倉放行單兼代准單」，免由海關辦理。

前項准單，發貨中心應按序使用，並保留其存查聯，以備海關查核。

（2）賠償或調換貨物之報關

存儲保稅倉庫之外貨出倉進口後，發現品質、規格與原訂合約不符，由原保稅貨物所有人或倉單持有人賠償或調換者，應由買賣雙方聯名填具退貨申請書，報經倉庫監管海關核准，其退貨手續及免徵關稅準用「保稅倉庫設立及管理辦法」第十七條、第十八條及關稅法、關稅法施行細則相關規定辦理。

（3）發貨中心之保稅貨物，申請依「保稅倉庫設立及管理辦法」第二十四條（出倉進口）、第二十五條（依第（4）項出倉）、第三十一條（退運出口）及第四十八條（轉儲）規定出倉者，得由發貨中心自行核對標記及數量無訛後，提貨出倉，並免由海關押運或監視加封。

（4）發貨中心自加工出口區、科學工業園區、保稅工廠購買保稅物品，或自課稅區購買貨物進儲發貨中心者，申請出倉時，依下列規定辦理：

A.售與課稅區廠商之貨物出倉（視同進口）：應由發貨中心營業人填具報單，檢附交易憑證、裝箱單等有關文件，報經倉庫監管海關辦理通關作業，並按出倉形態徵稅後，發給准單辦理提貨出倉。

B.出售與保稅工廠之原料：應由買賣雙方聯名填具報單，檢附交易憑證、裝箱單等有關文件，報經倉庫監管海關抽驗單貨相符後，發給准單辦理提貨出倉。

C.售與加工出口區區內事業或科學工業園區園區事業之自用機器設備、原料、燃料、物料及半製品：應由買賣雙方聯名填具報單，報經倉庫監管海關核准後，發給准單辦理提貨出倉，區內事業並應依規定辦理報關進區手續。

（5）申請出倉出口貨物

A.應由發貨中心營業人填具報單，檢憑報關必備文件，報經倉庫監管海關核准後，發給准單辦理提貨出倉，並將貨物運至出口地海關辦理通關手續。

B.貨物由其他廠商或貿易商報運出口者：由報運出口人另於出口報單上載明「本批貨物由○○發貨中心保稅倉庫供應，除該發貨中心保稅倉庫得申請除帳外，出口廠商不得申請退稅」字樣，並於出口後將出口報單副本交由發貨中心除帳。

（6）按月彙報

發貨中心將保稅貨物售與保稅工廠、科學工業園區、加工出口區、其他發貨中心及課稅區廠商，得向海關申請按月彙報，經核准者，得先憑交易憑證提貨出倉並登帳，於次月十五日前彙總填具報單辦理通關手續，並以報單放行日期視為進出口日期。發貨中心將保稅貨物售與課稅區廠商，申請按月彙報者，應留存貨樣，以供報關時查核，但依規定免取樣者，不在此限。

3.退貨

發貨中心自加工出口區、科學工業園區、保稅工廠購買保稅物品，或自課稅區購買貨物進儲發貨中心者，發生退貨時，應依下列規定辦理：

（1）退回課稅區之貨物，應由買賣雙方聯名填具退貨申請書，報經倉庫監管海關核准，並繳回原領供退稅用之視同出口證明文件或由海關發函更正，其已辦理沖退進口稅者，應繳回已沖退稅或恢復原記帳後，發給准單，其退貨手續準用2之規定辦理。

（2）退回加工出口區、科學工業園區或保稅工廠之貨物，應由買賣雙方聯名填具退貨申請書，報經倉庫監管海關核准後，發給准單，其退貨手續準用2之規定辦理。

4.檢驗、測試

（1）存儲發貨中心之保稅貨物得經監管海關核准運出保稅倉庫辦理檢驗、測試，並應逐筆詳細登載貨物之名稱、單位、規格、數量及進出倉時間，必要時，海關得隨時派員查核。

（2）保稅工廠於廠區內設立之發貨中心，其保稅貨物之檢驗、測試作業，得經監管海關核准，在保稅工廠廠房內辦理。

（3）前項貨物之進出倉，發貨中心應填具海關規定之單證，以備查核。

5.保稅貨物之重整

（1）發貨中心及專用保稅倉庫之保稅貨物得依下列方式辦理重整：

A.檢驗、測試：存倉貨物予以檢驗、測試。

B.整理：存倉貨物因破損須加以整補修理或加貼標籤。

C.分類：存倉貨物依其性質、形狀、大小顏色等特徵予以區分等級或類別。

D.分割：將存倉貨物切割。

E.裝配：利用人力或簡單工具將貨物組合。

F.重裝：將存倉貨物之原來包裝重行改裝或另加包裝。

（2）前項貨物之重整應受下列限制：

A.不得改變原來之性質或形狀。但雖改變形狀，卻仍可辨認其原形者，不在此限。

B.在重整過程中不發生損耗或損耗甚微。

C.不得使用複雜大型機器設備以從事加工。

D.重整後不合格之貨物，如國內採購者，不得報廢除帳，應辦理退貨，如國外採購者，除依規定退貨調換者外，如檢具發貨人同意在台就地報廢文件，准予報廢除帳。

E.重整後之產地標示，應依其他法令有關產地之規定辦理。

（3）貨物所有人或倉單持有人於保稅倉庫內重整貨物前，應向海關報明貨物之名稱、數量、進倉日期、報單號碼、重整範圍及工作人員名單，經海關發給准單後，由海關派員駐庫監視辦理重整，但經海關核准自主管理之專用保稅倉庫、發貨中心及設於加工出口區之保稅倉庫，得免派員監視。

（三）重整專用保稅倉庫之作業

1.重整貨物之進儲

（1）存入專用保稅倉庫之重整貨物，其貨物所有人或倉單持有人為重整貨物，需向國內課稅區廠商、保稅工廠或加工出口區事業或科學工業園區園區事業採購原材料、半成品或成品時，應由買賣雙方聯名填具報單向海關辦理通關手續後進倉。

（2）保稅工廠產製之貨櫃修護零件售予航商所設修護貨櫃或貨盤用材料專用保稅倉庫供修護貨櫃之用者，得依前項規定辦理。

依前二項規定進儲保稅倉庫之材料，因故退出保稅倉庫者，應報請海關核發准單，經驗明無訛後放行。

2.重整貨物之出倉

（1）申請人

保稅貨物於重整後申請出倉，應由下列人員辦理：

A.貨物所有人或倉單持有人。

B.國產貨物進倉與重整貨物裝配後之貨物，由重整貨物部分之貨物所有人或倉單持有人辦理。

（2）報單之申報

A.保稅貨物於重整後申請出倉進口、退運出口或轉運加工出口區或科學園區，均應於報單上詳細報明貨物重整前、後之名稱、數量、進倉日期、原報單號碼等，以供海關審核。

B.有使用國產貨物者，並應報明所使用國內課稅區廠商、保稅工廠或加工出口區區內事業或科學工業園區園區事業採購原材料、半成品或成品之名稱、數量、規格、製造廠商名稱及原報單號碼等退稅資料。

（3）銷帳

A.保稅貨物於重整後，申請出倉進口及退運出口者，海關應按重整前之貨物狀況准予銷帳。但應依重整後之貨物狀況核定其完稅價格、稅則號別及應否課徵貨物稅。

B.前項貨物或修理貨櫃、貨盤如有使用國產貨物者，退運出口時，應依貨品出口有關規定辦理，其所使用之國產貨物如應辦理沖退稅捐者，除應填具報單正本一份，副本視需要加繕外，並於報單背面附貼核發退稅用申請書（保稅工廠及加工出口區區內事業及科學工業園區園區事業之成品或半成品免辦理

申請），俟重整貨物出口後，由海關核發出口報單副本，以憑辦理沖退稅捐。

(4) 國貨標示

在重整保稅倉庫重整後之貨物報運出口時，包裝外箱之嘜頭應否以國貨出口方式標示，視重整裝配之層次而定，如重整時未使用國產原料或半成品者，即不得以國貨標示。此項嘜頭之加註或變更，均須由關員監視辦理，並徵收監視費。

(5) 機具設備

自國內提供為重整貨物所需使用之機具設備，應憑海關核發之准單，經驗明無訛後運入或運出保稅倉庫。

(6) 損耗、廢料

A.保稅貨物於重整過程所產生之損耗，經海關核明屬實者，准予核銷。

B.保稅貨物於重整過程中所發生之廢料，有利用價值部分，應依法徵免稅進口，無利用價值者，由海關監督銷燬。

3.貨櫃修護材料之提領出倉

(1) 應填具及報明事項

由保稅倉庫提領貨櫃修護材料出倉以供修護貨櫃之用時，除應填具「保稅貨物出倉進口報單」外，並應填具「貨櫃修護明細表」一式三份，向海關報明下列事項，經核明發給准單，於繳納稅款保證金或由授信機構擔保應繳稅款後，暫提出倉

A.待修貨櫃之種類、標誌、號碼及進口日期。

B.所需修護材料名稱、數量、規格及出倉報單號碼。

C.修理之內容、場所及預定完工日期。

D.因修理拆下舊料之名稱、數量及處理方法。

（2）修護之期間

暫提出倉之修護材料於貨櫃修護完工報經海關查核無訛者，視同退運出口，退還所繳保證金或沖銷原擔保稅款額度。其修護之工作期間以一個月爲限，如有特殊原因得申請延長一個月，逾期未能完工者，以保證金抵繳稅款或向授信機構追繳其進口稅捐。

（3）修護材料之自行保管使用

A.貨櫃修護材料專用保稅倉庫與貨櫃修護廠設立在港區內之同一地點者，得請領一定期間使用量之修護材料於繳納保證金後暫提出倉，存入修護廠內自行保管使用，但應按日填報「貨櫃修護材料使用動態明細表」一式三份，列明每日耗用量及結存量等，經海關關員核對無訛予以簽證後，於原核定使用量之範圍內再辦理報關提領補充，免予另行繳納保證金，如使用之貨櫃修護材料減少，可將減少之材料詳列清單，載明材料名稱、數量，申請核退溢繳之保證金。

B.依前款規定暫提出倉存入修護廠內自行保管使用之修護材料，其修護工作期間不受第（2）款規定之限制，但必要時並得隨時派員抽查。

（4）修理貨櫃所拆下之舊料應退運出口，其不退運出口者，應補繳進口稅捐或報請海關監視銷燬。

4.保稅貨物之重整

請參閱本節四（二）5。

5.燃料、物料之管理

經營國際貿易之運輸工具專用燃料、物料之專用保稅倉

庫，為供應其所屬公司之輪船或飛機行駛國際航線使用燃料、物料，由輪船公司、航空公司或其代理行填具報單，送由海關核發准單後，派員押運或監視加封裝船（機）。

第五節 免稅商店貨物之通關

　　免稅商店是以銷售貨物予出境或過境旅客為目的之營利事業，銷售貨物包括：外國商品、保稅工廠、保稅倉庫、科學工業園區、加工出口區及課稅區之產品；免稅商店貨物應公開標價，並不得二價，其進儲供銷售之保稅貨物，在規定期間內銷售予旅客，原貨攜運出口者，依關稅法、貨物稅條例、營業稅法相關規定免徵關稅、貨物稅、營業稅。

　　免稅商店之保稅貨物，應存儲於專供存儲免稅商店銷售貨物之保稅倉庫。海關對免稅商店貨物之進出、通關都訂有規範。

一、免稅商店之種類

（一）機場免稅商店

　　設在國際機場管制區內。經海關核准者，並得在市區內設置預售中心。以對持有護照或旅行證件之旅客銷貨為限，除出境及過境旅客外，亦得對入境旅客銷貨。

（二）市區免稅商店

　　設在國際機場或港口鄰近之都市區內，或經海關核准之區域內。以對持有護照或旅行證件，證明在我國境內居留不超過六個月之旅客銷貨為限。

二、免稅商店之設置

（一）申請核准登記為免稅商店者，應具有下列條件，並向所在地
關稅局提出申請：

1. 依公司法登記設立之股份有限公司，實收資本額在新台幣
一億元以上。但經財政部核准者，不在此限。

2. 專營銷售觀光旅客商品。

3. 具有以電腦處理帳貨之設備及能力。

海關得視免稅商店管理之需要，依實際情形，於免稅商店設
置時或設置後，要求免稅商店營業人設置符合管理需要之電腦設
備以處理業務，並應於海關規定之期限內與海關完成電腦連線作
業。其作業規定，由海關規定。

（二）申請設置免稅商店者，應檢具申請書及海關規定文件，向所
在地關稅局申請核准登記。

三、保稅貨物之管理

（一）儲存

免稅商店之保稅貨物，應存儲於專用保稅倉庫，以確保國課
及兼顧海關稽核功能。

（二）移動

同一營業人設置之免稅商店間或與其保稅倉庫間貨物之移
動，應繕具「移倉申請書」，檢附裝箱單經監視關員核對無訛加封
或押運。

（三）存儲期限

免稅商店之保稅貨物，其存儲期限以二年為限；屆期仍未售

出，應退運出口，或自期限屆滿之翌日起三十日內，辦理報關補稅銷帳。

（四）年度盤存

免稅商店及其存儲於專用保稅倉庫之保稅貨物，應每年由海關派員會同辦理一次年度盤存。年度盤存之盤存日期距上年度盤存日期，最短不得少於十個月，最長不得超過十四個月。其有特殊情形，事先報經監管海關核准者，得酌予提前或延長。但海關認有必要時，得隨時予以盤存。

免稅商店辦理盤存結果，如實際盤存數量與帳面結存數量不符時，按下列規定辦理：

1. 實際盤存數量少於帳面結存數量者，應敘明理由，並於接獲海關核發之補稅通知日起十日內，繕具報單補繳進口稅費，或依海關緝私條例有關規定辦理。

2. 實際盤存數量多於帳面結存數量者，應敘明理由，報請監管海關查明原因核實准予更正或依相關規定處理。

免稅商店並應於盤存後二個月內，將結算報告書、盤點清冊等相關文件送交監管海關備查。

（五）自行停業或遭撤銷處分者，其保稅貨物之處理規定

1. 封存與聯鎖

   保稅進口貨物，應由海關封存或與免稅商店聯鎖於該商店之倉庫內，海關不定期派員巡查，必要時得予保管。

2. 結束盤存

   （1）免稅商店應向監管海關洽訂或由監管海關逕予訂定盤存日期辦理結束盤存，如實際盤存數量與帳面結存數量不符時，依前述有關規定處理。

   （2）經盤存之貨物，監管海關應即按結存數量發單課徵各

項稅費。

（3）未能依上述規定辦理結束盤存者，海關得逕依帳面結存數量課徵各項稅費。

四、貨物之通關

（一）報關
免稅商店之保稅貨物，不論自國外進口或在國內購買者，於進儲及出倉時，均應向監管海關辦理報關手續。

（二）售貨憑證之開具
免稅商店銷貨時，應填具四聯售貨單詳細登記購貨人護照或旅行證件號碼、飛機航次或輪船航次、出售貨物之名稱、廠牌、型號、規格、商品編號、數量、單價、所收貨幣種類、金額及銷售日期後，將空格刮去，送請購貨人簽名。第一聯收據交購貨人收執，第二聯由免稅商店送主管稽徵機關作為零稅率證明文件，第三聯供海關查核用，第四聯由免稅商店保存備查。

（三）購貨人提貨之規定
1. 機場免稅商店出售之貨物，由購貨人隨身攜帶出入境。
2. 機場免稅商店之市區預售中心及市區免稅商店出售之貨物，由購貨人於出境時，向機場或港口提貨處提貨，監管海關並得隨時派員查核。
3. 機場免稅商店之市區預售中心及市區免稅商店出售之貨物，須由購貨人報運出口者，應按普通貨物出口報關手續辦理並檢附航空或輪船公司旅客證明文件。

第**8**章 特殊貨物之通關及關務新措施

除一般進口、出口、轉運、保稅等貨物之通關作業外，快遞貨物、瀕臨絕種之野生動植物、高科技貨品、輸往設限地區紡織品、貨物樣品之通關方式與上述貨物之通關作業稍有不同，爰予歸入「特殊貨物」，於本章第一節敘述。

我國為顯示推動自由化、便捷化之決心，及履行亞太經濟合作會議（APEC）會員體之義務，已陸續推動實施大阪行動綱領所訂關於關務程序改革之十二項共同行動計畫，例如，採行調和商品分類制度（HS）之稅則分類原則與公開提供關稅法規、行政命令、通關程序等資料，以及實施風險管理、貨品暫准通關證制度、稅則預先歸列制度等等，均係為達成「無障礙通關」目標，而採行之簡化便民、爭取國際認同之革新措施，為增進讀者們對此等措施之瞭解，特於本章第二節列述。

第一節 特殊貨物之通關

本節對快遞貨物、瀕臨絕種之野生動植物、高科技貨品、輸往設限地區紡織品、貨物樣品之通關與一般貨物通關作業之相異處及特定意義分別予以說明。

快遞貨物之通關

空運出口貨物，其數量、重量、價值未逾海關規定之快遞貨物（Express Goods），得在快遞貨物專區及航空貨物轉運中心全日24時辦理通關。

「快遞貨物專區」（Express Handing Unit; EHU）指供專用或共用以存儲快遞貨物及辦理通關之場所。「航空貨物轉運中心」

指供專用存儲進出口、轉口快遞貨物及辦理通關之場所，航空貨物轉運中心應依海關管理進出口貨棧辦法有關規定向海關申請設置貨棧。快遞貨物專區及航空貨物轉運中心須有明顯標示，其面積、查驗場所及其他必要設施，應配合海關查驗之需要。

「快遞業者」指經營遞送及承擔運送航空貨物快遞業務之營利事業。「整合型航空貨運業者」指經營承攬、運輸、倉儲、報關及遞送航空貨物快遞業務並加以嚴密控管整合之營利事業。

「快遞專差」（On Board Courier; OBC）指受僱於快遞業者，並以搭乘航空器方式爲其攜帶快遞貨物之人。

快遞貨物之通關應依「快遞貨物通關辦法」下列規定辦理。

一、快遞貨物應符條件

（一）一般快遞貨物
1. 非屬管制品、違禁品、侵害智慧財產權物品、保育類野生動植物及其產製品。
2. 每件（袋）毛重70公斤以下之貨物。

（二）快遞專差攜帶之快遞貨物
1. 非屬管制品、違禁品、侵害智慧財產權物品、保育類野生動植物及其產製品。
2. 每件（袋）毛重32公斤以下之貨物。
3. 每次攜帶之數量不得逾60件（袋），合計金額不得逾美幣10,000元。

保稅區（保稅工廠、加工出口區、科學工業園區）之產品，符合上列條件者，得委託快遞專差攜帶出口。

二、業者應具備條件

　　快遞業者及整合型航空貨運業者符合下列各款條件者，海關得准其理貨，在不拆開包裝之情形下，並得將貨物加以分類：

（一）公司實收資本額在新台幣500萬元以上者。

（二）公司管理制度健全，且無欠稅，最近三年內漏稅、罰鍰合計未達新台幣50萬元者。

（三）公司帳冊、表報、艙單等資料均以電腦處理，且以電腦連線辦理通關者。

三、貨物之分類

　　進出口快遞貨物得依其性質、價格區分類別，分別處理。其類別如下：

（一）進口快遞文件。

（二）進口低價免稅快遞貨物：完稅價格新台幣3,000元以下。

（三）進口低價應稅快遞貨物：完稅價格新台幣3,001元至30,000元。

（四）進口高價快遞貨物：完稅價格新台幣30,001元以上。

（五）出口快遞文件。

（六）出口低價快遞貨物：離岸價格新台幣20,000元以下。

（七）出口高價快遞貨物：離岸價格新台幣20,001元以上。

四、貨物進倉之規定

　　同一貨主之出口快遞貨物得整盤（櫃）進倉，但應查驗或抽中查驗之貨物，仍應拆盤（櫃）供海關查驗。

五、轉口快遞貨物艙單之申報

轉口快遞貨物應以電腦連線方式透過通關網路向海關申報進口艙單,並免補送書面艙單。轉運出口時應填送書面出口艙單,海關並得視實施貨物通關自動化情形,公告改採電子資料傳輸方式辦理。

六、通關作業

快遞貨物進出口,應以電腦連線方式透過通關網路向海關申報。

(一) 申報人

1. 委託快遞業者及整合型航空貨運業者報關
   (1) 快遞業者及整合型航空貨運業者受託運人之委託,作戶對戶之運送進口快遞貨物,得以貨物持有人名義報關。
   (2) 快遞業者及整合型航空貨運業者以進口貨物持有人名義報關者,除文件類外,應申報收貨人名稱及其地址,進口低價應稅及高價快遞貨物並應申報營利事業統一編號;未申報營利事業統一編號者或收貨人非屬營業稅法第四章第一節規定計算稅額之營業人,應依規定繳納營業稅。
   (3) 快遞業者及整合型航空貨運業者受託運人之委託,運送出口快遞貨物,得憑貨物持有人身分以自己為貨物輸出人名義報關。

2. 委託報關行報關
   進口快遞貨物之收貨人、提貨單或貨物持有人及出口快遞

貨物之輸出人，委託報關行辦理報關手續者，報關時應檢附委託書。但有下列情事之一者，不在此限：

（1）以傳真文件代替委託書原本，傳真文件並經受託人認證者，免附委託書原本。

（2）長期委託整合型航空貨運業者及兼營報關行之快遞業者運送貨物，得以常年委任方式辦理。

（二）得適用簡易申報單之快遞貨物

進出口文件類及低價類快遞貨物，其屬免繳驗簽審、檢疫、檢驗文件者，得以艙單與報單合一之簡易申報單辦理通關。

（三）預先申報之規定

快遞貨物得在貨物進、出口前預先申報，海關得於航空器抵達前，透過通關網路將應驗貨物訊息通知與該貨物有關之交通部民用航空局航空貨運站或民營航空貨物集散站及貨主或報關行。

（四）發票之檢附

快遞貨物報關時，應檢附發票並黏貼於貨物之上，供海關查核。

（五）專差攜帶貨物之申報

快遞專差攜帶之貨物得以書面申報，海關並得視實施貨物通關自動化作業需要，公告要求以電子資料傳輸方式辦理通關。

以書面申報者，應填送貨物申報單一式四份，載明班機、日期、專差姓名、貨物名稱、數量、毛重、淨重、進口貨物之稅則號別、貨物價格、貨物編號、輸出人或收貨人名稱及其營利事業統一編號或身分證統一編號或護照號碼等，並檢附機票影本或登機證。

（六）檢驗（疫）之規定

進出口快遞貨物進出口，其屬應施檢驗（疫）之品目者，應依有關檢驗（疫）之規定辦理。

轉口快遞動植物及其產製品，經發現有感染或散佈疫病、蟲害之虞者，檢驗機構得執行檢驗（疫），並作必要之處理。但其以密閉式貨櫃轉口者，不在此限。

（七）稅費之規定

1. 快遞貨物通關，應依海關徵收規費規則徵收快速通關處理費。
2. 快遞貨物應徵之各項稅費，得依進口貨物先放後稅辦法規定辦理或預繳稅費保證金採線上扣繳方式辦理。

七、業者之責任

快遞業者及整合型航空貨運業者，應遵守海關之相關規定，並與海關密切合作，以防毒品、槍械、侵害智慧財產權物品、保育類野生動植物及其產製品之走私及商業詐欺等行為，並維持快遞貨物專區及航空貨物轉運中心之安全。

瀕臨絕種野生動、植物之通關

國際貿易局為配合「瀕臨絕種野生動植物國際貿易公約」（The Convention on International Trade in Endangered Species of Wild Fauna and Flora；CITES或「華盛頓公約」Washington Convention）保護保育類野生動物及珍貴稀有植物，有效管理其進出口作業，以維護自然生態之平衡，特訂定此類動植物通關之規範，俾利主管機關執行及進出口人遵循。

公約之會員國除應遵守公約規定外，對該公約附錄一、二、三所列物種標本，不得進行貿易。所稱「標本」，係指附錄中之任何動物或植物，含其活體、屠體、易於辨識之部位或其衍生物。所稱「貿易」，係指輸出、輸入或自海洋引入。

一、 進口通關

正式進口者，限定在基隆、台北或高雄關稅局辦理進口通關手續，並在正常上班時間內查驗及通關，以便海關集中專業人才，相互支援並加強辦理鑑識與通關業務。通關前進口人應負責動物之存活。其通關程序如下：

(一) 應檢送文件

1.一般進口案件

申請人持行政院農業委員會簽證之動物彩色圖鑑資料、國際貿易局核發之輸入許可證、檢驗局核發之動物檢疫合格證或衛生署檢疫單位之檢疫合格證、裝船文件及出口國管理機構核發之CITES許可證，或出口國主管機關核發之產地證明書或同意文件等正本，並填送進口報單向海關申報進口，海關經查驗與申報者無訛後，始准完稅通關放行。

進口人輸入野生動物活體或保育類野生動物產製品及華盛頓公約附錄一、二所列植物時，應先查明動、植物之學名，並於進口報單貨品名稱欄內先填列動、植物學名，再填列俗名（英文貨品名稱）。由海關依其申請，列入文件審核通關（C2）或貨物查驗通關（C3），未依規定報明者，廠商應自負法律責任。

2.旅客攜帶進口案件

旅客攜帶野生動物或產製品入境，應依上述一般進口案件

之規定辦理，未檢附有關文件，但無私運行爲者，得准其辦理退運。

（二）登錄

海關應將已核銷驗放之保育類野生動物或產製品之有關CITES許可證或出口國主管機關核發之產地證明書或同意文件正本（加註農委會同意文件號碼及報單號碼）寄送農委會查考。

二、出口通關

正式出口保育類野生動物、珍貴稀有植物或產製品者，通關口岸比照進口作業，限定在基隆、台北或高雄關稅局辦理出口通關手續，並在正常上班時間內查驗及通關。通關程序：

（一）應檢送文件

1. 一般出口案件

申請人持行政院農業委員會簽證之動植物彩色圖鑑資料、國際貿易局核發之輸出許可證及裝船文件，需CITES許可證者，應同時檢附國際貿易局核發之CITES出口許可證，並填送出口報單向海關申報出口，海關經查驗與申報相符後放行，並於CITES出口許可證上簽署，發還出口人。

出口人輸出野生動物活體或保育類野生動物產製品及華盛頓公約附錄一、二所列植物時，應先查明動、植物之學名，並於出口報單貨品名稱欄內先填列動、植物學名，再填列俗名（英文貨品名稱）。出口通關時，由海關依其申請，列入文件審核通關（C2）或貨物查驗通關（C3），未依規定報明者，廠商應自負法律責任。

2. 旅客攜帶出口案件

旅客攜帶或郵寄出口野生動物、珍貴稀有植物或產製品，

應依上述一般出口案件之規定辦理。有關活體之出口，在準備與裝運過程中，傷害應減至最低，並且不傷及其健康或有虐待行為。

（二）尚未依法列管之動植物及其產製品之輸出

已列入附錄，但尚未依野生動物保育法或文化資產保存法列管之動植物及其產製品之輸出，依下列規定管理及辦理申簽CITES出口許可證事宜：

1.動物或產製品

未列入保育類野生動物名錄，但已列入CITES附錄者，應依CITES之規定檢齊相關證明文件，逐向貿易局申簽CITES出口許可證，經審核相符後發給。

2.植物或產製品

文化資產保存法未列管，但已列入CITES附錄者，應依規定檢齊相關證明文件，逐向貿易局申簽CITES出口許可證，經審核相符後發給。

3. CITES出口許可證使用之規定

（1）貿易局核發之CITES出口許可證，應於證上加蓋「本證貨品離境時，請海關人員在證上簽署」之中英文字樣。又該證所列貨品，依規定不得分批出口，且逾有效期自動失效。

（2）凡不在我國通關進出口之三角貿易案件，一律不核發CITES出口許可證。

（3）凡出口人塗改或偽造CITES出口許可證者，一律議處。

4.「申請審驗方式」欄之填報

出口CITES貨品應主動在出口報單「申請審驗方式」欄填報代碼「8」由電腦據以核列為 C2或C3。

戰略性高科技貨品之通關

　　為維護國家安全及履行多邊、雙邊協定之規範，經濟部訂定輸出管制區域，成立專責小組，鑑定存疑之輸出入高科技貨品，稽查輸出入高科技貨品之流向及用途，於1994年3月31日頒布「高科技貨品輸出入管理辦法」全面實施（該辦法於2000年6月修改為「戰略性高科技貨品輸出入管理辦法」以規定輸出之戰略性高科技貨品不得供作生產、發展核子、生化、飛彈等軍事武器之用）。由貿易局或經濟部委託之機關核發「國際進口證明書」，經濟部或其委託之機關核發其他相關「保證文件」（進口人如為政府機關，由各該主管機關簽署核發）。

　　「戰略性高科技貨品輸出入管理辦法」主要規定事項：

一、控管文件

　　戰略性高科技貨品進口，除依一般通關作業規定外，另透過IC、DV對產品輸出進行管制。

　　「IC」（International Import Certificate；國際進口證明書）係由進口國政府簽發之書面證明文件，保證IC所載之產品進口後，一定遵守出口國政府之要求，不再轉運出口移作他用或其它類似之有關規定。

　　「DV」（Delivery Verification Certificate；抵達證明書）係指進口國政府核發之證明書，證明該項產品已送達該國政府之有效管轄範圍內交貨。

二、通關

（一）進口

1.應依規定文件辦理輸入

進口人應依「IC」或保證文件所載內容辦理輸入。未經原發證機關核准，於通關進口前不得變更進口人或轉運至第三國家或地區。

2.審驗方式之填報

此類貨品之進口報單，報關人應主動在「申請審驗方式」欄填報代碼「8」，由電腦據以核列為C2或 C3。

3.進口轉讓或出售

應確實履行採購該貨品交易行為之約定；進口人或轉售人應將原進口交易行為之契約及文件保存年限以書面告知買受人或受讓人。

（二）輸出

1.輸出許可

輸出應申請輸出許可證。出口人並應依輸出許可證核准之內容辦理出口。

2.審驗方式之填報

此類貨品之進口報單，應由報關人在「申請審驗方式」欄填報代碼「8」，由電腦據以核列為C2或 C3。

3.再出口

（1）自國外進口之戰略性高科技貨品再出口時，如原出口國政府規定須先經其同意者，除應申請輸出許可證外，應再檢附原出口國政府核准再出口證明文件辦理出口手續。

（2）如屬原貨復運出口者，應另提供進口時我國核發「IC」之號碼或其他足資證明進口之文件。

4.銷案

戰略性高科技貨品，經核准輸往管制區域者，出口人應於貨品運抵目的地一個月內，檢附運抵文件向原發證機關（構）辦理銷案。

5.戰略性高科技貨品出口，除依一般通關作業規定外，應注意下列兩點：

（1）輸出許可證可不分批或分批辦理出口通關作業。

（2）此類貨品之出口報單，應由報關人在「申請審驗方式」欄填報代碼「8」，由電腦據以核列為C2或C3。

（三）文件之保存及提供

1.文件之保存

輸出入戰略性高科技貨品之有關文件，出進口人應保存五年。

2.資料之提供

發證機關（構）或專責小組因管理需要，得要求出進口人提供其輸出入戰略性高科技貨品以及日後流向之有關文件資料，出進口人不得拒絕。

輸往設限地區紡織品之通關

經濟部國際貿易局與財政部關稅總局間，為利用電腦連線方式，辦理輸往設限地區紡織品之簽審及通關作業，並兼顧未實施通關自動化之關稅局及未連線簽審或報關業者之需要，施行「單證合一」，加速通關，特訂定「輸往設限地區紡織品出口簽審通關

作業要點」。輸往設限地區紡織品之簽審作業，經經濟部國際貿易局委託財團法人中華民國紡織業外銷拓展會（下稱紡拓會）辦理。

一、單證合一

單證合一，係指輸出許可證（配額專用）與出口報單二者合併為「輸出許可證暨出口報單（輸往設限地區紡織品專用）」（下稱「輸出單證」）。其聯別及用途如下：

第一聯 紡拓會存查聯。

第二聯 統計用聯。

第三聯 通關用聯（由海關存查）。

第四聯 證明用聯（由廠商視需要向海關申請）。

第五聯 沖退原料稅用聯（由海關簽章後交申請人辦理沖退原料稅用，由申請人自行決定是否加附此聯）。

二、通關作業

（一）連線簽證及通關之案件

1.簽證

出口廠商或報關行，在出口前以電腦傳輸信息向紡拓會申請簽證及配額簽章。紡拓會核准後，傳輸信息給海關。

2.回應

海關審核紡拓會所發出之信息後，即傳輸信息回應紡拓會。

3.報關

廠商檢齊報關文件，委託報關行報關。報關行傳輸出口報單信息給海關。

4.放行通知

海關於審核完成後，將出口貨物放行信息傳送紡拓會及報關行。

5.列印輸出單證

報關行列印輸出單證第三聯（或傳輸後之出口報單）依規定遞送海關。

6.比對

通關時比對項目為：貨物輸出人統一編號、貨名代號、商品標準分類號列、統計用數量、統計用單位、配額數量、配額單位、目的地代碼、輸出許可證號碼等九項。

7.比對不符之處理

報關資料與紡拓會所發出之信息內容比對不符，海關將該項信息通知連線報關業者，業者應向紡拓會查證後重行報關或按C2通關方式補送報關文件，必要時海關得要求連線報關業者，提供經紡拓會加蓋簽審核可章之輸出單證第三聯。

8.退關或變更信息之傳送

於放行後有退關或變更報單號碼情事者，海關應重行將信息傳送紡拓會。

（二）非全部以連線方式簽證及辦理通關之案件

1.非連線申請簽證，但連線辦理通關

（1）申請簽證

出口廠商未與紡拓會連線者，在出口前應依規定填具輸出單證第一、三（四、五）聯及配額文件，向紡拓會申請簽證及配額簽章。

（2）核發輸出單證

紡拓會核准後，傳輸信息給海關。並將輸出單證第三

（四、五）聯及配額文件發交出口廠商。

（3）信息回應

海關審核紡拓會所發出之信息後，即傳輸信息回應紡拓會。

（4）報關

廠商檢齊輸出單證及其他有關報關文件，委託報關行報關。報關行傳輸出口報單信息給海關。

（5）放行通知

海關於審核完成後，將出口貨物放行信息傳送紡拓會及報關行。

（6）填具輸出單證

報關行填具輸出單證第三聯（或傳輸後之出口報單），依規定遞送海關。

（7）比對項目

通關時比對項目為：貨物輸出（出售）人統一編號、商品標準分類號列、統計用數量、統計用單位，目的地代碼、輸出許可證號碼等六項。

2.連線申請簽證，但非連線辦理通關

（1）申請簽證

出口廠商與紡拓會連線者，傳輸信息向紡拓會申請簽證及配額簽章。

（2）核發輸出單證

紡拓會核准後，傳輸信息給海關。並列印輸出單證第三（四、五）聯及配額文件發交出口廠商。

（3）信息回應

海關審核紡拓會所發出之信息後，即傳輸信息回應紡拓會。

（4）報關

廠商檢齊輸出單證及其他有關報關文件，委託報關行報關。報關行填具輸出單證第三（四、五）聯連同其他報關有關文件持向海關報關。

（5）放行通知

海關於審核完成後，將出口貨物放行信息傳送紡拓會，並列印放行通知投入報關行候單箱。

3.非連線申請簽證，亦非連線辦理通關

（1）簽證

出口廠商或報關行，在出口前以電腦傳輸信息向紡拓會申請簽證及配額簽章。紡拓會核准後，傳輸信息給海關。

（2）回應

海關審核紡拓會所發出之信息後，即傳輸信息回應紡拓會。

（3）報關

廠商檢齊報關文件，委託報關行報關。報關行填具輸出單證第三（四、五）聯連同其他報關有關文件持向海關報關。

（4）放行通知

海關傳輸貨物放行信息給紡拓會，並列印放行通知投入報關行候單箱。

（三）緊急出口案件之處理

1.申請簽證

出口廠商向紡拓會傳輸信息申請簽證，或填具輸出單證第一、三（四、五）聯，向紡拓會申請簽證，經核准並取得輸出單證第三聯（第四、五聯，不加蓋簽審核可章）後，

即可依規定申請按緊急出口案件處理。紡拓會核准後，傳輸信息給海關。

2. 回應

　海關審核紡拓會所發出之信息後，即傳輸信息回應紡拓會。

3. 報關

　出口廠商另行檢齊有關報關文件，委託報關行報關。連線報關者傳輸出口報單信息給海關。未連線報關者，應先行繕製輸出單證第三聯一份，併同報關文件，向海關報關。

4. 放行通知

　海關於審核完成後，將出口貨物放行信息傳送紡拓會及報關行。

5. 銷案

　業者將紡拓會簽證之輸出單證第三（四、五）聯於三工作日內補送海關銷案。海關通關單位於每月初影印上月份緊急出口之輸出單證第三聯加註放行紀錄，寄回紡拓會勾稽。

(四) 輸出單證之修改

　輸出單證經紡拓會簽證後，如有遺失、註銷、修改情事時，應繕具「輸出許可證暨出口報單註銷／補發／修改申請書（輸往設限地區紡織品專用）依規定申辦。

貨樣之通關

　依關稅法施行細則規定，貨樣係指印有或刻有樣品或非賣品字樣，供交易或製造上參考之物品。

進口貨樣得預行辦理報關手續，並得先將進口報單送海關核明，在報單上加蓋「貨樣提前辦理」戳記，優於一般進口貨物，迅速處理。

一、大陸貨樣

(一) 已開放進口者

大陸貨樣運送來台，如屬已開放進口類者，其離岸價格（FOB）在美幣10,000元以下或等值者，依貨物樣品進口通關辦法第六條第一項規定，免向經濟部國際貿易局申請輸入許可證。

(二) 未開放准許進口者

未開放准許進口之大陸貨樣仍屬管制物品，其貨樣之完稅價格在新台幣12,000元以內者，依該辦法第六條第二項規定，亦免向經濟部國際貿易局申請輸入許可證。惟未開放准許進口之大陸貨樣，如由旅客攜帶進口，其單項產品不超過三個以上，且總價值在新台幣6,000元以下者，始得免向經濟部國際貿易局申請輸入許可證。

(三) 免稅限額

進口貨樣之完稅價格在新台幣12,000元以下者，依上開辦法第三條規定，免徵進口關稅。

二、其他貨樣

(一) 免稅貨品

依關稅法規定，無商業價值之廣告品及貨樣，免徵進口關稅。

(二) 廣告品及貨樣

1.免稅限額

無商業價值以外之廣告品及貨樣，其完稅價格在新臺幣12,000元以下者，依關稅法規定免徵進口關稅。超逾免稅限額之廣告品及貨樣，按其超逾部分課徵進口關稅。

2.空運進口者，完稅價格之核估

空運進口之廣告品及貨樣，經海關審核數量合理者，其運費按實際運費10%計算，核估完稅價格。

3.免證限額

進口之廣告品及貨樣，其完稅價格在進口貨品免辦簽證限額以內者，免辦進口簽證手續，其總值以收件人提出證明文件所載離岸價格或經海關核定之離岸價格為計算根據；離岸價格無從查定時，以海關核估之完稅價格之七成作為離岸價格。如為管制進口類貨品而其完稅價格在限額以內者，亦同。

(三) 樣品由工商業之相關人員以旅客方式攜帶入境者

1.數量

數量不受「入境旅客攜帶行李物品限量表」之限制，惟相同樣品每款不得逾10件。

2.身份證明

（1）旅客攜帶樣品入境如有文件證明其身份，且所帶樣品數量、價值符合規定者，即可適用「貨物樣品進口通關辦法」規定之免稅額。

（2）旅客攜帶之樣品，可於入境前預先申報，或於入境時提供身份證明文件，由海關檢查關員當場查明放行；如於入境時未能提供身份證明文件，則可將樣品留置海關，由旅客於事後檢具證明申辦。

第二節 關務新措施

近幾年來，關稅總局、各地區關稅局均積極配合政府行政革新要求，戮力改革，諸如採行稅則預先歸列制度、風險管理、暫准通關證制度、單一窗口、業者自主管理等等，均係以簡化便民為優先考量之措施，期能達成「無障礙通關」之目標。茲將最具代表性之關務革新措施推介如次。

進口貨物稅則預先歸列制度
（Advance Classification Ruling System）

為劃一稅則分類，加速貨物通關，並減少徵納雙方爭議，財政部於1999年11月16日核定「進口貨物稅則預先歸列實施辦法」並於同日開始實施。

「進口貨物稅則預先歸列制度」係指貨物未進口前，進口廠商及其代理人得向海關申請預先歸列其擬進口貨物之稅則號別。

進口貨物申請稅則預先歸列，應依海關規定格式填寫申請書，詳細填列貨名、規格、材質、加工層次、主要功能、特性等相關資料，並檢附原廠型錄或樣品，向各地區關稅局申請，經關稅總局複核地區關稅局歸列意見後，由地區關稅局函復（審查及答覆之作業時間：一般案件30日，須送WCO查詢稅則分類等特殊案件120日）。

預先歸列之稅則號別除相關法令變更，或申請人提供資料不實、不全，或有一份申請書包括多項貨物、申請歸列者為虛擬性之貨物或與進行行政救濟中之貨物相同（或類似）貨物等情事，應不再適用外，自答覆函發文日起三年內對海關及申請人均可適

用。

　　對答覆函有疑義者，得於收到答覆函之日起一個月內申請重行歸列，但以一次爲限。申請人未認同預先歸列之稅則者，應於貨物進口並經進口地關稅局核定稅則號別後提起行政救濟。

　　因稅則分類見解變更，需變更原預先歸列稅則號別者，海關應以書面敘明理由通知申請人；申請人若能舉證其已訂定契約並據以進行交易，且將導致損失者，得申請延長答覆函之適用，但以延長90日爲限。如因稅則分類見解變更致影響輸入規定時，應依貨物實際進口時之貿易法相關規定辦理。

　　進口人應依預先歸列稅則號別申報進口貨物之稅則號別。實到貨物與答覆函之貨物相符者，海關應按預先歸列之稅則號別核定。實到貨物與答覆函之內容不符者，海關可依職權改歸列，按一般進口貨物之通關程序辦理。

　　此一制度將貨物進口後之稅則分類作業提前至進口前辦理，海關之答覆函對申請人及各關稅局均具有拘束力，可做爲進口相同貨物之進口人申報之依據，有利業者預估進口成本，再決定是否進口；對具有爭議之進口貨物稅則號別則可加以釐清，有助於促進通關程序之便捷化及透明化，減少徵納雙方之爭議，且可爲國際貿易帶來確定性及可預知性，幫助貿易商作較佳之決策。

風險管理

（Risk Management）

　　風險，是指由於未來結果的不確定，可能造成人身或財物方面，無法預期的獲利或損失。就海關而言，風險是指因商民不守法可能造成貿易、產業或大眾損害之程度的大小。

　　風險管理是對不確定的未來，未雨綢繆，把可能造成的損失

降至最低。由於海關人力、資源有限，必須在儘量減少對旅客及商貨作直接干預的情況下，去處理數量龐大的業務。因此，就海關言，風險管理的定義是運用一套邏輯化、系統化方法，將查緝與徵課業務所可能遭遇之風險，加以辨識、分析、評估、擬定對策，並持續不斷的監督和檢討，把有限的人力資源，運用到最有可能發生偷漏關稅或逃避管制之高風險群廠商及貨物之查核，希望藉制度之設計及抽驗方法之改進，達到降低海關及業者之成本、加速通關流程、提昇關務效率之目的。

因為風險管理觀念與SCCP（Sub-committee of Customs Procedure；關務程序次級委員會）所訂行動計畫之便捷化（Facilitatin；容許低風險貿易和旅行之通關程序愈形簡化快速）、可信任性（Accountability；採行風險管理之每一共同步驟均能由文件佐證，使其可信度提高）、一致性（Consistency；共同作成客觀的決策，證明其一致性）、透明化（Transparency；採行共同步驟顯示其透明化）、簡單化（Simplification；集中力量於高危險群貨物，過程可以簡化，工作量可以減輕）等五項指導原則（FACTS）相一致。因此，我國海關之所以採行風險管理，即在於履行亞太經濟合作會議（APEC）經濟體之義務，顯示推動自由化、便捷化之決心，以爭取國際認同。而且我國目前通關自動化之「專家系統」以及「海關查緝走私情報系統」已具風險管理之雛形，若能採行共同步驟有效地篩選出真正的高危險群廠商及貨物，又能持續不斷的監督和檢討，將更能發揮其功效。

關稅總局將水（海）產品、蔬菜、水果、活植物、切花、糖及糖果、果汁、箭筍、蜜餞、健康食品、輪胎、合板、針織成衣、非針織成衣、音響、隨身聽、攝影機、迷你電視機、眼鏡框、太陽眼鏡等列為高危險群貨物，請各關稅局加強查核。

專家系統
（Expert System）

　　通關程序中之查驗、稅則分類、估價及銷證等工作，基本上有相當之專業性及困難度，海關自實施貨物通關自動化後，為使其處理正確，並取得更快速之通關效能，通關自動化系統內設「專家系統」代替人工來處理此等業務。此系統內涵如下：

1. 簽審子系統：包括簽審規定檔、海關特別規定檔、其他規定檔。
2. 價格子系統：包括價格押放檔、價格資料檔。
3. 抽驗子系統：包括應驗檔、免驗檔、抽驗檔。

　　申報之報單資料通過上述之專家系統，即產生C1、C2、C3三種不同的通關方式。

　　抽驗子系統對進出口貨物由電腦根據特定因素如廠商等級、報關行信譽、貨物名稱、貨物性質、生產國別、起運口岸等決定報單之通關方式，提昇作業品質，防止人為弊端。

海關查緝走私情報系統
（Customs Information System; CIS）

　　為廣蒐走私情報，加強查緝，關稅總局建立「海關查緝走私情報系統」，利用電腦系統對可疑廠商、相關業者及個人建立高危險群資料庫，以重點方式加強查緝。

　　CIS內容包括：廠商檔（以廠商八碼統一編號建立）、報關行檔、運輸工具檔（可疑或曾有不良紀錄之商船、漁船、拖車資料，及理貨員、拖車司機、漁船船員等資料），與個人檔（有不良紀錄之船、機員，及曾經參與走私之個人資料）。

廠商檔已於1996年建置完成，將廠商劃分為低危險群廠商（L類）、一般廠商（G類）、高危險群廠商（H類）等三大類。依據廠商成立年限、是否有進出口廠商資格、歷年之進出口實績、有無走私漏稅或違規紀錄等資料為信用程度之劃分標準，廠商如有歇（停）業、他遷不明、解散、虛設行號、被註（撤）銷登記，或根據情報顯示有涉及走私漏稅之嫌者，均隨時鍵入高危險群廠商列為特別注意檢查的對象。此一廠商檔使用效果良好，曾查獲多起重大走私案件。

報關行檔亦已於1997年6月底建置完成使用。運輸工具檔及個人檔已完成資料內容規劃，正進行電腦程式設計。未來周延充實的ＣＩＳ可積極蒐集情報，以有效防範走私偷漏案件的發生。

事後稽核制度
（Post-auditing System; Regulatory Audit）

依關稅法規定，海關於進出口貨物放行之翌日起二年內，得對納稅義務人、貨物輸出人或其關係人實施事後稽核。

此項事後稽核制度，是我國海關為彌補實施貨物通關自動化後，通關點查驗比率低及快速放行可能產生之弊端，所採之措施。為實施事後稽核制度，財政部訂有「海關事後稽核暫行作業規定」作為海關執行之依據。

該作業規定所稱事後稽核，係指於進出口貨物放行後，就專案性案件（指依據情報資料與線索，選定稽核對象之案件，或依據前一年度稽核情形研訂本年度工作計畫，透過風險分析，選定進出口量達到某一標準之廠商，作為稽核對象之案件），或策略性案件（指在一定期間內選定國內外價差懸殊、高稅率或具敏感性等特定貨品，統籌部署進行稽核之案件，或國內廠商守法檢查與

其他認有必要實施策略性稽核之案件），以統計抽樣、人工篩選或其他選案方式，指派稽核人員赴稽核對象（進出口人或關係人）住居所、公司所在地、營業場所等相關處所，查核進出口貨物、買賣雙方之售價文件、貨物價格、價格紀錄、相關帳冊、單證及結匯、押匯與其他資料，並得抄錄與該貨物進口、出口、買賣、成本價值、付款各情事有關之帳簿、信件、發票簿或請其提供相關資料，以瞭解稽核對象遵守海關法令規章情形。

海關為執行事後稽核，結合分估員、稽核員及電腦、貿易、統計等專家共同組成稽核小組（於關稅總局查緝處設事後稽核小組，各關稅局設事後稽核分組），查察以偽報、匿報等不法手段，企圖逃避管制及偷漏關稅之「關稅詐欺行為」。查核內容包括：貨名、完稅價格、稅則號別、數量、產地、仿冒、減免關稅適用條件、沖退稅及海關配合執行管制措施之相關事項。

事後稽核之選案得取自危安、管制進出口及高稅率貨品；海關各單位提供之可疑廠商或貨品資料；事後稽核發現異常案件；與事後稽核有關之密報檢舉案件；貨物逾期不報關、不繳稅或不提領案件；稅費罰鍰未經徵起案件；到貨不符、成立緝案及更改進出口艙單報單相關申報欄位（例如，艙單收貨人、完稅價格、稅則號別、查驗方式）涉及影響稅費之徵收、逃避管制、違反限制規定案件；屬策略性貿易資料（含國內外媒體報導之相關貿易異常資料、業界提供之進口貨品資料等）；海關查緝走私情報、進出口通關、貿易統計、稅則、查緝、沖退稅、通關自動化選案、廠商分級、驗估處報單控管系統等海關資料庫、經濟部商業司公司資料庫、稅捐稽徵機關提供之資料及其他可供事後稽核使用資料。

海關執行事後稽核工作，得要求納稅義務人、貨物輸出人或其關係人（指與進出口貨物有關之報關業、運輸業、倉儲業、快

遞業及其他企業、團體或個人）提供與進出口貨物有關之紀錄、文件、會計帳冊及電腦相關檔案或資料庫等，或通知其至海關辦公室所備詢，或由海關人員至其場所調查，被調查人不得規避、妨礙或拒絕。海關亦得請求相關機關及機構提供與進出口貨物有關之資料及其他文件。

海關稽核結果，發現稽核對象有涉嫌違反關稅法、海關緝私條例或有應補、應退稅費、違反限制規定情事者，得視情節繼續追查其以往進出口報單資料，並將稽核結論移原進出口單位複核，於獲致共同結果後依相關規定論處。

與相關業者之策略聯盟
（Strategic Partnership with Business）

海關與業者間之互動關係，愈來愈受重視，增進企業的競爭力是海關的任務之一，由海關與企業的合作以建立通關順暢化、標準化及效率化的制度，促使區域內貿易的蓬勃，亦為近來海關及企業界有識之士的共識。因此，海關與業者的關係，已由往昔監管者與被監管者的關係，調整為合作策略夥伴關係，並由授權企業自主管理、改善服務品質、尋求合作項目等著手。

我國實施通關自動化後，可充分掌握廠商之財務、商譽情況、管理情形等，乃借鏡美國海關的作法，基於風險管理之理念，與正派經營、管理嚴謹、信譽良好之廠商策略聯盟，藉由雙方協議備忘錄之簽訂，發展出彼此互相信任的夥伴關係，灌輸業者守法精神，獎勵檢舉不法，並賦與業者適當之優惠待遇，例如，享受進出口貨物最低抽驗比率、免押運等措施，讓優良廠商視為一項榮譽，以激發其自律自清意願，共同打擊犯罪。當能藉全民參與之手段，彌補海關查緝上之盲點及解決人手不足之困

擾，雙方互蒙其利，達到雙贏之目標。

　　為推動夥伴關係之實現，台北關稅局已於1999年起分別與優比速、德州儀器、長榮航空等等公司簽署「協議備忘錄」，各地區關稅局亦積極推動中。

暫准通關證制度
（Admission -Temporary Admission Carnet; ATA Carnet System）

　　貨品暫准通關證制度，原為關稅合作理事會（CCC）會員國簽署相互採行之多邊（多國間）公約所訂定之一項簡化通關措施，目前世界已有五十個國家採行。

　　實施貨品暫准通關證制度之國家，對於特定貨品之進出口，僅須持憑特定通關證，即可免除繁複申報及繳押手續，而達到免稅快速通關之效果，此一制度對攜帶貨品多次進出一國或巡迴多個國家之商旅尤為便利。

　　我國訂有「使用貨品暫准通關證作業要點」作為實施貨品暫准通關證制度之規範。適用暫准通關證之貨品，包括下列三類：

　　一、專業器材、設備：包括：

　　　　（一）記者、廣播電視傳播使用之器材。

　　　　（二）電影製作器材。

　　　　（三）其他專門職業用器材。

　　二、供展覽會、國際商展、會議或類似活動陳列或使用之貨品。

　　三、為招攬交易而供展示或示範之出口商業樣品。

　　上述貨品不包括：菸酒、不擬復運出口之貨品、易腐壞品及因使用而消耗之貨品、我國列入管制進口或出口及進口為加工或

修理之貨品。

　　憑貨品暫准通關證進口之物品，在通關證有效期間內（簽發之日起算一年）復運出口時，可憑通關證相關聯替代進、出口報單向海關申報，並可免除進口時所需文件及免繳納關稅及各種內地稅費，惟應由收單單位鍵入相關資料，以利計收商港建設費。

　　目前我國已與新加坡、南韓、南非、歐聯、瑞士、紐西蘭、加拿大、匈牙利、澳洲、美國等簽訂雙邊協定及執行議定書實施此一制度。我國之簽證及保證機構為中華民國對外貿易發展協會。

一段式通關

（One-stage Clearance）

　　就海運出口貨物而言，一段式通關是指加工區或科園區貨物出口，通關自動化前，在駐區海關辦理出口通關放行（第一段）後，須將出口報單副本連同貨物運至裝船之貨櫃站後再向轄區海關報關一次，經通關放行（第二段）始得裝船出口之作業程序，於通關自動化後，簡化為僅在駐區海關報關一次即可，且貨物如裝CY櫃者，可直接送碼頭裝船，如屬CFS櫃者，始需進儲裝船轄區海關之貨櫃站進行併櫃或裝櫃後再裝船出口。

　　就空運出口貨物而言，指科學工業園區事業空運出口貨物，在關稅局科學工業園區支局辦理並完成通關手續後，無須再向局本部出口組辦理出口手續。

長單之申報

　　長單係指進口或出口報單申報項目達50項者。廠商或報關行連線申報之進出口長單，得具結申請經海關核准後，以電腦連線方式傳輸彙總之資料報關，但以事後補送之書面報單為準，其手續依本簡化作業方式之規定辦理。惟涉及保稅（但優級保稅工廠B9出口報單、加工出口區未涉及保稅工廠、保稅倉庫及科學園區案件除外）、沖退稅之進口案件、簽審連線比對、復運進出口、車輛、業者應回收容器裝塡物質之貨品及其他經海關公告不准適用之案件，均不適用本簡化規定。

　　彙總項目之申報或傳輸方式：

一、貨名欄統一以「SUMMARY1，SUMMARY2，…」申報或傳輸，且每一彙總貨名要顯示所包含「原有項目」之項次。

二、數量欄一律申報或傳輸「1 LOT」；依規定應塡報「統計用數量、單位」者，應依稅則合訂本上列載之公噸、公斤以外之單位核算申報。

三、單價欄申報或傳輸原交易條件之單價與數量相乘後之合計金額。

ISO認證

　　ISO（International Organization For Standardization）係國際標準組織的簡稱，主要目的為制訂世界通用的國際標準，以促進標準國際化，減少貿易障礙。行政機關通過ISO認證，可使服務品質及作業程序合理化。

海關申請ISO認證之效益在於依國際品保標準建立一套品保制度，對海關之通關作業及服務品質實施總體檢驗，作爲自我鞭策及對商民服務之保證。認證通過後每年尚有兩次之後續稽核，使海關同仁均能落實執行ISO文件所規定之各項作業程序及規定，並適時修訂工作手冊，有助維持通關作業之服務品質，而且經由國際上具公信力之知名國際標準組織驗證海關作業品質已達國際標準，有助於海關形象之提昇。

各地區關稅局已分別申請ISO認證。

單一窗口
（Single Business Window）

單一窗口化，是行政院於1997年12月24日核定實施之便民措施；係政府各相關單位業務之處理與查詢等作業，對外以單一窗口呈現並接受申辦與提供查詢，爲一站受理、全程服務之便民服務措施。目的是要透過簡化作業流程、使承辦人獲得更大授權等相關配合措施，爲民眾提供更迅速便利的服務。

海關配合推動全國行政單一窗口化運動，目前已辦理事項包括：基隆關稅局「出口貨物通關單一窗口作業」、台北關稅局「使用暫准通關證貨品通關作業」、高雄關稅局「保稅進口報單通關單一窗口服務」等等項目，均有縮短通關作業時間，降低業者營運成本實效，深獲業者好評。

海運運輸業自備貨櫃封條

進（出）口貨櫃使用運輸業者自備封條加封，係海關實施業者自主管理之重要措施，有助於提昇貨物通關自動化之效益，且

經海關核准使用自備封條之業者，每櫃新台幣100元之貨櫃加封費免徵，若以每月進出口貨櫃10,000只計算，每年約可節省運輸業者加封費新台幣1,200萬元，對其營運成本之降低頗有助益。

海運運輸業符合下列條件者，得申請使用自備貨櫃封條：

一、設立一年以上，制度完善、管理嚴格、作業電腦化，且最近一年內未受停止一星期以上期間報關業務之處分。

二、運輸業及供其貨櫃進儲之貨櫃集散站，均設置電腦及相關連線設備，並依海關有關法令規定，透過通關網路以電子資料傳輸方式辦理連線通關並供海關在線上查核或列印貨物艙單進出倉及放行等資料。

三、具備下列完善之貨櫃及封條管理制度：

（一）封條之訂製契約有限制複製之條款。

（二）貨櫃及其封條之管理、使用，以電腦化作業方式控管，並提供海關隨時於線上查核或列印其動態狀況。

（三）最近一年內所簽發之運送契約文件或申報之艙口單未有虛報進口貨物裝船口岸、虛報運費、船舶所載貨物未列報艙口單或載貨清單，且未具有貨物運送契約文件或所載進口或轉運貨物與艙口單、載貨清單、轉運艙單、運送契約文件所載不符且非屬誤裝者。

貨櫃集中查驗制度

本項制度係貨櫃集散站設置有拖靠月台、遮雨棚、照明燈具、機具、電源插座等設備之查驗區，經海關抽中應驗之整裝貨櫃，由納稅義務人或報關人依規定向驗貨單位申請，俾憑海關查

驗貨物通知,將該貨櫃拖吊至集中查驗區,由海關、商品檢驗局、港區檢查處、貨主或報關人員會同查驗。

貨櫃集中查驗制度係以櫃就人方式辦理查驗,貨櫃集中一處查驗,可節省往返時間及查驗人力,且集中查驗,可防杜關說與避絕非法,並可減少查驗時之漏失。

但貨櫃需拖吊至集中查驗區,增加貨主負荷,待查驗貨櫃數量較多時,機具人力如未能充分配合亦會影響查驗效率。

防止冒用優良廠商報關查對系統

該系統係由財政部貨物通關自動化規劃推行小組於1995年設計使用,其目的:

一、防止不法廠商冒用名義:該系統在防止不法廠商利用海關對申請加入查對系統之優良廠商降低抽驗比率之優惠,冒用優良廠商名義報關走私貨物進出口,使海關風險管理制度遭到破壞。

二、通關作業透明化:透過此系統申請比對通關資料之優良廠商,可同時瞭解該公司委託報關行報運進出口貨物之主要通關流程情形,不致被不肖報關行所矇蔽。

廠商是否與此系統連線,為海關電腦專家系統核定貨物通關方式要件之一。該電腦作業系統主要包含防止冒用優良廠商查對系統、資料庫查詢系統二項作業。與此系統連線廠商可獲得下列優惠及資訊:

一、貨物通關享有較低之抽驗比率。

二、獲得錯單或應補辦事項、稅費繳納證、國庫專戶存款書及放行通知等訊息。

三、進行海空運海關資料庫、艙單資料庫、公共資料庫、電

子布告欄及電子訊息處理狀態之查詢。

　　優良廠商透過通關網路連線，進行進出口通關作業訊息之接受與查對，如發現遭冒用或異常情事，可立即通報海關相關單位查察，共同防制不法。未連線廠商，海關因事前無從查證其名義是否被冒用，且事後亦僅對成立緝案者發出處分通知書，因此可能有被冒名仍無法查覺情事發生。

出口監視系統制度

　　係1992年6月，我國與美方智慧財產權諮商，應美方要求，由國內各相關機關所共同制定之出口監視措施。內容包括：電腦程式相關產品出口檢驗制度（簡稱EMS制度）與商標出口監視系統。

　　我國實施EMS制度主要在防止仿冒電腦程式相關產品之出口。凡廠商向海關報運電腦程式相關產品出口時，應檢附著作權相關文件，憑以查核。於港口、機場設置「電腦程式相關產品出口檢驗中心」，對高危險群廠商出口之貨品及一般廠商出口經海關抽中查驗之貨品，先行查核其所附之著作權證明文件或著作權人之授權文件，如經核屬實，即可由海關憑以驗放；如經審核有疑問或未檢附授權文件者，則由檢驗中心人員會同海關人員至現場查核（驗貨）或取樣送檢驗中心查核，其結果如涉侵權情事，則通知海關不予放行。此一制度保護之產品項目包括：電腦、印表機、電視遊樂器（含半導體晶片、印刷電路板），查獲最多者為電視遊樂器。

　　經濟部國際貿易局自1994年9月10起受理商標專用權人申辦商標之登錄，海關自同年10月1日起為配合該局建置之「商標出口監視系統」，正式就該系統所登錄之資料實施出口貨品商標查核比對

作業，凡貨品本身或其內外包裝或容器標示有商標者，出口報單應載明標示之商標，並儘量以實際商標縮小影印黏貼，再加蓋騎縫章。如有國貿局核准商標登錄文號者，應予報明。如未標示商標，則應載明「NO BRAND」，以防止仿冒商標或未經商標授權貨物之出口。

海上走廊（藍色公路）

指藉由航行國內航線之船舶運送國內兩國際港口間（例如，高雄港與基隆、台中港間）未稅貨櫃之轉運方式。

船公司申請將出口貨櫃利用海上走廊轉運至他關區裝船出口作業時，出口報單仍應申報實際裝運出口之船名、船隻掛號，海上走廊船之出口艙單則不必列載該轉運之出口貨櫃。船公司於出口貨物放行後，應另以特別准單申請書及出口貨櫃清單，向海上走廊船之起運地關區稽查單位申請，經簽准後，憑以裝船及卸船作業。如卸存地點有變更時，應就近向當地海關另行申請核准。

利用海上走廊之轉運方式，可疏解陸上交通流量，業者亦可享有免繳監視費之優惠。

海運新出口通關制度
（The new export clearance system for sea cargo）

關稅總局為落實行政院提昇國家競爭力與通關效率之要求，主動參據世界先進海關之作法，在現有海運貨物通關自動化之架構下，積極取消多項控管，以簡化現行通關作業及流程，並配合簡化刪修相關法規，使船舶及貨物之出口通關更為便捷。於1997年4月起分三階段實施海運新出口通關制度，此一制度之簡化作業

要點：

一、海關不強制船公司申報「出口船舶開航預報單」，更正亦
　　不予控管。

二、通關網路設置船隻截止收貨及結關開航資料庫供業者查
　　詢。

三、取消截止收單時限之限制。

四、海關不再徵收逾時投單特別處理費及特別驗貨費。

五、退關轉船不須申請核准，並免除貨主同意書。

六、簡化船公司辦理退關轉船之作業方式。

七、連線艙單放寬為結關開航後48小時內傳輸。

八、海關取消列印「出口報單放行清表」，但開放資料庫供查
　　詢。

推動電子化政府方案

　　海關配合行政院電子化政府推動方案，除擴大關稅總局及各
關稅局簽稿自動化作業外，並加強總局及各關稅局網際網站功
能，提供民眾二十四小時透過網路獲得迅速便捷之關務資訊及線
上申辦等多元化服務管道，以增進海關與民眾之意見溝通。

　　另為減少廠商赴海關洽辦或郵遞申辦案件之不便與成本，並
加速處理作業，關稅總局及各關稅局已全面建立電子信箱（E－
Mail）普及至各科（課）、股，實施以電子郵件處理申請案件作
業，以電腦訊息傳輸取代書面申請書投遞，提昇行政效率與服務
品質。

　　台北關稅局、台中關稅局、高雄關稅局自1998年7月1日起，
以電子文件處理保稅廠商申請案件，格式有保稅進口貨物與申報
不符申請報備、保稅原料內銷轉售申請、保稅工廠提供維修服務

案件等14種定稿或非定稿式案件之電子郵件信箱服務。

實施業者自主管理

　　海關業務未來將大幅成長，而關員人數因行政院正積極推行人員精簡政策勢難按比例增加，為免屆時缺乏人手，海關研擬對運輸業、倉棧業、貨櫃集散站業、報關業、保稅工廠業者等所實施之管理事項，將視實際需要陸續委由業者自主管理，海關只負責監督與抽核，以減少不必要之干預，減輕倉儲業者之營運成本（實施自主管理事項可免徵特別監視費），提昇競爭力，並使業者對海關業務能充分參與。

　　目前已由加工出口區公營倉儲業者先行辦理自主管理，成效良好，並修正「海關駐站（庫）關員監督工作事項表」部分條文，及對貨櫃之轉口、轉運相關作業人員督管良好之運輸業者給予降低押運比率之優惠措施，改由機動稽查方式控管，以擴大業者自主管理範圍，縮短碼頭作業時間，貫徹無障礙之快速通關，海關因而節省之駐庫（站）關員人力則移作實質之管理及查緝工作。

爭取海關人員司法警察權

　　美國海關為查緝走私而設立之特勤單位對涉嫌走私者可從事調查、搜索、逮捕及起訴之權，即查緝人員對與進出口貨物有關之人、事、物均具有完整之司法警察權，於執法、涉外聯繫、及情資蒐集等方面，均能充分掌握運用，且自行培養線民，從相關業者蒐集不法預警資訊，使得關員於過濾報單及艙單資料時能有充足分析能力，研判高危險群貨物，而精準地破獲走私行為，對

國課之保障及走私犯罪之遏止，成效顯著。日本海關人員亦具有相似權限。而我國海關雖職掌全國緝私重任，但關員卻無司法調查權。

根據港區聯合安檢作業要點規定，我國海關查獲毒品、槍械等重大案件時，毒品必須移交調查單位追查貨主、來源，槍械則交由警察單位偵辦。因此，海關無偵訊、移送及偵辦嫌犯的公權力，僅能就查獲之私貨予以處理，對私梟之追蹤偵查惟有依賴情治單位協助，故嚇阻效果有限，使查緝關員充滿無力感，且有認真執行查緝工作之關員受到走私集團恐嚇、威脅、傷害之案例，私梟肆無忌憚，嚴重影響關員工作士氣。

也因查獲私貨後，關員無法掌握現場立即逮捕私梟，追查私貨流向及幕後走私集團，將其移送法辦，人物證俱失，無法深入追查，使私梟逍遙法外的情況。

現代走私手法不斷翻新，私梟集團化、企業化，關員如擁有司法警察權，可在發現事實後立即採取必要行動，直搗私梟核心，攔截走私或不法行為於關口，且可提振查緝士氣，加強海關執法功能。因此，海關人員擁有司法警察權，為有效防杜走私，提昇緝私效率之重要條件。

預先清關制度

（Pre-entry Clearance System）

預先清關制度係海關為縮短貨物廣義通關時間所採行之一項措施（貨物自船隻進港到放行提領出倉，需經卸貨、拆櫃進倉、報關、查驗、檢驗（疫）、繳納稅費、倉租、提貨等手續，其所耗時間即廣義通關時間；海關實際作業時間即狹義通關時間）。

凡經海關核准實施預先清關之船（航空）公司，於進口貨物

離開上一個港口、機場後，未達本國目的地前，即可將承載貨物艙單資料以EDI方式傳輸海關，報關行得以連線方式預行報關，經電腦碰檔銷艙後，由電腦專家系統篩選決定貨物之通關方式，經電腦核定爲C1（免審書面文件、免驗貨物）方式通關，並經海關放行之進口貨物，於貨物抵達時，可立即點貨提領，免進倉上架，以加速貨物通關。

台北關稅局自1997年11月28日起實施該制度。

彙總淸關制度
（Consolidated Clearance System）

爲加速信譽良好廠商進出口貨物之通關，及簡化其進口稅費之繳納手續，海關訂定彙總淸關作業辦法；並自1998年3月 25日起實施。

彙總淸關，係指廠商進出口貨物，應逐批以電子傳輸報關，除海關認有檢送報單審核或查驗需要者外，原則上以免審免驗（C1）方式通關，並按月彙總繳納進口稅費，其稅費繳納方式，適用進口貨物先放後稅實施辦法第三條之規定。

參加此一制度之廠商，除可享有快速通關及按月扣繳稅費之優惠外，如該廠商係符合稅捐自行具結條件之製造業，並可以具結方式按月彙總繳納稅費，對資金之週轉頗有助益。

一、應具條件

廠商具備下列條件之一者，得向海關申請辦理彙總淸關：

（一）成立三年以上，具進出口廠商資格，最近三年平均每年（1月至12月）進出口實績總額達3,000萬美元，且最近

三年平均無虧損或虧損已彌補、無欠稅、低報貨價逃漏稅捐、走私或其他重大違章情事，但低報貨價逃漏稅捐情節輕微（漏稅金額未逾新台幣50萬元），且為初犯者，不在此限。

（二）海關評定為優級保稅工廠、自行點驗之科學工業園區事業、加工出口區區內生產事業，成立三年以上，具進出口廠商資格，最近三年平均每年（1月至12月）進出口實績總額達2,000萬美元，且最近三年平均無虧損或虧損已彌補、無欠稅、低報貨價逃漏稅捐、走私或其他重大違章情事，但低報貨價逃漏稅損情節輕微（漏稅金額未逾新台幣50萬元），且為初犯者，不在此限。

二、適用報單

適用彙總清關進出口報單類別如下（惟財政部關稅總局得視需要調整）：

(一) 進口報單

外貨進口報單、保稅廠輸入原料報單、國外輸入加工區報單、加工區輸出貨物復進口報單、國外輸入科園區報單。

(二) 出口報單

外貨復出口報單、國貨出口報單、保稅廠原料復出口報單、保稅廠加工品出口報單、加工區輸出國外報單、國外輸入加工區復出口報單、科園區進口原料復出口報單、科園區成品出口報單。

三、繳納稅費方式

彙總清關貨物按月彙總繳納稅費方式如下：

（一）以二（一）所列進口報單之貨物為限，並適用進口貨物先放後稅實施辦法之規定。但依關稅法規定應繳納保證金或擔保額度不足之案件，及保稅廠商依現行法令規定按月繳納之進口稅費除外。

（二）海關各關區通關單位應於次月五日前核發一張當月之彙總清關進口貨物稅費繳納證及進口報單資料清表，彙總清關廠商應自行或指定報關行向海關索取於法定期限內持憑繳納，未於法定期限內全部繳納者，按進口貨物先放後稅實施辦法第七條之規定議處。彙總清關廠商在月底前可就當月進口貨物稅費先行繳納。

（三）經海關審查核准依進口貨物先放後稅實施辦法第三條以自行具結繳納稅費方式擔保者，其自行具結之額度，以申請前一年（1至12月）月平均進口稅費二倍為限。

進口貨櫃追蹤查核系統

在未實施貨櫃追蹤查核系統前，進口貨櫃控管作業，甚為繁瑣，經設計貨櫃追蹤查核系統改以電腦控管追蹤查核，從船隻進港申請核發普通、特別准單，製作貨櫃運送單、申請自動配備封條，貨櫃卸船後逐櫃加封、開具貨櫃運送單，出、進站時則以光罩機逐櫃讀取封條號碼、查核是否逾越運輸時限，及辦理異動與結案作業，以控管貨櫃之進出站。

貨櫃追蹤查核系統順利運作，不但控管進口貨櫃之流程便

捷、省時省力，並可防弊，而進口艙單無紙化、船公司進出口貨櫃使用自備封條及貨櫃免分區堆置等作業亦可達成，業者稱便，通關效益大增。

參與關務有關之國際組織

為促進與他國間之貿易及國際交流，我國財經部門正積極推動加入或參與下列與關務有關之國際組織：

一、關稅與貿易總協定

1947年10月30日世界各國為促進國際貿易及國際交流之發展，在瑞士日內瓦簽署關稅與貿易總協定（General Agreement on Tariffs and Trade; GATT），1948年1月1日正式生效。此協定為最重要之國際貿易規範，其基本精神在致力消除貿易之關稅及非關稅障礙，成立目標係訂定國際間貿易規則、排解貿易糾紛及促進世界貿易的快速成長。

GATT內容分為四篇，包括前言與三十八條條文。協定之六大原則為：

1. 最惠國待遇原則（Principle of Most-favoured-nation Treatment）：指締約成員對來自各締約成員或輸往其他國家之任一產品所給予之任何優惠、特權或豁免，應立即且無條件給予來自或輸往所有其他締約成員之同類產品。

2. 國民待遇原則（National Treatment）：任一締約成員之政府措施，應對來自其他締約成員之輸入品，給予和本國產品相同之待遇。即締約成員對輸入品所設定之內地稅費及影響此輸入品在國內販賣、採購、運送、配銷或使用之法

規，不得低於其本國相同產品所享有之待遇。任一締約成員亦不得直接或間接規定任何產品在混合、加工、使用時，要求特定數量或某一比例須由國內供應。

3.關稅減讓原則（Tariff Concession）：任一締約成員關稅減讓表內所列特定項目之產品，自其他締約成員輸入時，如符合該減讓表所定條件或限制者，應不予課徵逾該表所承諾之稅率。

4.廢除數量限制原則（No Prohibition or Restriction on the Importation of Any Product）：締約成員對其他締約成員產品之輸入或輸出，除關稅、國內稅及其他規費外，不得以配額、輸出入許可證或其他措施限制其數量。（美國為規避此項原則之規定，於貿易法第二〇三條規定「得與相關外國政府談判達成有秩序行銷協定」，由出口國自行限制特定產品輸往美國之數量，非由美國設定配額）

5.減少非關稅障礙原則（Non-tariff Barriers）：各締約成員不得以非關稅措施限制或禁止貿易（一般規定），或以傾銷、補貼、關稅估價、輸出入手續、產地標示、國內貿易法規、國營事業等手段間接設限（個別規定）。

6.諮商原則（Consultation）：各締約成員間之任何爭端，應先由雙方相互諮商，或透過大會諮商解決。如未能於合理期間內達成協議，得提交大會作適當之建議或裁決。

我國於1992年9月29日以「台澎金馬個別關稅領域」（The Separate Customs Territory of Taiwan, Penghu, Kinmen and Matsu；簡稱中華台北Chinese Taipei）名義正式成為GATT觀察員。

二、關稅合作理事會

關稅合作理事會（Customs Cooperation Council; CCC）於

1953年1月成立，其成立宗旨爲研究各國關務合作，就技術面及經濟觀點考量關務程序，促使各會員國間相互共同研討具體可行方案供各會員採行，使各國關務制度更趨簡化及一致化，以利國際貿易及國際交流之推展，目前已有一百四十多個會員。CCC以理事會爲最高權責單位，在理事會之下設有政策、財政、查緝、調和制度及永久技術等五個委員會。

　　CCC之會員於1973年5月於日本京都制訂「京都公約」（Kyoto Convention），其正式之名稱爲關務程序簡化及調和國際公約（International Convention on the Simplification and Harmonization of Customs Procedures），1974年實施，爲各國關務程序之共同準則。CCC擬定該公約之目標，係爲國際上提供一項標準的、進步的通關程序，供各國簽署採行，使各國關務作業更爲簡化及協調一致，以促進國際貿易及國際交流之蓬勃發展。

　　京都公約在結構上分爲本文及附約兩大部分。本文包括前言及本約。前言揭示公約之目標及採行本公約之原則。

　　京都公約之目標爲：

　　1.經由本公約之執行，消除各國通關程序之差異。

　　2.透過通關程序之簡化與調和，加強國際合作。

　　3.因應業者需要，簡化通關程序與作業，實現便民目標。

　　4.採行現代化技術，改進海關緝私作業，精簡海關人力。

　　京都公約之原則爲：

　　1.關務程序現代化要持續進行。

　　2.關務程序要公開化、一致化、透明化。

　　3.有關資訊應予公開。

　　4.優先採行現代化技術原則。

　　5.保持與他國合作原則。

　　6.採行國際標準原則。

7.提供相關人士易於行使之行政和司法救濟程序。

京都公約之附約含總附約、特定附約、指南三者，具體規範各種通關程序。總附約（General Annex）係指本公約內適用於所有通關程序與作業之一系列規定，特定附約（Specific Annex）指本公約內適用於一個或多個通關程序與作業之一系列規定，指南（Guideline）係指總附約、特定附約及其內之章有關規定之一系列釋示，該項釋示目的係說明適用準則時可能採取之各種行動。

總附約及特定附約均分章規定準則（Standard：指為達成通關程序與作業之簡化與調和，被認為必要實施之規定，付諸實施之過渡期為36個月，不准保留）、過渡性準則（Transitional Standard：指在總附約內，准許付諸實施期間較長之準則，付諸實施之過渡期為60個月，不准保留）及建議措施（Recommended Practice：係指特定附約內之規定，該規定被認為係朝向簡化與調和關務程序與作業目標之構成步驟，此等規定希望簽署會員能儘量擴大適用，付諸實施之過渡期為36個月，建議措施如與簽署會員之國家法規規定不符准予保留）。

京都公約之兩個或兩個以上簽署會員，對於公約之解釋或適用發生任何爭端時，應儘可能以談判解決。爭端如無法透過談判解決，發生爭端之簽署會員應將爭端提請管理委員會謀求解決，管理委員會應斟酌爭端情形，提出解決爭端之建言；發生爭端之簽署會員得接受管理委員會之建言，作為彼此之約束。

1999年6月CCC為適應國際經貿環境之變化及資訊科技快速發展之需要，對京都公約全盤加以修正，稱為修正版京都公約。修正版分一般附錄及特別附錄兩部分，一般附錄共十章，公約簽署會員及申請入會者必須全部採行；特別附錄共二十五章，公約簽署會員及申請入會者可選擇採行。此次修正使該公約涵蓋亞太經濟合作關務程序次級委員會（APEC/SCCP）訂定之推動項目全部

內容（例如，實施風險管理、採行貿易無紙化、建立共同資料要件、廉政海關等等），且對通關程序之簡化、現代化、透明化皆有全盤性、標準性及前瞻性之規範，世界關務組織稱之為二十一世紀關務程序效率化及現代化之藍圖。

三、世界貿易組織

世界貿易組織（World Trade Organization; WTO）係依烏拉圭回合談判最終條款於1995年1月1日將關稅與貿易總協定（GATT）更名而成立之國際性組織，成立之目的在制定貿易政策。

WTO期能經由談判交涉與協定之簽訂，提供國際間商業活動之準則，以協助及便利生產者、進出口商從事商業活動，促進世界貿易之成長與發展。為達成上述目標，其工作重點為：

1. 建立國際貿易之基本原則，維持貿易之和平發展及公平競爭。
2. 透過雙邊與多邊諮商協議，建立相互信賴之規則及制度，以解決貿易爭端或問題。
3. 訂定國際規範，減少貿易限制，以避免利益團體之遊說施壓，並使各國政治清明，提昇國民福利與所得水準。
4. 密切與世界銀行、國際貨幣基金及其附屬機構進行合作，使全球經濟政策趨於一致。
5. 透過發展貿易，加速會員國及世界整體之經濟成長。

WTO最高權力機構為部長級理事會，二年召開一次，實際執行者為總理事會，總理事會下設秘書處，由秘書長實際負責。WTO目前有136個會員，36個觀察員。

WTO建立後使貿易自由化，加速世界經濟一體化，且將貿易發展與環保相結合，並激勵成員提高效率、加強競爭，使國際分工向高層次發展，各種生產要素能合理配置，對發展中成員提供

更多機會與優惠，但非成員在面對成員競爭中則處於不利地位。

四、世界關務組織

　　世界關務組織（World Customs Organization; WCO）為關稅合作理事會於1994年10月訂定之工作名稱。WCO是全球政府間唯一負責海關事務之國際組織，成立宗旨及目的為致力各國關務程序與作業研究，提供會員體關務代表研討會場，並給予會員體技術協助及訓練；另為達成各會員體調和與一致作法，擬訂公約或建議方案，供會員體採行，以促進會員體經濟貿易和國家社會福利之發展。並透過監管、查緝、守法評估等，打擊關務違規案件，及藉由加強會員體及國際機構間之交流、合作及人力資源培訓，改進關務行政之管理方法及分享最佳作業方式等，協助會員體適應及面對現代化快速變動的環境之挑戰。

　　WCO之功能及目標為：

（一）　就技術觀點及經濟因素等方面提供實際作法，使各國關務制度趨於調和與一致。

（二）　制訂公約草案。

（三）　為確保公約之統一解釋與執行而擬訂建議方案。

（四）　為解決公約解釋與執行之爭議，提出建議意見。

（五）　主動或被動提供有利害關係之政府關務資訊或意見。

（六）　本於權責與其他政府間組織建立合作關係。

　　WCO主要組織為會員（截至2000年5月止有151個會員）、各技術性委員會（例如，HS、關稅估價、常設、查緝、原產地規則等委員會）及秘書處。目前WCO最主要職責是推動關務的簡化、透明化及調和化，以促進世界貿易的自由發展。因此，WCO秘書處工作秉持的原則是國際性、睦鄰關係、雙邊諮商策略。

　　我國正式加入WTO後，即可以WTO會員身分成為WCO關稅

估價、原產地規則技術委員會及京都公約管理委員會之觀察員，將直接獲得WCO之最新資訊，對我國關務程序之簡化與調和及國際貿易之發展將大有助益。

五、亞太經濟合作會議

亞太經濟合作會議（Asia Pacific Economic Cooperation; APEC）成立於1989年，由亞太地區為21個會員經濟體所組成，為21個經濟體高階政府官員間之諮商論壇。其成立目的，係希望經由各會員體部長間之對話與諮商，尋求亞太地區經貿政策之協調，促進亞太地區貿易暨投資之自由化與區域合作，以維持區域之成長與發展。

APEC以「共識」為運作基礎，透過開放政策性對話完成自由化之目標。每年11月舉行部長級會議及非正式經濟領袖會議，並在資深官員會議之監督與指示下透過委員會、工作小組、專家小組間之會談與討論，逐步推動大阪行動綱領所定之各項相關計畫，並將執行情形逐層向資深官員會議、部長級會議及領袖會議提出報告。

APEC之組織及架構包括：非正式經濟領袖會議、年度部長會議、資深關員會議、預算暨管理委員會、貿易暨投資委員會、經濟委員會、企業諮詢委員會、秘書處、農業技術合作專家小組、中小企業政策階層非正式小組及十個工作小組。其中貿易暨投資委員會主要負責協調APEC貿易暨投資自由化及便捷化工作之執行，業務範圍包括：關稅、非關稅、關務程序、智慧財產權、原產地規定、解除管制、烏拉圭回合執行等十四項領域，其中部分專業議題另行成立次級委員會（如關務程序次級委員會）或專家會議，以進行更深入之探討與分析。

1991年，APEC發表「漢城宣言」，明定其宗旨為：

1. 維持亞太地區之經濟成長、發展及人民福祉，並藉此方式對世界經濟之成長及發展有所貢獻。

2. 增加會員體間經濟之相互依存度，鼓勵商品、勞務、資本及技術之流通，增進區域及全球經濟之利益。

3. 基於亞太地區及其他經濟體之利益，加強開放多邊貿易體系。

4. 以符合GATT之原則，且不損害其他經濟體利益之前提下，減少各會員體間之商品與服務業貿易及投資之障礙。

1994 年APEC十八個會員體經濟領袖在印尼會議後，共同發表「茂物宣言」（Leader's Declaration-bogor），規劃亞太地區之遠景，宣示在考量APEC會員的差異性及經濟發展程度不同的情形下，已開發會員體將於2010年達成貿易與投資自由開放的目標，開發中會員體則預定於2020年完成該項目標，並責成各會員體訂出具體推動計畫。其要旨如下：

1. 加強開放性之多邊貿易體系。

2. 促進亞太地區貿易與投資自由化、便捷化。

3. 強化亞太地區經濟與技術合作。

1995年 APEC會員體於日本大阪為達成茂物宣言所宣示之自由化目標，訂出行動綱領，又稱「大阪行動綱領」（Osaka Action Agenda）。此綱領之重點為貿易暨投資自由化與便捷化，以及經濟與技術合作等相關議題。貿易暨投資自由化與便捷化含「一般性原則」（即APEC會員體在推動過程中所應遵循之全面性、一致性、可比較性、非歧視性、透明性、凍結、時程、彈性、合作等九項原則）之推動架構，及「特定領域」（含關稅減讓、非關稅措施、關務程序、原產地規定等）之行動計畫。

1996年的馬尼拉行動計畫（Manila Action Plan for APEC;

MAPA）、部門別提前自由化（Early Voluntary Sectoral Liberalization; EVSL）、民間部門之參與等都是APEC會員體爲落實大阪行動綱領之持續推動作業。

APEC在2000年的改革重點，是推動網路報關及成立虛擬工作小組。讓報關人在家中、公司利用網際網路完成報關、認證程序；成立虛擬工作小組的目的是希望透過E-mail及網際視訊傳播，免除各會員體須長途旅行參加國際會議之困擾。

關務程序次級委員會（SCCP）訂定2000年後之推動方向則爲海關廉政、海關在電子商務之運用、落實最新修正之京都公約、旅客預先清關及APEC商務卡。

我國於1991年11月加入APEC後，即積極參加部長級、資深官員及各論壇所舉辦之各項會議及活動，在平等、無歧視性之基礎上與各會員體就各項議題進行協商，並與其他會員體就雙邊關切之經貿議題及未來亞太地區經濟合作事項交換意見，廣獲其他會員體之重視與好評。

第9章 貨棧、貨櫃集散站及報關業者之管理

1.貨棧及貨櫃集散站之監管

2.報關業者之管理

貨棧（Warehouses），係指經海關核准登記供存儲未完成海關放行手續之進口、出口或轉口貨物之場所。依「海關管理進出口貨棧辦法」設置之貨棧，除因特殊情形，經海關核准者外，應分進口、出口兩種。進口貨棧限存儲自國外輸入之進口或轉口貨物，出口貨棧限存儲出口貨物。

　　貨櫃（Container），係指供裝運進、出口或轉口貨物特備之容器。貨櫃集散站（Container Terminals）係供貨櫃及裝櫃貨物集散、倉儲之場地；依其業務性質可分：港口貨櫃集散站（設於港區範圍內與貨櫃碼頭相連結者）、鐵路專用貨櫃集散站（設於鐵路場站範圍內，由鐵路專用者）、內陸貨櫃集散站（設於港區以外內陸地區，不屬於鐵路專用者）等三種。

　　報關業者（Customs Brokers），指經營受託辦理進、出口貨物報關納稅等業務之營利事業。

　　為防止貨棧、貨櫃集散站及報關業之從業人員與私梟勾結走私，海關對渠等作業訂有「海關管理進出口貨棧辦法」、「海關管理貨櫃辦法」、「報關行設置管理辦法」等加以規範，茲分別於本章第一、二節列述。

第一節　貨棧及貨櫃集散站之監管

　　一般貨棧由倉儲業主與海關聯合加鎖，非雙方會同開啟，不能出入，又稱聯鎖倉庫；貨棧內貨物，非經海關核准放行，不得提領或裝船。惟存放貨棧內貨物，偶有調包走私情事，故訂定「海關管理進出口貨棧辦法」加以規範。

　　經海關核准之貨棧，得實施自主管理，實施自主管理之貨棧，海關得不派員常駐。貨棧實施自主管理應指定專責人員依海

關規定辦理經海關核准實施自主管理之事項，海關得定期或不定期加以稽核。

　　以貨櫃裝運貨物具有機動性及隱密性，且運輸快速、安全、運費低廉，故常被私梟作為走私工具，最常見之走私方式為：貨櫃夾帶、夾層、調包。為防止貨櫃走私，海關採行在碼頭及貨櫃集散站加強開櫃檢視或查驗、加封封條、對可疑之貨櫃派員押運、限制運出海關管制站之未通關放行貨櫃在陸上運行的路線及時間等方式。

　　為方便執行上述管理措施，海關建立一套貨櫃控管系統，設有貨櫃運送單記錄貨櫃號碼、封條號碼、運輸起訖地點及時間，加封及押運關員姓名等資料以供查核。此項系統，除以打卡鐘記錄運輸時間外，其餘均係人工作業，費時費力。為配合海運通關自動化作業，海關乃規劃貨櫃追蹤查核系統，結合電腦及通訊網路以替代人工作業，自動列印貨櫃運送單並自動記錄貨櫃動態，以達快速通關及有效控管之目的。

　　茲列述「海關管理進出口貨棧辦法」、「海關管理貨櫃辦法」對貨棧、貨櫃集散站之作業規範重點如后。

一、設立之勘查

（一）勘查
1. 申請設置貨棧、保稅倉庫及貨櫃集散站，應依規定檢具證件向海關進口組辦理。其勘查工作由貨櫃集散站及貨棧聯合檢查小組辦理。
2. 勘查時應注意建築堅固，且具有防盜、防水、防火、通風、照明及其他確保存貨安全與便利海關管理與驗貨之設備；重整貨物專用保稅倉庫並應有適當工作場所、棧門須

可供聯鎖、站（棧）內所設地磅（秤）應合乎標準、集散站或貨棧所在地位置適當。

3.查明站（棧）是否與申請者相符，進口貨棧內有否專設存儲破損貨物之倉間，有否備妥辦公處所及辦公設備，於勘查後將結果簽註意見轉進口組核辦。

（二）連線設備之設置

海關視實施貨物通關自動化作業需要，得依實際情形公告要求貨棧經營人設置電腦及相關連線設備以電子資料傳輸方式處理業務。

（三）登記證、執照有效期間

貨站（棧）經核准登記後，由海關發給登記證，此項登記證有效期間為二年，期限屆滿前，應由海關複勘合格後，始予換證；但經海關複勘合格而原核定登記事項無變更者，得以校正方式辦理。

經核准登記之保稅倉庫，由海關發給執照，以憑開業。該項執照有效期間一年，每年校正一次，並應於期限屆滿前二個月，檢具規定文件向海關申請校正。

（四）貨棧之聯鎖

經核准登記之聯鎖貨棧，應由貨棧經營人與海關共同聯鎖。但經海關核准實施自主管理之貨棧，得免與海關聯鎖。

（五）貨櫃集中查驗區域之設置

集散站應設置貨櫃集中查驗區域以供海關查驗貨物。集中查驗之區域須有明顯標示，其面積、查驗場所、遮雨棚、照明燈具、機具、電源插座及搬運工人等應配合海關查驗需要設置。新設立之集散站並應有固定式之拖靠月台。但設置於國際港口管制

區內之集散站，其出口整裝貨櫃之查驗作業月台，得以活動式之平面拖靠月台替代。

（六）業務費之徵收

設於內陸之聯鎖貨棧應按月徵收業務費，每月新台幣6,000元；設於內陸之貨櫃集散站應按月徵收業務費，每月新台幣12,000元。但經海關核准實施自主管理，海關不再派員駐站（庫）者，免予徵收。

二、貨物（櫃）進出站（棧）時間之規定

（一）卸存及提出貨棧時限

進口貨物卸存貨棧，或已經查驗之出口貨物提出貨棧，應於例假日以外每日上午六時至下午六時之內爲之。出口貨物存入站內倉庫、已放行進口貨物提出站內倉庫，或貨物進出保稅倉庫，應在海關辦公時間內爲之。但經海關核准自主管理之進出口貨棧、機邊驗放、快遞貨物專區之貨物及其他特殊情形經海關核准者除外。

（二）特別監視費之徵收

在辦公時間外提貨，或將已放行之實貨櫃、轉運國內其他口岸之實貨櫃運出集散站者，應徵收特別監視費。但經海關核准實施自主管理者，免予徵收。

（三）印時鐘之設置

集散站應設置印時鐘，並於實櫃進站及出站時負責於貨櫃運送單打入進、出站時間，貨櫃進站如逾海關規定時間，應即報請海關處理。

三、進口櫃裝貨物艙單之申報

(一) 艙單應報明事項

運輸工具以貨櫃裝運貨物進口時，應在進口艙單上報明裝載貨櫃之標誌、號碼、貨櫃種類、裝運方式。如實際卸下之貨櫃與進口艙單及特別准單所列貨櫃之標誌、號碼、貨櫃種類及裝運方式不同時，應由運送人或其代理人填具更正報告或溢卸、短卸報告送海關簽證後，憑以更正進口艙單及貨櫃清單。船舶進口時，如運送人或其代理人尚未收到貨櫃標誌、號碼及貨櫃種類資料者，得在進口艙單上說明，可暫列貨櫃數量，於卸櫃後二十四小時內補報。

(二) 合裝貨櫃之加註規定

同一收貨人進口二批以上貨物合裝同一貨櫃，運送人或其代理人應在進口艙單註明。

(三) 專簿之設置

運送人或其代理人應設置專簿，詳細登記其所有裝載貨櫃進出口之運輸工具名稱、船隻掛號與日期、貨櫃之標誌與號碼、封條號碼及其卸存處所與貨櫃異動情形等事項，以備海關查核。

四、貨物（櫃）之卸存作業規定

(一) 進口貨物之卸存貨棧

1.海運

（1）卸貨准單

海運進口貨物之卸存貨棧，應由貨棧經營人繕具進棧申報單，填明裝運該貨之船名、貨物件數，交由運輸

業依「運輸工具進出口通關管理辦法」有關規定，向海關申請核發普通卸貨准單，憑以卸貨進倉。

（2）轉運貨櫃之卸船

以海運方式裝運之進口轉運貨櫃，憑進口貨櫃清單辦理監視卸船作業。

2.空運

（1）卸貨艙單、准單

空運進口貨物之卸存貨棧，應由運輸業憑該班機進口艙單，向海關申請卸貨進倉。但須卸存機場管制區以外地區之貨棧者，應由運輸業檢具其與貨棧經營人共同簽章具結之空運貨物特別准單申請書，申請核發空運貨物特別准單。

（2）拆櫃、拆盤期限

空運進口貨物運入航空貨物集散站之貨棧後，除軍政機關進口及無法拆櫃、拆盤進倉貨品經向海關申請核准者外，應於三日內拆櫃、拆盤，逾期未辦理者，海關應向貨棧經營人加徵特別監視費。但有特殊情形經海關核准或其逾期係因不可歸責於貨棧經營人之事由所致者，不在此限。

（3）管制區外貨棧之作業規定

設於國際機場管制區外兼營轉口貨物之貨棧，應於轉口貨物專用倉間內進行轉口貨物之裝、拆盤（櫃）作業。

（二）進口貨櫃卸存集散站

1.卸存時間之規定

（1）進口貨櫃

裝運進口貨物之貨櫃，應自船上卸下碼頭後七日內或

自機上卸下機坪後二十四小時內直接拖往貨櫃集散站或目的地，沿途不得無故停留或繞駛他處。

（2）出口貨櫃

經海關加封並簽發貨櫃運送單之已裝出口貨物貨櫃，應即直接拖往集散站或目的地，沿途不得無故停留或繞駛他處。

2.貨櫃卸存碼頭（機坪）之規定

裝運貨物進出口之貨櫃，卸存碼頭（機坪）者，按一般卸存碼頭（機坪）之進出口貨物處理。

3.准單之申請及貨櫃之加封

裝運貨物進口之貨櫃，運送人或其代理人應憑普通卸貨准單及特別准單辦理卸船及存站手續，並依下列規定辦理：

（1）貨櫃卸存港區內集散站者，於卸存完畢時，進口貨櫃清單經船邊值勤關員簽署後，一份送港區內集散站關員辦理貨櫃進站登錄作業，供動態查詢之用，一份連同准單送還稽查單位存檔。

（2）貨櫃如係卸存內陸集散站者，卸船完畢後送還稽查單位存檔。運送人或其代理人於貨櫃加封後，應憑碼頭駐站關員或船邊值勤關員列印簽發之貨櫃運送單隨同貨櫃送交貨櫃卸存地之駐站關員驗明貨櫃及封條完整無訛後憑以點收進站，並將貨櫃運送單留存，駐站關員應於電腦檔鍵入貨櫃進站時間，俾憑查核勾稽。

（3）卸船（機）貨櫃之加封，海關得要求運送人或其代理人在適當地點設立加封站，並指派足夠人員，於關員監視下，專任對船（機）上卸下之實櫃加封工作。

（三）貨櫃直接卸存工廠

1. 工廠以整裝貨櫃裝運自用器材原料進口，海關得酌情核准直接卸存工廠候驗。該項貨櫃，應憑運送人或其代理人及收貨工廠聯保單由海關簽發正副特別准單（附貨櫃清單）各一份，以正本送經辦關員加封後，准許運存該工廠負責保管，以副本送稽查單位，並按下列規定辦理

   （1）經辦關員於加封時應填發貨櫃運送單（附密封貨櫃清單）隨同貨櫃送該工廠，於海關派員至工廠查驗時，原封遞交驗貨關員。

   （2）經驗貨關員驗明貨櫃封條完整並查驗貨物無訛後，即予放行，並將運送單附入有關進口報單，貨櫃清單簽證後加封送還原簽發單位與存底核對後銷案。

   （3）驗貨關員於查驗時如發現申報不實或短少、匿報等情事，應以隨身攜帶之封條予以加封不予放行，並即報請核辦。

2. 前項貨櫃所裝之器材及原料，在未辦妥報關手續未經海關放行以前，不得啟封移動，違者視其情節分別依海關緝私條例有關之規定論處。

3. 加工出口區內各工廠以整裝貨櫃裝運自用器材原料進口者，除有特別規定者外，準用前述之規定辦理。

五、貨物（櫃）之抽樣、看樣、公證、重新包裝、打包之規定

（一）准單之請領

1. 存棧（站）之進口、出口或轉口貨物（櫃），如須公證或抽取貨樣或看樣，貨主應向海關請領准單，貨棧經營人憑准

單指示在關員或其專責人員監視下辦理。其應貨主之要求而抽取貨物樣品經關員監視者，並應繳納特別監視費，其拆動之包件應由貨主恢復包封原狀。

2.公證行就存倉出口貨物辦理丈量外箱尺寸或抽查其重量而不拆包看樣者，免申領特別准單。

3.保稅貨物如須檢查公證或抽取貨樣，由貨物所有人或倉單持有人向海關請領准單，倉庫營業人須憑准單會同關員監視辦理。其拆動之包件，應由申請人恢復包封原狀。

（二）存棧進出口貨物之加做或更正嘜頭、箱號，及出口貨物之重新包裝、加裝、打件等，均須經海關核准，由貨棧經營人或其管理人監視辦理，駐庫關員巡視或查核。

六、進倉（站）貨物與艙單不符之處理

（一）不符案件之通報

貨物進倉時或進倉後，駐庫關員發現來貨與艙單不符時，應即比照密報案件處理方式列單通報緝案處理組，由緝案處理組立即影送進出口單位轉知艙單檔及查驗或機動巡查隊主管處理。為爭取時效，得由通報單位先以電話、電話傳真或當面通知各單位後，再正式列單通報。其於辦公時間外發現者，應即用電話報告值勤主管處理，並於上班時間補填通報單。

（二）緝私報告（S/R）之繕寫

其不符由駐站（庫）關員發現者，由駐站（庫）關員繕寫S/R；僅由駐站（庫）關員發現可疑而由查驗單位或機動巡查隊查驗結果確屬不符者，由查驗單位或機動巡查隊繕寫S/R。

七、貨物（櫃）堆置之規定

（一）依航次、運輸工具、貨物分別堆置

　　每一進口運輸工具同一航次所卸貨物，應依載貨證券分別堆置，不得與該運輸工具其他航次或其他運輸工具所卸貨物混淆。如係轉口貨物，並應與一般進口貨物分別堆置，不得相混。經海關核可之電腦控管自動化貨棧，其貨物之存儲，除轉口貨物外，得不受此項限制。但同一棧板上不得放置不同提單之貨物。

（二）堆置及標示之規定

　　貨棧內存貨應將嘜頭朝外，分批分區堆置，並於牆上標明區號以資識別。

（三）大件貨物存放露天處所（空地）之規定

　　凡貨物之包件過重或體積過大無法存入站內倉庫或保稅倉庫者，經海關核准，得存儲於貨棧之露天處所，但須將進出口貨物分區堆置，並由該集散站或保稅倉庫經營人負責安全與管理。其露天處所須鄰接已登記之貨棧。但鄰接之土地如被政府徵收而被分割者不在此限。

（四）層疊方式置放貨櫃之規定

　　進出口貨櫃以層疊方式堆放者，實貨櫃與空貨櫃應分區堆放，實貨櫃並應按進出口櫃別堆放。但存站之進、出口實貨櫃、空貨櫃其儲位以電腦控管並提供海關線上查核，經海關核准不分區存放者，不在此限。

（五）車架方式置放貨櫃之規定

　　以車架方式置放者，空貨櫃、實貨櫃得不分別分區排放，惟應以不同顏色之卡片標示進口櫃、出口櫃及空貨櫃以利識別，貨

櫃集散站應每日向海關監管單位提供貨櫃堆放動態表以資稽查。

（六）危險物品貨櫃置放之規定

裝有危險物品之實貨櫃應有特別標誌並將其貨櫃櫃號及存放地點通知海關。

八、進口貨物（櫃）短卸、溢卸之簽證

（一）短、溢卸報告

1. 報告期限：進口貨物（櫃）或進儲保稅倉庫貨物如有短、溢卸情事，貨棧經營人或保稅倉庫經營人應於船運貨物全部卸倉後七日內；以貨櫃裝運之進口貨物，如有短卸、溢卸情事，集散站經營人應於拆櫃後三日內，填具正確之短卸或溢卸貨物報告表，送駐庫關員核簽及股長複核後，將一份送艙單單位核辦。

2. 船公司未依前述規定期限內辦理而於事後申請追認短、溢卸或逾期註銷原申報短溢卸報告者，依海關緝私條例有關規定論處。其以報備方式辦理者，駐站（庫）關員應不予受理。

（二）進口溢卸貨物之處理

進口貨物如有溢卸，應由有關船長或其管理人於運輸工具進口日起九十日內，以轉運申請書向海關申請退運國外或轉運國內其他口岸，其處理手續與一般轉運貨物同。其因故不及辦理者，應於期限屆滿前申請轉存保稅倉庫，以待復運出口，否則即依逾期未報關貨物處理。

（三）免驗短溢卸進口貨物之處理

短溢卸進口貨物如為免驗貨物，倘聯鎖倉庫經營人未遞送短

溢卸貨物報告表，駐棧關員暫不予提貨，並於海運進口貨物電腦放行通知及提貨單上註明短卸情形，送股辦公室轉送進口業務單位辦理應辦手續核對無訛再予放行。

九、破損貨物之簽證

(一) 一般貨物破損之查核

1.櫃裝貨物

以貨櫃裝運之進口貨物如有破損情事，集散站經營人及運送人或其代理人應於貨櫃拆櫃進倉後三日內檢具輪船公司事故證明單一式兩份，送交駐庫關員初步查核。

2.散裝貨物

散裝而受有損壞或受有損失之進口貨物，由載運該貨進口之船舶直接卸入港口碼頭經海關與貨棧業者共同聯鎖之指定處所儲存，由貨棧業者或其管理人立即繕具損壞或損失貨物清單兩份，送由載運該貨船舶管理貨物人員副署後，逕送駐庫關員初步檢查。

3.駐庫關員之簽註

駐庫關員應將其損壞或損失情形分別詳細註明簽章，一份存查，一份轉送艙單單位附入進口艙單備查，該破損貨物，若為貴重物品，應進儲安全間，妥為保管。

(二) 大宗貨物破損短少之查核

大宗貨物如有關稅法所稱之破損短少情形，而在查驗時無法即予核明破損短少內容者，得應納稅義務人之申請先將貨物查驗放行，並於提貨時，在駐船關員或駐庫關員監視下，會同公證行查明破損短少情形，以憑辦理退還溢徵之稅款。

十、進出口貨物更改嘜頭、箱號之監視

(一) 核准及監視

存棧進、出口貨物之加註或更正嘜頭、箱號及出口貨物之重新包裝、加裝、打件等,均須經海關核准並經駐棧關員簽章後,由貨棧經營人監視辦理。

(二) 標記及號碼標示之規定

1.強制規定

進口貨物除依進口貨物查驗準則規定免標記及號碼者外,其餘皆須標示。

2.同一貨棧內標記號碼相同貨物之重行標記

兩批或兩批以上之貨物,無論係同一運輸器或非同一運輸器運來,如係在於同一貨棧內,一經查明其標記號碼相同或大致相同,雖非由同一口岸運來,且非由一報運人或收貨人報運,亦須重行標記。

(三) 應、免驗貨物加註嘜頭、箱號之監視

1.應驗貨物

應查驗之進出口貨物,依照業務單位在報單上之批示或批准之申請書,由驗貨關員監視貨主或報關人在貨物包件上加註嘜頭、箱號,並在進出口報單嘜頭、箱號欄內或申請書上加註簽證蓋章後,將該報單封送報單檯轉送進出口業務單位。

2.免驗貨物

(1) 未放行者:免驗未放行之進口貨物,得以申請書經股長批准後,加註嘜頭。

(2) 已放行者:免驗放行後之進出口貨物,如發現貨物上

之嘜頭、箱號等與電腦放行通知、提貨單或S/O不符者，應將事實於電腦放行通知、提貨單或S/O背面加註，退業務單位改為查驗，辦理更正相符後，始准提貨或裝船。

(四) 申請更改嘜頭之處理

1. 貨主申請更改貨物嘜頭，經海關核准後，在關員監視下辦理。
2. 洋貨不得申請更改嘜頭為我國產品。
3. 有出口配額或自我限制之貨品，不准在我國口岸改換包裝或嘜頭。

(五) 轉口貨物加貼標籤、更改嘜頭之處理

進口艙單有申報貨名之轉口貨物，得檢具有關文件，以特別准單申請書或轉口貨櫃加裝整裝申請書，向海關稽查單位申請在轉口倉庫辦理貼標籤、更改嘜頭及整（加）裝與改（分）裝作業，經核准後，由駐站（棧）關員監視辦理。惟該項作業不得從事簡易加工、變更原產地標示或違反其他法定規定。

十一、實櫃加裝、分裝或改裝之監視

(一) 出口之實貨櫃

業經海關查驗後之出口貨櫃，如須重行開櫃加裝、分裝或改裝者，應由運送人或代理人向海關申領特別准單或核准文件於關員監視下，在站內出口倉或站內指定專區辦理。作業之監視海關得責由集散站業主派員辦理，海關派員巡視或查核。

(二) 轉口之實貨櫃

1. 無須加裝、分裝或改裝者

   轉口之實貨櫃，無須加裝、分裝或改裝者，於卸存期間，不得拆櫃卸貨進倉。

2. 須加裝、分裝或改裝者

   (1) 應於轉口倉辦理：轉口之實貨櫃須加裝、分裝或改裝者，應事先以書面載明貨櫃號碼、封條號碼及貨物品名、數量，向海關申請，經核准後，於集散站（或碼頭專區）內之轉口倉辦理，海關於必要時，得派員查核。

   (2) 未能於轉口倉辦理者：轉口之實貨櫃須起岸、加裝、分裝或改裝而未能在專營或兼營轉口貨物之集散站內辦理者，應由運送人或其代理人向海關申領特別准單，於關員監視下在貨櫃起卸碼頭（機坪）辦理加裝、分裝或改裝後，加封裝船（機），並徵收特別監視費。

十二、貨物（櫃）之存放、移動與處理規定

(一) 一般貨櫃（物）

1. 集散站經營人對於貨櫃及貨物進出集散站應依相關規定確實控管。

2. 移儲作業規定

   (1) 散裝貨物：存棧進口貨物如須移存另一貨棧或進儲另一集散站，應憑海關特別准單辦理，其須押運者，應有關員到棧押運，始准出棧。

   (2) 實貨櫃：存站之進出口實貨櫃，如須轉儲另一集散站

或聯鎖倉庫拆櫃進倉者,應由貨主、運送人或其代理人檢具集散站經營人轉站(倉)理由書及移站(倉)貨櫃及貨物清單,同移入集散站或倉庫經營人簽具之進站(倉)同意書及聯保單,向海關申請核發准單後始得憑以移運。

(二)合裝貨櫃之拆櫃進倉期限

裝運進口貨物之合裝貨櫃,應於進入貨櫃集散站後十日內拆櫃進倉,逾期未拆櫃進倉者,應向集散站加徵特別監視費;但其逾期係因不可歸責於集散站經營人之事由所致者,不在此限。如櫃裝貨物經海關扣押者,原運送人或其代理人得申請海關核准後拆櫃進倉。

(三)轉口貨物(櫃)起卸、裝船(機)、進出集散站(或碼頭專區)之規定

轉口貨物及貨櫃,其起卸、裝船(機)、進出集散站(或碼頭專區)應依一般進出口貨物及貨櫃之相關規定辦理。另:

1.在集散站(或碼頭專區)之存放、移動與處理,應依下列規定:

(1)劃定特別區域堆置:集散站(或碼頭專區),應劃定特別區域用以堆置轉口之實貨櫃,不得與裝運進出口貨物之貨櫃相混雜,必要時海關得要求加設隔離設施。但其儲位以電腦控管並提供海關線上查核經海關核准不分區存放者,不在此限。

(2)卸船及進儲:轉口貨櫃卸存集散站(或碼頭專區),其運送人或其代理人須申請普通卸貨准單及特別准單憑以卸船及進儲。如遇假日或海關辦公時間之外卸船,事先未能於上班時間內向海關申領卸貨准單及特別准

單者，得憑申請書由稽查單位先行核准卸船及進儲，於次一辦公日內補領准單手續，惟以卸存於碼頭集散站為限。

（3）出站及裝船：轉口貨櫃轉運出口時，其運送人或其代理人應以轉運申請書向海關申請核發轉運准單，憑以辦理出站及裝船手續。

2.轉運出口期限

請參見第六章第一節二（一）之說明。

（四）散裝轉口貨物之裝櫃

非櫃裝轉口貨物須裝櫃者，應事先以書面載明貨物品名、數量向海關申請，經核准後，於關員監視下在散裝碼頭進口貨棧內之轉口倉辦理裝櫃，並依海關徵收規費規則徵收特別監視費。運送人或其代理人應另將貨櫃及封條號碼載明於轉運申請書及貨櫃清單，並填寫貨櫃運送單，申辦移儲轉口貨櫃專區內，如係移儲於同一區段碼頭轉口櫃專區內者，免填貨櫃運送單。

十三、貨櫃（物）出棧站之押運規定

為防未放行之貨櫃（物）於轉運途中發生掉包、走私情事，海關訂有應押、抽押之規定，惟溢卸貨物轉口、海空聯運貨物轉口、保稅貨物退運出口、外貨進保稅倉庫及三角貿易之必押或經抽中應押案件，經核屬少量且非屬高危險群廠商貨物、管制性物品或敏感性貨物，得改以紙封或鐵絲鉛封方式替代押運。

（一）必押項目

1.非以貨櫃裝運進口、轉口及運進加工出口區之貨物。（但由L級廠商進口之大宗低稅率貨物，例如，三夾板、金屬材料之板、條、鋼圈、錠及以油罐車裝運之化學品，及經機

動巡查隊抽核無訛者，得由派押單位派員前往查核嘜頭、件數等無訛後簽發載運單，封交卡車司機持交目的地關員或加工區管理處職員簽收，免派員押運）。

2. 進口、轉口包裹清單貨物運進聯鎖（或私貨）倉庫。

3. 掃艙物品或船上廢料奉准卸存倉庫（或空地）或監視過磅。

4. 遠洋漁船用品及漁餌等奉准暫存工廠或聯鎖（或保稅）倉庫暨運回原船隨船出口。

5. 放棄或扣押貨物運進私貨倉庫。

6. 保稅貨櫃（物）出站（倉），經由市區、管制站或檢查哨運送保稅倉庫或修護場或裝船出口，依「保稅貨物進出保稅倉庫押運加封作業要點」規定，應派員押運者
   （1）H1級廠商之貨物其稅率在5％（含）以上者，或H2及H3級廠商之貨物。
   （2）洋菸酒（啤酒及航空公司專用者除外）。
   （3）敏感性之農畜產品。
   （4）敏感性電器品。
   （5）其他管制物品。

7. 已放行出口貨物，以普通卡車裝運經由市區、管制站或檢查哨移倉或裝船，暨以未加封駁船駁運至另一船舶裝船。

8. 未完成通關手續之退運案件及三角貿易案件（其主要貨物種類為洋菸酒、農產品、電器品、大陸物品、保育類野生動物製品、冷媒、氰化鈉、氰化鉀等；但如係少量且申請併櫃者，得以監視裝櫃加封取代押運）。

9. 國產煙出口裝船或出口退關案件。

10. 轉口貨物（櫃）菸酒，經由市區、管制站或檢查哨進倉（或集散站）或裝船出口（武器彈藥限原碼頭裝船出口）。

11. 境外轉運中心散裝轉口貨及櫃裝中國大陸出產之農產品、食品，經由市區、管制站或檢查哨裝船出口（武器、彈藥限原碼頭裝船出口）。

12. 海空（空海）聯運轉口貨物（櫃）之轉運（但經機動巡查隊抽核無訛者得予免押）。

13. 船用品以普通卡車裝運經由市區、管制站、檢查哨裝船出口或轉運至他關區港口裝船。（但稅率在5%以下者，可視個案憑廠商切結，准予免押運、免加封，而以簽發載運單方式辦理裝船，其經查驗相符者，亦准予免押運、免加封，以簽發載運單方式封送巡視關員交船長或大副簽收）。

14. 進口貨櫃經查核單位初步檢視認為可疑而需經由市區、管制站或檢查哨轉運者，或轉運至其他關區者。凡轉運科學工業園區或加工出口區，無法加封之超大件笨重進口貨物，如經駐站關員檢視無訛後，得免押運及加封直接交運。

15. 由其他關區派員押進本關區貨櫃集散站之進口廢鐵、廢五金貨櫃之轉儲。

16. 一般貨櫃櫃門故障，或無法加封以及特殊貨櫃經由市區、管制站或檢查哨之轉儲，或轉運至其他關區者。

17. 進口轎車，經由市區、管制站或檢查哨之轉儲者。

18. 以海上走廊方式轉運他關區之武器、彈藥等櫃，經由市區、管制站或檢查哨裝船轉運者。

（二）抽押項目

1. 非緊密式貨櫃（含無頂櫃），經市區、管制站或檢查哨轉儲者，抽押五成。（但經機動巡查隊抽核無訛者得予免押）。

2. 轉口貨物（櫃）之轉運，以「一般貨物」統稱申報者，其

抽押規定如下：

（1）非兩岸權宜輪承載之轉口貨櫃：

　　A.凡櫃數在六只以下者全部押運。

　　B.七只至十只者抽押六成。

　　C.十一只至三十只者抽押三成。

　　D.三十一只至一百只者抽押二成。

　　E.一百只以上者扣押一成。

（2）兩岸權宜輪承載之轉口貨櫃：

　　A.櫃數在六只以下者全部押運。

　　B.七只至十只者抽押六成。

　　C.十一只以上者，一律抽押三成。

3.以上押運成數依每份准單或轉運申請書所列櫃數爲準。

4.轉口貨櫃裝運貨物爲洋菸酒及中國大陸出產之農產品、食品者，一律押運。

5.轉口貨櫃經抽核單位查核無訛者，除裝運前項貨物之貨櫃仍應押運外，其餘得免押運。

（三）G、H類廠商進口實櫃由查組單位查核，如有必要再簽請派押，開立准單時免以人工查核廠商等級。

（四）以上案件，海關審核艙單等資料或接獲密報或認爲有必要者，仍得派員押運。

（五）經海關依「海運運輸業者自主管理貨櫃押運作業要點」審核通過者，其抽押比率得予減半辦理。

十四、存棧貨物開箱查驗之規定

（一）應有驗貨員在場

存棧貨物開箱檢驗時應有驗貨員在場，驗貨員未到貨棧前嚴禁開箱工人擅自開箱或搬動貨物。

（二）駐棧關員之責任

1. 發現不符之呈報

   駐棧關員發現貨物內容與進口艙單或轉運報單所載有顯著不符時，應報告股長轉呈上級處理。

2. 資料之提供

   驗貨員查驗時，詢及貨已否進倉、有無短溢卸情事，或包裝上有否不妥文字時，駐棧關員應密切提供資料。

十五、貨物（櫃）提領之規定

（一）進口貨物之提領

1. 提領單據、文件

   （1）散裝貨物：貨棧經營人應憑海關放行通知、提貨單或其他經海關核准之文件核對收貨人、貨物之標誌、號數及件數無訛後方准提貨出棧。

   （2）整裝貨櫃：如為整裝貨櫃，並應核對貨櫃標誌、櫃號無訛後始准提領出站。海關必要時得予抽核；對整裝貨櫃並得要求貨主拆櫃核對貨物之標誌、號數及件數。對轉運國內其他口岸之進口貨櫃，進口轉運地海關亦得要求拆櫃抽驗，必要時得取樣備查。

2.提領單據、文件之處理

　　貨棧經營人對憑提貨出棧之單據、文件，應於貨物提領完畢時即予收回，於提貨單上如蓋「貨物已全部出倉，本提貨單註銷」戳記，並按艙單別裝訂，妥為保管，如為部分提貨者亦應加蓋「本提貨單××部分出倉」戳記，俟貨物全部提清時予以收回，並加蓋「貨物已全部出倉，本提貨單註銷」戳記後裝訂保管；或於轉運准單上加蓋「本批貨物已辦妥轉運」戳記後，裝訂保管。提貨單及轉運准單已逾放行日期二年並已結案者，得予清理銷毀。

(二) 出口貨物之提領

　　存棧之出口貨物，貨棧經營人應驗憑海關放行通知及裝貨單（或託運單），核對裝運之船名、航次或班機航次及貨物之標記號碼或航空標籤號碼、件數無訛後，方准提貨出棧裝運。

(三) 退關貨櫃（物）之提領

1.貨櫃裝運之出口貨物

　　以貨櫃裝運之出口貨物，因故未能出口者，得憑駐庫（站）關員簽證之文件辦理退關手續。

2.存棧之出口貨物

　　存棧之出口貨物因故退關，貨棧經營人應將其隔離堆置，並明顯標示，貨主提貨出棧時，應繕具申請書經海關核准並經駐棧關員簽章後由貨棧經營人核對船名、航次或班機航次及貨物之標記號碼或航空標籤號碼、件數無訛後，方准出棧。

十六、扣押或逾期貨物提領出站（棧）之規定

（一）業者自行辦理項目

逾期貨或聲明放棄貨物之查對與登記，扣存、沒入貨之查對與登記，及存站（庫）已列拍賣清單貨物之查對等三項，由業者自行辦理，關員負責巡視與查核。

（二）依據緝私條例等規定押存貨物

海關依據海關緝私條例或其他規定處理之貨棧、集散站或保稅倉庫存貨，得憑海關扣押貨物收據或提取貨物憑單，隨時將該項貨物押存海關倉庫，各棧站、庫之經營人不得拒絕。

（三）逾期不報關、不繳稅貨物之提領。

逾期不報關、不繳稅貨物，由緝案處理組填發提取貨物憑單向聯鎖貨棧（集散站）提領。

（四）拍賣貨物之放行

拍賣貨物，其出站（棧）應驗憑緝案處理組核發之放行通知交貨櫃集散站或貨棧經營人收執。

十七、出口商以櫃裝貨物出口、工廠以整櫃成品出口案件之處理

（一）出口商以貨櫃裝運貨物出口

1.進倉證明之傳送

集散站經營人點收出口貨（物）後應出具進倉證明，並立即傳送海關。

2.放行後之作業

以貨櫃裝運之出口貨物經海關放行後，由駐站關員憑船公司或受其委託貨櫃站製作出口貨櫃清單核發封條監視加封，貨櫃集散站經營人應依海關規定於貨櫃出站前向海關連線申報加封階段之出口貨櫃清單，並列印出口貨櫃清單及貨櫃運送單（兼出進站放行准單）辦理貨櫃出進站手續。

3. 複驗之規定

前項以貨櫃裝運之出口貨物於辦妥報關放行手續後，即予放行，但海關如認為有查驗必要時，仍得開櫃再驗，符合後始准裝船（機）。

4. 整裝方式裝櫃者

凡出口貨物未經海關核准，即行以整裝方式裝櫃者，集散站經營人應對有關貨櫃過磅，並將重量詳載於進倉證明，以供海關查核；駐站關員對於此類貨櫃應核對貨櫃標誌、櫃號及櫃數；驗貨關員認有將貨物全部搬出查驗之必要者，貨主不得異議，其因此而延誤班期或增加之任何費用，應由貨主自行負責。

5. 併裝方式裝櫃者

在海關放行前不得先行裝櫃，但貨棧經營人具有正當理由經事先申請並經核准者，不在此限。

6. 海運貨櫃之裝卸

以海運方式辦理之進口轉運貨櫃及代辦出口或轉口貨櫃，分別憑進口貨櫃清單、出口貨櫃清單辦理監視裝卸船作業。

（二）工廠以整裝貨櫃裝運成品出口

1. 到廠查驗及填發貨櫃運送單、清單

海關得依廠商之申請，於裝貨入櫃前，酌情核准派員到工

廠據出口報單查驗，經驗明無訛後，除將有關出口報單送交出口單位核辦簽放手續外，並監視裝櫃加封後，填發貨櫃運送單（物）運送單及簽發出口貨櫃清單，該清單一式三份，一份存查，另兩份密封隨同貨櫃送交出口地海關關員驗明封條正常並憑列印之海運出口貨物放行通知裝運後，一份留存稽查或倉棧單位，另一份經稽查或倉棧單位密封後，退還原簽發單位，俾與存底核對後銷案。

2.複驗之規定

前項以貨櫃裝運之出口貨物於運抵出口地海關時，海關認為有查驗之必要時，仍得開櫃複驗。

十八、出口貨櫃誤進海關管制站案件之處理

（一）申辦進站手續時即已發現者

出口貨櫃運抵海關管制站，向駐站關員申辦進站手續時即已發現誤運者，准憑裝船文件與貨櫃運送單及封條核對無訛後，即准予出站。

（二）已運進貨櫃場內者

貨櫃已運進貨櫃場內，為防止掉包換櫃等不法情事，憑特別准單及原貨櫃運送單，開櫃查核貨名無訛後，另予加封，再行出站。如急需裝船者，可向轄區稽查單位申請查核裝船文件及封條並派員押運。

（三）未封實櫃

未封出口實櫃，應向轄區出口業務單位申辦退運出倉手續，並經派員查驗無訛後，再向監管管制站關員辦理出站手續。

（四）轉運櫃逾時進站或誤進集散站之處理方式

出口轉運貨櫃逾時進站或誤進集散站者，應由拖車司機檢具輪船公司及拖車公司聯名之「內陸轉運逾時（誤）進站切結書」及「貨櫃（物）運送單（兼出進站放行准單）」進站聯，向駐站關員申請辦理。駐站關員受理後應以電話向該轄區股長或星期例假日、夜勤主任報備，並逐將上開文件傳真至結關檔調閱列印該S/O之報單明細表傳真至該管制站關員，俾憑查核貨名是否相符。

十九、代辦通關作業

實施自動化之海關依運送人或其代理人之申請，對報裝貨櫃自國內其他港口或機場裝運出口之貨物，得代為辦理通關作業，並依本節第十七、（一）出口商以貨櫃裝運貨物出口之作業規定辦理貨櫃（物）之控管。

出口地海關於貨櫃出口後，不論貨物有無退關均應將銷艙不符清表及退關貨物清單各一份，寄回代辦海關備查。

二十、貨櫃進出口之申報

（一）貨櫃本身

以貨櫃裝運貨物進出口時，除所裝運之貨物應依規定申報外，貨櫃本身免另具報單申報，並免驗輸入、輸出許可證。

（二）空貨櫃

未經簽發提單（裝貨單）之空貨櫃，進口時應將貨櫃標誌、號碼、數量列報於進口艙單最後一頁並加列艙單號碼；出口時應填具出口貨櫃清單，向海關申請核發特別准單。

裝卸櫃時，並應由運送人或其代理人指派足夠人員專任開啟

空櫃受檢工作，以便關員檢查，俟裝卸完畢後，由其指派人員簽認實際裝卸數量及號碼，以備海關查核。

(三) 特殊貨櫃

運送人或其代理人為應裝載特殊貨物之需要，採用特殊型式之貨櫃，應事先向海關申請核准，比照海關管理貨櫃辦法之規定辦理。

(四) 外銷國產貨櫃之處理

1. 初次出口者

外銷國產貨櫃於初次出口時，不論其是否裝運貨物，均應依一般出口貨物之規定辦理出口報關手續。

2. 立即報運出口者

外銷國產貨櫃，以空貨櫃立即報運出口者，得以船（機）邊驗放方式辦理放行裝船（機）。

3. 無法立即報運出口者

外銷國產貨櫃，無法立即報運出口者，應按下列規定辦理手續：

(1) 辦理進倉手續

應按出口貨物辦理進倉手續，將空貨櫃運存集散站集中存放，不得與其他貨櫃混合，未經完成報關驗放手續，不得隨便移動。

貨櫃於進存集散站前，由其買主或代理人填具海運出口貨物進倉證明書，連同集散站出具之碼頭（機坪）聯保單交駐站關員憑以點驗空貨櫃進站，駐站關員於點驗無訛後，應在海運出口貨物進倉證明書上予以簽證。

保稅工廠外銷之國產貨櫃得免進儲貨櫃集散站，逕向

其監管海關之出口單位辦理出口通關作業。並應於出口報單放行後半年內自行依船公司開具之出口證明文件按報單號碼逐案逐櫃核銷送監管海關備查。

（2）出口報關

辦理出口報關時，應依照一般出口貨物之規定辦理，同時檢附買主或代理人簽收貨櫃之文件。出口報單除應載明貨櫃隻數、標記、號碼、規格、淨重、價值等資料外，並應加附外銷品使用原料及其供應商資料清表；但保稅工廠產製者得免附。

完成出口報關手續之外銷國產貨櫃，除保稅工廠產製者外，應俟裝船出口後，始由出口簽證單位核發出口報單副本供出口廠商辦理退稅。

二十一、駐棧關員其他監管事項

（一）載運單及貨櫃運送單之管理。

（二）規費徵收：依海關徵收規費規則規定徵收加封費、特別監視費。

（三）存棧（站）私貨標售前之核對。

（四）處理出口貨物驗對不符臨時通知單。

（五）業者簿冊之查核：集散站經營人應依海關規定格式，備具貨櫃及貨物存站紀錄簿冊，對於貨櫃及貨物之存入、提出及抽取貨樣，均須分別詳細記載，海關得隨時派員前往集散站檢查貨物及簿冊，集散站經營人不得拒絕。

（六）必要時查核貨棧經營人依海關核發之准單所指示及關務法規有關規定辦理之下列事項：

1.進出口貨物進出棧之核對、進倉證明之出具及進口貨物出倉資料之傳送。

2.出口貨物經核准重新包裝、打件之核對。

3.經核准進出口貨物加做或更正嘜頭箱號之核對。

4.經核准看樣、取樣及公證之核對。

5.其他依業務需要經海關指示辦理事項。

二十二、倉儲業自主管理之規定

倉儲業得由海關依職權核定或由經營人申請經海關核准實施自主管理，其條件由海關擬定報財政部核定後公告。

(一) 應具備條件

具備下列條件之倉儲業得申請海關核准實施自主管理：

1.依海關有關法令規定，以電子資料傳輸方式辦理貨櫃（物）之控管、申報及通關作業。

2.制度完善、營運正常、倉容及機具充足、管理良好，貨櫃（物）之進儲、提領、存放位置、異動及進出站（倉），設有一套完整之電腦控管作業流程，貨櫃集散站門口警衛室設電腦採連線控管，海關可在線上隨時查核。且上列進儲、提領、異動及進出站（倉）單證妥善保管兩年以上，可供海關勾稽查核。

3.設有獨立之警衛部門，負責執行貨櫃（物）進出站（倉）之查對、門禁管制、櫃場（倉棧）巡邏；警衛人員需著制服以資識別。

4.門口設有閉路電視監控系統。

5.三年內所存儲之貨櫃（物）無私運或嚴重失竊紀錄者。但港口管制區或加工出口區之倉儲業，設置未滿三年而無私運或失竊紀錄者，得不受三年期間之限制。

（二）已核准實施自主管理之倉儲業，應依下列規定辦理：

1.對自主管理事項應落實執行，並作成紀錄。

2.設置專責人員：業者應設專責人員並向海關報備，負責處理自主管理事項及與海關連繫事宜。除其他法規另有規定應從其規定者外，專責人員應即向海關報告事項如下

（1）進（轉）口貨櫃（物）逾時進站、逾時未進站者。

（2）貨櫃（物）失竊、掉包者。

（3）封條破損、斷失、有變造、偽造之嫌，及封條號碼或車號與貨櫃運送單不符者。

（4）貨櫃（物）運送單有塗改者。

（5）發現貨櫃（物）有夾藏或夾層者。

（6）放行進口貨物與提單貨名不符者。

（7）進（轉）口貨櫃（物）進錯站（倉）者。

（8）其他異常情形者。

（三）關員之查核

已核准實施自主管理之倉儲業海關得不派員常駐。但得定期由不定期派員稽核，其稽核作業規定由海關訂定。

（四）違規之處罰

業者違反本作業規定或海關其他法令規定，應分別予以處罰外，海關得視情節輕重停止其六個月以下期間或減少其自主管理事項或註銷其自主管理資格。

第二節　報關業者之管理

由於報關業者之業務是協助廠商辦理進出口貨物通關，不肖

報關業者藉機牟利，甚至勾結貨主從事私運違禁品進出口情事時有所聞，影響國家形象及稅收甚鉅，為期規範，而有「報關行設置管理辦法」之發布，該辦法對報關業者之設置條件、執行業務之管理、獎懲等事項，均有明確規定，為海關對報關業者管理作業之主要依據，整個管理作業之運作重點如下：

一、設置之審核

(一) 設置之審查

1.審查項目

報關業者應於申辦公司設立登記或商業登記前，將擬設之報關業名稱、地址、組織種類、資本額、負責人姓名及專責報關人員姓名、考試及格證書或資格測驗合格證書字號，報請所在地關稅局或其分支局審查許可。

2.資本額

申請設置報關業，資本額應在新台幣500萬元以上，其員工應有一人以上具有專責報關人員之資格。

3.實務經驗

報關業負責人或其授權掌理報關業務人員應具有三年以上報關實務經驗。但本辦法修正發布前已在任者，不在此限。

4.電腦連線設備

海關視實施貨物通關自動化作業需要，依實際情形，於報關業設置時或設置後，得公告限期要求報關業者設置電腦及相關連線設備處理報關業務。

(二) 營業執照之核發

設置報關業者應檢具申請書及海關規定之文件，向所在地關

稅局或其分支局申請核發營業執照。

(三) 跨區跨公司營業之規定

1.申請營業執照

經核准設置之報關業者，擬在其他關區營業時，仍應分別依規定向所在地關稅局或其分支局申請核發營業執照。但連線報關業者得憑任一關稅局核發之營業執照，向其他關稅局或其分支局申請辦理跨區連線申報並指定接洽公務之報關人員。

2.核准通知

各關稅局或其分支局核准報關業者跨區連線申報者，應立即通知原核發營業執照之關稅局。第一項跨區連線申報之實施，由關稅總局視貨物通關自動化情形報部核定。

3.營業登記

報關業者在同一關區內之營業，應憑當地關稅局或其分支局所核發之營業執照辦理登記並指定接洽公務之報關人員。

4.營業處所

經核准設置之報關業者，其營業處所，在每一縣市內以一處為限，但得視需要報經海關核准後增設，每一營業處所均應設有專責報關人員負責辦理報關簽證業務。

5.候單箱之借用

經核准設置之報關業者應向關稅局或其分支局借用候單箱。候單箱借用管理要點由海關另訂之。

6.不得兼職

報關業者負責人或其授權掌理報關業務人員不得擔任其他報關行號之負責人或授權掌理報關業務人員。

（四）不准設置情形

　　報關業者負責人或其授權掌理報關業務人員有下列情事之一者，如申請設置報關業，應不予許可，已許可設置者，不予發給營業執照，已發給者，應限其於三十日內變更之，逾期未變更者，撤銷其營業執照。

1.受破產之宣告尚未復權者。

2.逃漏稅捐受有處分尚未結案者。

3.曾觸犯關務法規，情節重大，不宜受託辦理報關業務者。

4.曾任公務員受撤職處分，其停止任用期間尚未屆滿者。

5.無行為能力或限制行為能力者。

6.前所負責或掌理之報關行違反報關行設置管理辦法第四十條、第四十五條、第四十六條或第四十七條規定，經撤銷營業執照尚未逾二年者。

7.曾犯詐欺、背信、侵占罪或違反工商管理法令，經受有期徒刑一年以上刑之宣告，服刑期滿尚未逾二年者。

8.有重大喪失債信情事，尚未了結或了結後尚未逾二年者。

（五）營業執照之撤銷

　　報關業者以偽造、變造或其他不實之文件，取得營業執照，經查明屬實者，撤銷其營業執照。

（六）營業執照補發、換照

1.經核准設置之報關業者，由海關發給營業執照，營業執照遺失時，應即申請補發。

2.報關業者之營業執照每兩年辦理換照一次，換照時，如原核定事項無變更者，得以校正方式辦理。

（七）停止受理申請

　　海關視當地之實際需要，認為無增設報關業者之必要者，得

隨時公告停止受理申請。

二、變更登記

(一) 應辦理變更登記事項
　　經核准設置之報關業者有下列情事之一者，應事先以書面向海關報請核准後，再向其他有關機關辦理變更登記，並應於核准變更登記之次日起三十日內，檢附公司執照或營利事業登記證及其影本向經管海關辦理變更登記、換發執照。
　　1.更換負責人。
　　2.變更組織或合夥人。
　　3.遷移地址。
　　4.增減資本額。
　　5.變更名稱。

(二) 應報備事項
　　報關業者之負責人或其授權掌理報關業務人員死亡，應自事實發生之次日起十日內以書面向海關報備。

三、委任之受理

(一) 委任書之檢附
　　報關業者受委任辦理報關，應檢附委任書。如受固定進出口人委任經常辦理報關者，得經海關專案核准每年一次檢附委任書。

(二) 報關單證之填列
　　報關業者受委任辦理報關，應切實遵照關稅法、關稅法施行

細則、出口貨物報關驗放辦法及其他關務法規之規定，詳填各項單證書據及辦理一切通關事宜。

四、通關事宜之辦理

(一) 報單副本之檢附

　　報關業者向海關遞送進出口報單應加附有關報單副本一份，經海關加蓋收單戳記後發還妥為保管，其保管期間為二年，海關得隨時查核或調閱報單副本，報關業者不得拒絕。報單應蓋用報關業者公司行號印章及負責人或授權掌理報關業務人員印章，其設有報關專用章者，得僅蓋用報關專用章。

(二) 驗貨作業之配合

　　報關業者於海關關員查驗貨物時，應備足夠員工負責辦理應驗貨物之搬移、開啟及事後恢復包裝等事項。

五、專責報關人員之管理

(一) 應具資格

　　專責報關人員須經專門職業及技術人員考試專責報關人員考試及格。但曾經海關所舉辦之專責報關人員資格測驗合格，領有合格證書者，得繼續執業。

(二) 報關證之核發

　　專責報關人員執行業務，應由其服務之報關業者檢具專責報關人員考試及格證書或資格測驗合格證書，向所在地海關申請核發報關證；並由該專責報關人員親自到海關製作印鑑卡存查。

（三）辭職關員執行簽證業務之限制

專責報關人員曾為海關關員者，於其辭職後三年內，不得在辭職時服務之關區執行簽證業務。

（四）專責報關人員之審核簽證職責

專責報關人員之主要職責為報單之審核簽證，凡報關業者向海關遞送之報單均應經專責報關人員審核簽證。但得委託所屬報關商業同業公會所僱專責報關人員代行審核簽證，惟應事先檢附有關證明文件申請海關核准；其執業地區、登記及簽證等事項準用專責報關人員有關之規定。此項審核簽證業務包括：

1. 審核所屬報關業者受委託報運進出口貨物向海關遞送之有關文件。
2. 審核並簽證所屬報關業者所填報之進出口報單。
3. 簽證所屬報關業者向海關提出之各項申請文件。
4. 負責向海關提供經其簽證之報單與文件之有關資料。
5. 專責報關人員辦理前項簽證業務，均應於有關文件上註明本人姓名及報關證字號並簽章。
6. 海關對專責報關人員簽證之報單或文件有疑義時，得通知專責報關人員到關備詢，專責報關人員不得拒絕。
7. 專責報關人員經通知參加海關自行舉辦或委託其他機構舉辦之專責報關人員進修講習時，除有正當理由經請假獲准者外，均應參加。

（五）專責報關人員執業之限制

1. 不得跨區跨報關業者執行業務
   （1）專責報關人員以任職一家報關業者且在同一關區執行業務為限，但已辦理登記連線報關業者之專責報關人員得跨關區執行業務。

（2）專責報關人員變更服務關區或報關業者，應重新向服務所在地海關申請核發報關證。

2.不得執業情形

專責報關人員有下列情事之一者，不得執業：

（1）有一、（四）不准設置情形各款之一者。

（2）受「報關行設置管理辦法」所定除名處分未滿三年者。

3.專責報關人員不得有下列行為：

（1）容許他人假借其名義執行業務。

（2）利用專責報關人員資格作不實簽證。

（3）要求期約或收受不正當酬金。

（4）以不正當之方法招攬業務。

（5）明知所填之報單內容不實或錯誤而不予更正。

（6）於空白報單預先簽名、蓋章或類似情事。

（7）洩漏客戶所交付之貿易文件內容或工商秘密。

（8）其他違反海關規章情事。

4.應拒絕簽證事項

專責報關人員遇有下列情事之一者，應拒絕簽證，並向海關報告：

（1）委託報關人或所屬報關業者意圖使其作不實或不當之簽證者。

（2）委託報關人或所屬報關業者故意不提供真實或必要之資料者。

（3）其他因委託報關人或所屬報關業者之隱瞞或欺騙，致無法作正確之審核簽證者。

六、辦理報關業務員工之責任

(一) 辦理報關作業時應注意事項

在海關轄區內辦理報關業務之報關行員工，均應佩帶報關證，並嚴守秩序及接受關員之合法指導。其向海關辦理報關納稅各項業務，應視為代表報關業者，報關業者對其報關業務有關之行為應負全部責任。但報關業者選任員工及監督其職務之執行已盡相當之注意者，得免除其責任。

(二) 不得兼職、浮收費用

報關業者僱用辦理報關業務之員工，不得在其他報關業者兼職，更不得向委託人浮收費用，或與委託人有串通舞弊及其他違反本辦法規定之情事。

(三) 不得洩漏客戶秘密

報關業者所僱用之員工不得洩漏客戶所交付之貿易文件內容或工商秘密。

(四) 不得出借名義

報關業者不得出借其名義，供他人經營受託辦理進出口貨物報關納稅之業務，亦不得借用他人名義辦理進出口貨物報關納稅之業務。

七、報關證之核發及繳銷

(一) 報關證之核發

報關業者應出具申請書，檢具規定文件向海關申請核發專責報關人員及一般報關人員之報關證。

（二）繳銷

領有報關證之報關業者員工，申請離職、辭職者應即繳回原報關證，經海關核明無訛後報關證即截角註銷，候期燒燬。如不慎遺失，應在申請書敘明遺失日期及地點。

八、業者因故停業案件之處理

（一）自行停業

報關業者解散、或自行停業時，應以書面向海關報備，並應於事實發生之日起五日內繳銷其營業執照，經海關撤銷營業執照而停業者，應於五日內將所領營業執照向海關繳銷。

（二）暫停營業

報關業者暫停營業者，應於停業前，以書面向海關報備，復業時亦同，於報備停業期間復向海關辦理報關納稅手續者，視為已復業。暫停營業之期間，不得逾一年。但有正當理由經海關核准者，不在此限。

（三）副知各單位

經核准後以局函通知該公司，並副知經濟部商業司、港務局、港務警察所、經濟部商品檢驗局、國稅局、稅捐稽徵處、市政府建設局、報關商業同業公會及本局各通關單位。

九、辦理自行報關廠商之登記

（一）登記文件

進、出口廠商，得檢附下列文件向海關申請登記：
1.自行報關廠商申請書。

2.向經營通關網路之事業取得連線契約證明。

3.經濟部公司執照正本及影本。

4.營利事業登記證正本及影本。

5.工廠登記證正本及影本。

6.印鑑卡。

（二）報運貨物之限制

1.限報運本身之進出口貨物

經審查確經有關機關登記之廠商，海關即核准登記，不發營業執照登記證，但得申請借用候單箱號，並限報運廠商本身之進出口貨物。

2.非強制規定

海關並無進出口廠商需辦理自行報關廠商登記始得報關之限制。

十、帳冊、專簿暨其他營業資料之查核

（一）報關費用之收受

1.應收費用項目之議訂

報關業者受託辦理報關業務，應收費用項目，由所屬報關商業同業公會核實議訂公告並副知海關。應收費用項目變更時亦同。

2.收據、清單之掣給

報關業者應將收費項目表在營業場所張貼，俾供眾覽，並依照收費，不得任意更改或巧立名目，收費時應掣給統一發票或正式收據，並開列詳細清單。

惟因強制訂定收費標準，有違反「公平交易法」之虞，故實務上收費之多寡由雙方依服務品質議定，海關僅就實際

情形瞭解有無浮收費用情事，必要時可訪查廠商。

（二）專簿之設置

報關業者應按年設置專簿，逐日將經辦之進出口報單號碼、貨名、件數及貨主等資料，詳予登記。

（三）稅款之更正

報關行如發現稅款繳納證內所填稅款數額有誤寫誤算情事，應立即向海關申請更正。其在稅款繳納後發現而未逾一年者，溢徵之稅款，得通知納稅義務人向海關申請發還，短徵稅款應即報明海關補徵，並通知納稅義務人補繳。

（四）海關之查核

1.帳簿單據之檢查及政令之宣導

海關為了解報關業者營業情形，得隨時會同報關商業同業公會查核其有關帳簿單據，其經海關核章之報單單底與紀錄單簿、發票、收費清單內容應相符，對營業處所環境及空白報單報表詳予檢查，注意有無違反規定。另於查訪時藉機宣導政令，並分送「報關業者應行注意事項」，以貫徹政令，提高服務品質，減少錯單或違章發生。

2.機動抽查

對發生錯單較多之報關業者及專責報關人員，應予機動抽查，以提高其警覺，並了解其執業情形。

3.特殊情事之查核

遇有報關業者涉及借牌、關員風紀或其他特殊情事時，赴各報關業者及自行報關廠商處查核下列事項：

（1）經濟部公司執照及股東名冊。

（2）市府營利事業登記證。

（3）報關業者營業執照。

（4）報關業者業務記錄專簿、報單單底及發票。

（5）會計帳冊，包括：總帳、分類帳、現金收入簿及傳票。

（6）報關費收費通知單。

（7）從業人員。

（8）專責報關人員。

（9）報單單底數量與海關記錄是否相同。

4.收費之查核

查核時，尤應注意報關業者有無浮收費用或巧立名目，遇報關業者涉嫌巧立名目濫收費用者，即請報關業者提出說明，並報請上級核辦，如查出報單單底與海關記錄不符，應請負責人提出說明，以防有租借牌照情形。

5.查核報告表之繕具

查核後應即填寫查核報告表，按日期、人員、地點、結果、宣導或建議事項依序詳填呈核。

十一、錯單彙總建檔及統計

海關每月十九日列印上月份（自上月十九日起至本月十八日）「報關業者投單及錯單統計表」、「專責報關人員核發報單錯誤紀錄統計表」，供做查核報關行營運資料參考。

十二、進修說明會之舉辦

每年由海關定期舉辦專責報關人員進修說明會，作政風宣導，以加強法紀觀念，維護關務風紀。對填報常有錯誤之各項統計資料，講解統計要領，以提高其素質，減少報單錯誤率，提昇報關效率與品質。

十三、獎懲之規定

（一）獎勵

1.專責報關人員之獎勵

專責報關人員執行業務滿三年以上，每年所簽證之進出口報單在五百份以上，均無錯單，且未違反有關規定者，得予頒發獎狀或表揚。

2.優良報關業者之降低抽驗比率

對表現優良報關業者，得依「報關行申請降低貨物抽驗比率作業規定」給予降低抽驗比率之優惠。

（1）應具條件

報關業者具有下列條件規定者，得於每年六月檢具證明文件，以書面向所在地關稅局申請報關業者分類。

A.設立達三年以上，且申請時之前二年均有營業盈餘者。

B.員工待遇合理者。

C.與海關完成電腦連線者。

D.連線報關業者於申請之前二年，未發生有申報進口貨物之稅則號別不正確或其他申報不實事項，致規避簽審規定或構成漏稅，而其貨價或所漏進口稅額超過新台幣10萬元者。

E.申請之前二年未受停業處分者。

F.員工人數達15人以上者。

G.全年報單數量在該關區居前25%者。

H.年錯單率未超過0.5%者。

I.雇用專責報關人員達2人以上者。

J.雇用之專責報關人員按時參加海關所舉辦之講習者。

（2）報關業者之分類

具備前項十款所列條件者為第一類報關業者；具備前項第一款至第五款及第六款至第十款中任三款所列條件者為第二類報關業者。申請為第二類報關業者，員工人數達10人以上或全年報單數量在該關區居前50%者，視為具備第一項第六款或第七款之條件。

（3）各類報關業者得降低之抽驗比率

第一類及第二類報關業者，其承受進、出口廠商之委託申報進、出口貨物時，分別按海關進、出口報單抽驗規定之抽驗比率予以降低，其降低抽驗比率，第一類為25～50%，第二類為25%以內；但依規定必驗者，不得降低抽驗比率；降低抽驗比率之期間為一年。

（4）降低抽驗比率資格之取消

依規定降低抽驗比率之報關業者，有下列情形之一者，應立即取消其降低抽驗比率之資格，並視其情節輕重，對其所申報貨物予以提高查驗比率，或予全部查驗。

A.報關行僱用之員工，對關員威脅、利誘或施暴者。

B.申報之進、出口貨物有走私、漏稅，其貨價或所漏進口稅額或溢沖退稅額超過新台幣10萬元者。

C.申報之進出口貨物有侵犯智慧財產權、仿冒或違反高科技貨品輸出入管理規定者。

D.連線報關業者申報進口貨物之稅則號別不正確，或有其他申報不實事項，致規避簽審規定或構成漏稅，而其貨價或所漏進口稅額超過新台幣10萬元者，或在新台幣10萬元以下未依限補繳有關文件或稅款者。

E.其他違法情事者。

（5）重新申請降低抽驗比率之限制

　　經依規定降低抽驗比率之報關業者，各關稅局應以書面通知，依規定取消資格時亦同。經依規定取消其降低抽驗比率資格之報關業者，自取消之日起二年內不得重新申請。

（二）處分

　　報關業者及專責報關人員違章之處分，依管理辦法懲處部分之相關規定辦理。

第10章 緝案處理及行政救濟

依「海關緝私條例」第三條規定，規避檢查、偷漏關稅或逃避管制，未經向海關申報而運輸貨物進、出國境，謂私運貨物進口、出口。

我國距離港、澳、琉、日極近，四面環海，沿岸曲折，地形有利於走私活動。近年來，由於關稅稅率一再降低，並放寬管制、開放進口，走私消費性洋貨案件已逐漸減少，私運標的物逐漸轉向毒品、槍械、彈藥及管制進口、高稅率貨品，以獲取暴利。為避免私梟非法私運管制及禁止進口物品進入國內，或逃漏進口稅捐，海關以各種方式對私運行為加以查緝。查獲之私運或違章案件，經有關單位繕具緝私報告表後，移送海關緝案處理單位辦理審核、分類、登記、核擬處分等作業。

人民對於中央或地方機關之行政處分，認為違法或不當，致損害其權利或利益者，得依法申請復查、訴願、行政訴訟。商民如因涉嫌違反關務相關法規，認為海關處置不當時，亦可比照上述作業程序要求保障自身權益。

本章對上述查緝及緝案處理作業分別加以敘明。

第一節 私貨查緝

依關稅法規及有關簽審機關核准文件，經由通商口岸完成通關手續而由海關放行，提領貨物進入國內者為合法輸入。

未經核准擅自輸入者為非法輸入，包括未經向海關申報而進入國內者（俗稱走私），及經向海關申報，惟虛報或匿報貨名，未經海關發現亦未檢具簽審機關核准文件，經海關放行而進入國內者。

緝私，乃國家為防止走私貨物進出國境，對於走私行為查察

緝拿之行政措施。海關依據海關緝私條例執行進出口貨物之查緝任務，軍警機關在非通商口岸得逕行查緝，所緝獲私貨移送海關處理。

近年來查獲之走私進口貨物，以偽報矇混、貨櫃匿藏或掉包走私，及漁船私運等方式為主；出口貨物則以虛報、規避管制、仿冒最為常見。

走私進口的貨品以洋煙酒、違反治安的物品（毒品、麻醉藥品、槍械）等，及保育類野生動物及其製品、大陸物品（大蒜、茶葉、柿餅、香菇、花生、金針菜、漁產品、畜產品、大陸煙酒、電器電子零件等）等較為常見。出口則以贓車、舊車零件及仿冒產品較多。

一、依海關緝私條例從事之查緝

（一）查緝方式

1.查驗

海關為防止廠商虛報進出口貨物之名稱、數量、重量、品質、價值、規格，或以繳驗偽造、變造或不實發票、憑證，或其他違法行為逃漏稅費或逃避管制，而派員予以查驗。

2.檢查

為監視及查緝走私活動，海關於貨物進出的碼頭、機場、倉庫、加工出口區設立檢查崗哨，以防止擅自起岸、搬移、掉換應稅、保稅、管制或違禁物品。

3.巡邏

海關除於陸上之通商口岸碼頭、機場或港區、其他場所，派關員巡邏外，並實施市面查緝，以阻止私貨在國內市場

之流通。

(二) 私運案件之扣押

1. 貨物之扣押

海關查獲貨物認有違反「海關緝私條例」情事者，應予扣押。

2. 運輸工具之扣押

（1）前項貨物如係在運輸工具內查獲而情節重大者，為繼續勘驗與搜索，海關得扣押該運輸工具，但以足供勘驗與搜索之時間為限。

（2）船舶、航空器、車輛或其他運輸工具，依「海關緝私條例」應受或得受沒入處分者，海關得予以扣押。

3. 具結保管

扣押之貨物或運輸工具，因解送困難或保管不易者，得由海關查封後，交其所有人、管領人或持有人具結保管，或交當地公務機關保管，其交公務機關保管者，應通知其所有人、管領人或持有人。

4. 扣押收據

（1）扣押應交付扣押收據，載明扣押物之名稱、數量、扣押之地點及時間，所有人、管領人或持有人之姓名及其住居所，並由執行關員簽名。

（2）扣押物應加封緘或其他標識，由扣押之機關或關員蓋印。

5. 扣押之撤銷

扣押之貨物或運輸工具，得由其所有人、管領人或持有人向海關提供相當之保證金或其他擔保，申請撤銷扣押。

6. 扣押貨物之變賣、毀棄

（1）扣押物有不能依前項規定處理或有腐敗、毀損之虞

者，海關得於案件確定前，公告變賣並保管其價金或逐送有關機關處理，並通知其所有人、管領人或持有人。依前項規定處理之扣押物，得由海關酌予留樣或拍照存證。

（2）易生危險之扣押物，得毀棄之。

（三）運輸工具私運物品或違章之處罰

1.運輸工具抗不停駛、回航或降落指定地點者

船舶、航空器、車輛或其他運輸工具，違反第八條規定而抗不遵照者，處船長或管領人二萬元以上四萬元以下罰鍰；經查明以載運私貨為主要目的者，並沒入該運輸工具。

2.運輸工具擅自駛入非通商口岸者

船舶、航空器、車輛或其他運輸工具，未經允許擅自駛入非通商口岸者，沒入之。但因不可抗力或有其他正當理由，經船長或管領人函報當地有關主管機關核實證明者，不在此限。

3.船舶逃避追緝者

船舶在沿海二十四海里界內，或經追緝逃出界外，將貨物或貨物有關文件毀壞或拋棄水中，以避免緝獲者，處船長及行為人各一萬元以上五萬元以下罰鍰，並得沒入該船舶。

4.發遞、傳送走私信息者

發遞有關走私信號，傳送消息於私運貨物進口或出口之運輸工具者，處一萬元以下罰鍰。

5.運輸工具私運貨物者

（1）以船舶、航空器、車輛或其他運輸工具，私運貨物進口、出口、起岸或搬移者，處船長或管領人新臺幣十

萬元以上五十萬元以下罰鍰；其情節經查明前述運送
業者有包庇、唆使或以其他非正當方法，使其運輸工
具之工作人員走私貨物進口或出口者，除依「海關緝
私條例」或其他法律處罰外，並得停止該運輸工具三
十天以內之結關出口。

（2）前項運輸工具以載運槍砲、彈藥或毒品爲主要目的
者，沒入之。

6.運輸工具擅行起卸者

（1）船舶、航空器、車輛或其他運輸工具未到達通商口岸
之正當卸貨地點，未經許可而擅行起卸貨物或自用物
品者，處船長或管領人以貨價一倍至二倍罰鍰，並得
將該貨物及物品沒入之。

（2）擅自轉載、放置或收受前項貨物、物品或幫同裝卸
者，依前項規定處罰。

（3）船舶、航空器、車輛或其他運輸工具到達通商口岸，
未經海關核准而裝卸貨物者，處船長、管領人或行爲
人二萬元以下罰鍰。

7.運輸工具不依規定繳驗、列明單證者

（1）船舶、航空器、車輛或其他運輸工具，不依規定向海
關繳驗艙口單或載貨清單，處船長或管領人一千元以
上一萬元以下罰鍰。

（2）船舶、航空器、車輛或其他運輸工具所載貨物，經海
關查明有未列入艙口單或載貨清單者，處船長、管領
人四千元以上六萬元以下罰鍰。責任歸屬貨主者，處
罰貨主。

（3）貨物由二包以上合成一件，而未在艙口單或載貨清單
內註明者，依前項規定處罰。

（4）前二項貨物，經海關查明未具有貨物運送契約文件者，依第三十六條第一項及第三項論處。

（5）船舶、航空器、車輛或其他運輸工具所載進口貨物或轉運本國其他港口之轉運貨物，經海關查明與艙口單、載貨清單、轉運艙單或運送契約文件所載不符者，沒入其貨物。但經證明確屬誤裝者，不在此限。

（6）船舶、航空器、車輛或其他運輸工具，所載貨物如較艙口單或載貨清單所列者有短少時，處船長或管領人一萬元以下罰鍰。但經證明該項貨物確係在沿途口岸誤卸，或在上貨口岸短裝，或有其他正當理由者，免罰。

（7）船用物料、船長所帶包件及船員自用不起岸物品，未列單申報或申報不實者，處船長二千元以上二萬元以下罰鍰，並得沒入之。

（8）船舶、航空器、車輛或其他運輸工具，未向海關繳驗出口艙單或載貨清單，並未經海關核准結關出口，而擅離口岸者，處船長或管領人二千元以上一萬元以下罰鍰。

（四）運輸業或倉儲業未依規定作業者之處罰

1. 運輸業或倉儲業對於進出口貨物、通運貨物、轉運貨物、保稅貨物、郵包、行李、貨櫃，未在核定之時間及地點起卸、存放或未依規定加封者，處業主二千元以上二萬元以下罰鍰。情節重大者得加倍處罰，經通知其改正仍不改正者，得連續處罰之。

2. 前項各類貨物、郵包、行李或貨櫃存放於船舶、航空器、車輛、其他運輸工具或其他處所，而在海關監管下或經海關加封、下鎖，有擅行改裝、移動、搬運、塗改標誌號碼

或拆封、開鎖者，依前項規定處罰。

（五）私運貨物進口、出口者之處罰（緝36）

1. 私運貨物進口、出口或經營私運貨物者，處貨價一倍至三倍之罰鍰。

2. 起卸、裝運、收受、藏匿、收買或代銷私運貨物者，處三萬元以下罰鍰；其招僱或引誘他人為之者，亦同。

3. 前二項私運貨物沒入之。

4. 不知為私運貨物而有起卸、裝運、收受、貯藏、購買或代銷之行為、經海關查明屬實者，免罰。

（六）虛報貨物進、出口者之處罰（緝37）

1. 報運貨物進口而有下列情事之一者，得視情節輕重，處以所漏進口稅額二倍至五倍之罰鍰，或沒入或併沒入其貨物：

   （1）虛報所運貨物之名稱、數量或重量。

   （2）虛報所運貨物之品質、價值或規格。

   （3）繳驗偽造、變造或不實之發票或憑證。

   （4）其他違法行為。

2. 報運貨物出口，有前項各款情事之一者，處二千元以上三萬元以下之罰鍰，並得沒入其貨物。

   有前二項情事之一而涉及逃避管制者，依（五）1.3.之規定論處。

3. 沖退進口原料稅捐之加工外銷貨物，報運出口而有第1項所列各款情事之一者，處以溢額沖退稅額二倍至五倍之罰鍰，並得沒入其貨物。

（七）報關行為不實之記載者之處罰（緝41）

1. 報關行向海關遞送報單，對於貨物之重量、價值、數量、品質或其他事項，為不實記載者，處以所漏或沖退稅額二

倍至五倍之罰鍰，並得停止其營業一個月至六個月；其情節重大者，並撤銷其營業執照。

2.前項不實記載，如係由貨主捏造所致，而非報關行所知悉者，僅就貨主依第三十七條規定處罰。

3.第1項之不實記載等情事，如係報關行與貨主之共同行為，應分別處罰。

4.第1項之不實記載，情節輕微，係因錯誤所致，而足以影響稅捐徵收者，處二千元以上一萬元以下罰鍰，但不得逾該項規定所得處罰之數額。（所稱「情節輕微」，係指不實記載係因錯誤所致，而其誤差在5％以內，或其不實記載之貨物價值或所漏或溢沖退稅額在新台幣15,000以下；或報關時檢附之報關文件齊全，且其申報貨物係屬應驗項目，並無逃漏情事；或有其他特殊情形，足以認定為情節輕微者，由海關逕就個案事實加以認定）。

5.報關行或貨主明知為不實事項，而使運輸業或倉儲業登載於進口、出口貨物之進、出站或進、出倉之有關文件上或使其為證明者，處二千元以上二萬元以下罰鍰。（運輸業或倉儲業，明知為不實事項而為登載或證明者，依本項規定處罰）。

6.受託報關之報關行如有申報不實或違規情事者，移送海關出口組依相關規定處分或處理。

(八) 不送驗單據者之處罰

1.海關對於報運貨物進口、出口認有違法嫌疑時，得通知該進口商、出口商、貨主或收貨人，將該貨物之發票、價單、帳單及其他單據送驗，並得查閱或抄錄其與該貨物進口、出口、買賣、成本價值、付款各情事有關之帳簿、信件或發票簿。

2.不為送驗或拒絕查閱抄錄，或意圖湮滅證據，將該項單據、帳簿及其他有關文件藏匿或毀壞者，處二萬元以下罰鍰。

（九）以不正當方法請求免稅、減稅或退稅之處罰

以不正當方法請求免稅、減稅或退稅者，處所漏或沖退稅額二倍至五倍之罰鍰，並得沒入其貨物。

（十）加重處罰之情形

追徵或處罰之處分確定後，五年內再犯本條例同一規定之行為者，其罰鍰得加重二分之一，犯三次以上者，得加重一倍。

（十一）免追徵或處罰之情形

違反本條例情事，自情事發生已滿五年者，不得再為追徵或處罰。

二、違反懲治走私條例之處分

政府為懲治私運管制物品或應稅物品之進口或出口，特制定「懲治走私條例」加以規範。

（一）私運管制物品逾公告數額者

1.私運管制物品進口、出口逾公告數額者，處七年以下有期徒刑，得併科新臺幣20萬元以下罰金。未遂犯罰之。所稱管制物品及其數額，由行政院公告之。

（1）管制之涵義：海關緝私條例所稱「管制」物品如下：

A.關稅法規定不得進口之違禁品。

B.行政院依懲治走私條例第二條規定所公告之管制物品。

C.台灣地區與大陸地區貿易許可辦法規定不得輸入之

大陸物品。

D.經濟部依有關貿易法規禁止或管制輸入或輸出之物品。

（2）行政院公告之管制物品項目及其數額

A.管制進出口物品

（A）槍械、子彈、炸藥、毒氣以及其他兵器（包括零件、附件）。

（B）宣傳共產主義或其他違反國策之書籍、圖片、文件及其他物品。

（C）偽造或變造之各種幣券、有價證券、郵票、印花稅票及其他稅務單照憑證。

（D）毒品危害防制條例所列毒品及其製劑、罌粟種子、古柯種子及大麻種子。

B.管制出口物品

（A）未經合法授權之翻印書籍（不包括本人自用者在內）及翻印書籍之底版（包括排字版紙型暨照相原版）。

（B）未經合法授權之翻製唱片（不包括本人自用者在內），翻製唱片之母模（即製唱片之底版）及裝用翻製唱片之圓標暨封套。

（C）未經合法授權之翻製錄音帶；及錄影帶（不包括本人自用者在內）

C.管制進口物品：一次私運下列物品之一項或數項，其總額超過新臺幣10萬元者（由海關照緝獲時之完稅價格計算；外幣按當時辦理外匯銀行買進價格折算）

（A）洋煙、洋酒、捲煙紙。

（Ｂ）外國發行之獎券、彩券或其他類似之票券。

（Ｃ）大陸物品（大陸生產、製造、加工等之物品，有大陸文字或圖案之標誌，或雖無大陸文字或圖案之標誌而經鑑定確係大陸之物品者）。

D.自大陸地區私運物品進入台灣地區或自台灣地區私運物品前往大陸地區，其所私運之物品，以管制物品論，除屬於A項及B項之物品不限數額外，C項以私運一項或數項，其總額由海關比照緝獲時之完稅價格計算，超過新臺幣10萬元或重量達1,000公斤者，以管制進出口物品論。

2.以犯前項之罪為常業者，處三年以上十年以下有期徒刑，得併科新台幣30萬元以下罰金。

（二）運送、銷售或藏匿走私物品者之處罰

1.運送、銷售或藏匿第（一）1.項之走私物品者，處五年以下有期徒刑、拘役或科或併科新臺幣9萬元以下罰金。未遂犯罰之。

2.以犯前項之罪為常業者，處一年以上七年以下有期徒刑，得併科新臺幣20萬元以下罰金。

（三）走私罪犯之處刑

1.犯走私罪而持械拒捕或持械拒受檢查，傷害人致死或重傷者，處死刑、無期徒刑或十年以上有期徒刑，得併科新臺幣30萬元以下罰金。

2.犯走私罪而有下列行為之一者，處無期徒刑或七年以上有期徒刑，得併科新臺幣30萬元以下之罰金

（1）公然為首，聚眾持械拒捕或持械拒受檢查者。

（2）公然為首，聚眾威脅稽徵關員或其他依法令負責檢查

人員者。

3.犯走私罪而有下列行爲之一者，處三年以上十年以下有期
徒刑，得併科新臺幣30萬元以下罰金
（1）持械拒捕或持械拒受檢查，傷害人未致重傷者。
（2）公然聚眾，持械拒捕或持械拒受檢查時，在場助勢
者。
（3）公然聚眾威脅稽徵關員或其他依法令負責檢查人員
時，在場助勢者。

4.以私運未逾公告數額物品爲常業者之處罰：以私運未逾公
告數額之管制物品或應稅物品進口、出口爲常業者，處三
年以下有期徒刑、拘役或科或併科新臺幣15萬元以下罰
金。以運送、銷售或藏匿前項之走私物品爲常業者，亦
同。

（四）**公務員包庇走私者之處罰**

1.稽徵關員或其他依法令負責檢查人員，明知爲走私物品而
放行或爲之銷售或藏匿者，處七年以上有期徒刑。未遂犯
罰之。

2.公務員、軍人包庇走私者，處無期徒刑或七年以上有期徒
刑。未遂犯罰之。

3.服務於鐵路、公路、航空、水運或其他供公眾運輸之交通
工具人員，明知有走私情事而不通知稽徵關員或其他依法
令負責檢查人員者，處三年以下有期徒刑，拘役或科新台
幣9萬元以下罰金。

（五）**法令之適用**

1.走私行爲之處罰，海關緝私條例及本條例無規定者，適用
刑法或其他有關法律。

2.自大陸地區私運物品進入臺灣地區，或自臺灣地區私運物品前往大陸地區者，以私運物品進口、出口論，適用本條例規定處斷。

3.凡以非法方式，未向海關申報或申報不實，而運輸管制物品進口、出口逾公告數額者，應均有懲治走私條例之適用。

三、私運之防止

海關投入十分龐大之人力、物力從事私運行為之查緝工作，惟逃漏者仍眾，宜採下列措施以期嚇阻：

(一) 貨櫃之查核

1.科學儀器設備之運用

近年來私梟已漸以貨櫃夾藏走私大批槍械取代以往由旅客攜帶闖關或漁船丟包接駁之走私方式。由於貨櫃為密閉式容器，體積龐大，隱密性高，而危安物品體積小，價格高昂，利潤優厚，且便於藏匿，海關人、物力與情報均不足以充分掌控，因此，應以大型之X光貨櫃檢查儀透視檢查貨櫃，以收事半功倍之效。另為防止私梟利用夜間以空貨櫃夾帶私貨出港區，除要求貨櫃碼頭值勤關員加強卸岸空櫃之檢查外，亦宜鎖定可疑船隻，對該船卸下之全部空櫃逐一以測距儀檢測櫃深或橫樑支數，以配合「截毒於關口」之政策。另如在進口貨櫃裝船時，在出口地即將艙單資料輸入電腦，直接傳輸至台灣，使私梟無法調包，亦是嚇阻貨櫃走私的良方，應積極研擬辦理。

2.加強卸岸貨櫃之檢視

由各關稅局機動巡查隊與稽查組等單位，加強過濾艙單，

對艙單貨名申報含混籠統或經密報可能涉及走私之進口貨櫃，於船隻到達，貨櫃卸岸後即在船邊開櫃查核。尤其在假日、凌晨卸櫃，而申報文件上無嘜頭、收貨人住址不詳或與登記廠商住址不符、無商業價值之貨品、重量或材積異常、起運地與貨物特性或原產地不符等特徵之貨櫃，應特別予以查核。

3.「進口貨櫃追蹤查核系統」功能之利用

利用「進口貨櫃追蹤查核系統」之功能追蹤進口貨櫃之去向，發現可疑或下落不明貨櫃，即予追蹤查核其去向。

4.強化「海關查緝走私情報系統」功能

如無相關業者（例如，船公司理貨員、貨櫃場作業員、拖車司機、報關行現場人員等）之配合其走私，私梟即不易得逞。過去海關因缺乏相關業者之資料，致屢為私梟所乘。目前海關已建置完成廠商、運輸工具、個人走私、拖車司機檔等相關資料，如能再予充實並隨時更新，將成為查緝走私之一大利器。

5.加強航商及進口商之宣導

（1）宣導航商及進口商在卸貨港海關轄區報關

進口貨櫃經內陸長程轉運容易發生掉包走私。如於卸貨港報關，既可減輕航商與進口商成本，並可提前領貨，又可減少掉包走私機會，故海關宜宣導航商及進口商在卸貨港海關轄區報關提貨。

（2）鼓勵航商多利用海上走廊或鐵路運送轉運貨櫃

由於利用海上走廊或鐵路運送貨櫃，其運送途中較無掉包走私之虞，故海關宜鼓勵航商多利用海上走廊或鐵路運送轉運貨櫃。

6.不卸櫃案件之處理

為防範運輸業者以不卸櫃為理由，故意將有問題貨櫃留在船上規避檢查，應按下列方式處理：

（1）船舶離境開航前申請貨櫃不卸櫃者

　　應查核該貨櫃之通關狀態，及是否有密報、通報，並查核該輪船之貨櫃放置艙位配置圖，如貨櫃確實在船上，則強行卸櫃檢查，倘檢查結果與艙單（報單）申報不符，則依海關緝私條例有關規定議處，並對運輸業者繕具不實短卸報告之違章行為，依「運輸工具進出口通關管理辦法」議處。

（2）船舶離境開航後始申請者

　　如經查明該只貨櫃已報關，且通關方式為C3者，除依「運輸工具進出口通關管理辦法」第二十八條規定處理外，並應將該貨櫃之收貨人鍵入「應審應驗」電腦檔註記為應驗廠商，控管期限應視案情輕重依職權辦理。

（3）對於電腦顯示進口通關方式為C3者

　　應列印未補送書面報單清表，追查其原因，如未補送之原因為前述不卸櫃者，按前述（1）（2）項之規定處理。

（二）情報系統之建立

　　重大緝案之查獲主要來自正確之情報，故情報之蒐集為查緝走私最重要工作，海關雖無一般情治單位之線民與監聽設備可蒐集情報，惟可由財政部提供經費，運用海內外情治單位組織及成員建立情報傳遞管道，以派員臥底方式探查走私集團組織與其私運手法供海關查緝之參考。各地區關稅局亦可應用「風險管理」、「海關查緝走私情報系統」等，由查獲案件、廠商分級及過濾艙單方面發掘線索，分析研判來蒐集情報，以掌握特定目標，積極主

動出擊，有效防制走私犯行。

(三) 關員潛能之激發

　　查緝單位主管應提示屬員隨時注意周邊可疑之人、時、事、地、物等細節，強化職業敏銳度及機警性，運用智慧及經驗，見微知著，挖掘破綻，以提高獲案率。

(四) 驗貨方式之改進

　　由於抽驗比率之逐漸降低，海關僅對可疑或高危險群之廠商做重點式之查緝，加強驗貨員之在職訓練為必要措施。對抽中應驗之貨櫃，驗貨員可利用X光儀，甚至查緝犬協助查驗；臨場開櫃時如有異味、嘜頭以手書寫、未標示生產公司或國別等情形者應詳細查驗，發現與申報不符者，即於報單註明，以憑核處。

(五) 加強市面之查緝

　　杜絕銷售管道是各國對毒品之查緝方式，對私貨之查緝亦應採此種方式，在海關未具司法警察權之前，可與憲警、農委會、稅捐處、菸酒公賣局等組成之聯合取締小組，機動赴市面商店查緝販售之私貨，一經查獲，情節輕者施予重罰，情節重大者移送法辦，當可有效防杜私貨之流通。

第二節　緝案處理

　　私運案件大抵分為：由海關自行查獲、由軍警機關查獲移交海關處分、因密報查獲、其他私運與違章案件等類。查獲之案件與貨物由各關稅局緝案處理單位依法核處。

一、緝案處理程序

(一) 查緝階段

1. 凡有違反海關緝私條例情事，而應扣押貨物者（包含進、出口貨物、旅客行李與規避檢查走私之案件），由海關檢查關員依法開具「扣押貨物收據」予以扣押。

2. 由查獲單位繕具「緝私報告表」，在相關欄內列明違法漏稅事實有關之人、時、地、事、物，連同扣押貨物一併押交私貨倉庫。

(二) 處分階段

1. 處分書之製作

   不符案件經審理結果，認為已違反海關緝私條例之情事者，由海關依法製作處分書送達受處分人；如另涉嫌違反其他刑事法規之規定者，由查獲單位另繕具移送書並檢附有關證據，移送司法機關偵辦。如有違反其他行政法規之規定者，亦另依相關法規規定處理。

2. 處分書之送達

   準用刑事訴訟法有關送達之規定（緝46）。

3. 假扣押或假處分（緝49之1）

   經核定應予處分而未扣押貨物或提供適當擔保者，海關為防止其隱匿或移轉財產，以逃避執行，得於處分書送達後，聲請法院假扣押或假處分，並免提供擔保。

(三) 處結階段

1. 扣押貨物之處理

   （1）處分確定應予沒入者

   由緝案處理單位依法予以拍賣、銷燬或移交有關單位

處理。拍賣之私貨由得標人於繳納得標價款後由緝案
處理單位簽發「扣押／逾期貨物放行通知」予得標人
至私貨倉庫單位提領出倉。

（2）依法予以銷燬或移交有關單位處理者
由緝案處理單位簽發「扣押／逾期貨物放行通知」，由
執行關員至私貨倉庫單位提領出倉及辦理後續作業。

（3）應予免議發還者
由貨主於繳納稅款後憑緝案處理單位簽發之「扣押／
逾期貨物放行通知」至私貨倉庫單位提領出倉。

2.催收欠繳稅費及罰鍰
逾期未繳稅費或罰款應予催收。

3.逾期不報關、不繳稅、不退運及放棄貨物之處理
（1）由艙單單位繕具「逾期貨物或聲明放棄貨物處理紀錄」
連同貨物移交逾期倉庫單位，依序完成點交、進倉、
編號、登簿等手續。

（2）緝案處理單位依規定處理逾期貨物，完成通知、查
驗、分估程序，並依法予以拍賣、銷燬或移交有關單
位處理。

二、緝案處分之核擬

緝案核擬處分時，應詳細審查走私或違章案情，依海關緝私
條例及其他法令規定處理。

（一）核擬處分原則

1.特殊案件
毒品及武器之特殊案件，依走私之情況，慎酌案情，分別
科處貨價二倍以上之罰鍰，並沒入其貨物。

2.一般案件

一般走私案件（不包括業經上級機關決定或行政法院判決之案件），原則上均科處貨價一倍之罰鍰，私貨沒入。

3.經常入境旅客

旅客走私案件，若於「國際機場經常入境資料卡」查明有經常入境之記載者，應從嚴處分。

(二) 免議規定及適用範圍

貨物之進出口通關，首重誠實申報，有偽匿報或矇混私運之行為，除法條別有規定外，原則上均應依法處罰，惟實務上有微罪不舉、認定困難等原因而免予處分者。

1.免議規定

（1）情節輕微，依海關緝私條例第四十五條之一，免處罰鍰或免罰者

A.私貨價值或稅額在新台幣5,000元以下者

（A）違反海關緝私條例第三十六條第一項，第三十七條第一項、第四項規定，其私貨價值或所偷漏或溢沖退稅額在新台幣5,000元以下者，准免處罰鍰，其所漏關稅及貨物稅應分別計算。其他應處定額罰鍰案件，不在適用之列。

（B）因違反海關緝私條例，並同時觸犯貨物稅條例或營業稅法，依法應由海關處以罰鍰之案件，如每案所偷漏之貨物稅或營業稅稅額在新台幣5,000以下者，依「稅務違章案件減免處罰標準」第七條及第十條規定，免予處罰。

B.主動報備或舉發

（A）違反海關緝私條例第三十六條第一項、第三十七條第一項、第四項處以罰鍰之案件，如在海

關或其他協助查緝機關接獲檢舉或進行調查前，因違法行為人主動陳報或提供違法事證，並因而查獲或確定其違法行為者，得認定合於海關緝私條例第四十五條之一情節輕微免罰之標準，免予處罰。惟如涉及違反懲治走私條例規定者，仍應依法移送司法機關處理。

（B）　違反海關緝私條例案件，如係由將因緝私處分受有損害之利害關係人（例如，運輸工具所有人）所舉發，且該利害關係人並未參與私運行為者，亦從寬對該利害關係人所有之運輸工具得免予議處，上項規定對行政處分尚未確定案件，均有其適用。

（2）報運貨物出口，違反海關緝私條例第三十七條第二項規定之案件，其貨物離岸價格在新台幣5,000元以下者，得予免罰。惟涉案貨物如係受其他法律限制（非指海關緝私條例所稱之管制）者，仍適用現行科處罰鍰之規定。

2.數量、成分之容許誤差

（1）報運貨物進口、出口，虛報數（重）量或以不正當方法申請沖退稅之案件，其實際數量或成分，與原申報或申請沖退稅者誤差在5%以內者不罰。（但其誤差超過5%者，應一律依章就虛報部分全額議處，不扣除5%寬容量）。

（2）進口電子零件，其體積細小、點數困難者，如實到數量超過原申報數量未逾10%者免議。

（3）報運進口木板條及木材薄片，其實到貨物之材積數量，如超過申報材積數量在20%以內者，按海關驗得

材積辦理保稅或繳稅，免按虛報數量議處。（但如超過申報材積數量在20%以上者，應就虛報部分全額論處，不再扣除20%之寬容量）。

3.阻卻違法之免罰

（1）適時補正者

A.依「進出口貨物查驗及取樣準則」第十九條及「出口貨物報關驗放辦法」第二十二條等規定，報運人對於申報不符、溢裝、誤裝等情事，得依規定程序，在法定條件下，向海關報備或申請更正者，得依法免罰。

B.虛報案件之進口貨物如經認定係誤裝或在未發現虛報行為前已申請退運者不罰。

C.貨櫃封條斷落脫損，如係因封條本身故障或由航商主動發現，並於海關查覺前將事實報告所在地海關，經查明確無違章情事者，可免處罰鍰。

（2）兩批相互誤裝錯運：「進出口貨物查驗及取樣準則」第十九條規定，實到貨物與原申報不符係出於同一發貨人發貨兩批以上，互相誤裝錯運，經舉證證明，並經海關查明屬實者，准予併案處理，免予議處。

4.虛報不涉管制且無漏稅之免議

凡實到貨物與原申報不符，但不涉及逃避管制或違反其他法令規定亦查無漏稅情事者免議。

5.虛報事證不足或認定標準不一之免罰

進口貨物，如未獲證明其繳驗之發票、憑證，係出於偽造、變造或串通故為不實之偽報者，不宜遽按海關緝私條例第三十七條第一項之規定論罰。

6.法無處罰明文者，不罰。

（三）一時無法查明受處分人之處理

　　為便利海關實務上處理，此類案件得將受處分人列為不詳，依法核定處分書，並按公示送達方式送達，緝案及私貨之處理均可依法進行。倘日後再查獲應受處分人時，係屬發現新事實，仍得對其依法處分。若另涉及違反懲治走私條例或藥事法等特別刑法者，自應再依有關規定將人犯移送法院處理。

（四）緝獲未稅洋菸酒案件之辦理

1. 應填具「查獲洋菸酒報告表」，不再列載於緝私報告表，俾免與其他一般私貨混淆。
2. 起卸、裝運、收受、藏匿、收買或代銷未稅洋菸酒之案件，仍應移司法機關依法處理，不再另依海關緝私條例第卅六條第二項之規定議處。惟如起卸、裝運、收受、藏匿、收買或代銷之私運貨物，除未稅洋菸酒外，尚有其他一般私貨者，海關仍應就該未稅之一般私貨依同條例第卅六條第二項規定科處定額罰鍰，其額度之高低，由各關稅局斟酌案情自由裁量決定。

（五）轉運貨物與轉運艙單不符之處理

　　轉運貨物經轉運地海關抽查，發現來貨與轉運艙單或運送契約文件所載分屬不同類型或性質之貨物，而在客觀上無爭執餘地者，應由轉運地海關依海關緝私條例第三十一條之一規定處分。惟其不符情形，尚非明顯，在主、客觀上均容有爭執餘地，尚需鑑定查驗，始能判定者，應由轉運地海關將有關抽查資料以電傳通報目的地海關，目的地海關應將此項通報比照走私密報，依有關規定處理。

（六）運輸工具涉及載運私運貨物之處理

1. 船長或運輸工具之管領人，以其船舶或運輸工具自行從事走私或與他人共同走私時

    （1）運輸工具以載運私貨為主要目的者，得沒入之。（緝27）

    （2）該等行為如同時違反海關緝私條例第二十七條及第三十六條第一項及第三項規定，應從一重處斷，即以法定罰較重者處罰，但對於從輕處斷部分之沒入仍應與從重處斷部分之沒入併處。

    （3）運輸工具管理人，以其管理之運輸工具自行或與他人共同走私，進而以運輸工具搬運私貨者，該搬運行為視為走私行為之一部分，應依前項規定處理。

    （4）運輸工具之管領人，僅以運輸工具自私貨起卸地點搬移私貨，協助完成私運者，應依海關緝私條例第二十七條規定處罰，已完成私運之貨物予以載運者，則非該條處罰範圍。

2. 經扣押涉及載運私運貨物之運輸工具，如運輸工具所有人主張被竊，已向治安單位報案者，如查明屬實，准予發還原所有人。依法處分沒入確定，並已公開標售完畢，經查證屬實而撤銷原處分時，運輸工具標售之價款應返還原所有人。

3. 漁船船員及漁船私運貨物進口案件

    （1）船員出海前與私梟或私運行為人有私運貨物進口之犯意聯絡，出海後復有私運行為分擔者，按海關緝私條例第三十六條第一項共同私運貨物進口論處。

    （2）出海前不知情，出海後始知情而在緝私領域內有搬運私貨者，依海關緝私條例第三十六條第二項規定，按

現行量罰標準減半論處。

（3）出海前無論是否知情，惟出海後搬運私貨之地點係在公海者，及出海前不知情，出海後亦不知情而搬運私貨者，不論搬移係在緝私領域或公海，一律免罰。

（4）沒入之漁、船（筏）等均需一律銷燬。

（七）利用貨櫃私運貨物進口案件之處理

貨櫃本身為容器（非運輸工具），不得依海關緝私條例第廿七條第二規定予以處分沒入，惟私梟如確有利用自有貨櫃擅自改造設置密窩並私運貨物進口，而違反特別刑事法規者，自可移請法院依規定予以沒收。

（八）撤銷扣押之相關規定

扣押之貨物或運輸工具，其所有人、管領人或持有人依海關緝私條例第廿一條之規定，向海關提供相當之保證金或其他擔保，申請撤銷扣押者，其所繳保證金或提供擔保之金額，宜與扣押貨物或運輸工具之價值及依法應繳納稅捐之總數相當，應不包括預計可能罰鍰之金額在內。但下列扣押之貨物或物品均不准申請撤銷扣押：

1. 違禁品。
2. 禁止進出口貨物。
3. 管制進出口貨物，而其貨價超過15萬元且非體積過巨或易於損壞變質或其他不易拍賣或處理者。
4. 依海關緝私條例第十七條第二項之規定，為繼續勘驗與搜索之目的而扣押之運輸工具。

（九）旅客涉及私運貨物之處理

1. 旅客出境攜帶超額外幣，匿不申報或規避檢查者，即應依海關緝私條例第卅九條之規定論處。其於查獲後始提出攜

入外幣之憑證者，不得免罰。

2.軍警機關在市肆查獲移送海關處理之未稅貨物，如貨主主張係出境觀光購回之自用物品免徵進口稅者

（1）貨主如能提供來源憑證足可證明確係出國觀光購回者，應補繳關稅並處以應補稅額一倍之罰鍰。

（2）未能提供來源證明其係免稅進口之自用物品，則顯係販賣未具合法進口來源之私貨，得依海關私條第卅六條第二項之規定予以議處。

三、貨物及運輸工具之變賣

運達中華民國口岸之貨物，依規定不得進口者，海關應責令納稅義務人限期辦理退運；如納稅義務人以書面聲明放棄或不在海關規定之期限內辦理退運，海關得將其貨物變賣，所得價款，於扣除應納關稅及必要費用後，如有餘款，應繳歸國庫。

依關稅法有關規定變賣之貨物，無法變賣而需銷燬時，應通知納稅義務人限期在海關監視下自行銷燬；屆期未銷燬，由海關逕予銷燬，其有關費用，由納稅義務人負擔，並限期繳付海關。

逾期不報關、不繳稅、不退運貨物、放棄及沒入或扣押貨物、運輸工具之變賣，除法令另有規定外，依「海關變賣貨物及運輸工具處理程序」之下列規定辦理：

（一）處理方式

海關依法應予或得予變賣之貨物及運輸工具，其變賣由各關稅局緝案處理單位主辦，除依規定准由原主備價購回另完稅捐外，應以下列方式處理：

1.普通貨物

逾期不報關、不繳稅、不退運貨物、放棄及沒入或扣押貨

物等，除本處理程序或其他法令另有規定外，以標售方式變賣。

2.特殊貨物

金銀外幣及古物、洋菸酒或供製造菸酒所用之機械及捲菸紙、毒品及吸毒器具、武（凶）器及彈藥、藥物、度量衡器、有無線電器材、味精、望遠鏡、舊汽車、砂糖、鹽、唱片、毒性化學物質、氟氯碳化物、未加芥子油之強力膠、放射性物質，錄音（影）帶、書刊、雜誌等出版物，大陸船舶（含漁、船）、菸酒及未開放間接進口之大陸地區物品（農產品、煙毒、武器、彈藥除外），種子、植物、鮮果、食品罐頭及活性動物暨其產品，逾期不報關、不繳稅、不退運或聲明放棄之進口車輛（汽缸總排氣量在150cc及以上之機車除外）等，均應依「海關變賣貨物及運輸工具處理程序」之規定分別辦理。

3.違禁品

（1）下列違禁品，除法令另有規定外，定期邀請有關機關派員會同銷燬

　　A.偽造之貨幣、證券、銀行鈔券及印製偽幣印模。

　　B.賭具及外國發行之獎券、彩票或其他類似之票券。

　　C.有傷風化之書刊、畫片及誨淫物品。

　　D.宣傳共產主義之書刊及物品。

　　E.侵害專利權、圖案權及商標專用權之物品。但其性質上有經濟價值者，依下列規定處理

　　　（A）侵害專利權者，得讓售專利權人或破壞後以廢料標售。

　　　（B）侵害圖案權、商標專用權者，得於塗銷圖案、商標等標識後標售。

F.侵害著作權之物品。

G.依其他法律規定之違禁品。

（2）下列貨物不准變賣，準用上項規定處理

A.禁止放映之電影片。

B.禁止聽用之唱片及錄音（影）帶。

C.不合格之度量衡器具。

D.無使用價值之空白發票及其他票據。

4.運輸工具

供載運私貨之運輸工具，例如，船舶、漁船、快艇、車輛及板台等運輸工具均應分別依本處理程序之規定辦理。

5.不能交付保管或有毀損之虞者

扣押之貨物（包括冷凍貨物在內）或運輸工具有不能依海關緝私條例第十九條規定交付保管或有腐敗、毀損之虞者，得於案件確定前公告變賣或逕送有關機關處理，並依同條例第二十條規定辦理。

（二）貨物或運輸工具定期標售變賣程序

1.預備程序

包括訂定變賣價格、編組對貨、核定底價及造具底價清冊、通知派員監標、標售前公告週知等程序。

2.標售程序

包括押標、開標、決標、比價或議價等作業。

（三）貨物或運輸工具不定期標售變賣程序

1.對於（一）5.規定得於案件確定前公告變賣之扣押貨物或運輸工具，暨依關稅法規定應予變賣之易腐生鮮動植物及有保存期限之食品類，得辦理不定期標售，並應公告於各關稅局明顯處及通知貨主參加競購。

2.如登記參加投標人不足三人（家），或經標售二次仍無法售出時，得分別依稽察條例或審計法施行細則相關規定，循一定程序按比價或議價辦理。

3.不定期標售作業程序及事項，應依「海關標售貨物及運輸工具須知」規定辦理。

（四）貨物或運輸工具讓售變賣程序

1.讓售標的

（1）侵害專利權之物品，而其性質上有經濟價值者：得讓售於專利權人。

（2）可供政府公務機關公務使用之物品：貨物或運輸工具之得供政府公務機關公務使用者，得報經財政部核准後讓售於海關或其他公務機關。

2.讓售價格

（1）讓售於專利權人者，其屬應稅部分，按海關核估之完稅價格加應徵稅捐後之七折作為讓售價格，免稅部分，則按海關核估之完稅價格（或離岸價格）之六折作為讓售價格。但暢銷物品滯銷物品及已損壞物品得酌予增減其價格。

（2）讓售政府機關者，由財政部酌定適當價格作為讓售價格。

3.讓售期限及付款方式

（1）讓售於專利權人者：讓售前由各關稅局緝案處理單位繕列清冊，函請受讓人於一週內來關看貨，逾時不辦，即視同放棄讓售。已承購者，應於承購之翌日起三日內繳清全部價款並提清貨物。如受讓人不願承購或不依限看貨提貨，海關得於破壞後以廢料標售之或仍予依法銷燬。

（2）讓售政府機關者：讓售前由各關稅局緝案處理單位繕列清冊，函請受讓機關於一週內來關看貨，逾時不辦，即視同放棄該次讓售。已承購者，應於三週提清貨物，提清後概不退貨，並於提清之翌日起二十日內一次付清價款結案，如有積欠情事時，其後批即恢復按先繳八成價款後提領之規定辦理。但讓售期限及付款方式經專案報經上級機關准予展延者，不在此限。如受讓機關不願承購或不依限看貨，海關得自行標售。

（五）貨物或運輸工具原主備價購回變賣程序

除法令另有規定外，依關稅法施行細則或海關緝私條例下列規定辦理：

1.購回之範圍

（1）依規定不得進口而應退運之下列貨物（不包括違禁品及禁止進口類貨品），如納稅義務人以書面聲明放棄或不在海關規定之期限內辦理退運者

A.貨物為准許進口類貨品者。

B.貨物為管制進口類貨品，其完稅價格在新台幣四十五萬元以下，且經經濟部國際貿易局同意者。

C.貨物為管制進口類貨品，其完稅價格雖逾新台幣四十五萬元以下，但體積過巨或易於損壞，或不易變賣或處理，且經經濟部國際貿易局同意者。

（2）經海關依海關緝私條例沒入處分確定之下列貨物（不包括違禁品及禁止進口或出口貨物）

A.准許進口或出口者。

B.經管制進口或出口貨價在新台幣四十五萬元以下者。但體積過巨或易於損壞變質，或其他不易拍賣

或處理者，得不受貨價新台幣四十五萬元以下之限
制。

2.購回價格之核定

（1）逾期不退運或放棄貨物，以載運貨物之運輸工具進口
日當時核定之完稅價格加稅捐為購回價格。

（2）依海關緝私條例處分沒入確定之貨物或物品，以緝獲
當時核估貨價加稅捐為購回價格。

（六）須銷燬貨物之處理

無法變賣而需銷燬之貨物，應依下列方式予以銷燬，並由有
關人員在銷燬清單上共同簽章，以憑結案：

1.逾期不報關、不繳稅、不退運貨物及放棄貨物，應通知納
稅義務人限期在海關監視下自行銷燬，逾期未銷燬，由海
關逕予銷燬。

2.其他貨物，應定期通知有關機關派員會同銷燬。應銷燬貨
物，除逾期不報關、不繳稅貨物外，銷燬時應通知會計單
位依規定權責派員監辦，其貨價在「稽察條例」規定一定
金額以上者，並應報經財政部及審計部同意後為之。

（七）得變價取償之擔保品變賣作業

依海關緝私條例規定，得予變價取償之擔保品，其變賣作業
程序，準用（一）（二）（三）（四）（五）之規定辦理。

第三節 行政救濟

涉及關務處分案件，包括：違反關稅法、海關緝私條例規定兩部分，納稅義務人或受處分人如認為海關核定之稅額或處分不當時，可依法請求行政救濟。

本節分別就關稅法、海關緝私條例規定之行政救濟程序、執行加以說明。

一、關稅法規定之行政救濟

(一) 行政救濟程序

1. 申請復查

納稅義務人如不服海關對其進口貨物核定之稅則號別、完稅價格或應補繳稅款或特別關稅者，得於收到稅款繳納證之翌日起三十日內，依規定格式，以書面向海關申請復查，並得於繳納全部稅款或提供相當擔保後，提領貨物。

海關對復查之申請，應於收到申請書之翌日起二個月內為復查決定，並作決定書，通知納稅義務人；必要時，得予延長，並通知納稅義務人。延長以一次為限，最長不得逾二個月。復查決定書之正本，應於決定之翌日起十五日內送達納稅義務人。

2. 訴願

納稅義務人不服前條復查決定者，得於接到決定書後三十日內向財政部提起訴願。

3. 行政訴訟

(1) 第一審：納稅義務人不服財政部訴願決定者，得於接

到訴願決定書後二個月內向高等行政法院提起行政訴訟。

（2）第二審：納稅義務人對於高等行政法院之判決認為違背法令者，應於高等行政法院判決送達後二十日內向最高行政法院提起上訴。

（二）確定案件之執行

行政救濟案件經行政法院判決後，即告確定，納稅義務人雖可提起再審之訴，但海關仍可依行政法院之判決逕予執行。

1.稅款之退還

經依復查、訴願或行政訴訟確定應退還稅款者，海關應於復查決定或接到訴願決定書或行政法院判決書正本之翌日起十日內，予以退回；並自納稅義務人繳納該項稅款之翌日起，至填發收入退還書或國庫支票之日止，按退稅額，依繳納稅款之日郵政儲金匯業局之一年期定期儲金固定利率，按日加計利息，一併退還。

2.稅款之補繳

經依復查、訴願或行政訴訟確定應補繳稅款者，海關應於復查決定或接到訴願決定書或行政法院判決書正本之翌日起十日內，填發補繳稅款繳納通知書，通知納稅義務人繳納，並自該項補繳稅款原應繳納期間屆滿之翌日起，至填發補繳稅款繳納通知書之日止，按補繳稅額，依原應繳納稅款之日郵政儲金匯業局之一年期定期儲金固定利率，按日加計利息，一併徵收。

二、海關緝私條例規定之行政救濟

（一）行政救濟程序

1.申請復查

受處分人不服海關緝私條例之處分者，得於收到處分書之日起三十日內，依規定格式，以書面向原處分海關申請復查。

海關應於接到復查申請書後二個月內為復查決定，並作成復查決定書；必要時，得予延長，並通知受處分人。延長以一次為限，最長不得逾二個月。復查決定書之正本，應於決定後十五日送達受處分人。

2.訴願

受處分人於收到前項通知後，得於三十日內提起訴願。

3.行政訴訟

（1）第一審：受處分人不服訴願決定者，得於接到訴願決定書後二個月內向高等行政法院提起行政訴訟。

（2）第二審：受處分人對於高等行政法院之判決認為違背法令者，應於高等行政法院判決送達後二十日內向最高行政法院提起上訴。

（二）確定案件之執行

1.抵繳或取償

（1）依海關緝私條例處分確定案件，收到海關通知後三十日內未將稅款及罰鍰繳納者，得以保證金抵付或就扣押物或擔保品變價取償。有餘發還，不足追徵。

（2）前項變價，應以拍賣方式為之，並應於拍賣五日前通知受處分人。

2.強制執行、停止報運
（1）一般受處分人
　　未依規定繳納稅款及罰鍰而無保證金抵付，亦無扣押物或擔保品足以變價取償，或抵付、變價取償尚有不足者，移送法院強制執行，海關並得停止受處分人在任何口岸報運貨物進口、出口，至稅款及罰鍰繳清之日止。
（2）運輸工具之服務人員
　　進出口之船舶、航空器、車輛或其他運輸工具之服務人員欠繳各項進口稅捐或罰鍰而無保證或其他擔保足以取償者，海關得停止該船舶、航空器、車輛或其他運輸工具在任何口岸結關出口，至取得清繳保證之日止。
3.申請備價購回
　沒入處分確定後，受處分人得依法繳納稅捐，申請依核定貨價備款購回有關貨物。

名詞索引

參考文獻

朱富雄等（1990），《簡化轉運貨櫃（物）通關程序之研究》。高雄關
　　稅局。

吳明湖（1996），〈關稅估價業務之興革及展望〉，《今日海關》。

李正雄（1996），〈中美兩國海關行使公權力之比較，暨我國海關司法
　　權建立之必要性〉，《今日海關》。

李榮達（1998），《高雄關稅局保稅組督導查核小組作業計畫草案》。
　　高雄關稅局。

周誠南（1986），《實用查緝走私法規》。同紳。

林清和（1996），〈公部門應用組織管理理論提昇行政效率之可行性研
　　究—以廢除駐站（庫）關員之擬議爲例〉，《經濟部加工區月
　　刊》。

林清和（1997），〈運用SWOT分析法提昇關務效率策略之研究〉，
　　《行政院研考月刊》。

洪啓清（1997），《緝私法規與緝案處理》。財政部財稅人員訓練所。

財政部（1995-2000），〈爲民服務白皮書關務篇〉，《關務年報》。

財政部（2000），《貨物通關自動化報關手冊》。貨物通關自動化規劃
　　推行小組。

財政部關稅總局（2000），《關務國際組織與公約簡介》。

財政部關稅總局（2001），《關務法規彙編》。

財政部關稅總局（2001），《中華民國進口稅則、進出口貨品分類表合
　　訂本》。

財政部關稅總局及各地區關稅局（1991-2001），公文書函。

財政部高雄關稅局（2001），各組室及分支局工作手冊、進出口作業規
　　定彙編、ISO文件。

施良融等（1999），《我國實施關稅配額制度之研究》。高雄關稅局。

陳鴻瀛（1999），《海關通關實務》。華偉。

陳順利（1996），《最新海關通關業務精解》。聯斌。

陳正憲等（1998），《高雄經貿多功能園區海關業務之研究》。高雄關稅局。

傅仁雄等（2000），《京都公約專題研究報告》。財政部關稅總局。

萬居財（1996），海關查緝走私理念與架構的建立，《今日海關》。

彭木統（1998），《赴歐洲調查貨物價格資料報告》。財政部關稅總局。

葉雅極（1998），《關稅驗估理論與實務》。華偉。

詹德和（1998），試繪二十一世紀的海關藍圖，《今日海關》。

劉榮主等（2000），《參加2000年亞太經濟合作關務程序次級委員會第二次會議報告》。財政部。

蔡文雄等（1997），《以閉路電視或數位相機結合電腦與關貿網路連線自動控管貨物進出站之研究》。高雄關稅局。

蔡俊彥（1993），《關稅理論與實務》。啓思公司。

蔡慶深（1996），海關緝私條例特性之探討，《今日海關》。

鍾火成（1996），實施新驗貨制度概述，《今日海關》。

顏慶章（1991），《國際經濟法規彙編》。財政部。

簡良機（1991），《勞基法實務爭議問題之研究》。蔚理法律。

中華民國商品標準分類號列 C.C.C.Code 稅則號別 Tariff No.	檢查號碼 統計號別 SC	CD	貨名 Description of Goods		單位 Unit	國定稅率 Tariff Rate 第一欄 Column I	第二欄 Column II	稽徵特別規定 CR	輸出入規定 Imp. & Exp. Regulations 輸入 Import	輸出 Export
8529.90.60	00	4	下列所屬貨品之零件：無線電廣播或電視播放器具以外之傳輸器具、具有接收器具之傳輸器具、數位靜相攝影機及供通話、顯示或呼叫用之攜帶式接收器	Parts of: transmission apparatus other than apparatus for radio-broadcasting or television, transmission apparatus incorporating reception apparatus, digital still image video cameras, portable receivers for calling, alerting or paging	KGM	2.5%	免稅 Free	R		
8529.90.90	00	8	其他專用或主要用於第8525至8528節所屬器具之零件	Other parts suitable for use solely or principally with the apparatus of headings Nos.85.25 to 85.28	KGM	2.5%	2%	R		
8530			鐵路、電車道、公路、內河航道、停車場、港口或機場用之電信號、安全或交通管制設備，第8608節所屬者除外	Electrical signalling, safety or traffic control equipment for railways, tramways, roads, inland waterways, parking facilities, port installations or airfields (other than those of heading No.86.08)						
8530.10			鐵路及電車道設備	Equipment for railways or tramways						
8530.10.00	00	1	鐵路及電車道設備	Equipment for railways or tramways	SET KGM	7.5%		Z		
8530.80			其他設備	Other equipment						
8530.80.00	00	6	其他第8530節所屬之設備	Other equipment of heading No.85.30	SET KGM	10%	7.5%	Z		
8530.90			零件	Parts						
8530.90.00	00	4	電信號、安全或交通管制設備之零件	Parts of electrical signalling, safety or traffic control equipment	KGM	10%	7.5%			
8531			電音響或視覺信號器具（如：電鈴、電醫報器、指示面板、防盜器或火災警報器），第8512或8530節所列者除外	Electric sound or visual signalling apparatus (for example, bells, sirens, indicator panels, burglar or fire alarms), other than those of heading No.85.12 or 85.30						
8531.10			防盜器或火災警報器及類似器具	Burglar or fire alarms and similar apparatus						
8531.10.10	00	8	電防盜器	Electric burglar alarms	PCE KGM	7.5%	4%	R Z	MP1	
8531.10.20	00	6	電火災警報器	Electric fire alarms	PCE KGM	5%	4%	R Z	C02	
8531.10.90	00	1	其他第8531.10目所屬之貨品	Other articles of subheading No.8531.10	PCE KGM	7.5%	4%	R Z		
8531.20			液晶或發光二極體顯示之指示面板	Indicator panels incorporating liquid crystal devices (LCD) or light emitting diodes (LED)						
8531.20.00	00	8	液晶或發光二極體顯示之指示面板	Indicator panels incorporating liquid crystal devices (LCD) or light emitting diodes (LED)	PCE KGM	7.5%	免稅 Free		MW0	
8531.80			其他器具	Other apparatus						

（簡5101S（簡5202S）

中華民國海關艙單 MANIFEST

□ 進口 □ 出口 □ 過境
IMPORT EXPORT THROUGH
運送人或其代理人名稱及代碼 CARRIER OR ITS AGENT & CODE

共　　頁第 1 頁

船名 NAME OF VESSEL	船籍國籍 NATIONALITY OF VESSEL	到港前一港 LAST PORT
船舶呼號 VESSEL CALL SIGN	航次 VOY. NO.	
船長姓名 NAME OF MASTER	總/淨噸位 GROSS / NET TONNAGE	前一港離港日期 LAST PORT DEPARTURE DATE
船舶掛號 VESSEL REG. NO.	停泊港口及碼頭 BERTH PORT & WHARF	結關日期 DATE OF CLEARANCE
靠妥泊時間 TIME & DATE OF MOORED	預定到港時間 E.T.A	航行次一港 CLEAR FOR
受理艙單驗訖時間/艙單收單驗訖時間		

貨單號碼 MANIFEST NO. 關艙號碼 S/O NO. 提單號碼 B/L NO.	標記及號碼 MARKS & NO.	貨物件數及單位（包裝說明）PACKAGE NUMBER & PACKAGE UNIT (TYPE OF PACKAGE)	貨物名稱、裝運方式、貨櫃種類 貨櫃號碼、裝運方式、貨櫃種類 DESCRIPTION OF GOODS CONTAINER NO. TRANSPORT SERVICE REQ. & TYPE	貨物暫存地點、轉至地點、國外裝貨貨港、轉船港	毛重/體積 GROSS WEIGHT /MEASUREMENT	收貨人、發貨人、受通知人及地址 CONSIGNEE'S, SHIPPER'S, NOTIFY PARTY'S NAME & ADDRESS	備 註 REMARKS

船 長 簽 章 :
MASTER'S SIGNATURE

運送人或其代理人簽章 :
CARRIER OR ITS AGENT SIGNATURE

(簡 5101)

AIR CARGO MANIFEST

☐   ☐   ☐

IMPORT   EXPORT   THROUGH   Page No.:   1   of   1

OWNER/OPERATOR: MARKS OF NATIONALITY AND REGISTRATION:

FLIGHT NO.:   DATE:

PORT OF LOADING: PORT OF UNLOADING:

AWB NO.	WAREHOUSE	NO. OF PIECES	GROSS WEIGHT	NATURE OF GOODS	REMARKS
		- - - - -	- - - - -		

MASTER/CARRIER/AGENT SIGNATURE:

特 別 准 單

簡5160   准單編號：

申 請 人 名 稱			申 請 日 期	
船名或航機班次		船 隻 掛 號		受 理 關 別	
卸 存 地 點		進 出 口 日 期		停 泊 碼 頭	

核准事項	下列 ☐	1.貨物 2.實貨櫃或已發提單之空貨櫃 3.船公司為調節裝貨用所載未發提單之空貨櫃 4.	准在關員監視下（註） ☐	1.將貨櫃卸存本站或內陸集散地(進口報關放行) 2.將非櫃裝貨物押運或監視進倉存放。3.船邊免驗提貨(櫃)。 4.船邊驗放。　5.將轉口貨櫃或空櫃卸運入站。 6.公證。　7.重新包裝。　8.換櫃。 9.轉運他關區貨櫃(含歐美紐澳直航)。 10.其他 _____

艙 單 號 碼 裝貨單號碼	貨物名稱	件數／單位	毛重（公斤）	備　　　　註

註：如屬業者自主管理範圍，從其規定辦理。	海關核准章職及日期：
規費證號碼：	

結 關 申 請 書

			船隻掛號
			船舶呼號

船公司(代理行)名稱及代碼				受理關別
船隻掛號		船 名		預 定 開 航 時 間
是否裝櫃	停泊碼頭	航 行 次 一 港		結關時間
裝運貨數規費	裝貨票數 份 數	已裝出口 貨(公噸)		

結關關員簽章

應繳規費:
- 助航服務費編號:
- 噸 數:
- 助航服務費NT:
- 有 效 期 限:
- 合計(件)

檢附結關文件	船舶出港報告單	出口貨物退關報告單	
	出境船員名單	出口貨物註銷報告單	
	出境旅客名單	出口艙單(連續業者免附)	
	結關總單	檢疫准單	
	出口貨櫃清單		
	貨櫃貨物清單(全貨櫃輪免附)		關封
			合計(件)

申(核給)請檢送文件	國籍證書		
	結關證書		合計(件)
	助航服務費繳納證明書		

本案船舶於
查未欠大罰鍰

備 註

船公司(代理行)簽收
(申請檢送(核給)
之文件已如數收到)

申請人簽章

公司

海運出口貨物進倉證明書

簡5259　船公司：＿＿＿＿　經＿＿＿＿　船舶呼號：＿＿＿＿＿＿＿　日期：
編號：

貨　主	電　話	報　關　行	電　話	進倉場站／倉區位置
				640B2011

船隻掛號	裝貨單號碼	船名航次	目　的　地	截止收貨日期

貨　名	標記及號碼	貨櫃號碼	規格	件數／單位	重　量	備註(封條號碼)
件數／單位						

倉儲作業理貨記錄

ORDER # OR ITEM #	PO# OR STOCK #	進倉件數									儲存倉區及位置	理貨員及進倉日期	備註(車號／破損記錄)
		1	2	3	4	5	6	7	8	小計			

本申請書申請進站(倉)之出口貨櫃(物)已於　年　月　日　時　分全部進站(倉)完畢無訛

實進櫃(件)數	
重量噸／容積噸	

貨主或代理人(卡車司機或報關行)簽章：

倉儲業簽章：
上列貨物確已進倉

駐站(庫)關員抽核：

此　致　　駐站(庫)關員

一、危險或易燃貨物請詳實說明，否則如發生災害概由進倉申請人負責。
二、貨物進倉時，務請貨主自行投保火險及其他意外險(依據基隆港務局61.6.30基隆諫企業字第15048號)。
三、表內各項目，向希確實填寫，如因錯誤遭受退關等情事發生，應由貨主或交運人自理，本公司恕不負責。
四、關於貨物(櫃)毀損滅失之賠償，除進倉(站)申請人於貨物(櫃)進倉(站)前，向本公司申報貨價另行協議費率者外，
　　應以每噸新台幣玖仟元，每櫃新台幣貳拾萬元為最高賠償額。

第一聯：送貨聯、倉儲業留存

(簡5105)

關 0 1 0 0 1

進口報單

| 類別代號及名稱(7) | 聯別 | 共　　　頁 收單 |
| | | 第　1　頁 |

報單（收單關別　轉自關別　民國年度　船或關代號　艙單或收序號）
號碼(8)　　　／　　　／　　　／　　　／　　理單編號

報關人名稱、簽章	專責人員 姓名、簽章	統一編 號(9)	海關監管 編號(10)	繳 (11)	進口日期（民國）(16)	報關日期（民國）(17) 年　月　日　　年　月　日
		納稅義務人（中、英文）名稱、地址			離岸價格(18) 幣 別 金 額 FOB Value
					運 費 (19)
					保險費 (20)
		案號 (12)	特 (13)		加 (21) 應 費用 減 (22)
(1)	(2)	賣方國家代碼、統一 編號、海關監管編號 名稱、地址(14)			起岸價格(23)
提單號數(3)					CIF Value　TWD
貨物存放處所(4)	運輸方式(5)				國外出口日期（民國）(24) 外幣匯率 年　月　日
起運口岸及代碼(6)		進口船（機）名及呼號（班次）(15)			

項 次 (27)	貨物名稱、牌名、規格等(28)	生產國別(29)	輸入許可證號碼－項次(30) 商品標準分類號列(31)	檢 查 號 碼	條件、幣別 單 價	淨重（公斤）(33)	完稅 價格(36) 數 量	進 口 稅 率 (37)	從價	納稅 辦法 (38)
			稅 則 號 別 （主管機關指定代號）(32)		金 額	數量（單位）(34) （統計用）(35)		從量	完稅 價格 或 完稅 數量 (39)
					(	(		
					(	(		
					(	(		
					(	(		

總件數(25)	單位	總毛重（公斤）(26)	海關簽註事項		進 口 稅	
標記及貨櫃號碼					商港建設費	
					推廣貿易 服 務 費	
			收單建檔補檔	核發稅單		
			分估計稅銷證	稅款登錄		
			分估複核	放行	稅費合計	
其他申報事項					營業稅稅基	
			通關方式	（申請）審驗方式	滯納金 （日）	

（簡5203）

關 01002

出口報單

| 類別代號及名稱(6) | | 聯別 | | 共　　頁 | 收單 |
| 第　1　頁 | |

| 報單（收單關別　出口關別　民國年度　船或關代號　裝貨單或收序號） | 收單編號或託運單號碼03 |
| 號碼 (7) / / / / | |

| 報關人名稱、簽章 | 專責人員
姓名、簽章 | 統一編
號(8) | 海關監管
編號(9) | 繳
00 | 理單編號 |

報關日期(民國)04　輸出口岸05
年　月　日

貨物輸出
出售人（中、英文）名稱、地址

離岸價格　　　　　　　　金額
06　TWD
幣別
FOB Value

案號
(11)

運費 07

買方統一編號　02
（及海關監管編號）
名稱、地址

保險費 08

(1)　　　　　　(2)

檢附文
件字號
(3)

貨物存放處所(4)　　　運輸方式(5)

加 09 費用
應 20
減

| 申請沖
退原料
稅(21) | 買方國家及代碼(22) | 目的地國家及代碼(23) | 出口船(機)名及呼號(班次)
(24) | 外幣匯率 |

項 次 (27)	貨物名稱、品質、規格、 製造商等(28)	商　　標	輸出許可證號碼一項次(29) 商品標準分類號列(30) 稅　則　號　別　　統計 （主管機關指定代號）號別	淨重（公斤）(31) 數量（單位）(32) （統計用）(33)	簽　審　機　關 專　用　欄	離岸價格(34) FOB Value （新台幣）	統 計 方 式 (35)
			( )( )	( )( )		( )( )	
			( )( )	( )( )		( )( )	
			( )( )	( )( )		( )( )	
			( )	( )( )		( )( )	

| 總件數(25) | 單位 | 總毛重（公斤）(26) | 海關簽註事項 | | | 商港建設費 |
| 標記及貨櫃號碼 | | | | | | 推廣貿易
服務費 |

建檔　　補檔

分估計費　　放行

合　　計

繳納紀錄

其他申報事項

核發准單　　電腦審核

證明文件核發　聯別 份數 核發紀錄

通關方式　（申請）審驗方式

關01003

轉運申請書

| 進口
編號
(2) | （收單關別　轉至關別　民國年度　船或關代號　艙單或收序號） | | | | 共 | 頁第 | 頁 |
| 出口
編號
(3) | （收單關別　出口關別　民國年度　船或關代號　裝貨單或收序號） | | | | | | |

申請人名稱、董章(1)	提單 號數 (4)	收單日期 、編號 (7)	
	船（機）進口日期(5) （民國） 　　年　月　日	收貨人	
		受通知人	
	貨物存放處所(6)		
	船務（航空） 公司(8)		

轉一編號						
進口 （來自）	進口船（機）名及 呼號（班次）(9)		出口 （轉往）	轉運船（機）名及 呼號（班次）⑩ （運輸工具名稱）		
	起運口岸⑪			目的地⑫		

標記及貨櫃號碼	貨　　物　　名　　稱　⑬	數　量（單位）⑭	毛　重（公斤）⑮
件數⑯			
其他記載事項			

| 海關處理記錄 | | | |
| | 收件（單） | 核銷艙單 | 電腦轉出 | 核定（放行） |

（關5116S）海運進口貨物電腦放行通知

編號：

放行通知類別	□ 1.一般進口貨物、　2.保稅貨物進儲保稅倉庫准單、　3.保稅貨物出倉進口准單、						

納稅義務人(申請人)名稱			報單類別		報單號碼	
報關行箱號	貨物存放處所		船名航次			提單號碼
貨物所屬CCC號列		放行關員代號		放行時間		通關方式
						有否短卸

毛重(公斤)	申報件數/單位	放行件數/單位	未放行件數/單位	保稅倉庫代碼

標記及貨櫃號碼	放行附帶條件	( )1.要押運 ( )2.要會提 ( )3.部分不得放行 ( )4.驗放案件，憑海關駐庫關員簽章，始准放行　→ ( )5.要加封 ( )6.船邊免驗提貨 ( )7.	驗貨員簽章(驗放案件)
	備註	一、提貨時，請持本通知及提貨單交予倉儲業，倉儲業應與海關電腦傳輸之放行訊息核對相符後，始能辦理有關提領手續。 二、如放行附有條件者，應先洽海關駐庫關員並會同辦理。 三、本單於提貨後交由倉儲業存檔，不得作為其他用途。 四、貨櫃號碼前加註星號「*」者表示已查驗；未查驗者應洽保三總隊辦理落地連線檢查。	

（關5204S）海運出口貨物電腦放行通知

編號：

貨物輸出人名稱		報單號碼	(	)
報關行箱號	貨物存放處所	船公司或代理行名稱		船名航次
貨物所屬CCC號列		放行時間	放行關員代號	通關方式

標記及貨櫃號碼	放行件數/單位	未放行件數/單位	
	放行附帶條件	( )1.要押運 ( )3.部分不得放行 ( )4.驗放案件，憑海關駐貨關員簽章，始准放行　→	驗貨員簽章(驗放案件)
	備註	本單於貨物出倉裝船後由倉儲業(船公司)存檔，不得作為其他用途。	

關務法規輯要

1. 關稅法
2. 貨物通關自動化實施辦法
3. 進出口貨物查驗及取樣準則
4. 出口貨物報關驗放辦法
5. 海關緝私條例

附錄壹：關稅法

(民國89年9月6日行政院修正新條文)

第一章 總則

第一條　　　　關稅之課徵、貨物之通關，依本法之規定。

第二條　　　　本法所稱關稅，指對國外進口貨物所課徵之進口稅。

第三條　　　　關稅依海關進口稅則由海關從價或從量徵收。海關進口稅則之稅率分為兩欄，分別適用於與中華民國有互惠待遇及無互惠待遇之國家或地區之進口貨物。其適用對象，由財政部會商有關機關後報請行政院核定，並由行政院函請立法院查照。海關進口稅則，另經立法程序制定公布之。

　　　　　　　財政部為研議進口稅則之修正及特別關稅之課徵等事項，得設關稅稅率委員會，其組織及委員人選由財政部擬定，報請行政院核定。所需工作人員由財政部法定員額內調用之。

第四條　　　　海關進口稅則得針對特定進口貨物，就不同數量訂定其應適用之關稅稅率，實施關稅配額。

　　　　　　　前項關稅配額之分配方式、參與分配資格、應收取之權利金、保證金、費用及其處理方式之實施辦法，由財政部會同有關機關擬訂，報請行政院核定之。

第五條　　　　關稅納稅義務人為收貨人、提貨單或貨物持有

人。

第六條　　　　納稅義務人為法人、合夥或非法人團體者，解
　　　　　　　散清算時，清算人於分配剩餘財產前應依法分
　　　　　　　別按關稅、滯納金及罰鍰應受清償之順序繳
　　　　　　　清。

　　　　　　　清算人違反前項規定者，應就未清償之款項負
　　　　　　　繳納義務。

第七條　　　　依本法規定應徵之關稅、滯納金或罰鍰，自確
　　　　　　　定之翌日起，五年內未經徵起者，不再徵收。
　　　　　　　但於五年期間屆滿前，已移送法院強制執行尚
　　　　　　　未結案者，不在此限。

　　　　　　　前項期間之計算，於應徵之款項確定後，經准
　　　　　　　予分期或延期繳納者，自各該期間屆滿之翌日
　　　　　　　起算。

　　　　　　　前二項規定，於依本法規定應徵之費用準用
　　　　　　　之。

第八條　　　　依本法應辦理之事項及應提出之報單、發票及
　　　　　　　其他有關文件，採與海關電腦連線或電子資料
　　　　　　　傳輸方式辦理，並經海關電腦記錄有案者，視
　　　　　　　為已依本法規定辦理或提出。

　　　　　　　海關得依貨物通關自動化實施情形，要求經營
　　　　　　　報關、運輸、倉儲、貨櫃集散站及其他與通關
　　　　　　　有關業務之業者，以電腦連線或電子資料傳輸
　　　　　　　方式處理業務。

　　　　　　　前二項辦理連線或傳輸之登記、申請程序、管
　　　　　　　理及其他應遵行事項之辦法，由財政部定之。

　　　　　　　經營與海關電腦連線或電子資料傳輸通關資料

業務之通關網路業者，應經財政部許可，其許可之條件、最低資本額、營運項目、收費基準、營業時間之審核及其他應遵行事項之辦法，由財政部定之。

第九條　關務人員對於納稅義務人、貨物輸出人向海關所提供之各項報關資料，除對下列人員及機關外，應保守秘密，違者應予處分。其涉有觸犯刑法規定者，並應移送偵查：

一、納稅義務人、貨物輸出人本人或其繼承人。

二、納稅義務人、貨物輸出人授權之代理人或辯護人。

三、海關或稅捐稽徵機關。

四、監察機關。

五、受理有關關務訴願、訴訟機關。

六、依法從事調查關務案件之機關。

七、其他依法得向海關要求提供報關資料之機關或人員。

八、經財政部核定之機關或人員。

海關對其他政府機關為統計目的而供應資料，並不洩漏納稅義務人、貨物輸出人之姓名或名稱者，不受前項限制。

第一項第三款至第八款之機關人員，對海關所提供第一項之資料，如有洩漏情事，準用同項對關務人員洩漏秘密之規定。

第十條　海關於進出口貨物放行之翌日起二年內，得對納稅義務人、貨物輸出人或其關係人實施事後

稽核。依事後稽核結果，如有應退、應補稅款者，應自貨物放行之翌日起三年內為之。

海關執行前項事後稽核工作，得要求納稅義務人、貨物輸出人或其關係人提供與進出口貨物有關之紀錄、文件、會計帳冊及電腦相關檔案或資料庫等，或通知其至海關辦公室所備詢，或由海關人員至其場所調查，被調查人不得規避、妨礙或拒絕。

第一項所稱關係人，指與進出口貨物有關之報關業、運輸業、倉儲業、快遞業及其他企業、團體或個人。

海關執行第一項事後稽核工作，得請求相關機關及機構提供與進出口貨物有關之資料及其他文件。

海關實施事後稽核之範圍、程序、所需文件及其他應遵行事項之辦法，由財政部定之。

第十一條　　　轉運、轉口貨物之通關及管理，準用本法進出口通關及管理之規定。

第二章　通關程序

第一節　報關及查驗

第十二條　　　進口貨物之申報，由納稅義務人自裝載貨物之運輸工具進口之翌日起十五日內，向海關辦理。

出口貨物之申報，由貨物輸出人於載運貨物之運輸工具結關或開駛前之規定期限內，向海關

辦理；其報關驗放辦法由財政部定之。

前二項貨物進出口前，得預先申報；其預行報關處理準則，由財政部定之。

第十三條　　進口報關時，應填送貨物進口報單，並檢附提貨單、發票、裝箱單及其他進口必須具備之有關文件。

出口報關時，應填送貨物出口報單，並檢附裝貨單或託運單、裝箱單及依規定必須繳驗之輸出許可證、檢驗合格證及其他有關文件。

第十四條　　為加速進口貨物通關，海關得按納稅義務人申報之事項，先行徵稅驗放，事後再加審查；該進口貨物除其納稅義務人或關係人業經海關通知依第十條規定實施事後稽核者外，如有應退應補稅款者，應於貨物放行之翌日起六個月內，通知納稅義務人，逾期視為業經核定。

進口貨物未經海關依前項規定先行徵稅驗放，且海關無法即時核定其應納關稅者，海關得依納稅義務人之申請，准其檢具審查所需文件資料，並繳納相當金額之保證金，先行驗放，事後由海關審查，並於貨物放行之翌日起六個月內核定其應納稅額，屆期視為依納稅義務人之申報核定應納稅額。

進口貨物有下列情事之一者，不得依第一項規定先行徵稅驗放。但海關得依納稅義務人之申請，准其繳納相當金額之保證金，先行驗放，並限期由納稅義務人補辦手續，屆期未補辦者，沒入其保證金。

一、納稅義務人未即時檢具減、免關稅有關證
　明文件而能補正者。

二、納稅義務人未及申請簽發輸入許可文件，
　而有即時報關提貨之需要者。但以進口貨
　物屬准許進口類貨物者為限。

三、其他經海關認為有繳納保證金，先行驗放
　之必要者。

第十五條　　載運客貨之運輸工具進出口通關，由負責人或
　其委託之運輸工具所屬業者向海關申報。

前項所稱負責人，在船舶為船長；在飛機為機
長；在火車為列車長；在其他運輸工具為運輸
工具管領人。

經營第一項業務之運輸工具所屬業者，應向海
關申請登記及繳納保證金；運輸工具之負責人
或其委託之運輸工具所屬業者辦理進出口通
關、執行運輸業務，及運輸工具所屬業者應具
備之資格、條件、保證金數額與種類、申請程
序、登記與變更、證照之申請、換發及其他應
遵行事項之辦法，由財政部定之。

第十六條　　納稅義務人依第十四條規定應繳之關稅及保證
金，得經海關核准提供適當擔保為之；其實施
辦法，由財政部定之。

第十七條　　納稅義務人或其代理人得於貨物進口前，向海
關申請預先審核進口貨物之稅則號別，海關應
以書面答復之。

海關對於前項預先審核之稅則號別有所變更
時，應敘明理由，以書面通知納稅義務人或其

代理人。經納稅義務人或其代理人舉證證明其已訂定契約並據以進行交易，且將導致損失者，得申請延長海關預先審核稅則號別之適用，並以延長九十日為限。但變更後之稅則號別，涉及貨物輸入規定者，應依貨物進口時之相關規定辦理。

納稅義務人或其代理人不服海關預先審核之稅則號別者，得於貨物進口前，向財政部關稅總局申請覆審，財政部關稅總局除有正當理由外，應為適當之處理。

申請預先審核之程序、所須文件、海關答復之期限及財政部關稅總局覆審處理之實施辦法，由財政部定之。

第十八條　貨物應辦之報關、納稅等手續，得委託報關業者辦理；其向海關遞送之報單，應經專責報關人員審核簽證。

前項報關業者，應經海關許可，始得辦理公司或商業登記；並應於登記後，檢附相關文件向海關申請核發報關業務證照。

報關業者之最低資本額、負責人、經理人與專責報關人員應具備之資格、條件、許可之申請程序、登記與變更、證照之申請、換發、辦理報關業務及其他應遵行事項之辦法，由財政部定之。

第十九條　海關於貨物進出口時，得依職權或申請，施以查驗或免驗；必要時，並得提取貨樣，其提取以在鑑定技術上所需之數量為限。

前項查驗、取樣之方式、時間、地點及免驗品目範圍，由財政部定之。

第一項貨物查驗時，其搬移、拆包或開箱、恢復原狀等事項及所需費用，統由納稅義務人或貨物輸出人負擔。

第二十條　　　進出口貨物應在海關規定之時間及地點裝卸；其屬於易腐或危險物品，或具有特殊理由，經海關核准者，其裝卸不受時間及地點限制。

第二十一條　　未經海關放行之進口貨物、經海關驗封之出口貨物及其他應受海關監管之貨物，申請在國內運送者，海關得核准以保稅運貨工具為之。

前項保稅運貨工具所有人，應向海關申請登記及繳納保證金；其應具備之資格、條件、保證金數額與種類、申請程序、登記與變更、證照之申請、換發、保稅運貨工具使用管理及其他應遵行事項之辦法，由財政部定之。

第二十二條　　未完成海關放行手續之進出口貨物，得經海關核准，暫時儲存於貨棧或貨櫃集散站。

前項貨棧或貨櫃集散站業者，應向所在地海關申請登記及繳納保證金；其應具備之資格、條件、保證金數額與種類、申請程序、登記與變更、證照之申請、換發、貨櫃與貨物之存放、移動、管理及其他應遵行事項之辦法，由財政部定之。

第二十三條　　為加速通關，快遞貨物得於特定場所辦理通關。

前項辦理快遞貨物通關場所之設置條件、地

點、快遞貨物之種類、理貨、通關程序及其他應遵行事項之辦法，由財政部定之。

第二十四條　海關對進口貨物原產地之認定，應依原產地認定標準辦理，必要時得請納稅義務人提供產地證明文件。

前項原產地之認定標準，由財政部會同經濟部定之。

第二節　完稅價格

第二十五條　從價課徵關稅之進口貨物，其完稅價格以該進口貨物之交易價格作為計算根據。

前項交易價格，指進口貨物由輸出國銷售至中華民國實付或應付之價格。

進口貨物之實付或應付價格，如未計入下列費用者，應將其計入完稅價格：

一、由買方負擔之佣金、手續費、容器及包裝費用。

二、由買方無償或減價提供賣方用於生產或銷售該貨之下列物品及勞務，經合理攤計之金額或減價金額：

（一）組成該進口貨物之原材料、零組件及其類似品。

（二）生產該進口貨物所需之工具、鑄模、模型及其類似品。

（三）生產該進口貨物所消耗之材料。

（四）生產該進口貨物在國外之工程、開發、工藝、設計及其類似勞務。

三、依交易條件由買方支付之權利金及報酬。

四、買方使用或處分進口貨物，實付或應付賣方之金額。

五、運至輸入口岸之運費、裝卸費及搬運費。

六、保險費。

依前項規定應計入完稅價格者，應根據客觀及可計量之資料。無客觀及可計量之資料者，視為無法按本條規定核估其完稅價格。

海關對納稅義務人提出之交易文件或其內容之真實性或正確性存疑，納稅義務人未提出說明或提出說明後，海關仍有合理懷疑者，視為無法按本條規定核估其完稅價格。

第二十六條　進口貨物之交易價格，有下列情事之一者，不得作為計算完稅價格之根據：

一、買方對該進口貨物之使用或處分受有限制者。但因中華民國法令之限制，或對該進口貨物轉售地區之限制，或其限制對價格無重大影響者，不在此限。

二、進口貨物之交易附有條件，致其價格無法核定者。

三、依交易條件買方使用或處分之部分收益應歸賣方，而其金額不明確者。

四、買賣雙方具有特殊關係，致影響交易價格者。

前項第四款所稱特殊關係，係指有下列各款情形之一者：

一、買、賣雙方之一方為他方之經理人、董事

或監察人者。

二、買、賣雙方為同一事業之合夥人者。

三、買、賣雙方具有僱傭關係者。

四、買、賣之一方直接或間接持有或控制他方百分之五以上之表決權股份者。

五、買、賣之一方直接或間接控制他方者。

六、買、賣雙方由第三人直接或間接控制者。

七、買、賣雙方共同直接或間接控制第三人者。

八、買、賣雙方具有配偶或三親等以內之親屬關係者。

第二十七條　進口貨物之完稅價格，不合於第二十五條之規定核定者，海關得按該貨物出口時或出口前、後銷售至中華民國之同樣貨物之交易價格核定之。核定時應就交易型態、數量及運費等影響價格之因素作合理調整。

前項所稱同樣貨物，係指其生產國別、物理特性、品質及商譽等均與該進口貨物相同者。

第二十八條　進口貨物之完稅價格，不合於第二十五條、第二十七條之規定核定者，海關得按該貨物出口時或出口前、後銷售至中華民國之類似貨物之交易價格核定之。核定時應就交易型態、數量及運費等影響價格之因素作合理調整。

前項所稱類似貨物，係指與該進口貨物雖非完全相同，但其生產國別及功能相同，特性及組成之原材料相似，且在交易上可互為替代者。

第二十九條　進口貨物之完稅價格，不合於第二十五條、第

二十七條、第二十八條之規定核定者，海關得按國內銷售價格核定之。

海關得依納稅義務人請求，變更本條及第三十條核估之適用順序。

第一項所稱國內銷售價格。係指該進口貨物、同樣或類似貨物，於該進口貨物進口時或進口前、後，在國內按其輸入原狀於第一手交易階段，售予無特殊關係者最大銷售數量之單位價格核計後，扣減下列費用：

一、該進口貨物、同級或同類別進口貨物在國內銷售之一般利潤、費用或通常支付之佣金。

二、貨物進口繳納之關稅及其他稅捐。

三、貨物進口後所發生之運費、保險費及其相關費用。

按國內銷售價格核估之進口貨物，在其進口時或進口前、後，無該進口貨物、同樣或類似貨物在國內銷售者，應以該進口貨物進口之翌日起九十日內，按該進口貨物、同樣或類似貨物輸入原狀首批售予無特殊關係者相當數量之單位價格核計後，扣減前項所列各款費用計算之。

進口貨物非按輸入原狀銷售者，海關依納稅義務人之申請，按該進口貨物經加工後售予無特殊關係者最大銷售數量之單位價格，核定其完稅價格，該單位價格，應扣除加工後之增值及第三項所列之扣減費用。

第三十條　　　　進口貨物之完稅價格，不合於第二十五條、第
　　　　　　　　二十七條、第二十八條及第二十九條之規定核
　　　　　　　　定者，海關得按計算價格核定之。
　　　　　　　　前項所稱計算價格，指下列各項費用之總和：
　　　　　　　　一、生產該進口貨物之成本及費用。
　　　　　　　　二、由輸出國生產銷售至中華民國該進口貨
　　　　　　　　　　物、同級或同類別貨物之正常利潤與一般
　　　　　　　　　　費用。
　　　　　　　　三、運至輸入口岸之運費、裝卸費、搬運費及
　　　　　　　　　　保險費。
第三十一條　　　進口貨物之完稅價格，不合於第二十五條、第
　　　　　　　　二十七條、第二十八條、第二十九條及第三十
　　　　　　　　條之規定核定者，海關得依據查得之資料，以
　　　　　　　　合理方法核定之。
第三十二條　　　運往國外修理、裝配之機械、器具或加工貨
　　　　　　　　物，復運進口者，依下列規定，核估完稅價
　　　　　　　　格：
　　　　　　　　一、修理、裝配之機械、器具，以其修理、裝
　　　　　　　　　　配所需費用，作為計算根據。
　　　　　　　　二、加工貨物，以該貨復運進口時之完稅價格
　　　　　　　　　　與原貨出口時同類貨物進口之完稅價格之
　　　　　　　　　　差額，作為計算根據。
第三十三條　　　進口貨物係租賃或負擔使用費而所有權未經轉
　　　　　　　　讓者，其完稅價格，根據租賃費或使用費加計
　　　　　　　　運費及保險費估定之。
　　　　　　　　前項租賃費或使用費，如納稅義務人申報偏低
　　　　　　　　時，海關得根據調查所得資料核實估定之。但

每年租賃費或使用費不得低於貨物本身完稅價格之十分之一。

依第一項按租賃費或使用費課稅之進口貨物，除按租賃費或使用費繳納關稅外，應就其與總值應繳全額關稅之差額提供保證金，或由授信機構擔保。

第一項貨物，以基於專利或製造上之秘密不能轉讓，或因特殊原因經財政部專案核准者為限。

第一項租賃或使用期限，由財政部核定之。

第三十四條　從價課徵關稅之進口貨物，其外幣價格之折算，以當時外匯管理機關公告或認可之外國貨幣價格為準；其適用由財政部以命令定之。

第三十五條　整套機器及其在產製物品過程中直接用於該項機器之必須設備，因體積過大或其他原因，須拆散分裝報運進口者，除事前檢同有關文件申報，海關核明屬實，按整套機器設備應列之稅則號別徵稅外，各按其應列之稅則號別徵稅。

第三十六條　由數種物品組合而成之貨物，拆散、分裝報運進口者，除機器依前條規定辦理外，按整體貨物應列之稅則號別徵稅。

第三十七條　為查明進口貨物之正確完稅價格，除參考第十三條第一項規定之申報文件外，得採取下列措施：

一、檢查該貨物之買、賣雙方有關售價之其他文件。

二、調查該貨物及同樣或類似貨物之交易價格

或國內銷售價格，暨查閱其以往進口時之完稅價格紀錄。

三、調查其他廠商出售該貨物及同樣或類似貨物之有關帳簿及單證。

四、調查其他與核定完稅價格有關資料。

第三節　納稅期限與行政救濟

第三十八條　　　關稅之繳納，自稅款繳納證送達之翌日起十四日內為之。

第三十九條　　　應徵關稅之進口貨物，應於繳納關稅後，予以放行。但本法另有規定或經海關核准已提供擔保者，應先予放行。

第四十條　　　納稅義務人如不服海關對其進口貨物核定之稅則號別、完稅價格或應補繳稅款或特別關稅者，得於收到稅款繳納證之翌日起三十日內，依規定格式，以書面向海關申請復查，並得於繳納全部稅款或提供相當擔保後，提領貨物。

第四十一條　　　海關對復查之申請，應於收到申請書之翌日起二個月內為復查決定，並作決定書，通知納稅義務人；必要時，得予延長，並通知納稅義務人。延長以一次為限，最長不得逾二個月。

復查決定書之正本，應於決定之翌日起十五日內送達納稅義務人。

第四十二條　　　納稅義務人不服前條復查決定者，得依法提起訴願及行政訴訟。

經依復查、訴願或行政訴訟確定應退還稅款者，海關應於復查決定或接到訴願決定書或行政法院判決書正本之翌日起十日內，予以退

回；並自納稅義務人繳納該項稅款之翌日起，至塡發收入退還書或國庫支票之日止，按退稅額，依繳納稅款之日郵政儲金匯業局之一年期定期儲金固定利率，按日加計利息，一併退還。

經依復查、訴願或行政訴訟確定應補繳稅款者，海關應於復查決定或接到訴願決定書或行政法院判決書正本之翌日起十日內，塡發補繳稅款繳納通知書，通知納稅義務人繳納，並自該項補繳稅款原應繳納期間屆滿之翌日起，至塡發補繳稅款繳納通知書之日止，按補繳稅額，依原應繳納稅款之日郵政儲金匯業局之一年期定期儲金固定利率，按日加計利息，一併徵收。

第四十三條　納稅義務人或受處分人欠繳應繳關稅、滯納金或罰鍰者，海關得就納稅義務人或受處分人相當於應繳金額之財產，通知有關機關不得為移轉或設定他項權利；其為營利事業者，並得通知主管機關限制其減資或註銷之登記。

欠繳依本法規定應繳關稅，滯納金或罰鍰之納稅義務人或受處分人，有隱匿或移轉財產逃避執行之跡象者，海關得聲請法院就其財產實施假扣押，並免提供擔保。但納稅義務人或受處分人已提供相當擔保者，不在此限。

納稅義務人或受處分人欠繳應繳關稅或罰鍰達一定金額者，得由司法機關或財政部函請內政部入出境管理局限制其出境；其為法人、合夥

或非法人團體者，得限制其負責人或代表人出境，但已提供相當擔保者，應解除其限制。實施辦法，由行政院定之。

第三章 稅款之優待

第一節 免稅

第四十四條　　下列各款進口貨物，免稅：

一、總統、副總統應用物品。

二、駐在中華民國之各國使領館外交官、領事官與其他享有外交待遇之機關及人員，進口之公用或自用物品。但以各該國對中華民國給予同樣待遇者為限。

三、外交機關進口之外交郵袋、政府派駐國外機構人員任滿調回攜帶自用物品。

四、軍事機關、部隊進口之軍用武器、裝備、車輛、艦艇、航空器與其附屬品，及專供軍用之物資。

五、辦理救濟事業之政府機構、公益、慈善團體進口或受贈之救濟物資。

六、公私立各級學校、教育或研究機關，依其設立性質，進口用於教育、研究或實驗之必需品與參加國際比賽之體育團體訓練及比賽用之必須體育器材。但以成品為限。

七、專賣機關進口供專賣之專賣品。

八、外國政府及機關、團體贈送之勳章、徽章及其類似之獎品。

九、公私文件及其類似物品。

十、廣告品及貨樣，無商業價值或其價值在限
　　額以下者。

十一、中華民國漁船在海外捕獲之水產品；或
　　　經政府核准由中華民國人前往國外投資
　　　國外公司，以其所屬原為中華民國漁船
　　　在海外捕獲之水產品運回數量合於財政
　　　部規定者。

十二、打撈沉沒之船舶、航空器及其器材。

十三、經營貿易屆滿二年之中華民國船隻，因
　　　逾齡或其他原因，核准解體者。但不屬
　　　船身固定設備之各種船用物品、工具，
　　　備用之洋貨、存煤、存油等除外。

十四、經營國際貿易之船舶、航空器或其他運
　　　輸工具專用之燃料、物料。但外國籍
　　　者，以各該國對中華民國給予同樣待遇
　　　者為限。

十五、旅客攜帶之自用行李、物品。

十六、進口之郵包物品數量零星在限額以下
　　　者。

十七、政府機關進口防疫用之藥品或醫療器
　　　材。

十八、政府機關為緊急救難進口之器材及物
　　　品。

十九、中華民國籍船員在國內設有戶籍者，自
　　　國外回航或調岸攜帶之自用行李物品。

前項貨物以外之進口貨物，其同批完稅價格合

併計算在財政部規定之限額以下者，免稅。

第一項第二款至第六款、第十款、第十五款、第十六款及第十九款所定之免稅範圍、品目、數量及限額之辦法，由財政部定之。

第四十五條　進口貨物有下列情形之一者，免徵關稅：

一、在國外運輸途中或起卸時，因損失、變質、損壞致無價值，於進口時，向海關聲明者。

二、起卸以後，驗放以前，因水火或不可抗力之禍變，而遭受損失或損壞致無價值者。

三、在海關查驗時業已破漏、損壞或腐爛致無價值，非因倉庫管理人員或貨物關係人保管不慎所致者。

四、於海關放行前，納稅義務人申請退運出口經海關核准者。

第四十六條　課徵關稅之進口貨物，發現損壞或規格、品質與原訂合約規定不符，由國外廠商賠償或換掉者，該項賠償或換掉進口之貨物，免徵關稅。但以在原貨物進口之翌日起一個月內申請核辦，並提供有關證件，經查明屬實者為限。

前項貨物如係機器設備，得於安裝就緒試車之翌日起三個月內申請核辦。

第一項賠償或換掉之進口貨物，應自海關通知核准之翌日起六個月內報運進口；如因事實需要，於期限屆滿前，得申請海關延長之，其延長，以六個月為限。

第四十七條　應繳關稅之貨樣、科學研究用品、試驗用品、

展覽物品、遊藝團體服裝、道具、攝製電影電視之攝影製片器材、安裝修理機器必須之儀器、工具、盛裝貨物用之容器，進口整修、保養之成品及其他經財政部核定之物品，在進口之翌日起六個月內或於財政部核定之日期前，原貨復運出口者，免徵關稅。

前項貨物，因事實需要，須延長復運出口期限者，應於出口期限屆滿前，以書面敘明理由，檢附有關證件，向原進口地海關申請核辦；其復運出口期限如原經財政部核定者，應向財政部申請核辦。

第四十八條　貨樣、科學研究用品、工程機械、攝製電影、電視人員攜帶之攝影製片器材、安裝修理機器必須之儀器、工具、展覽物品、藝術品、盛裝貨物用之容器、遊藝團體服裝、道具，政府機關寄往國外之電影片與錄影帶及其他經財政部核定之類似物品，在出口之翌日起一年內或於財政部核定之日期前原貨復運進口者，免徵關稅。

前項貨物，因事實需要，須延長復運進口期限者，應於復運進口期限屆滿前，以書面敘明理由，檢附有關證件，向原出口地海關申請核辦；其復運進口期限如原經財政部核定者，應向財政部申請核辦。

第四十九條　減免關稅之進口貨物，因轉讓或變更用途，致與減免關稅之條件或用途不符者，原進口時之納稅義務人或現貨物持有人應自轉讓或變更用

途之翌日起三十日內，向原進口地海關按轉讓或變更用途時之價格與稅率補繳關稅。但逾財政部規定年限者，免予補稅。

分期繳稅或稅款記帳之進口貨物，於關稅未繳清前，除強制執行或經海關專案核准者外，不得轉讓。

依前項規定經強制執行或專案核准者，准由受讓人繼續分期繳稅或記帳。

第一項減免關稅貨物免補稅年限及補稅辦法，由財政部定之。

第五十條　　　　進口供加工外銷之原料，於該原料進口放行之翌日起一年內，經財政部核准復運出口者免稅。

前項復運出口之原料，其免稅手續，應在出口日之翌日起六個月內申請辦理。

第五十一條　　　外銷品在出口放行之翌日起五年內，因故退貨申請復運進口者，免徵成品關稅。但出口時已退還之原料關稅，應仍按原稅額補徵。

前項復運進口之外銷品，經提供擔保，於進口之翌日起六個月內整修或保養完畢並復運出口者，免予補徵已退還之原料關稅。

第二節　保稅

第五十二條　　　運達中華民國口岸之貨物，在報關進口前，得申請海關存入保稅倉庫。在規定存倉期間內，原貨退運出口者免稅。

前項存倉之貨物在規定存倉期間內，貨物所有人或倉單持有人得申請海關核准於倉庫範圍內

整理、分類、分割、裝配或重裝。

保稅倉庫業者應向所在地海關申請登記及繳納保證金；其應具備之資格、條件、設備建置、保證金數額與種類、申請程序、登記與變更、證照之申請、換發、貨物之存儲、管理及其他應遵行事項之辦法，由財政部定之。

第五十三條　外銷品製造廠商，得經海關核准登記為海關管理保稅工廠，其進口原料存入保稅工廠製造或加工產品外銷者得免徵關稅。但經財政部會同經濟部公告不得保稅之原料，不在此限。

保稅工廠所製造或加工之產品及依前項規定免徵關稅之原料，非經海關核准並按貨品出廠形態報關繳稅，不得出廠內銷。

保稅工廠業者應向所在地海關申請登記；其應具備之資格、條件、最低資本額、申請程序、設備建置、登記與變更、證照之申請、換發、保稅物品之加工、管理、通關、產品內銷應辦補稅程序及其他應遵行事項之辦法，由財政部定之。

第五十四條　經營保稅貨物倉儲、轉運及配送業務之保稅場所，其業者得向海關申請登記為物流中心。

進儲物流中心之貨物，因前項業務需要得進行重整及簡單加工。

進口貨物存入物流中心，原貨出口或重整及加工後出口者免稅。國內貨物進儲物流中心，除已公告取消退稅之項目外，得於出口後依第五十七條規定辦理沖退稅。

物流中心業者應向所在地海關申請登記及繳納保證金；其應具備資格、條件、最低資本額、保證金數額與種類、申請程序、登記與變更、證照之申請、換發、貨物之管理、通關及其他應遵行事項之辦法，由財政部定之。

第五十五條　經營銷售貨物予入出境旅客之業者，得向海關申請登記為免稅商店。

免稅商店進儲供銷售之保稅貨物，在規定期間內銷售予旅客，原貨攜運出口者，免稅。

免稅商店之保稅貨物，應存儲於專供存儲免稅商店銷售貨物之保稅倉庫。

免稅商店業者應向所在地海關申請登記；其應具備之資格、條件、最低資本額、申請程序、登記與變更、證照之申請、換發、貨物之管理、通關、銷售及其他應遵行事項之辦法，由財政部定之。

第五十六條　進口貨物在報關前，如因誤裝、溢卸或其他特殊原因須退運或轉運出口者，應於裝載於該貨之運輸工具進口之翌日起十五日內向海關申請核准，九十日內原貨退運或轉運出口；其因故不及辦理者，應於期限屆滿前，依第五十二條規定向海關申請存儲於保稅倉庫。

不依前項規定辦理者，準用第六十八條第二項規定將其貨物變賣、處理。

第三節　退稅

第五十七條　外銷品進口原料關稅，得於成品出口後退還之。

外銷品進口原料關稅，得由廠商提供保證，予以記帳，俟成品出口後沖銷之。

外銷品應沖退之原料進口關稅，廠商應於該項原料進口放行之翌日起一年六個月內，檢附有關出口證件申請沖退，逾期不予辦理。

前項期限，遇有特殊情形經財政部核准者，得展延之，其展延，以一年為限。

外銷品沖退原料關稅，有關原料核退標準之核定、沖退原料關稅之計算、申請沖退之手續、期限、提供保證、記帳沖銷及其他應遵行事項之辦法，由財政部定之。

第五十八條　繳納關稅進口之貨物，進口一年內經政府禁止而不能使用，於禁止之翌日起六個月內原貨復運出口，或在海關監視下銷燬者，發還其原繳關稅。

已納稅之電影片，經禁止映演，自主管審查影片機關通知禁演之翌日起三個月內退運出口，或在海關監視下銷燬者，退還其關稅。

第五十九條　短徵、溢徵或短退、溢退稅款者，海關應於發覺後通知納稅義務人補繳或具領，或由納稅義務人自動補繳或申請發還。

前項補繳或發還期限，以一年為限；短徵、溢徵者，自稅款完納之翌日起算；短退、溢退者，自海關填發退稅通知書之翌日起算。

第一項補繳或發還之稅款，應自該項稅款完納或應繳納期限截止或海關填發退稅通知書之翌日起，至補繳或發還之日止，就補繳或發還之

税額，依應繳或實繳之日郵政儲金匯業局之一年期定期儲金固定利率，按日加計利息，一併徵收或發還。

短徵或溢退之稅款及依前項規定加計之利息，納稅義務人應自海關補繳通知送達之翌日起十四日內繳納；逾期未繳納者，自期限屆滿之翌日起，至補繳之日止，照欠繳稅額按日加徵滯納金萬分之五；逾三十日仍未繳納者，移送法院強制執行。

第六十條　　　　應退還納稅義務人之款項，海關應先抵繳其積欠，並於扣抵後，立即通知納稅義務人。

第四章　違禁品

第六十一條　　　下列違禁品，除法令另有規定外，不得進口。

一、偽造之貨幣、證券、銀行鈔券及印製偽幣印模。

二、賭具及外國發行之獎券、彩票或其他類似之票券。

三、有傷風化之書刊、畫片及誨淫物品。

四、宣傳共產主義之書刊及物品。

五、侵害專利權、圖案權、商標權及著作權之物品。

六、依其他法律規定之違禁品。

第五章　特別關稅

第六十二條　　　進口貨物在輸出或產製國家之製造、生產、外

銷運輸過程，直接或間接領受獎金或其他補
貼，致危害中華民國產業者，除依海關進口稅
則徵收關稅外，得另徵適當之平衡稅。

第六十三條　進口貨物以低於同類貨物之正常價格傾銷，致
危害中華民國產業者，除依海關進口稅則徵收
關稅外，得另徵適當之反傾銷稅。

前項所稱正常價格，指在通常貿易過程中，在
輸出國或產製國國內可資比較之銷售價格，無
此項可資比較之銷售價格，以其在原產製國之
生產成本加合理之管理、銷售與其他費用及正
常利潤之推定價格，作為比較之基準。

第六十四條　前二條所稱危害中華民國產業，指對中華民國
產業造成重大損害或有重大損害之虞，或重大
延緩國內該項產業之建立。

平衡稅之課徵不得超過進口貨物之領受獎金及
補貼金額，反傾銷稅之課徵不得超過進口貨物
之傾銷差額。

平衡稅與反傾銷稅之課徵範圍、對象、稅額、
開徵或停徵日期，應由財政部會商有關機關後
公告實施。

平衡稅與反傾銷稅之課徵，其有關申請資格、
條件、調查、審議、意見陳述、案件處理程序
及其他應遵行事項之實施辦法，由財政部會同
有關機關擬訂，報請行政院核定之。

第六十五條　輸入國家對中華民國輸出之貨物或運輸工具所
裝載之貨物，給予差別待遇，使中華民國貨物
或運輸工具所裝載之貨物較其他國家在該國市

場處於不利情況者，該國輸出之貨物或運輸工具所裝載之貨物，運入中華民國時，除依海關進口稅則徵收關稅外，財政部得決定另徵適當之報復關稅。

財政部為前項之決定時，應會商有關機關，並報請行政院核定。

第六十六條　為應付國內或國際經濟之特殊情況，並調節物資供應及產業合理經營，對進口貨物應徵之關稅，得在海關進口稅則規定之稅率百分之五十以內予以增減；對特定之生產事業，在特定期間因合併而達於規定之規模或標準者，依合併計畫所核准輸入之自用機器設備，得予以停徵關稅。

前項增減稅率貨物種類之指定，實際增減之幅度，與特定生產事業之種類，合併應達到之規模或標準，以及增減或停徵關稅之開始與停止日期，均由財政部、經濟部會同擬訂，報請行政院核定，並即由行政院送立法院查照。

前項增減稅率之期間，以一年為限；停徵機器設備關稅之特定期間，以二年為限。

依第一項規定合併之生產事業，如不按原核准合併計畫完成或於合併計畫完成後未達規定之規模或標準者，原停徵之關稅應予補徵，並依第六十九條規定加徵滯納金。停徵關稅之機器設備，在進口之翌日起五年內不得讓售、出租或用以另立生產事業；違者依第四十九條之規定辦理。

第六十七條　依貿易法第十八條或國際協定之規定而採取進口救濟或特別防衛措施，得對特定進口貨物提高關稅、設定關稅配額或徵收額外關稅，其課徵之範圍與期間，由財政部會同有關機關擬訂，報請行政院核定。

前項關稅配額之實施，依第四條第二項關稅配額之實施辦法辦理。

第六章　罰則

第六十八條　進口貨物不依第十二條規定期限報關者，自報關期限屆滿之翌日起，按日加徵滯報費陸元。

前項滯報費徵滿三十日仍不報關者，由海關將其貨物變賣，所得價款，扣除應納關稅及必要之費用外，如有餘款，由海關暫代保管；納稅義務人得於五年內申請發還，逾期繳歸國庫。

第六十九條　不依第三十八條條規定期限納稅者，自繳稅期限屆滿之翌日起，照欠繳稅額按日加徵滯納金萬分之五。

前項滯納金加徵滿六十日仍不納稅者，準用前條第二項之規定處理。

第七十條　海關依第十條及第三十七條規定進行調查時，受調查人如無正當理由規避、妨礙或拒絕調查、拒不提供該貨或同類貨物之有關帳冊、單據等證件或拒絕允許進入相關電腦檔案或資料庫內查核有關資料者，處新台幣三千元以上三萬元以下罰鍰；連續拒絕者，並得連續處罰之。

第七十一條　依第四十九條規定應繳之關稅，該貨原進口時之納稅義務人、現貨物持有人、轉讓人或受讓人，應自海關填發稅款繳納證送達之翌日起十四日內繳納；屆期不繳納者，依第六十八條第一項規定辦理；滯納滿三十日仍不繳納者，依第七十六條規定移送法院強制執行。

不依第四十九條規定補繳關稅者，一經查出，除補徵關稅外，處以應補稅額一倍之罰鍰。

第七十二條　依法辦理免徵、記帳及分期繳納關稅之進口機器、設備、器材、車輛及其所需之零組件，應繳或追繳之關稅延不繳納者，除移送法院強制執行外，自繳稅期限屆滿日或關稅記帳之翌日起至稅款繳清日止，照欠繳或記帳稅額按日加徵滯納金萬分之五。但以不超過原欠繳或記帳稅額百分之三十為限。

第七十三條　違反第五十三條第二項之規定，將保稅工廠之產品或免徵關稅之原料出廠內銷者，以私運貨物進口論，依海關緝私條例有關規定處罰。

第七十四條　外銷品原料之記帳稅款，不能於規定期限內申請沖銷者，應即補繳稅款，並自記帳之翌日起至稅款繳清日止，照應補稅額，按日加徵滯納金萬分之五。但有下列情形之一者，免徵滯納金：

一、因政府管制出口或配合政府政策，經核准超額儲存原料者。

二、工廠遭受風災、地震、火災、水災等不可抗力之災害，經當地警察或稅捐稽徵機關

證明屬實者。

三、因國際經濟重大變化致不能於規定期限內沖銷，經財政部及經濟部會商同意免徵滯納金者。

四、因進口地國家發生政變、戰亂，罷工、天災等直接影響訂貨之外銷，經查證屬實者。

五、在規定沖退稅期限屆滿前已經出口，或在規定申請沖退稅期限屆滿後六個月內出口者。

第七十五條　違反第六十一條之規定者，除其他法律另有規定外，該項違禁品沒入之。

第七十六條　依本法應繳或應補繳之下列款項，除本法另有規定外，經通知繳納而不繳納者，移送法院強制執行：

一、關稅、滯納金、滯報費、利息。

二、依本法所處之罰鍰。

三、處理變賣或銷毀貨物所需費用，而無變賣價款可供扣除或扣除不足者。但以在處理前通知納稅義務人者為限。

納稅義務人對前項繳納有異議時，準用第四十條至為四十二條之規定。

第一項應繳或應補繳之款項，納稅義務人已依第四十條規定申請復查者，得提供相當擔保，申請暫緩移送強制執行。但依第四十條已提供相當擔保，申請將貨物放行者，免再提供擔保。

第一項應繳或應補繳之關稅，應較普通債權優先清繳。

第七十七條　運達中華民國口岸之貨物，依規定不得進口者，海關應責令納稅義務人限期辦理退運；如納稅義務人以書面聲明放棄或不在海關規定之期限內辦理退運，海關得將其貨物變賣，所得價款，於扣除應納關稅及必要費用後，如有餘款，應繳歸國庫。

依前項及第六十八條第二項、第六十九條第二項規定處理之貨物，無法變賣而需銷燬時，應通知納稅義務人限期在海關監視下自行銷燬；屆期未銷燬，由海關逕予銷燬，其有關費用，由納稅義務人負擔，並限期繳付海關。

第七十八條　經營報關、運輸、倉儲、貨櫃集散站及其他與通關有關業務之業者，辦理電腦連線或電子資料傳輸通關資料之登記、申請程序、管理或其他應遵行事項，違反依第八條第三項所定之辦法者，海關得予以警告或處新台幣六千元以上三萬元以下罰鍰，並得限期改正；屆期未完成改正者，得連續處罰；連續處罰三次仍未完成改正者，得停止六個月以下之連線報關。

第七十九條　載運客貨運輸工具之負責人或其委託之運輸工具所屬業者辦理進出口通關、執行運輸業務及運輸工具所屬業者之變更登記、證照之申請、換發或其他應遵行事項，違反依第十五條第三項所定之辦法者，海關得予以警告或處新台幣二萬元以上九萬元以下罰鍰，並得限期改正；

屆期未完成改正者，得連續處罰；連續處罰三次仍未完成改正者，得停止六個月以下之報關。

第八十條　報關業者之變更登記、證照之申請、換發、辦理報關業務或其他應遵行事項，違反第十八條第三項所定之辦法者，海關得予以警告或處新台幣六千元以上三萬元以下罰鍰，並得限期改正；屆期未完成改正者，得連續處罰；連續處罰三次仍未完成改正者，得停止六個月以下之報關業務或廢止報關業務證照。

專責報關人員辦理報關審核簽證業務或其他應遵行事項，違反依第十八條第三項所定之辦法者，海關得予以警告或處新台幣二千元以上五千元以下罰鍰，並得限期改正；屆期未完成改正者，得連續處罰；連續處罰三次仍未完成改正者，得停止六個月以下之報關審核簽證業務或廢止其登記。

第八十一條　保稅運貨工具所有人之變更登記、證照之申請、換發、保稅運貨工具使用管理或其他應遵行事項，違反依第二十一條第二項所定之辦法者，海關得予以警告或處新台幣三千元以上一萬元以下罰鍰，並得限期改正；屆期未完成改正者，得連續處罰；連續處罰三次仍未完成改正者，得停止六個月以下裝運貨物或廢止其登記。

第八十二條　貨棧或貨櫃集散站業者之變更登記、證照之申請換發、貨櫃及貨物之存放、移動、管理或其

他應遵行事項，違反依第二十二條第三項所定之辦法者，海關得予以警告或處新台幣六千元以上三萬元以下罰鍰，並得限期改正；屆期未完成改正者，得連續處罰；連續處罰三次仍未完成改正者，得停止六個月以下之進儲貨櫃及貨物或廢止其登記。

第八十三條　經營快遞業務之業者辦理快遞貨物通關、理貨或其他應遵行事項，違反依第二十三條第二項所定之辦法者，海關得予以警告或處新台幣六千元以上三萬元以下罰鍰，並得限期改正；屆期未完成改正者，得連續處罰；連續處罰三次仍未完成改正者，得停止六個月以下之快遞貨物通關之業務。

第八十四條　保稅倉庫業者之變更登記、證照之申請、換發、保稅倉庫之設備建置、貨物之存儲、管理或其他應遵行事項，違反依第五十二條第三項所定之辦法者，海關得予以警告或處新台幣六千元以上三萬元以下罰鍰，並得限期改正；屆期未完成改正者，得連續處罰；連續處罰三次仍未完成改正者，得停止六個月以下之進儲保稅貨物、按月彙報或廢止其登記。

第八十五條　保稅工廠業者之變更登記、證照之申請、換發、保稅工廠之設備建置、保稅物品之加工、管理、通關、產品內銷應補辦補稅程序或其他應遵行事項，違反依第五十三條第三項所定之辦法者，海關得予以警告或處新台幣六千元以上三萬元以下罰鍰，並得限期改正；屆期未完

成改正者，得連續處罰；連續處罰三次仍未完成改正者，得停止六個月以下保稅工廠業務之一部或全部或廢止其登記。

第八十六條　物流中心業者之變更登記、證照之申請、換發、貨物之管理、通關或其他應遵行事項，違反依第五十四條第四項所定之辦法者，海關得予以警告或處新台幣六千元以上三萬元以下罰鍰，並得限期改正；屆期未完成改正者，得連續處罰；連續處罰三次仍未完成改正者，得停止六個月以下貨物進儲、按月彙報或廢止其登記。

第八十七條　免稅商業者之變更登記、證照之申請、換發、貨物之管理、通關、銷售或其他應遵行事項，違反依第五十五條第三項所定之辦法者，海關得予以警告或處新台幣六千元以上三萬元以下罰鍰，並得限期改正；屆期未完成改正者，得連續處罰；連續處罰三次仍未完成改正者，得停止六個月以下貨物進儲或廢止其登記。

第八十八條　辦理外銷品沖退稅之廠商申請沖退稅、辦理原料關稅記帳或其他應遵行事項，違反依第五十七條第五項所定之辦理者，海關得停止廠商六個月以下之記帳。

第八十九條　依第十五條、第二十一條、第二十二條、第五十二條、第五十四條規定繳納保證金之業者，欠繳依本法規定應繳稅款、規費或罰鍰時，海關得就其所繳保證金抵繳。

保證金因前項抵繳而不足時，海關得通知於一

定期限內補足差額；屆期不補足者，得停止六
個月以下業務之經營或廢止其登記。

第九十條　　　保稅運貨工具載運之貨物及貨棧、貨櫃集散
站、保稅倉庫、免稅商店儲存之貨物，如有非
法提運、遺失、遭竊或其他原因致貨物短少
者，業者應負責補繳短少之進口稅捐。

第九十一條　　進出口貨物如有私運或其他違法漏稅情事，依
海關緝私條例及其他有關法律之規定處理。

第七章　附則

第九十二條　　依本法登記之貨棧、貨櫃集散站、保稅倉庫、
物流中心及其他經海關指定之業者，其原由海
關監管之事項，海關得依職權或申請，核准實
施自主管理。
海關對實施自主管理之業者，得定期或不定期
稽核。
第一項自主管理之事項、範圍、應備條件及其
他應遵行事項之辦法，由財政部定之。

第九十三條　　關稅納稅義務人或貨物輸出人及其關係人對於
與進出口貨物有關之紀錄、文件、會計帳簿及
相關電腦檔案或資料庫等資料，應自進出口貨
物放行之翌日起，保存五年。

第九十四條　　海關對進出口運輸工具與貨物所為之特別服
務，及各項證明之核發，應徵收規費。其徵收
規費規則，由財政部定之。

第九十五條　　本法施行細則，由財政部定之。

第九十六條　　本法自公布日施行。

附錄貳：貨物通關自動化實施辦法

一、總則

第一條　　　　本辦法（以下簡稱本法）依關稅法規定訂定
　　　　　　　之。

第二條　　　　本法所用名詞定義如下：

　　　　　　　（一）通關網路：指提供電腦連線或電子資料傳
　　　　　　　　　　輸方式處理，以達到貨物通關自動化之目
　　　　　　　　　　的，經依有關法規設立供營運之網路。

　　　　　　　（二）電腦連線：指與通關有關之機關、機構及
　　　　　　　　　　業者以電腦主機、個人電腦或端末機透過
　　　　　　　　　　電信線路與通關網路之電腦主機連線

　　　　　　　（三）電子資料傳輸：指與通關有關之機關，機
　　　　　　　　　　構及業者，利用電腦或其他連線設備，透
　　　　　　　　　　過通關網路相互傳輸訊息，以取代書面文
　　　　　　　　　　件之遞送。

　　　　　　　（四）連線機關：指主管有關進出口之簽審、檢
　　　　　　　　　　疫、檢驗、通關、外匯或其他貿易管理，
　　　　　　　　　　而與通關網路電腦連線之行政機關或受各
　　　　　　　　　　該行政機關委託行使其職權之機構。

　　　　　　　（五）連線金融機構：指受委託代收或匯轉各項
　　　　　　　　　　稅費、保證金或其他款項，而與通關網路
　　　　　　　　　　電腦連線之金融機構或經財政部指定之機
　　　　　　　　　　構。

　　　　　　　（六）連線業者：指與通關網路電腦連線之報關

業、倉儲業、貨櫃集散站業、進出口業、運輸業或其他與通關有關之業者或其代理人。

（七）未連線業者：指未與通關網路電腦連線之前款業者或其代理人。

（八）連線通關：指依照規定之標準格式，以電腦連線或電子資料傳輸方式辦理進出口或轉運通關程序。

（九）連線申報：指連線業者在連線通關中依關稅法規之規定所為應行辦理或提出之各種申報、申請、繳納或其他應辦事項。

（十）連線核定：指連線之海關對於前款之連線申報，依關稅法規之有關規定，所為之各種核定、稅費繳納證或准單之核發、補正或查驗之通知、放行或其他依法所為之准駁決定，經由通關網路傳輸之各種核定訊息。

（十一）線上扣繳：指連線業者與指定之連線金融機構約定開立繳納稅費帳戶，並於連線申報時在報單上「繳稅方式」之「線上扣繳」欄填記，其應納稅費、保證金或其他款項透過電腦連線作業由該帳戶直接扣繳國庫。

（十二）連線轉接服務業者：指按照通關網路公告之技術規範，提供相關用戶與通關網路間為連線所需之資訊轉接服務事業。

第三條 以電腦連線或電子資料傳輸方式辦理通關，依

本辦法之規定，本辦法未規定者，依其他有關
法令之規定。

第四條　　　連線申報有關事項依本法（關稅法）規定，需
經海關電腦記錄者，海關得委託經營通關網路
之事業以其電腦檔案代為記錄。

海關實施通關自動化有關事項，除前項規定者
外，得視需要委託經營通關網路之事業辦理
之。

二、管理

第五條　　　經營通關網路須經財政部核准，並依法向交通
部申請許可及執照。

第六條　　　通關網路之營運、管理、業務、安全、備援等
事項應受財政部之監督。

通關網路所提供通關業務有關之服務，其資費
收取標準、營業時間及電子資料出售項目，應
事先報由財政部同意，調整或變更時，亦同。

第一項之監督及第二項之同意，財政部得全部
或部分授權財政部關稅總局辦理之。

第七條　　　經營通關網路之事業，其營運業務項目如下：

（一）提供與海關間電子資料傳輸之轉接。

（二）通關電子文件格式之設計與轉換。

（三）電子資料存證服務。

（四）建立公共資料庫並提供查詢。

（五）提供海關資料庫查詢轉接服務。

（六）通關資訊或電腦應用系統之開發或提供。

（七）資訊處理服務。

（八）其他通關有關事項。

前項第一款至第三款業務之經營，須先經財政部核定。

經營通關網路之事業得接受連線機關之委託辦理通關有關事項。

第八條 實施貨物通關自動化通關作業之關稅局名稱、連線作業項目及範圍，應由財政部關稅總局事先公告之。

第九條 下列連線通關文件之傳輸，應依電子資料交換標準格式為之：

（一）進、出口報單。

（二）進出口貨物稅費繳納證。

（三）國庫專戶存款收款書。

（四）轉運申請書。

（五）轉運准單。

（六）電腦放行通知。

（七）進（轉）口貨物短溢卸報告。

（八）進口貨物進倉異常報告。

（九）查驗貨物通知。

（十）其他通關有關文件。

前項標準格式由財政部關稅總局公告之。

第十條 業者申請連線，應先向經營通關網路之事業提出申請，經訂立契約後轉送連線之地區關稅局登記，開始連線申報等作業。但申請者如屬報關行時，經營通關網路之事業在訂立契約前應先徵得該地區關稅局同意。

連線業者應遵守操作規範，不得擅行複製有關

軟體。經營通關網路之事業對其所提供之設施
應負維修之責；雙方因業務上知悉之資料，並
應負保密之責。

連線機關或連線金融機構使用通關網路者，由
雙方另行議定之。

第十一條　　　　連線轉接服務業者不得兼營報關業務，其申
請、訂約及登記，準用前條第一項之規定。

連線轉接服務業者之管理，除資費收取標準
外，準用第六條及前條第二項之規定。

三、通關程序

第十二條　　　　連線業者之連線申報，在輸入通關網路，經電
腦之檔案予以記錄時，視為已到達海關。由海
關發出之核定通知，於輸入同網路之電腦檔案
時，推定該通知已到達應受通知之人，並適用
關稅法規有關規定辦理。

前項連線申報，其適用關稅法規基準日之認
定，與未連線業者發生差異時，得適用最有利
於連線業者之基準日。

第一項之輸入時間及內容，當事人得申請經營
通關網路之事業給予證明，經營通關網路之事
業不得拒絕。

連線申報及未連線申報之收單時間，得由海關
另行分別訂定公告之。

第十二條之一　航空機載運進口貨物於起飛後或抵達本國機場
時，已以電腦連線方式傳輸艙單向海關申報進
口者，納稅義務人得以以電腦連線方式預先申

報，由海關即時辦理通關手續。其作業規定，由海關擬訂，報經財政部核定後公告之。

第十三條　連線業者辦理連線申報時，應依據原始眞實發票、提單或其他有關資料文件，按照海關規定方式，正確申報貨名、稅則號別或其他應行申報事項，製作進口報單、艙單或其他報關文件，利用通關網路進行傳送。

第十四條　報關行受委託辦理連線申報時，其「電腦申報資料」與「報關有關文件正本」之內容必須一致。其申報內容應先由專責報關人員進行審查無訛，並以經海關認可之密碼或其他適當方法簽證後輸入。

前項報關行，應先取得納稅義務人之委任授權，始得辦理連線申報，在委託報關之委任書尚未與書面報單及其他有關文件正本一併補送海關前，海關得准其先行辦理連線申報。

第十五條　海關對於連線通關之報單實施電腦審核及抽驗，其通關方式分爲下列三種：

（一）免審免驗通關：免審書面文件免驗貨物放行。

（二）文件審核通關：審核書面文件免驗貨物放行。

（三）貨物查驗通關：查驗貨物及審核書面文件放行。

依前項規定通關驗放貨物，由海關事後再加審查，核定其應納稅額者，適用關稅法第五條之一之規定。

第一項經電腦抽中免驗或查驗之貨物，海關於必要時得予查驗或複驗。

第十六條　　依免審免驗通關方式處理之貨物，於完成繳納稅費手續後，海關應即透過電腦連線將放行通知傳送報關人及貨棧，報關人持憑電腦列印之放行通知及原提貨單證前往貨棧提領。其書面報單及其他有關文件正本應由報關人依下列規定期限及報單號碼逐案列管，海關於必要時得命其補送或前往查核。

（一）進口案件：自放行之日起二年。

（二）出口案件：自放行之日起一年。

經核列為按文件審核通關方式處理之貨物，海關應即透過電腦連線通知報關人，限在翌日辦公時間終了以前補送書面報單及其他有關文件正本以供查核。

經核列為按貨物查驗通關方式處理之貨物，海關應即透過電腦連線通知報關人，限在翌日辦公時間終了以前補送書面報單及其他有關文件正本以供查驗貨物，並得通知貨棧配合查驗。

第二項、第三項貨物之繳納稅費、放行及提領之作業方式與第一項同。

第十七條　　連線通關之納稅義務人得選擇下列各款規定方式之一繳納稅費、保證金或其他款項：

（一）線上扣繳。

（二）依「進口貨物先放後稅實施辦法」規定提供擔保，辦理先放後稅。

（三）以匯款方式由往來銀行透過指定連線金融

機構分別匯入國庫存款戶或海關專戶。

（四）以現金向駐當地海關之銀行收稅處繳納。

前項第一款及第二款規定之繳納方式，海關對於適用對象、啓用日期等事項，得視事實需要予以限制或變更。

第一項納稅義務人選擇同項第二款至第四款規定方式繳納者，應依連線核定所傳輸之稅費、保證金或其他款項應行繳納訊息；列印「海關進出口貨物稅費繳納證」或「國庫專戶存款收款書」持憑繳納。

海關得憑連線金融機構傳輸之稅費、保證金或其他款項收訖訊息，由電腦自動核對紀錄相符後辦理放行等後續作業，免再以人工核對稅費繳納證或國庫專戶存款收款書存查聯及人工配單工作。

第十八條　　未連線業者所遞送之書面報單，由海關代爲輸入，參加電腦審核及抽驗。

海關爲前項之特別服務，依海關徵收規費規則之規定徵收規費。

未連線業者所遞送書面艙單或其他報關文件，由海關代爲輸入者，準用前項規定徵收規費。

報關行尚未完成連線作業之期間，得暫准以提供媒體方式代替輸入，不適用第一項及第二項之規定。但其提供之期間以六個月爲限，必要時得申請延長之。

連線業者除具有正當理由經海關核准者外，其所遞送書面報單、艙單，或其他報關文件由海

關代為輸入者，準用第二項規定徵收規費。

第十九條　　　通關網路記錄於電腦之報單及其相關檔案應自接收訊息之日起保存六年，期滿予以銷燬。但下列未結案件之相關檔案，應由當地海關通知專案保存，其已逾六年保存期限者，並於結案後通知予以銷燬。

（一）關稅記帳案件。

（二）行政救濟案件。

（三）涉及違章漏稅經依法處罰案件。

（四）滯欠稅費或罰鍰尚在執行中案件。

通關網路記錄於電腦之艙單檔案，應自接收訊息之日起保存二年， 期滿除另有約定外予以銷燬。

四、罰則

第二十條　　　連線轉接服務業者違反第六條第二項或第十一條第二項準用第十條第二項規定者，海關得通知經營通關網路之事業，停止其三個月以下期間之連線轉接服務或撤銷登記。

第二十一條　　連線業者違反第十條第二項規定者，除依有關法律規定負民事刑事責任外，得視情節輕重，撤銷其連線登記或停止受理其一年以下期間之報關。

第二十二條　　連線業者違反第十三條規定者，得視其情節輕重予以警告、限期改善或停止其報單一年以下期間參加抽驗或免驗。

第二十三條　　報關行或專責報關人員違反第十四條規定者，除視其情節輕重依報關行設置管理辦法之規定處罰外，並得停止該專責報關人員六個月以下期間之執行業務。

第二十四條　　連線業者違反第十六條規定，未補送或逾期補送書面報單及其他有關文件正本時，海關得會同倉庫管理人逕行查驗，並得停止其三十日以下期間之連線申報或受託報關。

第二十五條　　依本辦法辦理連線通關手續者，如有虛報或其他違法漏稅情事，除依海關緝私條例或其他有關法律之規定處罰外，其情節重大者，並得停止其六個月以下期間之連線申報。

五、附則

第二十六條　　連線業者因違反契約條款或滯欠使用費致終止或解除契約者，經營通關網路之事業應於三十日前通知海關配合註銷其連線登記。

前項情形情節輕微，僅暫時停止使用而不終止或解除契約者，經營通關網路之事業應於三日前通知海關。

第二十七條　　連線通關因電信線路或電腦故障，致未能開始或繼續進行者，得改以書面人工作業方式辦理。其作業方式及通關程序，由海關另行訂定公告之。

第二十八條　　未連線業者之報關，除本辦法另有規定外，不適用連線通關之規定。

第二十九條　　　本辦法規定，與出口貨物電腦連線通關之性質不相抵觸者，於出口連線通關準用之。但專屬於進口貨物之特別規定者，不在此限。

附錄參：進出口貨物查驗及取樣準則

一、總則

第一條　　　為執行進出口貨物之查驗及取樣，訂定本準則。

第二條　　　貨物之查驗，以按每批貨物總件數抽驗一部分為原則，但必要時得全部查驗。

第三條　　　本準則所稱驗貨關員，係指海關指派辦理進出口貨物查驗或複驗之關員。
　　　　　　驗貨關員查驗進出口貨物如因時間急迫，得由貨主或報關人提供往返交通工具。

第四條　　　進出口貨物之查驗，其有特殊情形經海關核准者，得於辦公時間外辦理。

第五條　　　進出口貨物之新舊程度、堪用程度、破損殘缺情形由驗貨關員依查驗當時之狀況認定之，必要時派驗報單主管人員得另派員複驗。納稅義務人或貨主對於海關之認定有疑義時，得委請有關技術機關鑑定。

二、進口貨物之查驗

第六條　　　進口貨物之免驗或船（機）邊驗放，應由進口單位正副主管或其指定之人員，依關稅法規定之免驗貨物品目範圍及本準則之規定辦理。

第七條　　　鮮貨、易腐物品、活動物、植物、有時間性之

新聞及資料、危險品、放射性元素、骨灰、屍體、大宗及散裝貨物、暨其他特殊情形，得核准在船（機）邊驗放。

第八條　進口貨物需轉運至國內其他關區、加工出口區或科學工業園區申報進口者，於申請轉運時海關得查驗之，經查驗結果，如發現實到貨物與進口艙單或轉運申請書所載不符時，依海關緝私條例之規定處理並通知進口人。

第九條　海關得視驗貨單位在勤驗貨關員之工作能量，就進口貨物報單以抽驗方式決定查驗報單。

第九條之一　海關對於已查驗之進口貨物，必要時得予複驗；海關對於抽中免驗或依規定免驗之進口貨物，必要時得予查驗。

前項查驗與複驗，準用本準則有關查驗之規定。

第十條　派驗報單主管人員，應斟酌情形在報單上批註查驗、過磅及通扦之件數，必要時並應批註查驗注意事項由驗貨關員執行之。

第十一條　驗貨關員應於查驗前，核明查驗所需之裝箱單、裝櫃明細表、型錄、說明書、藍圖或公證報告等單證。其未檢附者，於必要時，應即通知報關人限期檢送。

第十二條　驗貨關員查驗一般進口貨物，應依下列程序辦理：

（一）查驗貨物存放處所：貨物存放處所須與進口報單申報之存放處所相符，如有不符，應不予查驗，並即送回其主管核辦。

（二）核對包裝外表上標記及號碼：除依第三章規定免予施用標記及號碼之貨物外，所有貨物包裝外表上標記、號碼應予報單上所申報及提貨單所列者相符。但違反第三章各條規定者，仍應依有關規定辦理。

（三）核對件數：其有短卸或溢卸者，應向駐庫關員查明並將實到數量在報單上註明。

（四）指件查驗：遵照派驗報單主管人員批註之至少開驗件數、過磅件數、通扦件數之範圍內自行指定件數查驗。

（五）拆包或開箱：查驗貨物時，其搬移、拆包或開箱暨恢復原狀等事項，統由納稅義務人或其委託之報關人負責辦理，但應儘可能保持貨物裝箱及包裝原狀，並避免貨物之損失。

（六）查驗：應注意下列事項：

1.貨物名稱、牌名、品質、規格、貨號、型號等。

2.來源地名（產地或生產國別）。

3.數量（長度、面積、容量等均用公制單位）。

4.淨重（用公制單位）。

（七）驗訖標示：無箱號之貨件，應在箱件上加蓋查驗戳記或以不褪色墨水筆簡署；有箱號者應將箱號批註於裝箱單上，免蓋查驗戳記或簡署。

第十三條　　　　貨物包裝上之標記號碼與報單原申報不符者，

應按下列規定辦理：

（一）標記號碼不符而貨物相符者：驗貨關員應將驗明之標記號碼抄註於報單上，以便核銷艙單單位處理。

（二）標記號碼及貨物皆不相符者：驗貨關員應即查明指驗是否錯誤，如非錯誤，即有未列艙單私運進口之嫌，應據情簽報主管核轉分類估價單位處理。

（三）貨物與原申報相符者，標記號碼與提貨單亦相符，僅報單上填寫錯誤者：驗貨關員應於查明後在報單上更正。

第十四條　　驗貨關員查核貨物重量，應依下列規定辦理：

（一）在貨物未過磅前，應先試驗磅秤是否準確，如有偏差應即予調整。

（二）凡貨物係以重量計價者，其已開驗或通扦各件均應逐一過磅，應親自調撥秤錘，不得假手於人手，並應嚴禁報關人或工人接近磅秤以防弊端。

（三）視實際情形，選扦足夠件數秤驗，以求準確，如秤驗結果與申報重量不符，應增加秤驗件數。

（四）凡進口報單附有重量清單者，可憑清單指件秤驗核對。

（五）劃一包裝之貨物，可秤驗足夠件數，據以計算全部貨物之重量，包裝大小不同之貨物，應分別秤驗各種包裝若干件，以求得確實重量為準。

（六）抽件秤驗，應從整批貨物之堆置處之各方任意抽取若干件過磅，不得專就一方抽取。

（七）毛重除皮，務求準確，對大宗貨物或包裝大小不一之貨物，尤應注意，必要時應將貨物取出，實際秤驗其淨重或皮重，常見之普通貨物，可紀錄其確實皮重，以供日後參考。

（八）散裝貨物可憑起運口岸之公證報告書認定其重量，必要時得以抽驗方式押運至設有地磅處過磅。

（九）秤驗結果應在進口報單背面詳細紀錄，如憑裝箱單或重量清單秤驗者可抽件核對：如結果相符，挑認其件號及重量，有關單證，予以簽署，並在進口報單背面註明依裝箱單或重量清單秤驗無訛字樣；如有不符，應逐件秤驗並將結果記錄於報單背面，同時將原申報之重量改正。

第十五條　驗貨關員對進口報單上申報各項，應依據實到貨物查驗核對，其核對確實無訛者，應於報單最末一行予以簽章。

經查驗對原申報之貨名、品質、規格、成分、產地等項之正確性無法確定或有疑義時，應加簽註，送請派驗報單主管人員審核，必要時再派員重驗或移請分類估價單位處理。

第十六條　進口報單上所申報各項，與查驗結果有不符者，驗貨關員應在報單上據查驗結果，予以改

正。

改正事項，不得使用橡皮擦抹，應用不褪色鉛筆、鋼筆或原子筆將原申報不符各項圈去或劃去，務使原申報之文字或數字仍能明顯認出，另在圈去或劃去之上方加以改正並予簽署，其有偽報或匿報情事，應於報單正面，對有關項目加註偽報或匿報字樣。

第十七條　進口報單查驗辦理紀錄欄內，除由主管人員核定指示者外，應由經辦驗貨關員於驗貨後依下列規定原則據實填報：

（一）「應取樣」或「應繳說明書」兩項，如經照辦，可填報已檢送。其因特殊原由，不能檢送者，如樣品過於笨重或過於精細易損或有危險性，報關人不能依限繳送說明書等，應簽註不能檢送原因。

（二）「標記印刷情形」一項，應填報其製作方法。

（三）「裝箱情形」一項，應填報貨物包裝是否完整良好，有無破損、有無頂換、私開及其他可疑之痕跡。

（四）「未驗原因」一項，應將未驗之原因據實填明。

第十八條　進口貨物實到件數與報單上申報之件數相符，其包裝外型完整，並無開啟之痕跡，但其內部經查驗核對，發現部分短缺者，其短缺部分，可認為短裝，驗貨關員應在報單上改正並加簽註查驗前包裝完整字樣。

第十九條　　　　進口貨物如有溢裝，或實到貨物與原申報不符，或夾雜其他物品進口情事，除係出於同一發貨人發貨兩批以上，互相誤裝錯運，經舉證證明，並經海關查明屬實者，准予併案處理，免予議處外，應依海關緝私條例有關規定論處。但經收貨人或報關人依下列規定以書面並檢附國外發貨人證明文件向海關驗貨單位主管或其上級主管報備者，得視同補報。

（一）參加抽驗報單應於抽中查驗前為之。

（二）參加抽驗經抽中免驗、申請免驗或其他原經核定為免驗之報單，應於海關簽擬變更為查驗之前為之。

（三）其他依規定應予查驗之報單應於海關驗貨單位第一次派驗前為之。

依前項規定報備，如有下列情形之一者，其報備無效。

（一）海關已發覺不符。

（二）海關已接獲走私密告。

（三）報備內容（貨名、規格、產地、數量、重量等）及理由未臻具體或與實際到貨不符者。

（四）報備不合規定程序者。

依第一項規定報備之貨物應予查驗，查驗時應將其標記號碼、貨物名稱、牌名、規格、產地、數量、淨重等項在報單上註明，並加註未在報單上申報字樣，送由派驗單位主管人員核轉進口分類估價單位核辦。

第二十條　　　　進口報單上所載貨物如已申報或經取具輪船公司事故證明者，驗貨關員應注意查驗其包裝情形，倘在查驗之前確已破損，應在報單上加註查驗前包裝已破損字樣，並按查驗結果，將有關各項逐項改正，或說明破損情形，或估計破損程度，送由派驗報單主管人員核轉稽查組管理倉庫單位查證後送有關之進口單位辦理。

第二十一條　　　爲防掩飾藏匿夾帶，貨物可用鐵扦探驗者，驗貨關員斟酌情形使用鐵扦，惟應注意下列事項：

（一）儘可能避免損及進口貨物。

（二）危險品因摩擦可能引起燃燒或爆炸者，不得使用鐵扦探驗。

（三）箱裝貨物可用扦探者，需開箱後始可扦探。袋裝或類似包裝之貨物，應從不同方向，不同部位通扦。

第二十二條　　　進口危險品或氣體，應由貨主就其毒性、易燃性、易爆性、化合性、氣體壓力或其他特性，於海關查驗前提出書面說明。

前項物品，其由信用良好之廠商進口且貨物經查明爲原製造廠原封，包裝上註明貨名及原製造廠商者，得免開啓查驗。關員查驗時，應先報請派驗報關主管人員決定或洽經化驗單位主管人員提供意見瞭解查驗方法。

第二十三條　　　進口貨物如在查驗過程中，發現有未申報、僞報貨名、品質、規格或匿報數量等違章情事時，以全部查驗爲原則，俾明瞭整批貨物之眞

實情形；但在繼續查驗中，如已查驗部分足以推斷整批貨物之真實內容者，得酌情免予繼續開驗。

第二十四條　進口貨物如發現有大陸產製標誌者，應依有關規定處理。

第二十五條　整裝貨櫃進口貨物，得准在碼頭（機場）貨櫃場驗放或酌情核准直接卸存工廠查驗，合裝貨櫃則應拆櫃進儲倉庫後方准查驗。

第二十六條　倉庫驗放或經核准船（機）邊驗放之進口貨物，須取樣鑑定者，其不涉及管制或禁止進口，且無違章漏稅情形，而僅屬分類估價之確定問題者，得於查驗取樣後放行。

第二十七條　大宗貨物如有關稅法所稱之破損短少情形，而在查驗時無法即予核明破損短少內容者，得應納稅義務人之申請先將貨物查驗放行，並於提貨時，在駐船關員或駐庫關員監視下，會同公證行查明破損短少情形，以憑辦理退還溢徵之稅捐。

第二十八條　進口貨物自報關之日起十日內仍未據報關人申請查驗或申請展延查驗期限者，應由進口單位函告倉庫管理人預定會同查驗時間，並以副本抄送報關人或納稅義務人；報關人或納稅義務人如仍未於預定查驗時間前申請查驗，驗貨單位應即指派驗貨關員，按預定查驗時間，會同倉庫管理人查驗。驗畢，由倉庫管理人在報單背面簽證本批貨物確經會同海關查驗字樣；其有破損或數量、重量不符，或有偽報、匿報情

事，應一併由倉庫管理人簽證。驗貨關員應並在報單正面加蓋本單係會同倉庫管理人查驗戳記。倉庫管理人對海關依關稅法規定逕行洽請會同查驗時，應配合辦理並代辦搬移、拆包或開箱，暨恢復原狀等事項。

三、進口貨物標記及號碼之施用

第二十九條　　進口貨物如有包裝者，應在包裝上用不易塗抹之方法標明、刷印、蓋戳記或烙印一明顯圖形標記，或為至少三個一組之文字，或為圖形及文字合成標記。並得在標記內加註該進口人該批進口貨物代表性之號碼、日期或文字，其號碼、日期或文字得用貨物之起運號碼、定貨單號碼、起運日期或相關之文字表示之。
　　　　　　　進口貨物如無包裝者，得依前項規定，在貨物上標明，其標明顯有困難者，得免予標明。
　　　　　　　進口貨物依前兩項規定在包裝上為文字標記，其所為文字如未達三個一組者為不完全標記，驗貨關員應囑納稅義務人補正，並依海關徵收規費規則有關規定徵收特別監視費。

第三十條　　　（刪除）

第三十一條　　進口貨物除依第二十九條規定標明記號及號碼外，並需於每件上加註順序號數。但大宗貨物如每件種類相同，數（重）量劃一，免加註順序號數。

第三十二條　　下列進口貨物，得免依第二十九條及三十一條規定施用標記及號碼，但應依下列方式辦理。

（一）非箱裝貨物：

    1.三角鐵、鐵條頭、鐵樑等應用綠色、白色或紅色油漆在兩端灑記。

    2.圈鐵：應用油漆灑記，或繫以金屬標籤。

    3.鋼鐵片或鋼鐵板：應用油漆標記。

    4.各種熟皮：應用刷印標記。

    5.管子：應繫以麻布或金屬標記。

    6.各種成捲繩：應以麻布或帆布或金屬標籤。

    7.木段：應將標記或號碼烙印或漆印於每段上。

（二）因性質或包裝不能依第二十九條以不易塗抹之方法標明之其他貨物，應用麻布或金屬籤條載明適當標記，繫在其上。

（三）以整裝貨櫃裝運進口，且每件內容及包裝相同，數（重）量劃一之大宗貨物，經海關核准在貨櫃場驗放者，免施用標記及號碼。

第三十三條　除依前項免予施用標記及號碼之貨物，由監視提貨關員憑海關蓋印放行之提貨單，核對件數、貨櫃標記及號碼無訛後，准予提領外，凡貨物未依照規定標明標記及號碼者，由海關監視重行標記。

兩批或兩批以上之貨物，無論係同一運輸器或非同一運輸器運來，如係存於同一貨棧內，一經查明其標記號碼相同或大致相同，雖非由一口岸運來，且非由一報運人或收貨人報運，亦

須重行標記。

第三十四條　同批進口貨物其各件種類相同，數（重）量劃一，而僅先報運其中一部分進口者，在報單上准免列每件號數，但仍需載明所報貨物係屬於何批之一部分。

第三十五條　空運進口貨物，其情形特殊者，得免依本章規定施用標記及號碼，但必須使用標籤，以資識別。

四、出口貨物之查驗

第三十六條　出口貨物之免驗、船（機）邊驗放或倉庫驗放，應由出口單位正副主管或其指定人員依「出口貨物報關驗放辦法」第十七、十八條及本準則之規定辦理。

第三十七條　出口貨物於載運貨物之運輸工具結關或開航前，在海關規定時間內運抵碼頭（機場）倉庫或貨櫃集散站取得業主簽章之貨物進倉證明並遞單報關者，得參加抽驗，其抽驗辦法由海關另訂之。

前項貨物進倉證明，需加註貨物進倉時間，但空運出口貨物進倉完畢者，由貨運站業主在拖運單上簽章證明進倉。

第三十八條　前條出口報單之抽驗由出口單位之主管或其指定人員以抽號方式辦理。

第三十九條　出口單位對報關人所報運出口之貨物或所提供之單證資料認為可疑，或有關報關人、出口廠商、國外收貨人在海關有不良紀錄者，有關貨

物得不准免驗。

第四十條　　　　鮮貨、易腐物品、活動物、植物、危險品、散裝、大宗、箱裝及體積龐大之出口貨物暨其他特殊情形，得核准船（機）邊驗放，免予進倉查驗。

第四十之一條　　海關對於已查驗之出口貨物，必要時得予複驗；海關對於抽中免驗或依規定免驗之出口貨物，必要時得予查驗。

前項查驗與複驗，準用本準則有關查驗之規定。

第四十一條　　　驗貨關員查驗出口貨物，應先審核出口報單申報事項及所附文件資料是否完備，如有應行補正事項，應責成報關人補正之。

第四十二條　　　驗貨關員查驗出口貨物，應依下列程序辦理：

（一）核對貨物存放處所：出口貨物存放處所須與進倉證明所列存放處所相符，方予查驗，否則不予查驗。

（二）查核貨物是否全部到齊：出口貨物不論進存倉庫貨或運置碼頭或貨櫃集散站，應俟全部到齊後始予查驗，否則不予查驗。

（三）核對包裝外皮上標記及號碼：包裝外皮上標記號碼應與報單上所申報及裝貨單上所記載者相符。

（四）指件查驗：根據派驗報關主管人員在報單上之批示，至少開驗若干件、過磅若干件之範圍內自行指定件數查驗。

（五）拆包或開箱：查驗出口貨物時，其搬移、

拆包或開箱暨恢復原狀等事項，統由貨主或其委託之報關人辦理，但驗貨關員應盡可能保持貨物裝箱及包裝之原狀，並避免貨物之損失。

（六）查驗：應注意1.貨物名稱、牌名、品質、規格、貨號、型號等2.數量（長度、面積、容量、體積等均用公制單位）3.淨重（用公制單位）

（七）驗訖標示：無箱號之貨件，應在箱件上加蓋查驗戳記或以不褪色墨水簡署；有箱號者，應將箱號批註於裝箱單上，免蓋查驗戳記或簡署。

第四十三條　驗貨關員依照派驗之出口報單辦理查驗時，發現貨全未到達或未到齊或報關人故意拖延不會同查驗者，除有「出口貨物報關驗放方法」第二十一條但書所述之情形者外，應在報單上註明後報請派驗報單主管人員處理，必要時海關得會同倉庫或貨櫃集散站業主逕行查驗。

第四十四條　經驗明包裝外皮上標記號碼與出口報單原申報不符者，應按下列規定處理：

（一）標記號碼不符，而貨物相符者：應由驗貨關員將報單及裝貨單更正。

（二）標記號碼及貨物均不相符者：應查明有無故意以管制出口貨物偽報為准許出口貨物或以低稅率原料製成之外銷品偽報為高稅率原料製成之外銷品頂替出口之企圖，並簽報處理。

（三）貨物與原申報相符，標記號碼與裝貨單亦相符，僅報單上填寫錯誤者：驗貨關員應於查明後在報單上更正。

（四）標記相符而貨物不符者：即有偽報頂替之嫌，應據情簽報處理。

第四十五條　出口貨物在查驗過程中，發現有偽報貨名、品質、規格或匿報數量，或夾帶貨物，或其他違章情事時，已全部查驗為原則；但在繼續查驗中，其已查驗部分足以推斷整批貨物之真實內容者，得酌情免予繼續查驗。

第四十六條　驗貨關員對出口報單申報各項，應依據實到貨物查驗核對，其核對確實無訛者，應於報單最末一行予以簽章。

經查驗對原申報之貨名、品質、規格、成分、產地等項之正確性無法確定或有疑義時，應加簽註，送請派驗報單主管人員審核，必要時再派員重驗或移請分類估價單位處理。

第四十七條　出口報單上所申報之各項內容，與查驗結果有不符者，驗貨關員應在報單上據查驗結果，予以改正。改正事項，不得使用橡皮擦抹，應用不褪色鉛筆、鋼筆或原子筆將原申報不符各項圈去或劃去，務使原申報之文字或數字仍能明顯認出，另應在圈去或劃去之上方加以改正，並予簽署，其有偽報或匿報情事，應於報單正面，對有關項目加註偽報或匿報字樣。

第四十八條　出口報單查驗辦理紀錄欄內，除由主管人員核定指示者外，其餘各項應由經辦驗貨關員於驗

貨後，依下列規定，原則據實填報：

（一）「應取樣」一項，如經照辦，可填報以檢
送，其因特殊原因不能檢送者，如樣品
過於笨重或過於精細易損或有危險性
等，應簽註不能檢送原因。

（二）「標記印刷情形」一項，應填報其製作方
法。

（三）「裝箱情形」一項，應填報貨物包裝是否
完整良好，有無破損、有無頂換、私開
及其他可疑之痕跡。

（四）「未驗原因」一項，應將未驗之原因據實
填明。

（五）已開驗、過磅、通扦之箱號，應在報單內
逐號註明。

第四十九條　已報關放行之出口退關貨物辦理提回，其業經
查驗者，如驗明貨櫃原封條完整，得免再開
驗，如非原封或非櫃裝貨物，仍應查驗；原核
定免驗者，得准予免驗。

第五十條　已退關之出口貨物，重報出口時，海關得重新
核定應否查驗。

第五十一條　船（機）邊驗放之出口報單，其出口貨物因故
全部未到者得憑報關人之申請逕予註銷，如部
分未到者應憑報關人於第一次派驗前之申請，
按實際到達船（機）邊或機放倉庫之數量於查
驗無訛後，方准辦理退關或放行裝船（機）。

五、貨樣之提取化驗與管理

第五十二條　　為鑑定貨物之名稱、種類、品質、等級、供稅則分類、估價或核退稅捐之參考，得於查驗進、出口貨物時，提取貨樣，但以在鑑定技術上認為必要之數量為限。

進出口貨物有下列情形之一者，得免取樣：

（一）凡附有型錄、圖樣、說明書、或仿單之進出口貨物，例如，機器、科學儀器、化學產品以及西藥等，可憑上述文件辦理分類估價而無疑義者。

（二）世界名廠產品，進口時經驗明確未經改裝，並有原廠之簽封及商標標明名稱與所報相符者。

（三）通常習見或同一公司經常進出口之貨品，可憑以往紀錄辦理分類估價者。

（四）單件貨物，體積巨大或重量甚大，不易移動者。

（五）出口貨物經驗明與所報名稱、規格等相符者。

（六）其他無法取樣者。

第一項所稱鑑定技術上認為必要之數量，對於不能重複化驗鑑定之貨物，應以足夠供三次化驗鑑定之用。

第五十三條　　驗貨關員應依分類估價單位或派驗報單主管人員在有關進、出口報單上之批註提取貨樣。取樣時，應注意所取樣品確能代表該批貨物之一

般品質、規格及等級；並應由驗貨關員親自檢取，不得假手於報關人或他人；所取樣品，除積體過小或粉狀或液體樣品外，須以不褪色筆在貨樣上簽署。驗貨關員取樣後，應當場會同查驗之貨主或其報關人或倉庫管理人，於有關報單背面簽認本件樣品係經會同海關人員自本報單所報貨物中抽取無訛之事實。

第五十四條　為進口貨物事後審查價格需要應提取之貨樣類別或名稱，由財政部關稅總局驗估處列表通知進口地海關，該表所列貨品類別或名稱資料並應由驗估處依實際需要隨時調整之。

第五十五條　驗貨關員抽取進出口貨物貨樣，應開具貨樣收據一式五聯，第一聯發給貨主或其委託之報關人，第二聯黏貼於有關報單上，第三聯黏貼於貨樣上，第四聯發給倉庫或貨櫃集散站業主存查，第五聯由驗貨單位存查。

經海關取樣之出口貨物，由驗貨關員於查驗完畢，並俟貨主或其委託之報關人將包件或箱件恢復原狀後，將海關印製之標示取樣紀錄之紙帶註明取樣件數並簽署後貼在包件上或箱件上。

第一項貨樣收據應註明報單號碼、樣品之簡單名稱、件數及貨樣可予發還日期，如貨主自願放棄而不領回者，應由貨主或其代理人在貨樣收據上簽署聲明放棄。海關於保留期間屆滿後，逕予處理。

第五十六條　驗貨關員抽取零星貨樣，應照下列規定辦理，

免簽發貨樣收據。

（一）屬化學品、染料、油脂等貨樣，爲防止潮解、變質或掉包頂替情事，應以塑膠樣品瓶裝並加簽封。

（二）不能以塑膠瓶盛裝之中藥材及各種纖維與製品，應以較厚之牛皮紙封套裝封並予加封。

（三）凡不能以前兩款規定裝瓶、裝封之零星貨樣，應由驗貨關員加以整理綑紮後黏貼貨樣標籤。

前項樣品瓶標籤、牛皮紙封套及貨樣標籤上，應註明報單號碼、取樣日期及本件樣品係會同自所報貨物中抽取會封無誤字樣後，由驗貨關員及報關人或倉庫管理人會同簽章。

第五十七條　驗貨關員抽取之貨樣，除體積笨重者外，應親自攜回辦公室，不得假手報關人遞送。

第五十八條　貨樣應由派驗報單主管人員指定專人登記後送交貨樣管理單位點收登記及保管。

零星貨樣可隨同報單送分類估價單位。分類估價單位收到貨樣時，應查核鉛封或封緘是否完整，如有開拆痕跡，應予拒收，並退回驗貨單位另行取樣。

第五十九條　分類估價單位經辦關員對於初次進口、貨名不詳及認爲必須予以化驗分析始能核定稅則分類之進口貨物或無法就貨樣鑑別其品質成分之出口貨物，應填具空白化驗報告單簡附貨樣或送貨樣管理單位調取貨樣後，移送化驗單位化

驗。

第六十條　化驗單位對由各單位送來化驗之貨樣，須先檢查其鉛封是否完整及容器是否有破漏，然後予以登記並作有系統之管理。

化驗完畢後，應填具化驗報告單一式兩份，以正本送有關經辦單位，副本留存備查。

已化驗完畢之樣品，應加封後退還貨樣管理單位或經辦單位。

第六十一條　化驗單位如因設備關係無法對有關貨樣做正確之鑑定時，應將有關貨樣及報單送回經辦單位，必要時由經辦單位簽請委託其他化驗機關代為化驗。

第六十二條　零星貨樣於結案後，如有存查之必要者，應由分類估價單位主管簽署後送貨樣管理單位予以登記保管，其無存查之必要者，應由分類估價單位發還報關人。

第六十三條　貨樣管理單位應設置進出口貨樣登記簿，對於每日由驗貨單位送來之一般貨樣按進、出口貨樣別，分別予以登記並予安善之保管。

已成立緝案之有關貨樣，應分別檢出，另行保管，並在登記簿上註明緝案號數以備查考，且在未結案前不得處理或發還。

第六十四條　分類估價單位須調樣參考時，應填具調樣憑單，列明調樣日期、報單號數、報關人名稱、貨樣收據號數、調樣單位、由調樣人及其主管簽章後向貨樣管理單位調樣。

貨樣管理單位應設置調樣登記簿；樣品借出時

應根據調樣憑單登記，歸還時亦將歸還之日期填入。調出之貨樣，貨樣管理單位須隨時注意有無歸還，必要時應即追回。

第六十五條　貨樣管理單位於下列貨樣保留期限屆滿後，逾十日仍未領回者，應予公告，並副知報關公會知照，限期一個月內領回。

（一）進口貨樣，除應做專案保管者外，應自簽發貨樣收據之日起保留二個月，分類估價經辦人員於辦妥分類估價後，除應做專案保管者，另填具「專案保管貨樣通知單」外，報關人可憑貨樣收據第一聯於保管期限屆滿後向關領回貨樣。

（二）出口貨樣除應作專案保管者外，應自簽發貨樣收據之日起保留十日。出口組驗估單位經辦人員於辦妥核定稅則分類後，除應作專案保管者，另填具「專案保管貨樣通知單」予以保留外，報關人可憑貨樣收據第一聯於保管期限屆滿後向關領回貨樣。進出口貨樣，如為生鮮之動植物產品、海產品或其他易腐物品或因貨主急需使用而請求提前發還者，海關得視情形，縮短保留期限，並逐案通知報關人限期領回。

發還貨樣時，貨樣管理單位應將貨樣收據收回註銷。如貨主所執存之貨樣收據遺失，應由貨主及報關人聯名出具之收據領回有關貨樣。但貨樣已於掛失前經人憑貨樣收據領去者，海關不負責任。

出口貨樣得由出口廠商申請海關抽樣加封自行
保管，做為事後查核之依據。

第六十六條　進出口貨樣有下列情形之一者，應作專案保
管：

（一）進口貨樣自取樣之日起逾一個月尚未放行
　　　者。

（二）進口商不服海關所核定稅則號別或完稅價
　　　格者。

（三）已成立緝私案件者。

（四）進出口貨物之名稱、牌名、製造商、規
　　　格、形式、純度、品質、等級或生產國別
　　　等，因無法確定或有可疑，先憑具結放
　　　行，事後有再作化驗、鑑定或查驗之必要
　　　者。

（五）依上級指示辦理者。

專案保管貨樣案件，應於處理或結案時，由
進、出口主管分類估價單位各股（課），開具專
案保管貨樣處理結案通知單一式四聯（格式如
附件），按年度編號，分別為：

（一）第一聯（粉紅色）：送貨樣管理單位。

（二）第二聯（淺綠色）：貼於報單背面。

（三）第三聯（淺黃色）：通知貨主或其代理報
　　　關人。

（四）第四聯（白色）：存根由主管單位保存五
　　　年，期滿後報請銷毀。

專案保管貨樣，其為定期保管者，由進、出口
主管分類估價單位依有關規定，在通知單上註

明：自即日起保管「×個月」或「至×年×月×日止」，期滿後，貨樣管理單位即可據以處理，進、出口主管分類估價單位並不必另行通知解除。其為不定期保管者，進、出口主管分類估價單位應於結案後再填發通知單，通知「已結案」。

第六十七條　專案保管之進出口貨樣，貨樣管理單位於解除專案保管後，逾十日報關人仍未領回者，應予公告，並副知報關公會，限其一個月內領回。

第六十八條　貨樣管理單位對逾期未經貨主或其報關人領回之貨樣，應定期根據貨樣登記簿之紀錄，分別開列逾期未領回之貨樣清單，並作實地清點後，報請處理。

第六十九條　逾期未經領回之貨樣，其處理方式如下：
（一）可供長久保存參考者，列冊移送分類估價資料單位編目保管作為分類估價資料。
（二）已變質或損壞者，即予銷毀或拋棄。
（三）有利用價值者，由貨樣管理單位按放棄貨物處理。

六、附則

第七十條　本準則自發布日施行。

附錄肆：出口貨物報關驗放辦法

第一條　　　　出口貨物之報關及驗放，依本辦法之規定辦理。

第二條　　　　本辦法所稱出口貨物，包括進口貨物之復運出口者。

第三條　　　　貨物出口，應由貨物輸出人向海關申報。

第三條之一　依本辦法應辦理之事項、應提出之報單及其他有關文件，得以電腦連線或電子資料傳輸方式辦理通關，並準用貨物通關自動化實施辦法。

第四條　　　　出口貨物之報關手續，得委託報關行辦理。

第五條　　　　出口貨物報關時，應填送貨物出口報單，並檢附裝貨單或託運單、裝箱單、貨物進倉證明及按規定必須繳驗之輸出許可證、檢驗合格證及其他有關文件，其屬僅一箱或種類單一且包裝劃一、散裝或裸裝之貨物，得免附裝箱單，其屬海關核准船邊驗放或逕運船邊裝運者得免附貨物進倉證明。

前項出口貨物除依規定應繳驗輸出許可證貨品者外，應於申報時加附出口報單第六聯。

第六條　　　　貨物出口報單應按海關規定份數一次複寫或複印。申請沖退原料進口稅捐之外銷品出口報單，應於報單後加附外銷品使用原料及其供應商資料清表。

第七條　　　　貨物出口報單附送之裝箱單應詳細列載貨物規格及包裝之每件毛量、淨重、數量等。

第八條　　　　　同一出口報單如有數種不同貨品，應每種分別列報；其屬免除簽發許可證貨品，與應辦輸出許可證貨品，得以同一份報單申報。

每份出口報單，不得將數張裝貨單或託運單合併申報，空運併裝出口貨物得以數份出口報單共附同一託運單。

第九條　　　　　出口貨物之價格，以輸出許可證所列之離岸價格折算申報，免除輸出許可證者，以輸出口岸之實際價值申報。

前項以實際價值申報者，應於報關時檢附發票或其他價值證明文件。

第九條之一　　　出口貨物之稅則分類準用海關進口稅則分類之規定。

第九條之二　　　出口貨物之商品分類號列，應依據中華民國進出口貨品分類表據實申報。

貨物輸出入應配合海關查核需要，提供有關型錄、說明書或圖樣。

第十條　　　　　自國外輸入貨物，依關稅法規定復運出口須申請沖退或免納進口關稅者，除因特殊情形經核准者外，應由原進口口岸出口，其復出口報單並應填明原進口報單號碼，以供海關查核。

第十一條　　　　運往國外修理、裝配之機械、器具或加工貨物出口時，應將品名、牌名、數量、規格、須予修理或裝配之損毀缺失情形，或加工後之物品名稱、規格與數量等詳列出口報單（或復出口報單）以作復進口時查核之依據。

第十二條　　　　運往國外之科學研究品、工程器材、攝製影片

器材、展覽品、遊藝團體服裝道具等，擬原貨
復運進口者，應於出口時將品名、牌名、規
格、數量等詳列出口報單內並報明仍將原貨復
運進口。

第十三條　　　出境旅客報運不隨身行李或攜帶自用行李以外
之貨物出口時，應按普通貨物出口報關手續填
送出口報單並檢附航空或輪船公司旅客證明文
件。

第十四條　　　出口報單應於載運貨物之運輸工具結關或開駛
前之規定時限內遞入海關。其時限由各地海關
定之。

第十四條之一　進（出）口船舶、航空器就地採購之專用物
料，輸出人應檢具下列文件，送海關審核，其
品類量值合理者，准在船（機）邊驗放。

一、船（機）長或所屬運輸業之申請書。但已
於出口報單其他申報事項欄報明係船（機）
專用物料並經該船（機）長或所屬運輸業
簽章者，免附申請書。

二、出口報單及其他出口必須具備之有關文
件。

前項船舶、航空器就地採購之專用燃料（油），
應由輸出人依規定向海關辦理出口報關驗放手
續。

第一項專用物料如其品類量值合理、不涉及退
稅及簽審規定，且其整批之離岸價格在免徵商
港建費範圍內者，其輸出人得檢具發票及物品
清單向海關申請簽發准單，於船（機）邊核明

無訛後裝運，免再檢附出口報單。

第十五條　出口貨物除第十七及十八兩條規定者外，應受海關查驗。

前項貨物查驗時，應會同報關人為之。其搬移、拆包或開箱暨恢復原狀等事項，統由報關人負責辦理。

第十六條　出口貨物之查驗，以抽驗為原則，抽驗件數由海關視貨物之性質、種類、包裝、件數之多寡等情形而定之。但必要時得全部開驗。

第十七條　下列出口物品免驗：

一、總統、副總統寄往國外物品。

二、駐在中華民國之各國使領館外交官、領事官暨其他享受外交待遇之機關與人員運寄國外之物品，經外交部或其他授權之機關證明者。

三、其他經財政部專案核准免驗物資。

第十八條　下列出口物品得予免驗：

一、鮮果及蔬菜。

二、動物、植物苗及樹木。

三、米、糖、化學肥料、煤炭、木材、水泥、石灰、石料、木漿等包裝相同、重量劃一或散裝出口之大宗貨物。

四、軍政機關及公營事業輸出物品。

伍、不申請沖退稅之外銷品。

六、危險品。

七、靈柩或骨灰。

八、信譽良好廠商之出口貨物。

第十九條　　　出口貨物應在經海關核准登記之出口貨棧或經海關核准或指定之地點查驗。

第二十條　　　出口貨物應在海關辦公時間內查驗。如於辦公時間內未能驗畢者，得由海關酌准延長查驗時間。

經海關核准在船（機）邊驗放之貨物，得不受辦公時間之限制。

第二十一條　　出口貨物應於全部到齊後，海關方得開始查驗。但大宗貨物經海關核准船邊驗放者，不在此限。

第二十二條　　貨物輸出人於出口貨物報關後，如發現其中申報事項有錯誤，或貨物有短裝、溢裝或誤裝情事，應依下列規定申請更正：

一、參加抽驗報單應於抽中查驗前為之。

二、參加抽驗經抽中免驗、申請免驗或其他原經核定為免驗之報單，應於海關簽擬變更為查驗之前為之。

三、其他依規定應予查驗之報單應於海關驗貨單位第一次派驗前為之。

前項更正手續，應以書面向海關出口單位主管或副主管或其指定之負責人員申請。

第一項更正之申請，如有下列情事之一者，不予受理：

一、海關已發覺不符者。

二、海關已接獲走私密告者。

三、申請更正之內容未臻具體或與實際到貨不符者。

四、申請更正不合規定程序者。

第二十三條　　海關對已查驗之出口貨物，必要時得複驗之。

第二十四條　　為鑑定出口貨物之品質、等級、供分類估價或核退原料進口稅捐之參考，海關得提取貨樣，但以鑑定技術上認為必要的數量為限。

第二十五條　　報關人於領到經海關蓋印放行之裝貨單或託運單，應送經駐碼頭、機場或貨物集散站之關員簽字後，將出口貨物裝上裝運出口之運輸工具。

第二十六條　　海關簽發出口報單副本各聯之期限，依下列規定：

一、貨物輸出人於出口報關後，載運貨物之運輸工具駛離出口口岸前申請發給者，海關應於載運貨物之運輸工具駛離出口口岸之翌日起二十日內簽發之。

二、貨物輸出人於載運貨物之運輸工具駛離出口口岸後，方行申請核發者，海關應於收到申請書之翌日起二十日內簽發之。

三、輸往加工出口區或科學工業園區貨物，於運入區內，經駐區海關查驗放行前申請發給者，海關應於經駐區海關查驗放行之翌日起十日內簽發之。

四、輸往加工出口區或科學工業園區貨物，於運入區內，經駐區海關查驗放行後，方行申請核發者，海關應於收到申請書之翌日起十日內簽發之。

第二十七條　　出口貨物因故退關，貨物輸出人於申請提回

時，應先經海關核准。

第二十八條　　出口貨物如有私運、偽報或其他違法情事，依海關緝私條例及其他有關法律之規定處理。

附錄伍：海關緝私條例

一、總則

第一條　　　私運貨物進出口之查緝，由海關依本條例之規定為之。

第二條　　　本條例稱通商口岸，謂經政府開放對外貿易，並設有海關之港口、機場或商埠。

第三條　　　本條例稱私運貨物進口、出口，謂規避檢查、偷漏關稅或逃避管制，未經向海關申報而運輸貨物進、出國境。但船舶清倉廢品，經報關查驗照章完稅者，不在此限。

第四條　　　本條例稱報運貨物進口、出口，謂依關稅法及有關法令規定，向海關申報貨物，經由通商口岸進口或出口。

第五條　　　依本條例所處罰鍰以貨價為準者，進口貨物按完稅價格計算，出口貨物按離岸價格計算。

二、查緝

第六條　　　海關緝私，應在中華民國通商口岸，沿海二十四海里以內之水域，及依本條例或其他法律得為查緝之區域或場所為之。

第七條　　　海關因緝私需要，得配置艦艇、航空器、車輛、武器、彈藥及必要之器械；其使用辦法，由行政院定之。

海關關員執行緝私職務時，得佩帶武器、械
彈。

第八條　　　海關因緝私必要，得命船舶、航空器、車輛或
其他運輸工具停駛、回航或降落指定地點，其
抗不遵照者，得射擊之。但應僅以阻止繼續行
使爲目的。

第九條　　　海關因緝私必要，得對於進出口貨物、通運貨
物、轉運貨物、保稅貨物、郵包、行李、運輸
工具、存放貨物之倉庫與場所及在場之關係
人，實施檢查。

第十條　　　海關有正當理由認爲違反本條例情事業已發生
者，得勘驗、搜索關係場所。勘驗、搜索時，
應邀同該場所占有人或其同居人、僱用人、鄰
人並當地警察在場見證。如在船舶、航空器、
車輛或其他運輸工具施行勘驗、搜索時，應邀
同其管理人在場見證。
前項關係場所，如係政府機關或公營事業，勘
驗、搜索時，應會同該機關或事業指定人員辦
理。

第十一條　　海關有正當理由認爲有身帶物件足以構成違反
本條例情事者，得令其交驗該項物件：如經拒
絕，得搜索其身體。搜索身體時，應有關員二
人以上或關員以外之第三人在場。搜索婦女身
體，應由女性關員行之。

第十二條　　海關因緝私必要，得詢問嫌疑人、證人及其他
關係人。
前項詢問，應作成筆綠，其記載事項，準用刑

事訴訟法第三十九條至第四十一條之規定。

第十三條　　　勘驗、搜索不得在日沒後日出前為之。但於日沒前已開始施行而有繼續之必要，或違反本條例之行為正在進行者，不在此限。

第十四條　　　勘驗、搜索應將經過情形作成筆錄，交被詢問人或在場證人閱覽後，一同簽名或蓋章。如有不能簽名蓋章或拒絕簽名蓋章者，由筆錄制作人記明其事由。

第十五條　　　海關關員執行緝私職務時，應著制服或佩徽章或提示足以證明其身分之其他憑證。

第十六條　　　海關緝私，遇有必要時，得請軍警及其他有關機關協助之。

　　　　　　　軍警機關在非通商口岸發覺違反本條例之情事時，得逕行查緝。但應將查緝結果，連同緝獲私貨移送海關處理。

第十六條之一　海關執行緝私，或軍警機關依前條協助緝私或逕行查緝，發現有犯罪嫌疑者，應立即依法移送主管機關處理。

三、扣押

第十七條　　　海關查獲貨物認有違反本條例情事者，應予扣押。

　　　　　　　前項貨物如係在運輸工具內查獲而情節重大者，為繼續勘驗與搜索，海關得扣押該運輸工具，但以足供勘驗與搜索之時間為限。

第十八條　　　船舶、航空器、車輛或其他運輸工具，依本條例應受或得受沒入處分者，海關得予以扣押。

第十九條　扣押之貨物或運輸工具，因解送困難或保管不易者，得由海關查封後，交其所有人、管領人或持有人具結保管，或交當地公務機關保管，其交公務機關保管者，應通知其所有人、管領人或持有人。

第二十條　扣押物有不能依前條規定處理或有腐敗、毀損之虞者，海關得於案件確定前，公告變賣並保管其價金或逕送有關機關處理，並通知其所有人、管領人或持有人。

依前項規定處理之扣押物，得由海關酌予留樣或拍照存證。

易生危險之扣押物，得毀棄之。

第二十一條　扣押之貨物或運輸工具，得由其所有人、管領人或持有人向海關提供相當之保證金或其他擔保，申請撤銷扣押。

第二十二條　扣押除準用第十三條及第十四條之規定外，應交付扣押收據，載明扣押物之名稱、數量，扣押之地點及時間，所有人、管領人或持有人之姓名及其住居所，並由執行關員簽名。

扣押物應加封緘或其他標識，由扣押之機關或關員蓋印。

四、罰則

第二十三條　船舶、航空器、車輛或其他運輸工具，違反第八條規定而抗不遵照者，處船長或管領人二萬元以上四萬元以下罰鍰；經查明以載運私貨為

主要目的者，並沒入該運輸工具。

第二十四條　船舶、航空器、車輛或其他運輸工具，未經允許擅自駛入非通商口岸者，沒入之。但因不可抗力或有其他正當理由，經船長或管領人函報當地有關主管機關核實證明者，不在此限。

第二十五條　船舶在沿海二十四海里界內，或經追緝逃出界外，將貨物或貨物有關文件毀壞或拋棄水中，以避免緝獲者，處船長及行為人各一萬元以上五萬元以下罰鍰，並得沒入該船舶。

第二十六條　發遞有關走私信號，傳送消息於私運貨物進口或出口之運輸工具者，處一萬元以下罰鍰。

第二十七條　以船舶、航空器、車輛或其他運輸工具，私運貨物進口、出口、起岸或搬移者，處船長或管領人新臺幣十萬元以上五十萬元以下罰鍰；其情節經查明前述運送業者有包庇、唆使或以其他非正當方法，使其運輸工具之工作人員走私貨物進口或出口者，除依本條例或其他法律處罰外，並得停止該運輸工具三十天以內之結關出口。

前項運輸工具以載運槍砲、彈藥或毒品為主要目的者，沒入之。

第二十八條　船舶、航空器、車輛或其他運輸工具未到達通商口岸之正當卸貨地點，未經許可而擅行起卸貨物或自用物品者，處船長或管領人以貨價一倍至二倍罰鍰，並得將該貨物及物品沒入之。

擅自轉載、放置或收受前項貨物、物品或幫同裝卸者，依前項規定處罰。

第二十九條　　　船舶、航空器、車輛或其他運輸工具到達通商口岸，未經海關核准而裝卸貨物者，處船長、管領人或行為人二萬元以下罰鍰。

第三十條　　　　船舶、航空器、車輛或其他運輸工具，不依規定向海關繳驗艙口單或載貨清單，處船長或管領人一千元以上一萬元以下罰鍰。

第三十一條　　　船舶、航空器、車輛或其他運輸工具所載貨物，經海關查明有未列入艙口單或載貨清單者，處船長、管領人四千元以上六萬元以下罰鍰。責任歸屬貨主者，處罰貨主。

　　　　　　　　貨物由二包以上合成一件，而未在艙口單或載貨清單內註明者，依前項規定處罰。

　　　　　　　　前二項貨物，經海關查明未具有貨物運送契約文件者，依第三十六條第一項及第三項論處。

第三十一條之一　船舶、航空器、車輛或其他運輸工具所載進口貨物或轉運本國其他港口之轉運貨物，經海關查明與艙口單、載貨清單、轉運艙單或運送契約文件所載不符者，沒入其貨物。但經證明確屬誤裝者，不在此限。

第三十二條　　　船舶、航空器、車輛或其他運輸工具，所載貨物如較艙口單或載貨清單所列者有短少時，處船長或管領人一萬元以下罰鍰。但經證明該項貨物確係在沿途口岸誤卸，或在上貨口岸短裝，或有其他正當理由者，免罰。

第三十三條　　　船用物料、船長所帶包件及船員自用不起岸物品，未列單申報或申報不實者，處船長二千元以上二萬元以下罰鍰，並得沒入之。

第三十四條　船舶、航空器、車輛或其他運輸工具，未向海關繳驗出口艙口單或載貨清單，並未經海關核准結關出口，而擅離口岸者，處船長或管領人二千元以上一萬元以下罰鍰。

第三十五條　運輸業或倉儲業對於進出口貨物、通運貨物、轉運貨物、保稅貨物、郵包、行李、貨櫃，未在核定之時間及地點起卸、存放或未依規定加封者，處業主二千元以上二萬元以下罰鍰。情節重大者得加倍處罰，經通知其改正仍不改正者，得連續處罰之。

前項各類貨物、郵包、行李或貨櫃存放於船舶、航空器、車輛、其他運輸工具或其他處所，而在海關監管下或經海關加封、下鎖，有擅行改裝、移動、搬運、塗改標誌號碼或拆封、開鎖者，依前項規定處罰。

第三十六條　私運貨物進口、出口或經營私運貨物者，處貨價一倍至三倍之罰鍰。

起卸、裝運、收受、藏匿、收買或代銷私運貨物者，處三萬元以下罰鍰；其招僱或引誘他人為之者，亦同。

前二項私運貨物沒入之。

不知為私運貨物而有起卸、裝運、收受、貯藏、購買或代銷之行為、經海關查明屬實者，免罰。

第三十七條　報運貨物進口而有下列情事之一者，得視情節輕重，處以所漏進口稅額二倍至五倍之罰鍰，或沒入或併沒入其貨物：

（一）虛報所運貨物之名稱、數量或重量。

（二）虛報所運貨物之品質、價值或規格。

（三）繳驗偽造、變造或不實之發票或憑證。

（四）其他違法行為。

報運貨物出口，有前項各款情事之一者，處二千元以上三萬元以下之罰鍰，並得沒入其貨物。

有前二項情事之一而涉及逃避管制者，依前條第一項及第三項論處。

沖退進口原料稅捐之加工外銷貨物，報運出口而有第一項所列各款情事之一者，處以溢額沖退稅額二倍至五倍之罰鍰，並得沒入其貨物。

第三十八條　郵遞之信函或包裹內，有應課關稅之貨物或管制物品，其封皮上未正確載明該項貨物或物品之品質、數額、重量、價值，亦未附有該項記載者，經查明有走私或逃避管制情事時，得沒入其貨物或物品，並通知進口收件人或出口寄件人。

第三十九條　旅客出入國境，攜帶應稅貨物或管制物品匿不申報或規避檢查者，沒入其貨物，並得依第三十六條第一項論處。

旅客報運不隨身行李進口、出口，如有違法漏稅情事，依第三十七條論處。

第四十條　由國外寄遞或攜帶入境或在國內持有，經國外發貨廠商簽字，可供填寫作為進口貨物發票之預留空白文件者，處持有人一萬元以下罰鍰，並沒入其文件。

第四十一條　　　　報關行向海關遞送報單，對於貨物之重量、價值、數量、品質或其他事項，為不實記載者，處以所漏或沖退稅額二倍至五倍之罰鍰，並得停止其營業一個月至六個月；其情節重大者，並撤銷其營業執照。

前項不實記載，如係由貨主捏造所致，而非報關行所知悉者，僅就貨主依第三十七條規定處罰。

第一項之不實記載等情事，如係報關行與貨主之共同行為，應分別處罰。

第一項之不實記載，情節輕微，係因錯誤所致，而足以影響稅捐徵收者，處二千元以上一萬元以下罰鍰，但不得逾該項規定所得處罰之數額。

第四十一條之一　報關行或貨主明知為不實事項，而使運輸業或倉儲業登載於進口、出口貨物之進、出站或進、出倉之有關文件上或使其為證明者，處二千元以上二萬元以下罰鍰。

運輸業或倉儲業，明知為不實事項而為登載或證明者，依前項規定處罰。

第四十二條　　　　海關對於報運貨物進口、出口認有違法嫌疑時，得通知該進口商、出口商、貨主或收貨人，將該貨物之發票、價單、帳單及其他單據送驗，並得查閱或抄錄其與該貨物進口、出口、買賣、成本價值、付款各情事有關之帳簿、信件或發票簿。

不為送驗或拒絕查閱抄錄，或意圖湮滅證據，將該項單據、帳簿及其他有關文件藏匿或毀壞

者，處二萬元以下罰鍰。

第四十三條　以不正當方法請求免稅、減稅或退稅者，處所漏或沖退稅額二倍至五倍之罰鍰，並得沒入其貨物。

第四十四條　有違反本條例情事者，除依本條例有關規定處罰外，仍應追徵其所漏或沖退之稅款。但自其情事發生已滿五年者，不得再為追徵或處罰。

第四十五條　追徵或處罰之處分確定後，五年內再犯本條例同一規定之行為者，其罰鍰得加重二分之一，犯三次以上者，得加重一倍。

第四十五條之一　應依第三十六條第一項、第三十七條第一項、第四項處以罰鍰之案件，情節輕微並合於財政部之規定者，得免予處罰。

五、處分程序

第四十六條　海關依本條例處分之緝私案件，應制作處分書送達受處分人。
前項處分書之送達方法，準用刑事訴訟法有關送達之規定。

第四十七條　受處分人不服前條處分者，得於收到處分書之日起三十日內，依規定格式，以書面向原處分海關申請復查。
海關應於接到復查申請書後二個月內為復查決定，並作成復查決定書；必要時，得予延長，並通知受處分人。延長以一次為限，最長不得逾二個月。
復查決定書之正本，應於決定後十五日內送達

受處分人。

第四十八條　受處分人對海關之復查決定如有不服，得依法提起訴願及行政訴訟。

第四十九條　聲明異議案件，如無扣押物或扣押物不足抵付罰鍰或追徵稅款者，海關得限期於十四日內繳納原處分或不足金額二分之一保證金或提供同額擔保，逾期不為繳納或提供擔保者，其異議不予受理。

第四十九條之一　受處分人未經扣押貨物或提供適當擔保者，海關為防止其隱匿或移轉財產以逃避執行，得於處分書送達後，聲請法院假扣押或假處分，並免提擔保。但受處分人已提供相當財產保證者，應即聲請撤銷或免為假扣押或假處分。
關稅法第四條之二及第二十五條之一之規定，於依本條例所處之罰鍰準用之。

六、執行

第五十條　依本條例處分確定案件，收到海關通知後三十日內未將稅款及罰鍰繳納者，得以保證金抵付或就扣押物或擔保品變價取償。有餘發還，不足追徵。
前項變價，應以拍賣方式為之，並應於拍賣五日前通知受處分人。

第五十一條　未依前條規定繳納稅款及罰鍰而無保證金抵付，亦無扣押物或擔保品足以變價取償，或抵付、變價取償尚有不足者，移送法院強制執

行，海關並得停止受處分人在任何口岸報運貨物進口、出口，至稅款及罰鍰繳清之日止。

第五十二條　進出口之船舶、航空器、車輛或其他運輸工具之服務人員欠繳各項進口稅捐或罰鍰而無保證或其他擔保足以取償者，海關得停止該船舶、航空器、車輛或其他運輸工具在任何口岸結關出口，至取得清繳保證之日止。

第五十三條　沒入處分確定後，受處分人得依法繳納稅捐，申請依核定貨價備款購回下列貨物或物品：

（一）准許進口或出口者。

（二）經管制進口或出口貨價在十五萬元以下者。但體積過巨或易於損壞變質，或其他不易拍賣或處理者，得不受貨價十五萬元以下之限制。

違禁物品或禁止進口或出口貨物，不適用前項之規定。

歷屆試題

1.「通關實務」試題
2.「關務法規」試題
3.關務人員特種考試科目
4.專責報關人員考試科目

「通關實務」試題

關務人員（Customs officers）升等考試試題

民國85年　薦任升等考試通關實務試題

一、說明貨品暫准通關證的意義及我國實施情形。（25分）

二、說明貨品通關全面自動化的意義及我國海關實施情形。（25分）

三、依關稅法第九條規定，海關對進口貨物得會同倉庫管理人逕行查驗，請說明該規定內容。（25分）

四、已繳納關稅之進口貨物，在何種條件下，海關可發還其原繳關稅？（25分）

民國85年　簡任升等考試通關制度研究試題

一、在決定反傾銷稅之課徵時，若出口國之國內並無同類產品之銷售或銷售數量低於5%時，如何決定其正常價格？若有二個或二個以上之第三國時，如何選定該第三國可資比較且具代表性之價格？又傾銷差率應如何計算？（25分）

二、請闡述如何以風險管理觀念，加強關稅徵課、查緝走私及促進通關程序之便捷化？（25分）

三、試依GATT 1994關稅估價協定規定，分述海關於估價程序中所應盡之告知義務。（25分）

四、試比較快遞貨物進口與一般貨物進口通關作業方式異同之處？（25分）

民國87年 薦任升等考試通關實務試題

一、請比較並說明高科技產品與野生動植物在通關作業流程之異同點爲何？（20分）

二、進口貨物之通關方式有幾種？依上述之通關方式，進口貨物被發現有逃漏稅捐或逃避管制時，報關行或納稅義務人將受何種處罰？（20分）

三、某廠商欲進口電毯（Electric Blanket）一批，就進口稅則之歸類及稅率問題詢問海關，試問如何告知正確的查閱方式？（20分）

四、試說明出口商以貨櫃裝運出口與工廠以整裝貨櫃裝運成品出口之通關查驗及放行有何不同。（20分）

五、貨物通關自動化實施辦法自八十一年發布以來，自有其意義與功能。惟仍然常有塞單阻礙通關之情況，試就有待改進之點加以評述之。（20分）

民國87年 簡任升等考試通關制度研究試題

一、轉口貨物與三角貿易通關作業方式之異同點爲何？試比較說明之。（20分）

二、策略聯盟在提昇我國通關制度國際化方面，是否爲一項有效工具？試論述之。（20分）

三、試闡述貨品輸出入之負面列表及委託查核兩制度在進出口通關方面之實施情形。（20分）

四、輸入大陸物品之產地證明書，眞僞辨認，常在查緝走私及快速通關發生兩難之情況，試闡述您的見解爲何？（20分）

五、試以促進國際貿易發展之觀念，說明海關在加強通關整體效率、海關作業及協助企業解決通關難題之具體措施爲何？

（20分）

民國89年 薦任升等考試通關實務試題

一、我國實施入境旅客「紅綠線通關制度」內容為何？有何限制？請依規定說明之。（20分）

二、簡介我國快遞貨物通關作業流程？績效如何？請就現況檢討說明之。（20分）

三、目前與我國簽署「貨品暫准通關證制度」有那些國家？暫准通關證貨品範圍為何？通關文件或程序為何？實施效果又如何？請一一說明之。（20分）

四、保稅貨物重整後如何申請出倉退運出口？海關如何處理？請依規定說明之。（20分）

五、進口貨物負擔使用費而所有權未經轉讓者，依法應如何估價課稅？請舉例說明之。（20分）

民國89年 簡任升等考試通關制度研究試題

一、何謂「貨品暫准通關證制度」？目前實施績效如何？請評析之。（20分）

二、我國何時實施「入境旅客紅綠線通關制度」？實施背景意義為何？績效又如何？請說明並提出改進意見。（20分）

三、試比較現行「先放後核」與「先核後放」兩種通關估價制度之異同？並分析其利弊以及如何補強？（20分）

四、為配合國際航空貨物快速發展，海關採行些什麼加速快遞貨物出口通關措施？海關又如何同時防範仿冒盜版品出口？並請就海關現行作法提出你的意見。（20分）

五、加工出口區區內事業接受課稅區廠商委託加工貨品出區，海

關現係如何課徵關稅？其理由論據爲何？請申述之。（20分）

專責報關人員（Customs Brokers' Staff）考試

民國85年度試題

一、試述海關對於退關貨物，申報再裝運出口時之各種不同之查驗方式。（20分）

二、請列舉海關對於連線通關之報單，實施電腦審核及抽驗所採行之三種通關方式，並請分別說明之。（20分）

三、「報關行設置管理辦法」第二十一條規定，專責報關人員不得有那些行爲？專責報關人員，如違反該二十一條各款規定者，海關依據同法第四十四條之規定，對於專責報關人員，予以何種不同之懲處？（20分）

四、海關人員查驗出口貨物，發現部分貨物包裝上之標誌（嘜頭）與申報不符，海關查驗人員應如何處理？（20分）

五、海關人員查驗以重量計價之進口貨物時，查驗人員應注意之事項爲何？（20分）

民國86年度試題

一、海關在辦理三角貿易通關作業方面之規定爲何？三角貿易貨物存放在同一關稅局之進口倉庫及保稅倉庫者，其出口通關流程又爲何？試分別說明之。（15分）

二、專責報關人員在那些情形下不得執業？那些情形下應拒絕簽證，並向海關報告？違者會受何懲處？貨物通關自動化實施辦法第十四條與上述有關之規定爲何？違反者，同法第二十三條有何處罰規定？（20分）

三、海關對進出口通關貨物之分類估價有其一定之程序與規定，試就相關法規比較並說明下列貨物，海關核定其價格之情形：（1）貨物樣品進口、（2）貨品暫准通關證、（3）一般進出口貨物。（15分）

四、某公司進口一批貨物，其價值為FOBUSD5,400／Unit／5 Units，佣金6％，運費USD700.00，保險費USD150.00，進口稅率30％，貨物稅率25％，八十六年六月上旬報關適用外幣匯率為：買入匯率USD1＝TWD27.75，賣出匯率USD1＝TWD27.85，載運該貨物之運輸工具進口日期：八十六年五月二十日，該公司報關日期：同年六月二十一日，報關當日並已由海關填發稅款繳納證，該公司始於同年七月二十九日向海關繳納關稅。根據上述資料，計算下列各問題：（須列出其計算式）

（一）銷售佣金下之完稅價格為若干？（5分）

（二）採購佣金下之完稅價格為若干？（5分）

（三）在銷售佣金下，其應納之關稅、商港建設費、貨物稅、營業稅及推廣貿易服務費各為若干？（10分）

（四）應納之滯報費若干？（5分）

（五）應納之滯納金若干？（5分）

五、簡答下列各問題：

（一）進口貨物報關時，是否均需檢附「貨價申報書」？貨價申報書應報明之主要事項為何？（5分）

（二）報關即用系統（Turnkey System），分為二個子系統，其功能為何？（5分）

（三）出口報單第三十一欄內之數量（單位）與E/P及Invoice所載不符時，如何填報？舉例說明之。（5分）

（四）列述通關自動化前後，出口一段式通關作業有何不同？（5分）

「關稅法規」試題

關務人員升等考試試題

民國85年　薦任升等考試關稅法規試題（關務）

一、請說明關稅法中加徵滯納金之相關規定？又各項滯納金經通知繳納而不繳納者，海關對該進口貨物應如何處理？（25分）

二、海關對稅則號別、完稅價格、應補繳稅款、特別關稅與緝私案件之行政救濟程序有何不同？（25分）

三、列述依關稅法規定可移送法院強制執行之項目為何？納稅義務人不服海關核定之稅額申請複查，在案件未確定前，海關可否將之移送法院強制執行？請詳細說明有關規定。（25分）

四、說明我國實施之旅客行李紅綠線通關作業？出入國境旅客攜帶應稅或管制物品匿不申報或規避檢查，及不隨身行李進、出口有違法、漏稅情事時，應各如何論處？（25分）

民國85年　薦任升等考試關稅法規試題（資訊）

一、依關稅法暨其施行細則之規定，海關對逾期不報關、逾期不繳稅，以及逾期不退運之貨物如何處理？處理之必要費用如何支付？（25分）

二、何謂通運貨物、轉口貨物、轉運貨物與復運進出口貨物？卸岸之轉口貨物應如何申報？（25分）

三、保稅工廠進口逾百分之五十半成品是否可列入保稅原料？並請說明可以列入保稅原料之範圍？（25分）

四、甲公司以租賃方式自日本進口精密紡織機，租賃費用每年為新台幣15萬元，租期二年，該機器自日本運至基隆港之運費為新台幣壹萬捌仟元，保險費為新台幣參仟元，試問該機器進口完稅價格為何？又該機器進口一年九個月後，日本以該機器製造祕密已無保證之必要，同意讓售甲公司，所有權移轉時，符合海關進口稅則第八十四章增註九免稅規定，則甲公司是否須補繳關稅？（25分）

民國85年　簡任升等考試關稅法規研究試題

一、試分述關務案件與緝私案件有關行政救濟之規定與程序？又緝私案件對罰鍰處分所涉及貨物之完稅價格或稅則號別不服者，應如何救濟？（25分）

二、輸入未開放准許間接進口之大陸物品，其涉及虛報與否各應如何論處？請就大法官會議第二七五號解釋意旨及關稅法、海關緝私條例等規定詳予闡述。（25分）

三、海關緝私條例所稱私運貨物進、出口之涵義為何？依該條例規定私運貨物應如何論處？在何種情形下，此一私運行為應另依懲治走私條例予以懲處？試論有關規定及其遏止走私之目的？（25分）

四、丙公司於八十四年八月一日自法國進口面霜乙批，進口貨物報單貨名欄填寫雖為面霜，稅則號別原應填3310、0000，稅率10%，但該公司卻誤填為3320、0000，稅率5%，該批貨物海關係按先放後核方式通關，海關於85年3月15日發現此一

錯誤，請問海關能否對丙公司補徵關稅？（25分）

民國87年　薦任升等考試關稅法規試題

一、何謂單一稅則？何謂複式稅則？我國係採何種稅則？並請說
　　明採行之理由。（20分）
二、進口貨物之完稅價格得以「計算價格」核定之。請依關稅法
　　之規定說明計算價格之意義及其適用之時機。（25分）
三、何謂「先核後放」？進口貨物在何種情況下必須依先核後放
　　方式通關，不得選採他法？此通關方式有何優缺點？（30分）
四、依關稅法第四十五條之規定，不得進口之違禁品有哪些？若違反
　　規定，應如何處罰？（25分）

民國87年　簡任升等考試關稅法規研究試題

一、我國進口稅則係採用何種分類制度？該制度有何優點？（25
　　分）
二、請說明關稅稅率機動調整之範圍及其目的。（25分）
三、何種事業或進口之設備，其關稅可以記帳五年？依規定核准
　　記帳之案件在那些情況下，便予撤銷原核定記帳期限，追繳
　　記帳稅款？（25分）
四、請依海關緝私條例懲治走私條例，分別就下列行為說明其應
　　如何懲治：（25分）
　　（一）以不當方法請求免稅、減稅或退稅。
　　（二）因走私而公然為首，聚眾持械拒捕或持械拒受檢查
　　　　　者。
　　（三）招僱他人起卸、裝運、收受、藏匿、收買或代銷私運
　　　　　貨物者。

（四）稽徵關員明知爲走私物品而放行者。

（五）將保稅工廠之產品或免徵關稅之原料出廠內銷者。

民國88年 特種考試關稅法規試題

一、我國關稅法對平衡稅、反傾銷稅及報復關稅之課徵，有何規定？（25分）

二、請說明「關稅記帳」及「外銷沖退稅」之意義。（25分）

三、何謂「國際商品統一分類制度」（The Harmonized Commodity Description and Coding System）？何謂關稅之「複式稅率」？何謂「關稅配額」？（25分）

四、請比較保稅倉庫及保稅工廠之異同。（25分）

民國89年 薦任升等考試關稅法規試題

一、關稅法及關稅法施行細則對維護廠商應有權益之具體規定很多，請逐條列述之。（25分）

二、說明海關課徵（一）平衡稅（二）反傾銷稅（三）報復關稅之基準爲何？（25分）

三、海關緝私條例中，有那些情況會採取沒入其貨物、撤銷營業執照及處以所漏進口稅或沖退稅額二倍至五倍之罰鍰？（25分）

四、何謂「彙總清關」制度？廠商申請辦理彙總清關之條件爲何？其與「先放後稅」有何關聯性之規定？試分別闡述之。（25分）

民國89年 簡任升等考試關稅法規研究試題

一、請就貿易法與關稅法兩者比較說明其對（一）進口救濟（二）

危害產業（三）特別防衛措施之不同規定各為何？（25分）

二、關稅法對於進口貨物免徵關稅之相關規定有那些？請逐條列述之。（25分）

三、出口貨物報關驗放辦法規定，出口貨物報關時應申報之事項有那些？請詳述之。（25分）

四、海關緝私條例第二十七條及第三十六條對於運載私貨的行政責任作何解釋及適用？（25分）

專責報關人員考試試題

民國85年度試題

一、進口貨物在何種情況下應另徵平衡稅及反傾銷稅？請分別說明之。（20分）

二、報運貨物進口或出口而有虛報情事者，依海關緝私條例如何處罰？如涉及逃避管制應否處罰？請詳細說明之。（20分）

三、走私洋菸、洋酒是否應依海關緝私條例及懲治走私條例處罰？請詳為分析。（20分）

四、進口貨物未經海關先行徵稅驗放，納稅義務人如需申請先行驗放，納稅義務人及海關應如何處理？（20分）

五、依海關緝私條例處分確定案件，受處分人應於幾日內繳納稅款及罰鍰？逾期未繳納者，海關如何執行？（20分）

民國86年度試題

一、為配合我國加入WTO入會案，本次修正關稅法對課徵反傾銷稅有關「正常價格」之認定有何修正？又有關傾銷額度之計算原則為何？請說明之。（20分）

二、進口貨物完稅價格之核估其實付或應付價格那些費用如未計入，應計入其完稅價格？又進口「電腦磁帶、磁盤」其所錄資料價格應否計入完稅價格課徵關稅？請說明之。（20分）

三、依海關緝私條例所稱屬「逃避管制」應依該條例論處究有那些情事？報運進口大陸物品發生虛報產品之情事應如何論處？又是否再適用懲治走私條例論處？請說明之。（20分）

四、請說明海關管理保稅工廠所指「保稅原料」之範圍如何界定？又保稅工廠進口應繳納進口關稅有那些貨物？保稅工廠產製之產品內銷應如何課稅？（20分）

五、報關行向海關遞送報單因涉及不實記載應如何論處？如係由貨主捏造所致而非報關行所知悉者，應如何論處？如係由報關行與貨主之共同行為，應如何論處？請說明之。（20分）

關務人員特種考試科目

三等（相當於高考三級）關務特考行政組

普通科目：（兩科，佔10%）
（1）中華民國憲法
（2）國文（論文、公文與閱讀測驗）

專業科目：（六科，佔90%）
1.財稅行政類
（1）英文（2）行政法（3）財政學（4）民法（5）國際貿易實務（6）會計學
2.關稅法務類
（1）英文（2）行政法（3）財政學（4）民法（5）關稅法規

（6）民事訴訟法及強制執行法

3.資訊處理類

（1）英文 （2）資料結構 （3）資料庫應用 （4）資訊管理

（5）程式語言 （6）資料通訊

四等（相當於普考）關務特考行政組

普通科目：（三科）

（1）中華民國憲法概要 （2）國文（論文、公文與閱讀測驗）

（3）本國歷史與地理概要

專業科目：（四科）

1.一般行政類

（1）英文 （2）經濟學概要 （3）行政法概要 （4）法學緒論

2.資訊處理類

（1）英文 （2）計算機概要 （3）資料處理概要 （4）程式語言概要

五等（相當於初等考試）關務特考

普通科目：（兩科）

（1）國文（論文、公文及閱讀測驗）

（2）公民及本國史地大意

專業科目：（兩科）

電腦文書處理類

（1）英文 （2）計算機大意

專責報關人員考試科目

普通科目：中華民國憲法概要

專業科目：

1.關務英文

2.國際貿易實務概要或行政法概要（二科擇一）

3.關務法規概要（含關稅法及其施行細則、海關緝私條例、懲治走私條例、出口貨物報關驗放辦法）

4.通關實務概要（含報關行設置管理辦法、進出口貨物查驗及取樣準則、海關管理貨櫃辦法、貨物通關自動化實施辦法）

5.稅則概要（含關稅總局印行之現行中華民國海關進口稅則及經濟部國貿局印行之現行中華民國進出口貨品分類表）

海關實務

作　　者／林清和
出 版 者／揚智文化事業股份有限公司
發 行 人／葉忠賢
登 記 證／局版北市業字第 1117 號
地　　址／台北縣深坑鄉北深路三段 260 號 8 樓
電　　話／(02)2664-7780
傳　　真／(02)2664-7633
 E-mail ／service@ycrc.com.tw
郵撥帳號／19735365
戶　　名／葉忠賢
印　　刷／鼎易印刷事業股份有限公司
I S B N ／957-818-240-6
初版一刷／2001 年 4 月
初版二刷／2006 年 10 月
定　　價／新台幣 650 元

＊ 本書如有缺頁、破損、裝訂錯誤，請寄回更換 ＊

國家圖書館出版品預行編目資料

海關實務／林清和編著. -- 初版. -- 台北市：揚智
文化，2001〔民 90〕
　　面；　公分. --（商學叢書）
參考書目：面
含索引
ISBN　957-818-240-6（精裝）

1. 海關　2. 關稅

568　　　　　　　　　　　　　　　　　89019977

訂購辦法：
＊.請向全省各大書局選購。
＊.可利用郵政劃撥、現金袋、匯票訂講：
　郵政帳號：14534976
　戶名：揚智文化事業股份有限公司
　地址：台北市新生南路三段 88 號 5 樓之六
＊.大批採購者請電洽本公司業務部：
　TEL：02-23660309
　FAX：02-23660310
＊.可利用網路資詢服務：http://www.ycrc.com.tw
＊.郵購圖書服務：
　❑.請將書名、著者、數量及郵購者姓名、住址，詳細正楷書寫，以免誤寄。
　❑.依書的定價銷售，每次訂購（不論本數）另加掛號郵資 NT.60 元整。